Organisation Mondiale du Commerce

Comprendre le traitement préférentiel dédié aux pays en développement

Logiques Juridiques

Fondée par Gérard Marcou
Dirigée par Jean-Claude Némery et Thomas Perroud

Le droit n'est pas seulement un savoir, il est d'abord un ensemble de rapports et pratiques que l'on rencontre dans presque toutes les formes de sociétés. C'est pourquoi il a toujours donné lieu à la fois à une littérature de juristes professionnels, produisant le savoir juridique, et à une littérature sur le droit, produite par des philosophes, des sociologues ou des économistes notamment.

Parce que le domaine du droit s'étend sans cesse et rend de plus en plus souvent nécessaire le recours au savoir juridique spécialisé, même dans des matières où il n'avait jadis qu'une importance secondaire, les ouvrages juridiques à caractère professionnel ou pédagogique dominent l'édition, et ils tendent à réduire la recherche en droit à sa seule dimension positive. À l'inverse de cette tendance, la collection « Logiques juridiques » des éditions L'Harmattan est ouverte à toutes les approches du droit. Tout en publiant aussi des ouvrages à vocation professionnelle ou pédagogique, elle se fixe avant tout pour but de contribuer à la publication et à la diffusion des recherches en droit, ainsi qu'au dialogue scientifique sur le droit. Comme son nom l'indique, elle se veut plurielle.

Dernières parutions

Hugues RABAULT, *La constitution financière de la France Sources fondamentales du droit des finances publiques, Seconde édition actualisée et augmentée*, 2024.
Eric FÈVRE, *Comparaison du chef de l'Etat et du chef du Gouvernement en France et en Allemagne*, 2024.
Henri BOUILLON, *Droit de la laïcité*, 2024.
Nadine NAJEM, *Théorie des intérêts moratoires*, 2024.
Caroline PELOSO, *L'autorité de la chose jugée au pénal à l'égard des décisions européennes, Essai de droit comparé franco-italien*, 2023.

Rafik Messad

Organisation Mondiale du Commerce

Comprendre le traitement préférentiel dédié aux pays en développement

L'Harmattan

5-7, rue de l'École-Polytechnique ; 75005 Paris

http://www.editions-harmattan.fr/

ISBN : 978-2-336-47766-4
EAN : 9782336477664

Sommaire

Introduction

Le traitement spécial et différencié est une dérogation aux principes directeurs du GATT (NPF, réciprocité et traitement national). Ce mecanisme a été vu comme condition sine qua non pour l'établissement d'une paix mondiale et éviter la reproduction du chaos, vécu suite à la crise de 1929 et à la crise de l'entre-deux-guerres mondiales. Son introduction a été une réponse à la demande des pays en voie de développement (PVD), qui exhortaient la communauté internationale, alors mobilisée pour éliminer les barrières au commerce, à jouer un rôle similaire dans l'avènement de mécanismes de redistribution des bénéfices et dans l'aménagement des règles de droit international régissant la coopération Nord/Sud[1].

Ainsi donc, ce concept est utilisé dans les relations commerciales internationales, pour évoquer les dispositifs, adoptés par le GATT puis par l'OMC, pour assister les pays en développement dans leur intégration du système commercial multilatéral. L'application du TSD ne doit pas être utilisée pour retarder les introductions de disciplines en matière de concurrence, lorsque de telles disciplines seraient bénéfiques pour les PED.

En l'absence d'une définition unanime, le traitement spécial et différencié pourrait être défini comme : *« un avantage commercial d'ordre tarifaire ou non tarifaire accordé par un Etat ou un groupement d'États à un autre État ou une pluralité d'États par dérogations au principe fondamental de non-discrimination »*[2]. Dans les échanges

[1] À propos de l'introduction du traitement préférentiel dans les échanges commerciaux mondiaux, voir : COTE Charles-Emmanuel, « De Genève à Doha : genèse et évolution du traitement spécial et différencié des pays en développement dans le droit de l'OMC », *McGill Law Journal / Revue de droit de McGill,* Volume 56, numéro 1, Montréal (Canada), décembre 2010, pp. 115-176. In : http://id.erudit.org/iderudit/045700ar, p.119 et p.120.

[2] RAZARANAINA Nomenirina, « *Vers l'abandon du traitement préférentiel des pays en développement dans le cadre du système commercial multilatéral* », thèse de doctorat en droit public de l'Université Paris ouest, Nanterre- La défense, France, 2011, p.06.

commerciaux, ce traitement se présente, soit sous forme d'abaissement ou de suppression des droits de douane, soit sous forme de réduction de barrières tarifaires.

La mise en place d'un traitement différencié en faveur des PED a été la principale préoccupation portée par ces pays dès 1947, à commencer par son évocation lors de l'élaboration de la Charte de La Havane devant donner naissance à l'Organisation Internationale du Commerce[1].

L'avortement de ce projet d'organisation et la pérennisation de l'Accord du GATT ont débouché sur un système qui ne correspondait guère aux aspirations des PED. Le GATT a mis du temps à reconnaître les régimes dérogatoires et la situation particulière des PED. Ce n'est qu'au terme d'une longue évolution que la règle s'est imposée, avec d'abord l'amendement de l'Accord GATT, en 1955 et l'ajout de la Partie IV intitulée : « commerce et développement ». Une partie destinée à accroître les potentialités commerciales des PED et à impulser une nouvelle dynamique en leur faveur.

Au départ, le GATT s'est servi de l'idée de la réduction des barrières dans la libéralisation des échanges commerciaux comme gage d'une meilleure distribution des richesses, mais au fil du temps, il a été constaté que la libéralisation, à elle seule, ne suffisait pas pour améliorer le sort des PED. C'est ainsi qu'on a voulu passer, si on reprend la terminologie de Friedmann, *d'un droit international de coexistence à un droit international de coopération,* c'est- à- dire d'un droit régissant une société internationale, dans laquelle chaque État poursuit sa finalité propre, à un droit qui se préoccupe du sort de la société internationale dans son ensemble[2]. C'est ainsi que le TSD est inclus dans les disciplines du droit international économique, même si ses dispositions ne sont pas de la solidité à forcer l'intransigeance.

Si Adam Smith avait prêché les vertus de l'ouverture commerciale et de la compétitivité dans son livre « *the wealth of Nations* » et que cette ouverture engendre la croissance, le développement et le bien- être mondial, les experts estiment que ces objectifs ne seront réalisés que si on

---

[1] Le Par. b) de l'article 1er de la Charte de La Havane énonce que l'un des objectifs de l'OIC serait d'*Aider et stimuler le développement industriel ainsi que le développement économique en général ; particulièrement en ce qui concerne les pays dont le développement industriel est encore à ses débuts, et encourager le mouvement international des capitaux destinés aux investissements productifs*. Voir : Charte de La Havane instituant une Organisation Internationale du Commerce élaborée à La Havane (Cuba) le 24 mars 1948, in : https://docs.wto.org/gattdocs/r/GG/SEC/53-41.PDF

[2] AEKA-PUTRA Prasit, « *Le GATT et les pays en développement spécialement dans le cadre du Tokyo round* », thèse de doctorat de l'Université Paris 2, France, 1986, p.26.

greffe à la libéralisation un traitement préférentiel en faveur des pays pauvres, en vue d'asseoir un certain équilibre dans les relations économiques internationales[1].

Le souci du développement impose le dépassement de l'égalité formelle au profit de l'égalité effective, car seule une inégalité de traitement est en mesure de procurer l'égalité de chances à des sujets inégaux en fait et égaux en droits[2]. C'est ainsi qu'a vu le jour, notamment dans les pays anglo-saxons, une nouvelle discipline qui alliait le droit et l'économie : « *Law and Economics* » et qui se prête à imaginer le droit à travers le prisme de l'analyse économique[3].

Ahmed Mahiou reconnaît que les États sont d'accord pour constater que les relations économiques internationales reposent sur des bases profondément inégalitaires et débouchent sur un résultat inique : le continuel enrichissement des plus pourvus et l'appauvrissement continuel des plus démunis[4].

Cette situation a fait réagir les PVD, qui ont dénoncé le caractère injuste de la trilogie : égalité, réciprocité et non-discrimination, devenus trois obstacles au développement. Ces pays estiment que l'égalité entre inégaux est inéquitable à l'égard du partenaire faible ; la réciprocité entre inégaux mène à l'injustice, alors que la non-discrimination entre inégaux est, en fait, une discrimination en faveur du partenaire fort[5].

L'importance d'un TSD en faveur des PED est reconnue même par les pays développés. Ainsi, la CE a reconnu que : « *pour qu'un Accord de l'OMC sur la concurrence concrétise son potentiel en matière de développement... le TSD doit apparaître dans des dispositions spécifiques, y compris en ce qui concerne la progressivité, la flexibilité et*

---

[1] CHELLAF Aziz, « *Le traitement spécial et différencié dans les accords du GATT/OMC : l'apport de la Déclaration de Doha* », thèse de doctorat de l'Université François- Rabelais de Tours, discipline : droit public, France, 2008, p.95.

[2] BOUVERESSE Jacques, Droit et politiques de développement et de la coopération, Presses Universitaires de France (PUF), Paris, 1990, p.80.

[3] DUVAL Isabelle, « *L'émergence d'un principe de justice distributive en droit international économique : analyse de l'évolution du traitement spécial et différencié du GATT à l'OMC* », mémoire de maîtrise en droit, option : droit des affaires, faculté des études supérieures de l'Université de Montréal, 2009, p.65.

[4] MAHIOU Ahmed, « Les implications du nouvel ordre économique et le droit international », in : *« Droit international et développement »,* Colloque international organisé par la Faculté de Droit d'Alger du 11 au 14 octobre 1976, Office des Publications Universitaires, Alger (Algérie), 1976, p.424.

[5] AEKA-PUTRA Prasit, *op.cit*, p.27.

le soutien au renforcement des capacités »[1]. Dès lors, un consensus sur la nécessité de procéder, en des termes évidents, à des débats plus ciblés sur le TSD s'est dégagé.

Après avoir constaté que l'octroi d'un traitement préférentiel est inéluctable pour l'établissement de relations commerciales multilatérales « équitables », le traitement spécial et différencié est employé comme instrument juridique visant à équilibrer les relations commerciales à travers la planète. C'est ainsi que dans le *Droit de l'OMC*[2], on trouve 139 dispositions de ce type. D'autres clauses du genre sont comprises dans les autres sources du droit de l'OMC, comme les Déclarations ministérielles et les décisions du conseil général. Néanmoins, force est d'admettre qu'en pratique la question de la justice distributive pour les PED n'a pas été intégrée au système GATT/ OMC, et ce, en dépit de l'élaboration du TSD[3].

Il est utile de noter que l'on ne trouve ni dans les textes du GATT ni dans ceux de l'OMC une définition officielle de ce qui constitue un « pays en développement », ni même du concept « développement »[4]. À la création de l'OMC, ce sont les Parties contractantes au GATT qui ont, elles-mêmes, déterminé la catégorie à laquelle elles appartenaient. C'est une application du mode de sélection, appelé « auto-élection ». Ce faisant, la vaste catégorie des PED regroupe des pays marqués par la faiblesse du PNB et incapables de répondre aux besoins élémentaires de leurs populations, car handicapés par le défaut de liaison entre les modes de production modernes et les activités traditionnelles, mais aussi des pays qui ont franchi des seuils dans la marche de développement, appelés aujourd'hui des « émergents »[5].

La création de l'OMC comme organisation internationale à part entière, contrairement au GATT qui n'est qu'un accord multilatéral, qui engage ses parties contractantes, a permis aux PED de nourrir les grandes

---

[1] Communication de la Communauté européenne et de ses États membres, « *Un Accord de l'OMC sur la concurrence et ses rapports avec le développement* », 26 juillet 2001, WT/WGTCP/W/175, pp.02-03.

[2] On entend par *Droit de l'OMC* l'ensemble des règles contenues dans la « Charte de Marrakech », soit une soixantaine de textes, adoptés le 15 Avril 1994, et entrés en vigueur le 1er Janvier 1995 et qui obligent aujourd'hui 164 membres.

[3] DUVAL Isabelle, *op.cit*, p.04.

[4] Le mot « développement » apparaît pour la première fois dans la théorie économique après la Seconde Guerre mondiale, parallèlement à la mise en œuvre de la décolonisation, en Asie et en Afrique. Jusque-là, les métropoles s'étaient préoccupées non pas du développement, mais de la mise en valeur de leurs colonies. Voir : CHAUMONT Anne-Claire, L'objectif de développement durable de l'Organisation mondiale du Commerce, Éditions L'Harmattan, Paris, 2008, p.16.

[5] BOUVERESSE Jacques, Droit et politiques de développement et de la coopération, *op.cit*, p.11.

ambitions de voir cette organisation se pencher véritablement sur leurs préoccupations, après qu'ils ont amèrement établi un constat, selon lequel l'ONU n'avait pas tenu les promesses des « décennies du développement » successives, idem pour la CNUCED et que les stratégies du FMI et de Banque Mondiale volaient en éclats en Amérique latine et en Asie, alors que l'Afrique n'enregistrait que très peu de progrès économique, voire un net recul dans certaines régions subsahariennes[1]. En conséquence, le développement demeurait, au sein de ces organisations, une préoccupation marginale faite d'exemptions et d'exceptions sans réelle prise en charge.

Sous l'OMC, le TSD a changé de paradigme et il est passé d'un outil voué au développement des PED à un mécanisme employé à aider ces pays à mettre en œuvre les nouvelles politiques de libéralisation découlant des accords de l'OMC. Ce qui n'est pas du goût des PED qui exigent que tout accord sur le commerce et la concurrence doive intégrer la dimension développement, ce qui inclut l'application d'un traitement spécial et différencié de manière plus effective et plus cohérente. La nécessité d'adopter des approches innovantes à l'égard du TSD à l'interface du commerce et de la concurrence a été également exprimée par d'autres PED, qui ont estimé que c'était là un domaine dans lequel *de nouvelles propositions et de nouvelles solutions étaient nécessaires*[2].

Toutefois, en dépit que plus de deux tiers des 164 membres que compte actuellement l'OMC[3] soient des PED, la problématique du développement n'a jamais été une préoccupation majeure pour cette organisation planétaire. C'est ce qui justifie que le principe de la dualité des normes, dont l'une des caractéristiques est le traitement inégalitaire et qui n'a pénétré que timidement sous l'ère du GATT, n'existe presque plus dans les accords de l'OMC, y compris dans l'Accord GATT de 1994. L'OMC se contente de réserver aux PED un simple TSD sur une base provisoire, alors que l'enjeu du développement nécessite une

---

[1] ROLLAND Sonia Elise, « Une dimension du développement à l'OMC : pourquoi et comment ? », in : http://www.esil-sedi.eu/sites/default/files/Rolland.PDF, p.03.

[2] Voir l'intervention du Venezuela au Groupe de travail de l'OMC de l'interaction du commerce et de la politique de la concurrence, évoquée dans le Rapport sur la Réunion des 15-16 juin 2000, Note du Secrétariat, 15 septembre 2000, WT/WGTCP/M/11, para 41 : In : www.wto.org

[3] Le dernier membre ayant rejoint les rangs de l'Organisation est l'Afghanistan, et ce, depuis le 29 juillet 2016.

solution durable à long terme[1]. L'étude et l'analyse des dispositions liées au TSD portées par le droit de l'OMC confortent cette thèse.

Si les experts économiques ont reconnu l'apport positif du commerce au développement et que l'engagement des échanges commerciaux avec les pays développés constitue en lui-même une aide au développement, ce qui n'est pas sans stimuler l'intégration des PED dans le commerce multilatéral, eux qui voyaient auparavant l'ouverture commerciale comme une menace à leur souveraineté nationale[2], toutefois les deux notions (libéralisation et développement), idéologiquement antithétiques et néanmoins complémentaires, dénotent bien les tensions concernant la place du développement dans le cadre juridique de l'OMC.

En tant qu'organisation primant le libre-échange, l'OMC défend que : « *Ce n'est pas la mondialisation qui crée ce sentiment d'anxiété, c'est l'absence de moyens pour y faire face de manière appropriée. Autrement dit, c'est l'absence de gouvernance au niveau mondial qui pose problème* »[3]. À cette fin, il est nécessaire de mettre en place des moyens en faveur des PED pour les aider à s'insérer dans la mondialisation afin de leur permettre de bénéficier des avantages que procure le système commercial multilatéral (SCM), qui est un bien public mondial.

Si le TSD a été greffé sur la quasi-totalité des accords et décisions de l'OMC, les PED auxquels ce traitement devrait profiter ont affiché une insatisfaction quant à la portée de ce mécanisme. C'est ce qui justifie leur attitude de conditionner le lancement de tout nouveau cycle de négociations à l'évaluation des accords de l'OMC et à la prise en charge concrète de leur demande insistante, relative à un traitement préférentiel efficient en mesure de leur permettre de supporter les retombées de la mise en œuvre de ces accords.

En réponse, et partant de la donne que la majorité de ses membres sont des PED, l'OMC s'est engagée, par le biais de la Déclaration de Doha, signée le 14 novembre 2001, et qui est le point de départ de ce qui est appelé « cycle de Doha pour le développement », de mettre les besoins et les intérêts de ces pays au centre du programme de travail du cycle. L'OMC a promis de continuer *à faire des efforts positifs pour que les*

---

[1] OUDEBJI Mohamed, « Traitement spécial et différencié et développement dans le contexte de l'Organisation mondiale du Commerce », *Revue de la Recherche Juridique,* n° 02/ 2008, Marseille (France), 2008, p.997.

[2] NGUYEN Tien Vinh, « *Les problèmes juridiques de l'intégration des pays en développement au système commercial multilatéral de l'OMC : cas du Vietnam* », thèse de doctorat soutenue à l'école doctorale : « Économie, espaces sociétés, civilisations : pensée politique, critiques et pratiques sociales », Université Paris Diderot (Paris 7), France, 2013, p.01.

[3] ROLLAND Sonia Elise, *op.cit*, p 09.

pays en développement, et en particulier les moins avancés d'entre eux, s'assurent une part de la croissance du commerce mondial qui corresponde aux besoins de leur développement économique[1].

L'inscription du développement parmi ses objectifs premiers montre que l'OMC n'est plus une organisation uniquement vouée à la libéralisation des échanges, puisqu'elle accorde une place importante au développement[2]. Le lancement de ce cycle traduit également la conviction des membres quant à l'impérativité de traiter les déséquilibres initiaux dans les rapports nord-sud. La difficulté de la mise en œuvre des accords par les PED et la portée limitée du TSD, décidé à leur égard, ont été également démontrées par les différentes rencontres et séminaires organisés, que ce soit par l'OMC ou par d'autres organisations internationales. L'élaboration d'un agenda pour le développement l'est aussi pour arrimer l'OMC aux Objectifs du Millénaire pour le Développement (OMD), initiés par l'ONU[3].

La prépondérance du débat sur le développement dans les négociations encadrées par l'OMC traduit l'aveu des membres quant à l'insuffisance et l'ineffectivité du dispositif préférentiel aménagé à l'égard des PED. Quand on constate les méfaits de la mondialisation sur le respect des droits élémentaires reconnus, par les différents standards internationaux, à la personne humaine, notamment le droit à la nutrition et le droit à la santé, on s'interroge s'il y a réellement des retombées positives du TSD sur la protection de ces droits.

Constatant que les imperfections globales du droit de l'OMC menacent sensiblement leur stabilité économique et sociale, les PED ont exigé l'élaboration d'un cadre juridique fiable pour le TSD, différent de celui en cours et la révision des accords de l'OMC afin de les rendre plus cohérents avec la dimension développement. Une exigence qui implique que chaque accord soit analysé à l'aune de son impact sur le développement économique des pays et non pas de son impact sur le

[1] Par.2 de la Déclaration ministérielle sanctionnant les travaux de la quatrième conférence ministérielle de l'OMC, adoptée à Doha le 14 novembre 2001.

[2] MEZILI Imad et DERBAL Abdelkader, « La conflictualité du traitement spécial et différencié : le sort des pays en développement », *Économie & Société*, Université Constantine 2 -Abdelhamid MEHRI- n° 12, année 2016, Algérie, 2016, p.20.

[3] ABBAS Mehdi, « L'OMC et l'acte III de la globalisation : une nouvelle économie politique internationale du système commercial multilatéral ? », *Recherches internationales*, n° 01/2013, Grenoble (France), p.70.

fonctionnement du SCM[1]. Les PED ont affiché leur ambition de voir le cycle de Doha, qui s'est donné l'engagement de réexaminer *toutes les dispositions relatives au traitement spécial et différencié seront réexaminées en vue de les renforcer et de les rendre plus précises, plus effectives et plus opérationnelles*[2], remédier à toutes ces imperfections.

Ce livre examinera l'évolution de la formulation du « Traitement spécial et différencié » et tentera de déterminer si la nouvelle expression peut effectivement s'appliquer à l'interface de la politique commerciale et de la politique de la concurrence. Cela implique de s'interroger si le traitement préférentiel est susceptible d'offrir aux PED les meilleures conditions pour s'intégrer dans la sphère économique internationale sans que la libéralisation ait droit des aspirations de leurs populations à une vie décente, avec le respect des pleins droits reconnus à la personne humaine par les différents accords internationaux, notamment ceux relatifs aux droits de l'Homme.

Le livre s'attellera également sur le degré de protection des intérêts des PED dans le droit de l'OMC. Tout comme il étudiera les paramètres ayant conduit à l'insatisfaction de la dimension développement et les perspectives pour la mutation de ce droit en faveur de la prise en compte des intérêts des PED. Il reviendra, par la suite, sur la réflexion engagée sur la réforme du TSD, qui pourrait exiger la graduation des PED et l'abandon de l'auto-élection, qui a engendré une vaste catégorie de PED aux intérêts économiques éloignés.

---

[1] ABBAS Mehdi, « L'Organisation mondiale du Commerce : l'ère des rendements décroissants », *Cahier de recherche de l'EPIID (Economie Politique de l'Intégration Internationale et du Développement) de l'université de Grenoble,* Janvier 2005, Grenoble (France), 2005, p.08.

[2] Par.44 de la Déclaration ministérielle sanctionnant les travaux de la quatrième conférence ministérielle de l'OMC, adoptée à Doha (Qatar) le 14 novembre 2001.

CHAPITRE 1 :

De l'origine et de l'évolution du traitement préférentiel dédié aux pays en développement

Afin d'intégrer le système commercial international, les pays en voie de développement qui recouvraient, tour à tour, leur souveraineté ont demandé un traitement préférentiel en cohérence avec leur niveau de développement économique et social. C'est ce qui a fait que la question du développement s'est imposée dans les négociations commerciales internationales dès la conclusion de l'Accord GATT en 1947.

Cette attitude est loin d'être une résistance devant la libéralisation et l'ouverture des marchés, mais juste une volonté de ne pas laisser le système multilatéral transgresser des droits élémentaires reconnus par les standards internationaux à la personne humaine, tel que le droit à une vie digne, le droit à la nutrition, le droit à la santé...

La communauté internationale a tardé pour l'élaboration d'une stratégie en mesure de prendre en compte les préoccupations spécifiques des PED. Le droit du commerce international a pris du temps pour reconnaître le régime dérogatoire en faveur des PED et la règle ne s'est imposée que tardivement. Le mécanisme du traitement préférentiel a toutefois connu une importante évolution depuis son émergence avec le concours des Nations Unies.

1- De l'émergence du concept à l'ONU à la consécration de la dualité des normes

En dépit que les pays en voie de développement n'aient pas participé activement dans l'élaboration de ses règles, l'Accord GATT de 1947 a traité de la place à réserver à ces pays. De même pour les textes complémentaires adoptés après cette date. Les pays du sud qu'on désignait, au temps du GATT, par l'appellation : « membres peu développés »[1] ont fédéré leurs efforts, dès l'émergence du concept du traitement différencié par le concours des Nations-Unies, dans l'objectif de la mise en place d'un régime dérogatoire qui profitera à leurs peuples, déchirés par les guerres et par la pauvreté. Le développement est alors considéré comme la solution globale permettant de résoudre à terme les inégalités socioéconomiques entre les États. C'est ainsi que les règles du droit international économique ont été élaborées dans ce sens.

Le concours de l'ONU s'est concrétisé par le lancement de plusieurs décennies pour le développement et par l'adoption de multiples plans et stratégies à cet effet. Néanmoins, plus de soixante-dix ans après l'adoption des premiers textes internationaux, le bilan apparaît particulièrement contrasté.

1-1 De la genèse de la revendication liée à un traitement différencié en faveur des pays en développement

Nouvellement indépendants, les PVD ont vite constitué un réseau d'organisations et des blocs régionaux en vue de donner suite à leurs revendications et à leurs aspirations pour un monde protecteur des droits des peuples à une vie décente. Dès lors, ils ont identifié un certain nombre de thèmes d'intérêt primordial pour leur développement[2], tout comme ils ont milité pour l'abrogation du principe de l'égalité formelle en droit international classique. Dans ce sens, de nombreux PVD d'Amérique centrale et d'Amérique latine ont pris part aux travaux de la conférence de Brettons- Woods en 1944 et qui a débouché sur la création du FMI et de la Banque Internationale pour la Reconstruction et le Développement (BIRD). Aussi, la charte de La Havane, fondatrice de l'OIC, a recueilli les signatures de nombreux PVD.

La revendication liée au traitement différencié a également trouvé place dans la Charte des Nations Unies qui se trace comme objectif de

[1] Comme c'est le cas dans la Partie IV de l'Accord GATT de 1947où le par.1 b) de l'article 36 a utilisé le concept : « des parties contractantes peu développées ».

[2] Il s'agissait notamment des quotas et tarifs douaniers frappant l'exportation de matières premières (notamment agricoles), la réglementation des investissements étrangers et du transfert de technologie.

réaliser la coopération internationale en résolvant les problèmes internationaux d'ordre économique, social, intellectuel ou humanitaire[1].

1-1-1 La contestation de l'égalité formelle en droit international classique

Soucieux de l'avenir de leurs populations, les PVD ont cherché les moyens en mesure de leur permettre d'« imposer » dans le droit international des règles en faveur de la défense de leurs richesses et en faveur de l'équité des relations commerciales multilatérales. Ayant monté des blocs régionaux, à l'image du CEPAL (Commission Économique pour l'Amérique Latine), juste après la fin de la Deuxième Guerre mondiale, les PVD ont réussi à intégrer, notamment au sein de l'ONU, la réflexion sur un traitement différencié, à l'opposé de ce qui est porté dans l'Accord GATT de 1947.

L'interférence de la CNUCED[2] a pesé dans la satisfaction de certaines revendications[3] et a fini par opérer un changement remarquable dans le paysage commercial international.

A- Les impératifs à l'accord d'un traitement préférentiel à une catégorie distincte de partenaires économiques

Les PED se sont employés pour revendiquer un traitement différent et plus favorable au sein du GATT, surtout que onze des vingt-trois premiers signataires étaient des PED[4].

---

[1] Article 1/3 de la Charte des Nations Unies signée à San Francisco le 26 juin 1945, à la fin de la Conférence des Nations Unies pour l'Organisation internationale, et entrée en vigueur le 24 octobre 1945.

[2] La création de la CNUCED l'a été suite à la résolution 1707 (XVI), par laquelle l'AG de l'ONU a demandé au SG de l'Organisation d'entreprendre des consultations avec les États membres *sur l'opportunité de tenir une conférence internationale chargée d'examiner les problèmes du commerce international* (Par.6 de la Résolution 1707 (XVI) adoptée par l'AG de l'ONU en date du 19 décembre 1961), qui a été suivie par l'adoption de la résolution 1995 (XIX) le 30 décembre 1964, par laquelle l'AG donne naissance à la Conférence des Nations Unies pour le Commerce et le Développement en tant qu'organe de l'assemblée générale. Voir à ce propos : SOUMAORO Souleymane, « *L'adaptation de la CNUCED au nouveau cadre de la coopération internationale pour le développement* », thèse de doctorat en droit international public de l'Université Paris 1 -Panthéon Sorbonne-, France, 2007, p.16.

[3] Dont la plus remarquable en est le Système Généralisé de Préférences, élaboré lors de la seconde session de la CNUCED tenue en 1968. Le texte relatif au SGP et qui est intégré dans le droit de l'OMC est intitulé : « Annexe D-2 Dérogations : Système Généralisé de Préférences *Décision du 25 juin 1971 (L/3545 »).*

[4] Ces pays sont les suivants : Brésil, Birmanie (Myanmar), Sri Lanka, Chili, Cuba, Chine, Inde, Liban, Pakistan, Rhodésie du Sud (Zimbabwe) et Syrie.

Devant un monde qui se réclame de la justice commutative d'Aristote, du « *do ut des* » des Romains : je donne pour que tu me donnes et de l'égalité du traitement, les pays en développement redoutaient les effets de la concurrence et de l'ouverture commerciale sur leurs économies[1]. C'est ce qui a justifié la demande d'un traitement préférentiel en faveur des pays présentant des difficultés pour s'imposer dans le marché des échanges mondiaux, surtout que la différence du niveau de développement entre les pays est une réalité reconnue même par l'assemblée générale de l'ONU qui, lors de sa première session avait avoué explicitement que : « *les membres des Nations-Unies ne sont pas tous parvenus au même stade de développement* »[2].

Ainsi donc, le traitement préférentiel, appelé par la suite « traitement spécial et différencie » se présente comme un traitement compensateur pour parvenir à une égalité réelle. L'objectif est de substituer au principe de non-discrimination très en vogue dans les échanges mondiaux le principe de traitement préférentiel, tenant compte de la différence de niveau économique des pays. Au début des années 1960, cette revendication commençait à grandir et à attirer la sympathie et l'adhésion de plusieurs membres de la communauté internationale[3].

La question inhérente à l'accord d'un traitement préférentiel aux pays en développement est évoquée, une première fois, dans l'enceinte du GATT, en 1963, par les ministres de la CEE et les pays associés de la CEE. Ces derniers ont évoqué la nécessité de l'octroi d'un traitement préférentiel en faveur des PED pour leurs exportations de produits semi-finis et de produits manufacturés.

Un plan prévoyant un système de préférences tarifaires sélectives et graduelles, instituées produit par produit, entre les pays développés et les PED a été présenté au GATT et à l'OCDE en 1963 et appelé : « Plan Basseur ». Ce plan n'a pas été retenu car rejeté par les PED sous prétexte qu'il ne prenait pas en charge tous les produits exportés[4].

---

1 BOUVERESSE Jacques, *op.cit*, p.80.

2 Voir : Résolution 52 de la première session de l'Assemblée générale de l'ONU, tenue 14 décembre 1946).

3 L'Australie est le premier pays qui a affiché son intention à d'introduire un système de droits préférentiels à l'importation d'articles manufacturés et de produits d'artisanat fabriqués dans les PED. Ce système préférentiel est entré en vigueur en 1966, après avoir obtenu la dérogation (Waiver) nécessaire du GATT. Voir : ITOUA Gilbert, « *Heurs et malheurs du régime préférentiel en droit du commerce international* », thèse de doctorat en droit du commerce international, Université René Descartes –Paris V-, France, 1998, p.40.

4 Ibid.p.41.

Les PED ont demandé à la communauté internationale d'œuvrer pour l'avènement de mécanismes de redistribution des bénéfices et dans l'aménagement d'instruments juridiques permettant la correction et l'amenuisement des disparités économiques entre les différents pays de la planète[1].

La revendication d'un traitement préférentiel tient beaucoup au fait qu'une inégalité de traitement est inéluctable pour procurer l'égalité de chances, comme cela a été constaté par le professeur Lacharrière qui estime que : « *l'égalité n'est juste qu'entre égaux* »[2]. De ce fait, des appels ont été lancés en vue de la réforme du système commercial mondial et l'abandon de la neutralité génératrice d'iniquités. L'instauration d'un traitement adapté à la situation économique de chaque pays a été jugée comme seul remède pour permettre aux pays sous-développés de se lancer dans la libéralisation et de lever par la même toutes les craintes quant aux effets de ce choix sur leurs populations.

L'argument essentiel pour justifier la demande d'instauration d'un TSD est lié à la recherche du moyen avec lequel la répartition des richesses provenant de l'ouverture des marchés soit équitable pour tous les acteurs économiques mondiaux (la justice distributive) a été l'argument principal évoqué pour appuyer la demande d'un traitement préférentiel en faveur des PED[3].

Un autre argumentaire pour l'accord d'un traitement différencié aux pays démunis trouve son origine au fait que les pays développés ont tout intérêt d'accorder un TSD à leurs partenaires en développement qui hébergent 75 % de la population mondiale et qui constituent, du coup, un marché florissant pour leurs entreprises. Aider ces pays à disposer de revenus suffisants pour importer des biens et services serait ainsi à l'avantage même des pays développés.

Dans un autre registre, l'adoption d'un traitement favorable aux pays démunis est jugée comme seul remède contre les menaces qui guettent le droit à la nutrition, d'autant plus que la libéralisation accrue des échanges internationaux a causé des menaces sur les marchés nationaux de produits vivriers chez les PED. Ces marchés sont en éternelle menace de destruction, sous l'effet du dumping de produits essentiels à

---

[1] DUVAL Isabelle, *op.cit*, p.03.
[2] AEKA-PUTRA Prasit, op.ci, p.34.
[3] DUVAL Isabelle, *op.cit*, p.02.

l'alimentation en provenance des pays riches, aidés par les subventions gouvernementales aux producteurs et aux exportateurs agricoles[1].

La libéralisation engendre principalement la perte d'autonomie économique et alimentaire des régions rurales des PED, où les petits fermiers subissent les conséquences de l'instabilité des cours, fixés sur le marché international par les grands acteurs économiques[2].

L'hégémonie des partenaires développés sur les échanges mondiaux avec les PED a engendré des retombées néfastes sur les PED comme la dégradation des conditions de travail et de vie de la plupart des ouvriers activant dans l'agriculture ; la dévastation de l'environnement par les intrants chimiques et les méthodes de production intensive ; l'interdiction des syndicats indépendants... C'est pour cela que les PED ont plaidé en faveur de l'institution d'une nouvelle base pour l'ouverture du commerce qui tienne compte de la situation particulière des PED.

L'instauration du TSD traduit également le souci de défendre le droit à la nutrition, qui figure parmi les droits fondamentaux de la personne humaine. Dans ce sens, les PED ont présenté diverses propositions visant à protéger et à renforcer leur capacité de production vivrière, notamment pour ce qui concerne les produits alimentaires de base[3]. En outre, ils ont proposé à ce que la clause de sauvegarde spéciale soit maintenue et seulement pour les PED, tout comme ils ont suggéré la création d'une catégorie spéciale d'aide au développement pour le domaine agricole[4].

B- La plaidoirie onusienne pour l'instauration d'un double régime normatif

Pour faire face au système commercial multilatéral, ainsi qu'aux théories libérales sur lesquelles il reposait et qui désavantageraient les pays en développement, une alliance est née pour désavouer ce système et exiger sa réforme. L'économiste argentin, Raul Prebisch, alors Secrétaire exécutif de la CEPAL (Commission Économique pour l'Amérique latine) s'est affiché comme chef de file de cette opposition,

---

[1] JOHNSON Pierre, Commerce équitable (Propositions pour des échanges solidaires au service du développement durable), Éditions Charles Léopard Mayer, Paris, 2003, p.29.

[2] *Ibid.* p.31.

[3] Leurs propositions dans ce sens visent également la sauvegarde d'emplois en faveur de la population pauvre des zones rurales et la protection des petits agriculteurs de la concurrence des produits importés à bon marché. Voir : MESSAD Rafik, « *Le contentieux agricole dans le cycle de Doha* », mémoire de magister en droit de la coopération internationale, Université Mouloud MAMMERI de Tizi-Ouzou, 2011, p.66.

[4] BEN HAMOUDA Hakim, l'Afrique, l'OMC et le développement, Maisonneuve & Larose, Paris, 2005, p.205.

ce qui n'est pas sans faire de son organisation le porte-voix des PVD. Ces derniers ont exigé l'adoption d'un double régime normatif en adéquation avec le niveau de développement de chaque pays, seule mesure pour pallier les effets négatifs de la libéralisation sur les pays pauvres.

La décennie 1960- 1970, marquée par l'accès d'un bon nombre de PED à la souveraineté, a connu la montée de la revendication de ces pays d'un régime normatif en faveur du développement. Leur revendication est motivée par leur crainte de voir la libéralisation provoquer des effets néfastes sur leurs populations, déjà frappées par des multiples crises. Leurs revendications ont vite trouvé une résonance universelle et plusieurs parties ont adhéré à leurs thèses, jugées de légitimes.

L'Assemblée générale des Nations-Unies s'est vite saisie de ce dossier jusqu'à devenir la tribune sur laquelle les pays du tiers-monde ont pu exprimer leurs demandes. Les PED sont arrivés jusqu'à réclamer l'organisation d'une conférence pour traiter de leurs revendications et d'arrêter un plan d'action sur l'échelle mondiale qui prendra en charge l'intégration des pays du sud nouvellement indépendants dans le système multilatéral.

Comme première démarche en vue de réussir cette action, une première Conférence des Nations Unies sur le Commerce et le Développement (CNUCED) a été convoquée par l'AG de l'ONU. Cette conférence a eu lieu à Genève en 1964 et qui a vu la nomination de Raul Prebisch comme Secrétaire général de cette conférence.

Les demandes des PED lors de cette conférence ont été axées sur la demande d'un double régime normatif, tenant en compte la différence du niveau de développement économique des pays.

Cette conférence a accepté et adopté la demande des PVD inhérente au principe de non-réciprocité. Quant à la demande liée aux préférences tarifaires en faveur des PED a été d'emblée rejetée par les pays développés et a fallu des négociations serrées pour que ce principe soit satisfait[1].

La revendication par les PVD d'un régime préférentiel leur permettant d'intégrer, sans embûches, le commerce multilatéral ne suffirait pas sans leur association au processus de prise de décision. Ils estiment que le

[1] Voir : CNUCED : Actes de la Conférence des Nations Unies sur le commerce et le développement 1 Acte final et Rapport, Publié par DUNOD Editeur Paris avec la collaboration des Nations Unies, Paris, 1965, pp.20-25.

droit international ne sera efficace que dans le cas où les règles qui le composent seraient universellement admises[1].

L'association des PED au processus de prise de décision et la démocratisation des relations économiques internationales ont été longtemps parmi les revendications des pays du sud et des organisations les unissant, à l'instar du mouvement des non- alignés[2].

La Déclaration générale de l'ONU concernant l'instauration d'un nouvel ordre économique international, adoptée en 1974 a approuvé la participation active, pleine et équitable des pays en voie de développement à la formulation et à l'application de toutes les décisions qui concernent la communauté internationale[3]. Une participation pleine et réelle de tous les pays sur une base d'égalité au règlement des problèmes économiques mondiaux a été également retenue par cette Déclaration[4].

La revendication des PED d'un ordre économique équitable a été transformée en droit par la Charte des droits et devoirs économiques des États, adoptée le 12 décembre 1974, d'autant que le paragraphe 10 de cette déclaration énonce : « *tous les États sont juridiquement égaux et, en tant que membres égaux de la communauté internationale, ont le droit de participer pleinement et effectivement à l'adoption, au niveau international, des décisions visant à résoudre les problèmes économiques, financiers et monétaires mondiaux* »[5].

1-1-2 L'agrément par l'ONU de la revendication liée à l'instauration d'un traitement préférentiel pour les PED

Après son introduction dans les débats internationaux, le traitement préférentiel a été vite repris par l'AG de l'ONU. Dans bon nombre parmi ses déclarations sur le développement[6], l'instance onusienne n'a pas cessé de plaider pour l'instauration d'un nouvel ordre économique

---

[1] MAHIOU Ahmed, « Les implications du nouvel ordre économique et le droit international », *op.cit*, p.426.

[2] Ibid.p.425.

[3] Par. 2 de la Résolution 3202 (S-VI) du 1er mai 1974 (Programme d'action concernant l'instauration d'un nouvel ordre économique international).

[4] Par. 4 de la Résolution 3202 (S-VI) du 1er mai 1974, *op.cit.*

[5] Résolution 3281 (XXIX) du 12 décembre 1974 (Charte des droits et devoirs économiques des Etats).

[6] D'ailleurs, l'AG de l'ONU a appelé en 1970 dans sa stratégie internationale du développement en marge de sa 25eme session à la mise en œuvre le plus rapidement possible des arrangements sur le SGP et aussi à la négociation et à la mise en œuvre des plans d'intégration régionale entre les PVD. Voir : Résolution 2626 (XXV) de l'AG de l'ONU 25eme session (Stratégie internationale du développement pour la deuxième décennie des Nations Unies pour le développement A8124 et Add1), adoptée le 24 octobre 1970.

mondial, fondé sur le plein respect du principe du « *traitement préférentiel et sans réciprocité pour les pays en voie de développement, chaque fois que cela est faisable, dans tous les domaines de la coopération économique internationale chaque fois que cela est possible* »[1]. L'appui des Nations-Unies à la cause des PED a eu la répercussion sur la conclusion de textes internationaux consacrant la dimension développement.

A- Les mutations institutionnelles consécutives à la revendication d'un nouvel ordre économique international

Si le concept développement est défini par la doctrine comme étant : *« l'élévation du niveau de satisfaction des besoins essentiels, dans leur ordre et leur hiérarchie, par l'organisation volontaire d'une dynamique autonome longue »*[2], la communauté internationale a pris du temps avant d'insérer ce terme dans son lexique juridique.

En effet, le premier texte juridique international qui a utilisé le critère développement pour classer les États du monde a été l'article 22 du traité de Versailles instituant la Société des Nations (SDN)[3]. Après coup, il aura fallu attendre le 20 janvier 1949 pour marquer une autre citation du mot « développement » qui a été dans un discours prononcé par l'ancien président américain, Harry S. Truman où il a annoncé que le monde est divisé en nations sous- développées et nations développées[4].

La première citation du mot « développement » dans l'arsenal juridique onusien est faite dans, l'article 55-a de la Charte de l'ONU. Les

[1] Résolution 3201 (S- VI) de l'AG de l'ONU 6eme session extraordinaire (*Déclaration concernant l'instauration d'un nouvel ordre économique international. À /9556)*, adoptée le 1er mai 1974.

[2] GERARD DESTANE de Bernis, « Quel commerce pour quel développement ? », in : *« Commerce international et développement soutenable »* sous la direction de DAMIAN Michel et GRAZ JEAN- Christophe, Éditions Economica, Paris, 2001, p.92.

[3] Le premier paragraphe de cet article évoque que : « *le bien-être et le développement de ces peuples forment une mission sacrée de civilisation, et il convient d'incorporer dans le présent pacte des garanties pour l'accomplissement de cette mission* » comme un traitement qui doit être réservé *aux colonies et territoires qui, à la suite de la guerre, ont cessé d'être sous la souveraineté des États qui les gouvernaient précédemment* ». Le texte du Pacte de Versailles est disponible sur le site : http://mjp.univ-perp.fr/traites/sdn1919.htm

[4] De tradition fortement anticoloniale en raison de leur propre lutte d'indépendance, les États-Unis ont plaidé dès 1949 au démantèlement des grands empires coloniaux européens car cela leur permettra d'avoir accès à de nouveaux marchés mais aussi éviter de voir les pays pauvres basculer dans le camp communiste. C'est ainsi que le président Truman a insisté que les États-Unis doivent apporter leur assistance financière, économique et technologique à tous les États de la planète. Lire : JOUANNET Emmanuelle, Que-ce qu'une société Internationale juste ? Le droit international entre développement et reconnaissance, Éditions A.Pedone, Paris, 2011.p.14 et p.15.

articles, 1er et 3 de la Charte indiquent aussi que le développement figure dans les objectifs visés par le nouvel ordre juridique international[1].

Par le fait que des experts, à commencer par l'économiste argentin, Raul Prebisch, étaient arrivés à constater que puisque le développement du nord repose sur le sous-développement du Sud, il faut avant tout briser les liens de dépendance entre les pays riches et les PED et instaurer un système économique national qui garantisse leur indépendance[2].

C'est ainsi que la mise en place de stratégie de développement qui profitera aux pays du sud a été une résultante des démarches onusiennes en faveur du développement.

L'accession de Prebisch au poste de secrétaire général de la CNUCED, en 1964, lui a permis de réitérer les mêmes recommandations dans son rapport introductif et propose qu'un régime juridique préférentiel soit accordé aux PED en tenant compte de leur situation économique fébrile.

Cette proposition est en totale contradiction avec deux principes fondamentaux du GATT de 1947, à savoir : la non-discrimination et la réciprocité entre les membres et elle brise le principe de l'égalité formelle en droit international classique. Il a réussi à inculquer ses thèses à la CNUCED qui va œuvrer en ce sens jusqu'à être considérée comme anti-GATT[3].

Les démarches conjuguées de l'AG de l'ONU et de la CNUCED en faveur de l'instauration d'un nouvel ordre économique mondial en faveur du développement ont débouché sur de nombreux changements institutionnels.

D'abord, les parties contractantes du GATT ont dû réformer l'Accord de 1947 avec l'introduction de la Partie IV (Commerce et développement). Aussi, la Banque mondiale et le FMI ont introduit plusieurs mesures d'assouplissement et de nouvelles règles pour faciliter

---

[1] L'article 55-a de la Charte de l'ONU énonce que : « *En vue de créer les conditions de stabilité et de bien-être nécessaires pour assurer entre les nations des relations pacifiques et amicales fondées sur le respect du principe de l'égalité des droits des peuples et de leur droit à disposer d'eux-mêmes, les Nations Unies favoriseront : a- Le relèvement des niveaux de vie, le plein emploi et des conditions de progrès et de développement dans l'ordre économique et social...* ».

[2] Dans ces suggestions, Prebisch estime que les nouvelles nations doivent notamment engager des investissements nationaux et établir une législation adaptée en matière d'import/export qui les protège. Lire : JOUANNET Emmanuelle, *op.cit*, p.24.

[3] JOUANNET Emmanuelle, *op.cit*, p.25.

le financement du développement et la gestion de la dette, en tenant compte des critiques qui leur sont adressées[1].

Ces démarches ont eu l'impact aussi sur la réorientation des mécanismes de la coopération internationale, à l'instar du PNUD, CNUCED, Commission des Nations Unies pour le droit commercial international... etc.[2] Elles ont influé également dans l'élaboration de certains régimes juridiques internationaux, qu'ils soient universels (transfert de technologie, protection de l'environnement, statut du fond des mers... etc.), régionaux (accords CEE-ACP, encouragement des intégrations régionales dans les PED) ou bilatéraux (aide au développement, accords de protection des investissements)[3].

B- L'impact de l'appui onusien sur la conclusion de textes internationaux consacrant la dimension développement

Fraîchement accédés à l'indépendance, les PED remettaient en cause, depuis les années 1960, le système économique mondial et les institutions destinées à le soutenir. Ils ont avancé que la priorité doit être accordée au développement. Reçue, leur demande a obligé les organisations à se réformer et à se transformer, même si des troubles ont accompagné le processus de cette transformation[4]. Dans ce sens, l'ONU a demandé à son AG[5] de créer des organes subsidiaires qu'elle juge nécessaires à l'exercice de ses fonctions[6].

---

[1] MAHIOU Ahmed, « La Déclaration concernant l'instauration d'un nouvel ordre économique international », article émis dans : *« United Nations of International Law »,* United Nations, 2010, in : http://legal.un.org/avl/pdf/ha/ga_3201/ga_3201_f.pdf , p.04.

[2] À cela s'est ajoutée parfois, la création de nouvelles institutions avec notamment le Fonds international de développement agricole et le Fonds commun pour les produits de base qui viennent s'ajouter aux accords de produits existants. Voir : MAHIOU Ahmed, « La Déclaration concernant l'instauration d'un nouvel ordre économique international », *op.cit,* p.04.

[3] *Ibid.* p.04.

[4] BOUVERESSE Jacques, Droit et politiques de développement et de la coopération, Presses Universitaires de France, Paris, 1990, p.96.

[5] Par le biais de l'article 22 de la Charte des Nations-Unies et qui énonce : « *L'Assemblée générale peut créer les organes subsidiaires qu'elle juge nécessaires à l'exercice de ses fonctions* ».

[6] Toutefois, ces organes manquent d'autonomie de décision et sont victimes du système juridico financier qui les gouvernent. Du coup, ils restent sous la coupe du système central, dominé par les pays occidentaux. Le principe du rattachement des institutions spécialisées à l'ONU est posé par l'article 57/1 de la Charte de l'ONU et qui stipule : « *Les diverses institutions spécialisées créées par accords intergouvernementaux et pourvues, aux termes de leurs statuts, d'attributions internationales étendues dans les domaines économique, social, de la culture intellectuelle et de l'éducation, de la santé publique et autres domaines connexes sont reliées à l'Organisation conformément aux dispositions de l'Article 63* ».

Sous la pression des PED, l'ONU a adopté, le 12 décembre 1974, la Charte des droits et devoirs économiques des Etats, et qui a instauré un nouvel ordre économique international (NOEI). Ce qui n'a été qu'une réponse à une revendication- phare des PED, puisque le projet d'un NOEI était en débat, dans plusieurs forums mondiaux[1], avant sa proclamation par l'ONU, par la résolution du 1er mai 1974[2].

La Charte des droits et devoirs économiques des États a permis la refonte des règles du droit international économique après des siècles de domination des pays du Sud[3]. Elle affirmait, entre autres, que les États ont le devoir de *« prendre des mesures destinées à assurer des avantages supplémentaires pour le commerce international des pays en voie de développement »*[4]. De façon moins contraignante, la Charte prévoyait aussi que les États devraient élargir le SGP et envisager l'adoption d'autres mesures opérationnalisant le TSD. En lien avec l'intégration économique régionale, elle proclamait le droit des PED de s'accorder mutuellement des préférences commerciales sans en étendre le bénéfice aux pays développés[5].

En 1986, l'AG de l'ONU a adopté[6] une résolution sur le droit au développement[7]. Un texte qui vise à donner contenu au concept *développement,* en plaçant l'être humain en son cœur comme sujet central et non pas comme son objectif[8]. La résolution désigne les

---

[1] Le débat sur le nouvel ordre économique international l'était notamment au sein de la CNUCED, mais également au sein du mouvement des non-alignés, notamment lors de leur sommet à Alger en 1973.

[2] Par cette résolution, les membres de l'ONU s'engagent à : « *travailler d'urgence à l'instauration d'un nouvel ordre économique international fondé sur l'équité, l'égalité souveraine, l'interdépendance, l'intérêt commun et la coopération entre les États indépendamment de leur système économique et social, qui corrigera les inégalités et rectifiera les injustices actuelles, permettra d'éliminer le fossé croissant entre les pays développés et les pays en voie de développement et assurera, dans la paix et la justice, aux générations présentes et futures, un développement économique et social qui ira en s'accélérant* ». Voir : Résolution 3201 (S- VI) de l'AG de l'ONU 6eme session extraordinaire (*Déclaration concernant l'instauration d'un nouvel ordre économique international. À /9556)*, adoptée le 1er mai 1974, *op.cit.*

[3] JOUANNET Emmanuelle, *op.cit*, p.35.

[4] Article 8 de la Résolution 3281 (XXIX) du 12 décembre 1974 (Charte des droits et devoirs économiques des Etats), *op.cit.*

[5] COTE Charles-Emmanuel, *op.cit*, p.129.

[6] Contrairement à la Charte de 1974, ce texte a été majoritairement adopté puisque 146 membres de l'AG ont voté pour contre une seule voix contre (celle des États-Unis) et huit abstentions. La déclaration est d'une grande importance que ce soit du point de vue conceptuel qu'en ce qui concerne ses implications politiques

[7] Résolution 41/128 du 4 décembre 1986 « Déclaration sur le droit au développement ».

[8] KUNANAYAKAM Tamara, Quel développement ? Quelle coopération internationale ? (La déclaration des Nations-Unies sur le droit au développement : pour un nouvel ordre international), Éditions CETIM, Genève (Suisse), 2007, p.12.

obstacles au développement, que ce soit sur le niveau national qu'international. Elle stipule que tous les États doivent créer les conditions nécessaires à sa réalisation, ce qui implique que tous se partagent la responsabilité d'un échec[1]. La résolution considère que : « *Le droit au développement est un droit inaliénable de l'homme en vertu duquel toute personne humaine et tous les peuples ont le droit de participer et de contribuer à un développement économique, social, culturel et politique dans lequel tous les droits de l'homme et toutes les libertés fondamentales puissent être pleinement réalisés, et de bénéficier de ce développement* »[2].

La concrétisation des visées du droit du développement a continué à faire partie des objectifs premiers de l'ONU. Cette dernière a établi une liste de huit objectifs[3] à atteindre à l'horizon 2015. Il s'agit notamment de la diminution de l'extrême pauvreté, de la réduction des taux de mortalité infantile, de la lutte contre les épidémies telles que le VIH/Sida, et de la mise en place d'un partenariat mondial pour le développement.

Pour réussir ces objectifs, l'ONU a appelé les autres organisations internationales à y collaborer, mais aussi à réussir un partenariat mondial pour le développement[4]. L'OMC est principalement concernée par l'OMD 8, à savoir la construction d'un partenariat mondial pour le développement. Cependant, ses activités se rapprochent également de l'objectif lié à l'éradication de l'extrême pauvreté et de la faim.

1-2 La réception du concept dans les relations multilatérales et la consécration de la dualité des normes

Ayant admis l'inconcevabilité de soumettre au même traitement juridique des partenaires commerciaux inégaux, la communauté internationale a admis l'introduction du TSD dans les échanges

---

[1] Cette Déclaration est lue comme traduction de la proposition émise en 1972, par le directeur de l'institut international des droits de l'homme de Strasbourg, Karel Vasak qui proposa une troisième génération des droits de l'homme que l'on pourrait appeler les droits de la solidarité, tel que le droit du développement. Voir : KUNANAYAKAM Tamara, *op.cit*, p.12 et p.08.

[2] Article 1er de la Résolution 41/128 du 4 décembre 1986, *op.cit*.

[3] Objectif 1 : Réduire l'extrême pauvreté et la faim ; Objectif 2 : Assurer l'éducation primaire pour tous ; Objectif 3 : Promouvoir l'égalité des sexes et l'autonomisation des femmes ; Objectif 4 : Réduire la mortalité infantile ; Objectif 5 : Améliorer la santé maternelle ; Objectif 6 : Combattre le VIH/SIDA, le paludisme et d'autres maladies ; Objectif 7 : Préserver l'environnement ; Objectif 8 : Mettre en place un partenariat pour le développement. In : « *L'OMC et les objectifs du millénaire pour le développement* », note émise par le secrétariat de l'OMC et disponible sur le site : www.omc.org.

[4] « *L'OMC et les objectifs du millénaire pour le développement* », *op.cit*.

commerciaux multilatéraux. Ayant été derrière l'introduction de ce nouveau mécanisme dans la pratique internationale, la CNUCED a continué à réserver au TSD une place de choix dans ses réunions cycliques tous les quatre ans[1]. Le Secrétariat de la CNUCED publie également un rapport annuel concentré sur les rapports entre commerce et développement. L'intronisation du TSD dans les relations commerciales multilatérales allait de pair avec la consécration du principe de la dualité des normes et l'avènement du droit international du développement.

1-2-1 L'approche donnée au concept du traitement spécial et différencié

Le mécanisme de TSD consacre, du point de vue juridique, la renonciation au principe fondamental de non-discrimination pour les États en développement[2]. De manière générale, il signifie que les droits et privilèges offerts par les accords du GATT ou de l'OMC, s'appliquent exclusivement aux PED et non pas aux autres membres développés. Le défaut de définition du concept « *pays en développement* » s'est répercuté sur la définition du « *traitement spécial et différencié* », qui tarde à trouver une conceptualisation exhaustive. Le défaut de conceptualisation n'a toutefois pas retardé son application dans les relations multilatérales, surtout que son intronisation est justifiée par plusieurs raisons.

A- Aperçue des concepts de « pays en développement » et de « traitement spécial et différencié »

Comme nous l'avions rapporté précédemment, le TSD englobe les dispositions préférentielles introduites dans le droit de l'OMC au bénéfice des PED. Il est légitimement considéré comme la pierre angulaire du droit international du développement. Ce mécanisme traduit la conviction suivant laquelle les industries des PED ont encore besoin d'aide sur leur marché national (protection) comme à l'exportation (préférences) pour pouvoir ingérer le champ concurrentiel mondial[3].

Il n'existe aucune définition admise de la notion de « pays en développement »[4]. Économistes et juristes, tant marxistes ou libéraux, se

---

[1] COTE Charles-Emmanuel, *op.cit*, p.118.

[2] OUDEBJI Mohamed, *op.cit*, p 997.

[3] VINCENT Philippe, L'OMC et les pays en développement, Larcier, Bruxelles (Belgique), 2010, p.09.

[4] Il est opportun de noter que le système GATT/OMC se contente d'utiliser trois expressions pour distinguer ses membres : pays développés, pays en développement et pays moins avancés…/…

disputent sur les critères permettant de déterminer si un pays est développé ou en développement[1]. Il a été proposé que la désignation des PED repose sur le critère de l'indice de développement humain (IDH) avant que d'autres critères ne soient ajoutés pour la désignation des PED, comme celui purement politique selon lequel les PED sont les membres du G77 et les membres de l'OCDE sont des pays développés. Ou celui qui répartit les pays en ceux du nord (développés) et du sud (en développement)[2]. Le non-établissement de critères mesurables pour l'appartenance à la catégorie des PED[3] a embrouillé les critères de désignation des bénéficiaires du TSD[4].

Le droit semble avoir de la difficulté à s'immiscer dans la catégorisation des bénéficiaires du TSD qui demeure figée. Elle repose sur le principe de l'auto- élection[5]. Ce principe, selon lequel un pays peut sélectionner son propre niveau de développement et par conséquent le groupe auquel appartiendra, suivi depuis l'avènement des SGP, a été même adopté par l'OMC[6]. Le droit de bénéficier des mesures préférentielles subit des critiques acerbes, d'autant qu'il ne repose pas sur des critères mesurables et du coup, il permet à des pays économiquement

---

.../...sans pour autant énumérer les critères de sélection pour appartenir à une catégorie ou à une autre, à l'exception de celle des PMA, pour laquelle l'OMC reprend la liste établie par l'OINU suivant des critères mesurables.

[1] VINCENT Philippe, L'OMC et les pays en développement, *op.cit*, p.12.

[2] Ce critère requiert une large acceptation même s'il méconnaît la situation géographique de certains pays à l'instar du Japon, de l'Australie et de la Nouvelle-Zélande qui sont situés dans la partie sud de la planète mais qui sont développés. Voir à propos des critères proposées pour la désignation des PED : VINCENT Philippe, L'OMC et les pays en développement, *op.cit*, pp.12-14.

[3] Sous le GATT, il n y'avait pas eu de tentatives pour une différenciation entre les pays développés et les PED, par contre il y'avait des tentatives de catégorisation entre les membres appartenant à la catégorie des PED. Cette classification est traitée par la clause d'habilitation. Cette clause laisse toutefois cette différenciation ambiguë, en ce sens qu'elle n'évoque pas des critères de classification. La différenciation entre les PED a été portée même par la Déclaration de Punta Del Este, signée en 1986, et qui distingue les NPI (Nouveaux Pays Industrialisés) des autres PED, en évoquant que le TSD à l'égard des NPI sera de moins en moins. Voir : CHELLAF Aziz, *op.cit*, p.159.

[4] À noter qu'à ce jour, il n'existe pas de texte juridique offrant une énumération exhaustive de critères précis de sélection des PED. Plusieurs critères de sélection ont été proposés. Si au départ, c'est le PIB qui a été retenu, mais ce critère a été remis en cause puisque reposant seulement sur le niveau de vie économique des habitants et ignore toutes les transactions invisibles, non monétaires (troc, travail domestique...) et il a été préférable de compléter par d'autres critères tels que le taux d'alphabétisation de la population, la proportion de la population travaillant dans le secteur primaire.. Voir : BOUVERESSE Jacques, *op.cit*, p.83.

[5] COTE Charles-Emmanuel, *op.cit*, p.158.

[6] Ce système d'auto-désignation trouve son origine des travaux du groupe « FTAA's working group in smaller economy » qui a élaboré une liste des différents facteurs affectant les petites économies lorsqu'elles œuvrent dans le système commercial multilatéral. Lire : DUVAL Isabelle, *op.cit*, p.23.

puissants (à l'instar de la Russie, du Brésil et de la Chine) de se replier dans cette catégorie.

L'appellation a évolué au fil des décennies. Si au début des années 1950, c'est le concept « tiers-monde » qui était en vogue pour désigner les pays en développement. Le vocable établit une liaison entre les revendications des pays pauvres et celles formulées par le tiers État à la veille de la révolution de 1789. Cette appellation a été acceptée et assimilée à l'ensemble des nations[1].

Toutefois, c'est à partir des travaux du mouvement des non-alignés[2], que s'est émancipée l'appellation « pays en développement » en remplacement des dénominations antérieures jugées inadéquates, obsolètes ou incorrectes comme : les payes du tiers-monde ou les pays sous- développés. Elle s'est substituée à son synonyme : « pays en voie de développement »[3]. Depuis, la majorité des rapports des organisations internationales et des publications scientifiques recourent plus à l'usage de l'expression « pays en développement », en dépit de l'absence totale de définition de ce concept.

Le traitement spécial et différencié constitue la principale technique juridique employée dans les relations économiques internationales pour tenir compte de l'impératif du développement. Il consiste à moduler les obligations conventionnelles des PED en fonction du niveau et des besoins de leur développement[4].

Le traitement spécial et différencié pourrait être défini comme : « *un avantage commercial d'ordre tarifaire ou non tarifaire accordé par un Etat ou un groupement d'États à un autre Etat ou une pluralité d'États par dérogations au principe fondamental de non-discrimination* »[5]. Il se définit aussi comme manière de désigner la technique juridique qui consiste à moduler les obligations des membres de l'OMC, en fonction

---

[1] Une appellation assumée et acceptée même par le mouvement des non-alignés qui regroupe des pays nouvellement indépendants. Ce mouvement considère que le « tiers-monde » est une troisième force, neutraliste, opposée tout à la fois au bloc capitaliste et au bloc socialiste. Voir : BOUVERESSE Jacques, *op.cit*, p.12.

[2] Le mouvement des non-alignés est une organisation internationale créée le 1er septembre 1961 à Belgrade dans l'esprit et la continuité de la conférence de Bandung de1955, mais d'aucuns avancent que sa création remonte au 31 décembre 1953 à Panchsheel (Inde). Ce mouvement a regroupé les pays qui ne souhaitaient pas s'inscrire dans la logique d'affrontements Est-Ouest, mais au contraire favoriser l'indépendance effective des pays du Sud dans le cadre de la décolonisation. 25 pays d'Asie et d'Afrique ont participé à sa création aux côtés de la Yougoslavie. 118 pays en sont actuellement membres.

[3] BOUVERESSE Jacques, *op.cit*, p.12.

[4] COTE Charles-Emmanuel, *op.cit*, p.119.

[5] RAZARANAINA Nomenirina, *op.cit*, p.06.

des besoins de leur développement. La terminologie utilisée dans les textes juridiques internationaux s'est modifiée, pour finalement se fixer sur l'expression *traitement spécial et différencié*[1].

Le fondement juridique du TSD aujourd'hui est triple. Il y a d'abord la Partie IV de l'Accord GATT de 1947. Il y a ensuite les précisions importantes de 1979 et l'apport de l'Accord instituant l'OMC signé en 1994[2].

La mise en place du TSD traduit la conviction quasi générale et selon laquelle, il est inconcevable de soumettre aux mêmes règles des partenaires politiques économiquement inégaux. C'est un mécanisme qui autorise de déroger à la sacro-clause NPF pour autoriser des engagements commerciaux non réciproques des pays développés en faveur des PED. Cette possible discrimination « positive » se fonde juridiquement sur la « clause d'habilitation ». En général, ce dispositif admet l'adaptation des engagements commerciaux internationaux aux besoins et aux priorités des PED[3].

Le TSD sert deux finalités principales. La première consiste en l'amélioration des conditions d'accès aux marchés des produits d'exportation en provenance des PED en leur accordant un accès privilégié et non réciproque[4]. La deuxième finalité de ce dispositif est de permettre aux PED de déroger à certaines obligations du système GATT/OMC, à l'instar de la possibilité de protéger leurs marchés locaux et leurs industries locales[5].

B- Les principes du traitement spécial et différencié

Le TSD repose sur deux principes cardinaux et qui sont la non-réciprocité des mesures et la garantie d'un accès amélioré et préférentiel aux marchés des pays développés.

La non- réciprocité est un principe par lequel est admis la non-application -ou une application atténuée- du principe de réciprocité,

---

[1] COTE Charles-Emmanuel, *op.cit*, p.122.

[2] *Ibid.* p.122.

[3] DUBOZ Marie-Line et HOUSER Matthieu, « L'absence d'une définition précise de la notion de pays en développement à l'OMC : un handicap pour son fonctionnement », *Mondes en développement*, n° 163 (3/2013), p.119. In: http://www.cairn.info/revue-mondes-en-developpement-2013-3-page-115.htm

[4] Cet accès se fera essentiellement par l'octroi de préférences commerciales sur une base individuelle, notamment par l'avènement des arrangements préférentiels d'échanges régionaux et du SGP.

[5] Voir à propos des dérogations accordées aux PED : DUBOZ Marie-Line et HOUSER Matthieu, *op.cit*, p.117.

souvent cité dans les textes internationaux[1], eu égard à l'inégalité de développement entre les pays[2]. La non- réciprocité est instaurée par la clause d'habilitation[3] et par l'article XXXVI de l'Accord GATT de 1947[4]. L'application de ce principe n'a pas été que productive pour les PED, qui ont contesté leur marginalisation dans les négociations sur les règles préférentielles, et ce même s'ils peuvent automatiquement bénéficier des concessions tarifaires négociées entre les pays du Nord, en application d'une dérogation à la clause NPF[5].

L'autre principe du TSD consiste en la reconnaissance aux PED d'un accès amélioré et préférentiel aux marchés des pays développés, garantie par la « Clause d'habilitation »[6]. Ce texte plaçait le TSD au cœur du système juridique du GATT en instituant une base juridique permanente pour le traitement tarifaire préférentiel accordé dans le cadre du SGP. Il encourage également la création de régimes commerciaux préférentiels entre PED.

C- Les vices et imperfections du TSD

Plusieurs vices et imperfections sont décelés de ce dispositif et remettent en cause son efficience. D'abord, la pérennité du TSD n'est nullement confirmée et les textes de l'OMC n'évoquent que des périodes de transition, ce qui fait planer le doute qu'à un certain stade, tous les membres seraient soumis au même régime.

---

[1] L'article 2/ 1 de la Charte des Nations Unies a fait référence la réciprocité en énonçant : « *L'Organisation des Nations Unies et ses Membres, dans la poursuite des buts énoncés à l'Article 1, doivent agir conformément aux principes suivants : 1. L'Organisation est fondée sur le principe de l'égalité souveraine de tous ses membres* ». Ce principe a été cité également dans l'article 60 de la Convention de Vienne sur le droit des traités, signée à Vienne le 23 mai 1969.

[2] Le droit international utilise dans ce registre des techniques discriminatoires positives afin d'aider les PED. Ainsi donc, un PED pourra voir ses droits de douane à l'importation abaissés ou bénéficier de réglementations avantageuses négociées dans le cadre des accords du GATT. L'OMC en a suivi le chemin et admet des dérogations en faveur des PED membres. Voir : BLACHER Philippe, Droit des relations internationales, 4eme édition, Lexis Nexis, France, 2011, p.42.

[3] GATT : Traitement différencié et plus favorable, réciprocité et participation plus complète des pays en voie de développement. Décision du 28 novembre 1979 (L/4903).

[4] La clause d'habilitation plaçait le TSD au cœur du système juridique du GATT en instituant une base juridique permanente pour le traitement préférentiel accordé dans le cadre du SGP ainsi qu'une plus grande flexibilité pour la création de régimes commerciaux préférentiels entre PED. Une volonté concrétisée essentiellement après l'introduction du SGPC (système généralisé des préférences commerciales) en 1988 et qui vise la promotion des échanges préférentiels entre les PED.

[5] COTE Charles-Emmanuel, *op.cit*, p.158.

[6] Décision du 28 novembre 1979 (L/4903) sur le « *Traitement différencié et Plus Favorable, Réciprocité et Participation Plus Complète des pays en voie de Développement* », (Clause d'habilitation).

Aussi, l'efficacité du TSD a été remise en question, particulièrement durant les années 1970. Le caractère dérogatoire des dispositions TSD a été mis en doute. Ces dispositions ont été jugées comme de simples amendements aux accords initiaux du GATT[1]. Le défaut de texte spécifique cadrant les dispositions de TSD est un vice supplémentaire de ce mécanisme.

1-2-2 La consécration de la dualité des normes comme base juridique du TSD

La consécration de la dualité des normes comme base juridique du TSD a été la réponse réservée à la demande insistante des PED d'un régime préférentiel prenant en compte leur niveau de développement. L'articulation du développement dans les résolutions émises, que ce soit par l'AG de l'ONU ou par d'autres organes internationaux, ajoutées aux infléchissements du droit international positif pour le mettre en œuvre ont donné naissance à une nouvelle discipline juridique qui est le droit international du développement.

A- La consécration de la dualité des normes dans les relations multilatérales

La dualité des normes constitue une alternative à l'ancien système de la norme unique avec des exceptions. Le système de dualité des normes distingue entre, d'une part, les normes applicables entre les pays développés qui obéissent aux règles classiques du droit international économique et, d'autre part, les normes applicables entre pays développés et PED qui tentent de corriger les inégalités de développement en introduisant une inégalité compensatrice en faveur des PED[2].

La dualité des normes admet la coexistence de deux ensembles de règles, parallèles et égaux en dignité : l'ensemble de règles qui s'appliquent dans les rapports entre pays développés, et l'ensemble de celles qui prévalent entre les pays développés et les PED.

La théorie de la dualité des normes est fondée sur l'inégalité compensatrice et constitue la base juridique du TSD, accordé aux PED en matière de relations économiques internationales. La dualité des normes relève du droit international économique et que l'on appelle « droit

---

[1] DUVAL Isabelle, *op.cit*, p.25.

[2] MAHIOU Ahmed, « La Déclaration concernant l'instauration d'un nouvel ordre économique international », *op.cit* p.03.

international du développement ». Les exemples du traitement différencié sont nombreux depuis l'avènement du GATT en 1947, dont le plus connu demeure le principe de non-réciprocité instauré par le Par. 8 de l'article XXXVI de l'Accord GATT de 1947[1].

En dépit que les rapports successifs du GATT aient porté le constat fantaisiste selon lequel la théorie de la dualité des normes a pu répondre à l'attente des PED, cette théorie a tout de même fait l'objet de critiques. Les juristes algériens Madjid Benchikh et Ahmed Mahiou y ont ouvert le bal. Le premier ne voit en elle qu'un instrument d'aménagement de la dépendance au service du système des relations de domination[2]. Alors que de sa part, Mahiou ne croit nullement à l'existence de deux univers distincts de normes[3]. Il croit à l'existence de seulement une norme dont l'application supporte une dérogation ou une atténuation[4].

Mahiou s'interroge s'il y a-t-il effectivement dualité des normes avec « les deux corps de règles, parallèles et égaux en dignité » ? Il estime que déjà les premiers auteurs ayant évoqué le Droit international du Développement (DID) indiquaient par souci d'exactitude qu'il existe en fait non pas deux, mais trois corps de règles soit : les règles régissant les échanges entre pays développés, les règles régissant les échanges entre pays développés et PED et celles régissant les échanges commerciaux entre PED[5]. La jonction des deux dernières catégories en un seul corps de normes est davantage justifiée par le souci de la symétrie dualiste que par l'analyse rigoureuse des données objectives[6].

B- L'avènement du droit international du développement

L'articulation du développement a donné naissance, au début des années 1960, à une discipline juridique nouvelle qui est le droit international du développement. Cette discipline, défendue par la doctrine française dans l'objectif de voir au sein du système commercial

---

[1] Consulter le texte de l'Accord général sur les tarifs douaniers et le commerce (GATT de 1947), in : http://www.wto.org/french/docs_f/legal_f/gatt47_01_f.htm.

[2] C'est l'idée qu'il a farouchement défendue dans son ouvrage intitulé : « Droit international du sous-développement : nouvel ordre dans la dépendance », Éditions Berger- Levrault, Paris (France), 1983.

[3] Lire : MAHIOU Ahmed, « Les implications du nouvel ordre économique et le droit international », in : *« Droit international et développement »,* colloque international tenu à Alger du 11 au 14 octobre 1976, Office des Publications Universitaires, Alger (Algérie), 1976.

[4] *Ibid.* p.431. Lire également : FEUER Guy, « Le droit international du développement : une création de la pensée francophone », p.92, in : http://www.gemdev.org/publications.

[5] MAHIOU Ahmed, « Les implications du nouvel ordre économique et le droit international », *op.cit*, p.430.

[6] *Ibid.* p.430.

mondial un régime juridique parallèle pour les PED, a consacré l'émergence d'une nouvelle branche du droit international public indépendante du droit international économique[1].

L'émergence du droit international du développement comme section destinée à répondre aux soucis d'une partie des pays du monde, à savoir les PED est perçue comme renfoncement au principe de l'égalité souveraine des États, porté par les articles 1er et 2 de la Charte des Nations Unies. L'avènement du DID, ne pourrait aucunement porter atteinte au principe de l'égalité souveraine des États. L'adoption et l'enrichissement de cette nouvelle discipline sont en mesure de protéger les plus faibles des entreprises des forts[2].

L'avènement de cette section du droit international est avantagé par le mouvement de décolonisation, connu au début des années 1960 et par l'aide de l'ONU dont l'AG a exprimé, dans sa Résolution 1514 du 14 décembre 1960, que « *l'accession à l'indépendance et le développement ne font qu'un* ». Dès lors, un constat est dégagé et selon lequel les nouveaux États doivent bénéficier d'une aide multilatérale accordée par les organisations internationales, mais aussi par les pays industrialisés[3].

La doctrine française a vu dans l'intégration du principe de non-réciprocité dans le droit international positif, porté par l'ajout de la Partie IV du GATT de 1947, le signal de la naissance du DID[4]. Cette discipline se veut d'abord pragmatique et réaliste et elle est amenée à reconnaître dans l'État le support juridique indispensable à son action[5].

La vocation du DID est de remettre en cause le caractère formel et artificiel du droit international ancien, de proposer des mesures spéciales, de réclamer des corrections qu'imposent les inégalités trop réelles entre les États et les difficultés souvent dramatiques que traversent les PED[6].

---

[1] COTE Charles-Emmanuel, *op.cit*, p.120.

[2] Sur l'avènement du Droit international du développement, consulter : ELIET Alain, Le Droit international du Développement, Presses Universitaires de France, Paris, 1978.

[3] BOUVERESSE Jacques, *op.cit*, p.13.

[4] C'est le juriste français, Michel Virally qui a conceptualisé, suite à la première CNUCED de 1964, la terminologie du DID dans un de ses articles publiés dans l'annuaire français de droit international de 1965. Il a soutenu d'abord que le phénomène des écarts de développement devait « faire l'objet d'un examen systématique de la part des juristes » et prendre en compte ces inégalités en repensant de manière très concrète les principes fondamentaux du droit international contemporain conçus jusqu'alors « de manière purement formelle ». Dès lors, des séminaires, colloques, ouvrages et articles se sont multipliés autour du thème du droit international du développement. Lire : FEUER Guy, *op.cit*, p.91.

[5] BOUVERESSE Jacques, *op.cit*, p.77.

[6] *Ibid.* p.77.

Sur le plan normatif, le DID repose sur un petit groupe de principes fondamentaux comme la souveraineté permanente sur les ressources naturelles, la liberté de choix de son système économique et le principe d'équité. Il correspond également à un ensemble de règles plus techniques à caractère interventionniste, discriminatoire ou préférentiel qui se différencient des règles ordinaires du droit international, applicables aux autres États, dès lors qu'elles visent à corriger les défauts du système libéral existant et à compenser les écarts des situations matérielles entre pays développés et PED[1].

Le Droit international du Développement a fait l'objet de critiques qui lui sont venus de juristes issus des PED notamment. Tandis que le juriste marocain, Mohammed Benouna nie au droit du développement le statut de discipline autonome en avançant que : « *c'est plutôt une relecture du droit international, une nouvelle approche du droit international qui entraîne en conséquence la mise en cause des méthodes d'analyse de cette discipline* »[2], deux juristes algériens, Madjid Benchikh et Mohammed Bedjaoui, s'en prenaient avec vigueur aux théories françaises.

Le premier argumentait, dans une optique proche du marxisme, que l'on était en présence non d'un « droit international du développement », mais d'un « droit international du sous-développement »[3]. Le second, raisonnant sur la nécessité d'instaurer un nouvel ordre économique international, composait un pamphlet aussi brillant que virulent, où faisant le procès du droit international tel que l'avaient construit les pays occidentaux. Il s'en prenait avec force à toutes les idées mises en avant par la doctrine française et proposait de construire un nouvel ordre mondial à partir d'une démocratisation réelle des relations internationales[4].

L'avènement du DID n'a pas trop satisfait les PED qui ont continué à critiquer l'ordre juridique international. Ils estiment que même si on parle

---

[1] JOUANNET Emmanuelle, *op.cit*, p.28.

[2] Voir : EISEMANN Pierre-Michel, « Mohammed Benouna. Droit international du développement : tiers-monde et interpellation du droit international. (Compte –rendu) », *Politique étrangère,* France, 1983, p.469. In : https://www.persee.fr/doc/polit_0032342x_1983_num_48_2_3322_t1_0468_0000_4.

[3] C'est une idée développée dans son ouvrage intitulé : Droit international du sous-développement : nouvel ordre dans la dépendance, Éditions Berger- Levrault, Paris, 1983, où l'auteur a critiqué, à la fois, le droit international du développement et le principe de la dualité des normes.

[4] Bedjaoui qualifie le droit international de développement d'« oligarchique » et de « ploutocratique ». Lire : BEDJAOUI Mohammed, Pour un nouvel ordre économique international, publié par l'UNESCO, Paris, 1979, notamment les pages 52 et 60 ;

beaucoup du droit international du développement, du droit international au développement, voire même d'un nouvel ordre économique international, toutefois l'intérêt réservé au développement demeure limité. Un intérêt demeuré réduit même dans le corps de l'Accord GATT de 1947.

2- La place du TSD dans l'Accord GATT 1947

L'Accord GATT de 1947 n'est qu'un chapitre (Chapitre 4) de la Charte de La Havane qui devait instituer une organisation internationale du commerce[1]. Cependant, la Charte de La Havane ne sera jamais mise en œuvre en raison de sa non-ratification par les États-Unis, ce qui a encouragé les autres à abandonner la Charte[2].

En dépit que la question du développement ait pris une place importante dans les négociations ayant précédé son adoption, l'Accord GATT de 1947 s'est plus imprégné du postulat égalitaire. Une orientation vite remise en cause par les PVD qui n'ont pas abandonné leurs revendications liées à la nécessité de la prise en compte de leur situation fragile. L'émergence politique de ces pays au cours des années 1960 leur permit d'introduire -même partiellement- cette dimension dans le corps de l'Accord GATT, avec notamment l'ajout de la Partie IV de l'Accord, intitulée : Commerce et développement. Dès lors, le TSD a été reçu dans les relations commerciales multilatérales comme renonciation au principe de discrimination entre les États, porté par la clause de la NPF.

2-1 La remise en question du postulat égalitaire et l'ignorance du TSD dans l'Accord GATT de 1947

Ayant traduit la philosophie des forces économiques ayant impulsé son adoption, l'Accord GATT de 1947 a deux finalités : la recherche de la libéralisation accrue des échanges et la préservation de la voie multilatérale. Du coup, cet accord postulait l'égalité entre ses parties

---

[1] Cette Charte adoptée à la Havane (Cuba) le 24 mars 1948 comportait un chapitre appelé GATT. Ce chapitre ne contenait que des règles substantielles pour promouvoir le libre-échange. Ce chapitre était déjà largement finalisé en 1947 et du coup, les négociateurs (23 Etats) vont décider qu'il est possible d'envisager une entrée en vigueur anticipée de ce chapitre 4, dans l'attente d'une ratification du texte global de la Charte.

[2] Malgré l'abandon de la Charte, son Chapitre IV lié à la politique commerciale, sera conservé pour former ce qui constituera, finalement l'accord sur les tarifs douaniers et le commerce (GATT). Lire DUVAL Isabelle, *op.cit*, p.09.

contractantes, ce qui a eu comme principale déclinaison, la clause de la nation la plus favorisée (NPF), portée dans son article 1er. Selon cette clause, tous les États doivent être traités de la même manière par la politique commerciale de chaque partie contractante, ce qui rend illicite tout traitement préférentiel en faveur des PED.

2-1-1 La contestation du postulat égalitaire et l'amorce d'un processus de révision de l'Accord

Alors que la version initiale du GATT (adoptée en 1947) ne contenait qu'une seule disposition à mettre à l'actif du traitement différencié en faveur des PED[1], ces derniers ont rapidement attiré l'attention sur les problèmes particuliers auxquels ils étaient confrontés dans le cadre des échanges internationaux. L'analyse minutieuse des dispositions de l'Accord GATT de 1947 donne un constat que ce texte ne traite presque aucunement du régime préférentiel à réserver aux PED. Le postulat égalitaire a fait réagir les PED qui ont pressé le GATT jusqu'à amorcer la réforme de l'Accord en intégrant la dimension développement.

Le signalement de la nécessité de réduire les discriminations et de conclure des accords fondés sur la réciprocité et les avantages mutuels[2] ne traduit aucunement l'objectif de réserver un traitement préférentiel à l'égard d'une catégorie de pays au détriment des autres. Le texte a été amendé à maintes reprises, avec comme principales modifications l'amendement de l'article XVIII ainsi que l'amendement de l'article XXVIII et l'accord d'une autorisation pour les PED de recourir à la protection tarifaire.

Il est à noter que l'Accord initial, signé en 1947, est fondé sur un principe fondamental de non-discrimination et souligne l'importance de l'application universelle et réciproque des engagements prévus par le texte. Du coup, les PED étaient assujettis aux mêmes règles que les autres parties contractantes. Ce qu'ils ont contesté, non sans faire valoir qu'il ne soit pas réaliste d'attendre d'eux de concurrencer sur un pied d'égalité des pays industrialisés et bien établis[3].

---

[1] À savoir la disposition portée par l'article 18 et liée à la protection des industries naissantes. Cette disposition, sous le contrôle du Conseil du GATT, permettait exceptionnellement aux parties contractantes de protéger leurs industries naissantes au moyen de mesures non discriminatoires incompatibles avec leurs obligations.

[2] Le signalement l'a été dans le préambule de l'Accord GATT de 1947.

[3] Les PED ont d'abord demandé des mesures leur permettant de protéger leurs industries locales. Cette demande a abouti à une nouvelle rédaction de l'Article XVIII « Aide de l'Etat en faveur du développement économique » lors de la Session de révision 1954-1955. Lire à ce propos : COTE Charles-Emmanuel, *op.cit*, p.132.

Les PED ont vite porté en plénière les problèmes particuliers auxquels ils étaient confrontés dans le cadre des échanges internationaux. Ils ont demandé de la communauté internationale de leur réserver un traitement de faveur afin de remédier à ces obstacles. La question de l'accord de préférences commerciales en faveur des PED a été mise aux débats dès 1963, que ce soit au sein du GATT ou dans le cadre de la CNUCED, où elle a pris une place de choix dans le rapport Prebisch.

Cette « montée au créneau » des PED a conduit les parties contractantes du GATT à la réécriture de l'article XVIII de l'Accord GATT et l'amorce du processus d'assouplissement des règles multilatérales en faveur des PED.

L'amendement de l'article XVIII reconnaît aux PED le droit de protéger leurs marchés contre des importations afin de favoriser la création ou le maintien d'une branche de production particulière. Cet article donne aussi à ces pays le droit de protéger leurs marchés contre des importations, en cas de difficultés relatives à la balance des paiements[1]. La réécriture de l'article XVIII de l'Accord était une solution impérative pour le GATT pour garder la confiance et l'adhésion des PED à sa démarche, surtout qu'un désintéressement de la part de ces derniers a commencé à se faire sentir[2].

L'article XVIII, intitulé : « *aide de l'Etat en faveur du développement économique* », constitue la première disposition de l'Accord GATT qui s'adresse aux PED -alors appelés pays peu développés- en leur accordant certains privilèges. Il reconnaît que *la réalisation des objectifs du présent Accord sera facilitée par le développement progressif de leurs économies, en particulier dans le cas des parties contractantes dont l'économie ne peut assurer à la population qu'un faible niveau de vie et en est aux premiers stades de son développement*[3].

L'article XVIII instaure l'aide aux PED sous deux aspects. Le premier consiste en la protection des industries naissantes par la création d'une

---

[1] Ces dispositions qui sont les premières adoptées en réponse aux doléances des PED, autorisaient ces derniers, sous certaines conditions, à déroger aux concessions tarifaires énoncées dans leur liste. Des dérogations visant à favoriser la création d'une branche de production déterminée (Article XVIII, Section A), à recourir à des restrictions quantitatives pour des raisons de balance des paiements (Article XVIII, Section B) et à faire appel à toute une série d'autres mesures pour promouvoir certaines branches de production (Article XVIII, Section C).

[2] Dans le même temps, deux autres dispositions accordaient un traitement spécial aux PED. Il s'agit de l'article XVI : 4 autorisant l'utilisation de subventions à l'exportation pour des produits manufacturés, et l'Article XXVIII *bis* qui permettait d'avoir recours avec plus de souplesse à la protection tarifaire. Voir : DUVAL Isabelle, *op.cit*, p.27.

[3] Article XVIII/1 de l'Accord GATT de 1947, *op.cit.*

branche de production (section B de l'article XVIII)[1] et le deuxième (en vertu de l'article XVIII/4 a)) prévoit la protection par le biais d'une correction de la balance des paiements.

L'Accord a ensuite fait l'objet d'amendement, lors de la session de révision 1954- 1955, avec l'introduction d'un paragraphe bis 3 dans l'article XXVIII qui comprend des faveurs à l'égard des PED. Dans ce sens, il a été décidé que les négociations seront menées sur une base qui offre des possibilités adéquates de tenir compte d'abord *des besoins de chaque partie contractante et de chaque branche de production*, mais aussi *du besoin, pour les pays les moins développés, de recourir avec plus de souplesse à la protection tarifaire en vue de faciliter leur développement économique, et des besoins spéciaux, pour ces pays, de maintenir des droits à des fins fiscales.*

En plus des dispositions portées par les amendements de l'Accord GATT, plusieurs textes adoptés à cette époque ont relaté le TSD qui doit être accordé aux PED. Les deux principaux textes adoptés dans ce sens sont : la Déclaration relative aux mesures commerciales prises à des fins de balance des paiements, adoptée le 28 novembre 1979 et la Décision sur les mesures de sauvegarde à des fins de développement, adoptée à la même date.

Par la suite, le traitement préférentiel a été introduit dans le système de règlement des différends du GATT par le biais de la Décision adoptée le 5 avril 1966[2]. Cette décision, qui constitue la base juridique de ce traitement préférentiel, avait institué une procédure accélérée de conciliation spécifique aux PED et relative aux procédures couvertes par l'article XXIII du GATT. La procédure de conciliation qui leur est applicable se décline en trois étapes[3].

D'abord, le PED qui estime que ses intérêts sont atteints ou lésés par une autre partie contractante appartenant au groupe des pays développés peut, dans un premier temps, saisir le directeur général du GATT du différend. Ce dernier consulte les parties contractantes intéressées ainsi

---

[1] Cette section qui comprend les paragraphes de 8 à 12 traite des aides de l'État en faveur du développement économique des PED, mais toujours dans l'esprit du GATT, en permettant à ces pays d'imposer, voire augmenter, les tarifs douaniers pour protéger leurs industries naissantes en plus d'autoriser le recours aux subventions.

[2] Décision du 5 avril 1966 sur la procédure d'application de l'article XXIII du GATT de 1947.

[3] DIMA EHONGO Paul, « La mondialisation du droit et les inégalités entre États dans l'accès à la justice internationale : les États africains face au mécanisme de règlement des différends du système GATT/OMC », *Cahier du GEMDEV (Groupement d'intérêt scientifique pour l'étude de la mondialisation et du développement)*, n° 31/ mars 2007 (la mesure de la mondialisation), Paris, in : http://www.gemdev.org/publications/cahiers/pdf/31/Cah_31_DIMA%20EHONGO.pdf, p.22.

que l'organisation intergouvernementale qu'il juge appropriée. Il doit, dans le cadre de ses fonctions, utiliser « ses bons offices en vue de faciliter une solution ». Ensuite, lorsqu'aucun règlement n'est intervenu dans un délai de deux mois après cette saisine, et si l'une des parties en fait la demande, le DG porte le différend devant les parties contractantes ou devant le Conseil. Ces derniers ont, dans un second temps, la possibilité de constituer une commission d'experts (qui sont désignés comme experts et non pas comme représentants de leurs pays), chargée de l'élaboration, dans un délai de 60 jours, de ses conclusions et recommandations pour une solution appropriée du différend après un examen des divers arguments. La commission d'experts doit tenir compte des exigences qu'impose le développement économique et considérer par conséquent la situation particulière des PED. La troisième étape consiste en l'examen du rapport de la commission d'experts et d'adresser des recommandations aux parties. Une mission qui échoit au Conseil ou aux parties contractantes.

Un TSD est également réservé aux PED dans le cadre de la mise en œuvre des recommandations des parties contractantes ou du Conseil par les États destinataires. Ils disposent d'un appui supplémentaire par rapport à la procédure de droit commun de l'article XXIII du GATT de 1947 dans la mesure où selon les dispositions de la Décision du 5 avril 1966, la partie contractante à laquelle une recommandation est adressée, dispose d'un délai de 90 jours pour faire un rapport aux parties contractantes ou au Conseil sur les mesures qu'elle a prises en application desdites recommandations[1]. Le Par.9 comprend d'autres mesures en faveur de la partie « victime ». Ainsi donc, lorsque les circonstances sont jugées suffisamment « graves » par les parties contractantes ou le Conseil, et en cas d'une absence totale de volonté de se conformer, de la part de l'auteur du préjudice, aux recommandations qui lui sont adressées, la partie lésée peut être autorisée à prendre des mesures de rétorsion à l'encontre de l'auteur du dommage. De même, lorsque l'auteur du préjudice n'a pas exécuté la recommandation dans un nouveau délai de 90 jours, les parties contractantes ont, en application du Par.10 de la Décision du 5 avril 1966, la possibilité de prendre à son encontre toutes les sanctions appropriées qui soient de nature coercitive[2].

---

[1] Par.8 de la Décision du 5 avril 1966, *op.cit.*

[2] DIMA EHONGO Paul, *op.cit*, p.22.

2-1-2 Les démarches liées à l'instauration de l'égalité de développement et d'une coopération multilatérale efficiente

Le cycle de négociations de « *Kennedy round* », tenu entre mai 1963 et juin 1966, a vu l'amorce de la réforme du GATT en faveur des PED. Toutefois, c'est lors du cycle de Tokyo (1973- 1979) que la réforme a été substantielle. Ce cycle a été l'occasion pour les PED d'afficher leur besoin de garanties juridiques afin que leur commerce ne soit pas endommagé par la pratique du protectionnisme de la part des pays industrialisés.

Ciblant l'instauration d'une coopération internationale efficiente et effective, les PED ont demandé que le système commercial tienne compte de leurs objectifs, en particulier l'égalité de développement et la mise en place d'un système préférentiel à leur égard[1]. Ils ont réitéré lors du cycle de Tokyo les revendications émises lors des décennies précédentes[2].

Les travaux de ce cycle ont débouché sur l'extension du droit économique international à d'autres volets, jusqu'alors réservés à la discrétion des États, gérant leurs affaires internes. C'est ainsi que le droit du GATT s'étendit à des domaines de régulation au-delà des matières tarifaires en touchant la gestion administrative douanière, aux subventions et mesures compensatoires, aux dumpings et mesures antidumping ainsi qu'aux marchés publics[3].

L'ensemble des accords conclus lors de ce cycle sont appelés « Codes de Tokyo » par leur caractère non obligatoire et par leur valeur juridique souvent faible et laissée à l'appréciation des membres[4].

Les « codes de Tokyo » ont eu l'impulsion sur l'enrichissement du TSD. Une autre modulation de ce traitement a été approuvée avec en sus la modification du contenu obligatoire d'un certain nombre de

---

[1] AEKA-PUTRA Prasit, *op.cit*, p.24.

[2] Il s'agit principalement de la question des concessions tarifaires et quantitatives sur les produits agricoles et les matières premières, la gestion des investissements étrangers et les transferts de savoir-faire, auquel venait s'ajouter le problème de la dégradation des termes de l'échange devenue particulièrement saillante à la suite de l'effondrement du cours des matières premières dans les années 1980. En d'autres termes, c'est la demande de la reconnaissance de leurs objectifs de développement. Voir : AEKA-PUTRA Prasit, *op.cit*, p.25.

[3] ROLLAND Sonia Elise, « Une dimension du développement à l'OMC : pourquoi et comment ? », *op.cit*, p.02.

[4] À propos des « Codes de Tokyo », consulter : WELLENSTEIN Edmond, « Les négociations commerciales multilatérales, 1973-1979, dites « Tokyo Round », *Politique Etrangère*, n°44/2, France, 1979, pp. 301-319. Consultable sur le lien : http://www.persee.fr/doc/polit_0032-342x_1979_num_44_2_5898

dispositions afin de tenir compte du statut particulier des PED[1]. Les codes de Tokyo contiennent quatre types de modulation :
1- la prescription aux pays développés de prendre spécialement en considération la situation des PED, lorsqu'ils imposaient des droits antidumping[2] ou dans l'élaboration et l'application de règlements techniques et de normes.
2- l'exemption des PED de l'application des dispositions des « codes de Tokyo », d'office pour l'interdiction des subventions à l'exportation, ou après négociations pour les droits antidumping, pour l'octroi des marchés publics, ou pour faciliter l'élaboration et l'application des règlements techniques et des normes[3].
3- Un troisième type d'obligations différait l'application des dispositions pour les PED qui le souhaitaient, que ce soit pour l'ensemble du Code de l'évaluation douanière[4], ou pour certaines des dispositions du Code des licences d'importation[5].
4- l'obligation pour les pays développés de fournir de l'assistance technique aux PED dans les domaines liés aux droits antidumping, à l'évaluation douanière et à la normalisation[6].

Toutefois, il est opportun de constater que le TSD offert par le GATT avait une portée limitée sur les PED[7]. Malgré quelques avancées réalisées, les négociations tarifaires ont déchanté les PED vu l'intransigeance des pays européens. Il apparaît que la situation juridique

---

[1] AEKA-PUTRA Prasit, *op.cit*, p.151.
[2] Accord relatif à la mise en œuvre de l'article VI de l'Accord général sur les tarifs douaniers et le commerce, 12 avril 1979 (appelé aussi Code antidumping).
[3] Accord relatif aux obstacles techniques au commerce, 12 avril 1979, entré en vigueur le 1er janvier 1980 (appelé aussi Code de normalisation).
[4] Accord relatif à la mise en œuvre de l'article VII de l'accord général sur les tarifs douaniers et le commerce, 12 avril 1979 (appelé aussi code d'évaluation douanière).
[5] Accord relatif aux procédures en matière de licences d'importation, 12 avril 1979 (appelé aussi code des licences d'importation).
[6] Deux autres mesures ont été adoptées lors des travaux de ce cycle et à joindre au registre des dispositions de TSD. Il s'agit de : 1)- l'acceptation de restrictions instituées par les PED (article XVIII/4) et la section C, en dérogation à l'article XI de l'Accord GATT ; 2)- la Déclaration relative aux mesures commerciales à des fins de balance de paiements adoptée le 28 novembre 1979.
[7] Si on évoque seulement les mesures de sauvegarde à des fins de développement, apportées par la réforme de 1979, on constate qu'elles ont eu un effet très limité. La pratique du GATT a montré que ce traitement n'a eu qu'un effet restreint et sont peu nombreux les PED qui ont utilisé cet instrument porté par l'article XVIII de l'Accord GATT pour prendre des mesures restrictives quantitatives à l'importation ou modifier sinon retirer leurs concessions. Seuls Cuba, l'Inde et Haïti ont utilisé ces possibilités pendant les premières années du GATT. Les raisons du non-recours à ces processus sont notamment : la complexité et la lenteur de procédures et le fait que les pays qui veulent imposer des mesures doivent chaque année faire un rapport. Voir : AEKA-PUTRA Prasit, *op.cit*, p.74.

concernant la consolidation des droits et autres obligations découlant de l'Accord général n'a pas été modifiée au fond. Par conséquent, malgré l'élargissement du champ d'application de l'article XVIII (aide de l'Etat en faveur du développement économique), les conséquences possibles de recourir à ces mesures de sauvegarde sont très limitées[1].

2-2 Le complètement du dispositif préférentiel par la Partie IV du GATT et par la clause d'habilitation

Le postulat égalitaire prôné par l'Accord GATT de 1947 est avéré très préjudiciable pour les PED, qui ont multiplié les démarches en vue de réparer cette « injustice ». Des démarches ayant abouti à la publication, en 1958, du rapport Gottfried Haberler[2] consacré au TSD. Un rapport qui demandait la prise en charge des besoins spécifiques des PED dans les négociations tarifaires conduites par le GATT[3].

Après son amendement en 1955 dans l'optique de permettre aux PED de modifier ou de retirer des concessions tarifaires notifiées afin de favoriser la création d'une branche déterminée de leur production, l'Accord GATT a fait une nouvelle fois objet d'amendement. Les successives initiatives des PED, à partir de 1957, ont conduit la réunion du troisième comité à Genève en 1963 à impulser aux parties contractantes la nécessité d'instaurer un cadre juridique et institutionnel permettant l'adoption de mesures promouvant la croissance des

---

[1] AEKA-PUTRA Prasit, *op.cit*, p.75.

[2] Ce rapport a couronné les travaux du groupe d'experts présidé par Haberler et mis en place pour répondre aux volontés de révision de l'Accord GATT, jugé insuffisant au regard des besoins des PED. Reprenant les propositions des PED, ce rapport a plaidé pour la facilitation de l'accès au marché agricole en particulier pour les pays pauvres. Bien que cette proposition ne fût pas retenue, les parties contractantes ont adopté un programme d'action astreignant les pays développés au respect de certaines obligations. Ce rapport Haberler était d'un apport estimable car il consacrait pour la première fois dans les forums de négociation le nécessaire pris en compte de la dimension « développement » dans le droit des relations économiques internationales en impulsant une réforme du cadre juridique. Lire : NIANG Fatimata Zahra, « *Les accords de partenariat économique, une exigence juridique du droit de l'OMC ?* », Mémoire de DEA en études européennes, Institut européen de l'université de Genève, Suisse, 2008, p.18.

[3] Cette recommandation a trouvé écho au sein du GATT et a été suivie par la mise en place d'un programme d'action adopté en 1963 à l'initiative d'un groupe de PED. Ce programme était d'abord destiné à encadrer les négociations tarifaires, mais les parties contractantes ont convenu de réserver une place dans les travaux à la dotation de l'Accord GATT d'un cadre juridique et institutionnel adéquat pour traiter de la problématique du statut des PED dans le système commercial multilatéral. Lire : COTE Charles-Emmanuel, *op.cit*, p.133.

exportations des PED[1]. Un appel qui a abouti, au terme des négociations du cycle de Kennedy en 1964, à l'adoption de la Partie IV consacrée au « Commerce et développement » et ajoutée officiellement dans le corps de l'Accord GATT en 1965[2].

2-2-1 Les premières manifestations du TSD par la Partie IV de l'Accord GATT

L'adoption de la partie IV fut la première des grandes initiatives de la CNUCED dans les années 1960[3]. Elle sera intégrée, au corps du GATT de 1947 par un protocole d'amendement, signé le 8 février 1965. La nouveauté de cette Partie, c'est qu'elle reconnaît, via l'article 36, le principe de non-réciprocité des droits en matière d'engagements de réduction ou d'élimination des droits et la non- réciprocité du traitement préférentiel accordé aux PED. Les autres articles de la partie ont été rédigés sous forme de principes directeurs et n'imposaient pas de mesures contraignantes aux pays développés, ce qui réduit en la valeur juridique de cette partie.

La Partie IV contenait trois nouveaux articles énumérant diverses obligations. L'Article XXXVI (Principes et objectifs) reconnaît la nécessité d'efforts positifs pour améliorer l'accès aux marchés mondiaux des produits primaires, transformés et manufacturés qui présentaient un intérêt particulier pour les PED[4],

La Partie IV repose sur une consécration fondamentale de la non-réciprocité : « *Les parties contractantes développées n'attendent pas de réciprocité pour les engagements pris par elles dans des négociations*

---

[1] Afin de réfléchir sur la manière avec laquelle un cadre juridique et institutionnel au TSD en faveur des PED sera donné, un comité a été mis en place par les parties contractantes du GATT de 1947. Ce comité a achevé ses travaux en 1966 après l'ajout de la Partie IV au traité initial signé en 1947. C'est avec l'adoption, en 1965, de la déclaration du 7 décembre dans laquelle a été reconnue la nécessité d'anéantir les obstacles aux exportations des PED que les parties contractantes au GATT ont véritablement commencé à répondre favorablement aux revendications des PED. Voir à ce propos : DUVAL Isabelle, *op.cit*, p.36.

[2] Ajoutée en vertu du Protocole d'amendement de l'Accord général sur les tarifs douaniers et le commerce par l'insertion d'une Partie IV relative au commerce et au développement, adopté le 8 février 1965, (Document INT (68) 126 Page 3).

[3] Adoptée quelque temps seulement après la première CNUCED, la Partie IV évoque la coopération entre les institutions du GATT et la CNUCED. Lire : DUVAL Isabelle, *op.cit*, p.36.

[4] Pour l'Article XXXVII (Engagements) il se distingue par la demande adressée aux pays développés d'accorder une priorité à l'abaissement des obstacles concernant des produits dont l'exportation présentait un intérêt pour les PED. L'Article XXXVIII (Action collective) encourage une action collective telle que la conclusion d'accords internationaux pour améliorer l'accès aux marchés des produits primaires présentant un intérêt pour les PED. Voir : DUVAL Isabelle, *op.cit*, pages 37 et 38.

commerciales de réduire ou d'éliminer les droits de douane et autres obstacles au commerce des parties contractantes peu développées », lit-on dans l'article XXXVI/8 de cet Accord. L'ajout de cette partie a établi la dualité des normes dans le droit du GATT. Un principe consolidé par la clause d'habilitation adoptée en 1979.

Parmi les effets de l'introduction de la Partie IV, la mise en place d'un cadre juridique et institutionnel qui devait permettre la véritable intégration du concept du TSD dans le SCM. Cela qui a été rendu possible avec la création d'un organe du GATT nommé « Comité de commerce et de développement » (article XXXVIII/2) pour donner effet aux dispositions de la Partie IV.

Certains observateurs estiment que la Partie IV n'a pas véritablement intégré le concept du TSD pour les PED, puisque ceux-ci sont soumis aux mêmes règles et aux mêmes obligations que les pays développés. Le principe de non- réciprocité restait circonscrit uniquement au stade de la conduite des négociations multilatérales et signifiait concrètement que les PED n'avaient plus à se sentir obligés de faire des concessions lors des négociations. Ce principe ne touchait pas davantage à l'égalité juridique des parties contractantes qui demeuraient toutes pleinement soumises aux obligations du GATT de 1947 comme la clause NPF et l'interdiction de prévoir des préférences tarifaires pour les PED. Ce principe a été remis en cause dès l'entame du cycle de Tokyo, où il se dilua au profit d'une réciprocité relative[1].

Malgré quelques apports -quoique limités- sur le statut des PED, la Partie IV est jugée très limitée. Elle est critiquée pour son caractère ambivalent, d'autant qu'elle comprend un contenu social et vient ainsi rétablir un certain équilibre qui avait été rompu, avec l'abandon de celle-ci, tout en s'inscrivant dans le courant libre-échangiste prôné par le GATT[2].

---

[1] Ce changement de cap des pays développés qui subordonnèrent l'amélioration de leurs offres à l'apport d'une contribution de la part des PED qui corresponde à leur niveau de développement, se justifie par l'apparition de pays à revenu intermédiaire ou même élevé et qui concurrençaient les pays développés pour l'exportation de produits manufacturiers. Un changement de position qui marque le début d'une dépréciation du principe de non-réciprocité des mesures. Voir : DUVAL Isabelle, *op.cit*, p.39.

[2] Le caractère social est perceptible notamment dans le soulignement dans l'article XXXVI 1 a) que les parties contractantes sont conscientes de ce que les objectifs fondamentaux du GATT comportent *le relèvement des niveaux de vie et le développement progressif des économies de toutes les parties contractantes, et considérant que la réalisation de ces objectifs est spécialement urgente pour les parties contractantes peu développées.*

Cette Partie et en dépit qu'elle admette le principe de non-réciprocité des mesures, elle n'admet pas de traitement préférentiel substantiel, ce qui fait que l'octroi de préférences n'est possible que dans le cadre de la dérogation portée par l'article XXV/5 de l'Accord général[1]. Aussi, la notion « *n'attendent pas de réciprocité* »[2], portée dans l'article XXXVI/8 du GATT de 1947 et qui représente la principale innovation de la Partie IV ne parait pas comme dérogation définitive à la clause NPF[3].

Une autre critique à l'égard de la partie IV l'est pour le défaut de force obligatoire, car comme conclue précédemment, cette Partie demeurait avant tout symbolique et se contentait de prendre acte de la situation des PED et de la nécessité de faire des efforts pour les aider à intégrer le système multilatéral. Des recommandations émises sans aucun engagement contraignant, ce qui illustre le sort qui est généralement réservé à toute mesure de TSD. La valeur juridique des dispositions de cette Partie est des plus faibles, car elles ne contiennent pas d'obligation contraignante de résultat, mais tout au plus des obligations de moyens qui ne font que compléter les règles du GATT, sans y déroger.

Dans ce sens et si on analyse la portée du Par. 9 de l'article XXXVI qui évoque : « *l'effort conscient et résolu, tant individuel que collectif de la part des parties contractantes dans l'adoption de mesures visant à réaliser les principes et objectifs énumérés dans les huit premiers paragraphes de l'article* », on trouve que le vocabulaire employé est révélateur de la faible teneur juridique des engagements exigés. Le paragraphe n'étaye pas les moyens à mettre en œuvre pour réaliser les objectifs espérés. Même les articles XXXVII et XXXVIII, qui énonçaient des engagements précis des pays développés, n'ont pas de véritable force obligatoire, ce qui réduit leurs dispositions en de simples « déclarations d'intention » reposant sur des objectifs trop généreux sans plus[4].

Cet état de fait s'est traduit par la pratique des parties contractantes développées considérant le traitement différencié comme une tolérance ou une mesure charitable à aider les pays pauvres[5].

---

[1] AEKA-PUTRA Prasit, *op.cit*, p.33

[2] Cette expression signifie que les pays développés ne devraient pas attendre d'un PED, qu'il apporte, au cours des négociations commerciales, une contribution incompatible avec les besoins de son développement, de ses finances et de son commerce ainsi que toute contribution qui atténuerait plus ses moyens économiques.

[3] L'objectif est donc de permettre aux PED d'assumer des obligations proportionnelles à leurs capacités économiques. C'est le grief retenu d'ailleurs contre un grand nombre parmi les mesures préférentielles comprises dans le droit de l'OMC.

[4] DUVAL Isabelle, *op.cit*, p.41.

[5] AEKA-PUTRA Prasit, *op.cit*, p.144.

Aussi, le fait que la hiérarchie des normes du GATT donne la primauté aux Parties I à III sur la Partie IV est un autre vice décelé dans cette partie. Un vice constaté notamment dans le contenu des rapports émis par des groupes spéciaux. Ce qui a permis à Lofti M'Rini à analyser que : « *à considérer la structure normative globale du GATT, la Partie IV semble former un cas à part, qui regroupe des dispositions accessoires par rapport aux dispositions fondamentales des trois premières parties de l'Accord général* »[1].

La preuve d'une contravention aux dispositions de la Partie IV n'a pas été une procédure aisée pour les PED. C'est ce qui ressort de l'affaire CEE- restrictions sur le sucre II- recours du Brésil[2]. Dans cette affaire, le Brésil et quelques pays voisins avaient tenté d'améliorer la situation de leurs exportations de sucre en utilisant l'Accord international sur le sucre et à ce moment, la CEE avait augmenté ses subventions à l'exportation de ce produit nuisant ainsi grandement aux efforts déployés par le Brésil et d'autres PED[3].

Le groupe spécial, qui reconnaît l'infraction de la CEE et le non-respect des obligations qui lui incombent en vertu de la Partie IV, en reconnaissant que l'augmentation des exportations subventionnées du sucre entre 1978 et 1979 avait diminué l'impact des efforts déployés par les PED, ne possède aucun pouvoir d'exécution de sa décision. Cette décision illustre la difficulté de la mise en œuvre de la Partie IV, dont les dispositions sont plus de nature consultative, ce qui empêche leur imposition par une force contraignante[4].

---

[1] Dans son ouvrage intitulé « De La Havane à Doha, bilan commercial de l'intégration des pays en développement dans le système commercial multilatéral », Les presses de l'université de Laval, Québec, 2005 et cité dans : DUVAL Isabelle, *op.cit*, p.43.

[2] Affaire : GATT –CEE- Restrictions à l'exportation de sucre- recours du Brésil, rapport du groupe spécial adopté le 10.11.1980 (L/5011), IBDD, S27/74.

[3] Le Brésil plaidait que le système de restitutions à l'exportation du sucre appliqué par la CEE était incompatible avec les dispositions de la Partie IV et d'enfreindre notamment à l'article XXXVIII : 2 qui stipule qu'il « *est nécessaire d'assurer une augmentation rapide et soutenue des recettes d'exportation des parties contractantes peu développées* ». Dans sa défense, la CEE soutenait que : « ... *Les dispositions de l'article XXXVI constituaient des objectifs et des principes et ne pouvaient être interprétées comme créant des dispositions précises et déterminées.*
Il n'était donc pas possible, par définition de constater une violation quelconque de ces principes par l'application d'une mesure spécifique (...). Lire : GATT –CEE- Restrictions à l'exportation de sucre- recours du Brésil, Rapport du groupe spécial, adopté le 10.11.1980 (L/5011), IBDD, S27/74.

[4] DUVAL Isabelle, *op.cit*, p.44.

Le même constat est tiré du traitement donné à l'affaire sur l'importation de pomme ayant opposé le Chili à la CEE[1], liée aux licences d'importation mises en place par la CEE. Le Chili plaidait en faveur d'une interprétation des obligations des pays développés dans un sujet qui est favorable aux PED et le groupe spécial a estimé que la CEE avait fait des efforts sérieux pour éviter d'employer des mesures restrictives à l'encontre du Chili[2].

Le groupe spécial a statué aussi que : « *les engagements souscrits par les parties contractantes au titre de l'article XXXVII venaient en sus de leurs obligations au regard des parties I à III de l'Accord général (...) les restrictions communautaires à l'importation n'étaient pas conformes aux obligations spécifiques qui découlaient pour la communauté de la partie II de l'Accord général, il n'est donc pas nécessaire de poursuivre l'examen de la question au titre de l'article XXXVII de la Partie IV* »[3].

La jurisprudence du GATT établit ainsi que les pays sont libres d'adopter des mesures compatibles avec l'esprit de la Partie IV, mais que cela ne saurait être avancé en tant que justification de mesures qui seraient incompatibles avec les obligations incombant à un pays en vertu des autres parties, comme cela a été le cas dans l'affaire Norvège-Royaume-Uni[4] où il a été évoqué la Partie II. On conclut que la jurisprudence des groupes spéciaux établit une distinction entre les obligations incombant aux pays développés en vertu de la Partie IV et celles qui leur incombent en vertu des trois premières parties de l'Accord GATT et confère une supériorité aux trois premières parties -qui seraient constituées d'obligations spécifiques- sur la IV qui contiendrait plutôt des obligations subsidiaires[5].

En somme, cette Partie ne remplit qu'une fonction symbolique et elle occupe dans l'échelle juridique du GATT un espace normatif flottant entre le non-droit et le droit stricto sensu, qui constitue une véritable tare originelle.

---

[1] Affaire : GATT, restrictions appliquées par la CEE à l'importation des pommes de table- Plainte du Chili, Rapport du Groupe spécial, adopté le 22 juin 1989 (L/6491), IBDD S/36, juillet 1990, pp 100- 148.

[2] Paragraphes 4.22 et 4.23 du rapport du Groupe spécial dans l'affaire GATT, restrictions appliquées par la CEE à l'importation des pommes de table- Plainte du Chili, *op.cit.*

[3] DUVAL Isabelle, *op.cit*, p.46.

[4] Affaire : GATT, Norvège- Restrictions à l'importation de certains produits textiles, Rapport du Groupe spécial, adopté le 18 juin 1980, (L/4959), IBDD, mars 1981.

[5] DUVAL Isabelle, *op.cit*, p.47.

2-2-2 L'adoption de mesures juridiques de consécration du TSD dans le système commercial multilatéral

Ayant constaté que l'ajout de la partie IV au corps de l'Accord GATT de 1947 n'a pas provoqué l'amélioration de la situation des PED dans la sphère commerciale mondiale, les parties contractantes du GATT ont relancé le débat sur la consécration de mesures juridiques en faveur des PED. C'est ainsi qu'ils ont créé en 1971 les SGP qui sont des mesures unilatérales -et non des accords multilatéraux- que prennent et adoptent les pays développés pour permettre aux importations des PED de pénétrer leurs marchés sur une base préférentielle[1].

Le système généralisé et non réciproque de préférences commerciales à l'égard des PED a été approuvé lors de la deuxième CNUCED tenue en 1968 à New Delhi (Inde)[2]. L'institution du SGP l'a été suite à la Décision adoptée en 1971 pour permettre aux parties contractantes qui le désirent d'établir un traitement tarifaire préférentiel avec les PED[3]. C'est une dérogation au régime général puisque les préférences étaient interdites par la clause NPF.

Il existe une controverse à propos de l'identité de la plateforme juridique qui autorise les SGP. La doctrine semble majoritairement d'avis que la Partie IV du GATT, bien qu'ayant favorisé et engendré une attitude plus permissive des pays développés à l'égard des PED, n'est pas la plateforme juridique qui a permis la promulgation des SGP, d'autant qu'elle n'est pas une dérogation formelle à la clause NPF portée par l'article 1er de l'Accord GATT de 1947. Ils ont été autorisés en vertu d'une dérogation générale du GATT[4].

En réalité, entre 1971 et 1979, les SGP étaient tolérés sans toutefois être légalisés officiellement par le GATT. Ce n'est qu'avec l'adoption en

---

[1] DUVAL Isabelle, *op.cit*, p.50.

[2] CNUCED : Résolution 21 (II) : Admission préférentielle ou en franchise des exportations d'articles manufacturés et d'articles semi-finis des pays en voie de développement dans les pays développés, in : Actes de la Conférence des Nations Unies sur le Commerce Et le Développement, Deuxième Session, New Delhi, 1er février-29 mars 1968 Volume I Rapport et annexes Nations unies, New York.

[3] Annexe D-2 Dérogations : Système Généralisé de Préférences Décision du 25 juin 1971 (L/3545). À noter que le SGP a été accepté et adopté le 12 octobre 1971 au sein du GATT mais sa mise en œuvre a eu lieu le 25 juin 1971.

La Décision de 1971 instituant les SGP ne désignait pas les catégories de pays pouvant bénéficier ou offrir des préférences tarifaires, mais la pratique voulait plutôt que l'on renvoie aux pays qui s'étaient désignés comme bénéficiaires du SGP à la CNUCED, selon le principe de l'auto- élection, puis que chaque partie contractante soit alors libre de choisir parmi ces pays ceux qui pourraient bénéficier de son schéma national de préférences. Voir : COTE Charles-Emmanuel, *op.cit*, p.138.

[4] DUVAL Isabelle, *op.cit*, p.51.

1979 de la clause d'habilitation qu'une véritable base juridique a été mise en place. La solution de la dérogation est un compromis qui, d'une part, sauvegarde le traitement NPF d'un nouveau cafouillage, et d'une autre part, permet de donner une base à l'application du SGP. Le libellé de la dérogation de 1971 ne fait référence à aucune base juridique légale, mais on note le caractère non contraignant de l'engagement des pays développés et le caractère temporaire de la durée de la dérogation qui s'étend sur une période de dix ans, passible de renouvellement conditionnel[1]. Le caractère discrétionnaire attribué aux SGP a diminué en la teneur de leur application, qui a donné lieu à une discrimination des PED, car les pays développés attribuent leurs préférences sur des critères basés sur les liens historiques et même coloniaux comme c'est le cas des accords de Lomé entre la CEE et les pays de la zone ACP.

Il est utile de noter que l'année 1971 a vu également le GATT adopter un autre texte préférentiel en faveur des PED. Il s'agit du Protocole concernant les négociations commerciales entre pays en voie de développement, signé le 8 décembre 1971 et entré en vigueur le 11 février 1973. Ce protocole rend licites, pour une période de dix ans, les préférences tarifaires que les PED s'accordaient entre eux. De telles préférences tarifaires auraient autrement été interdites par la clause NPF. Comme c'est le cas des SGP, l'admissibilité à ce mécanisme est basée sur le système d'auto-élection.

En ce qui concerne les concessions, le protocole prévoit qu'elles doivent être échangées et appliquées entre les pays participants sur une base multilatérale. Cela qui fait dire à certains que les négociations multilatérales entre les PED s'étaient déroulées sur la base d'un nouvel ordre juridique, faisant référence à l'abandon de la clause NPF[2].

L'arrangement n'est pas applicable entre deux pays qui l'acceptent s'ils n'ont pas engagé entre eux de négociations directes[3]. Le protocole prévoyait, en outre, une renégociation périodique des concessions. Le constat n'est toutefois pas assez reluisant par rapport à l'application de ce protocole. Les préférences que les PED se sont octroyées ont eu des

[1] DUVAL Isabelle, *op.cit*, p.52.
[2] EWANGO Bolia, « *Les obstacles non tarifaires dans les relations commerciales entre pays en développement* », thèse de doctorat en droit de l'université René Descartes (Paris 5), France, 1995, p.259.
[3] Par. 15 du Protocole concernant les négociations commerciales entre Pays en voie de Développement, *op.cit*.

effets variables sur le commerce des pays participants et les échanges enregistrés entre ces pays n'ont pas atteint les seuils souhaités[1].

L'application du protocole a suscité pas mal de critiques. D'abord, le nombre de pays participants est jugé insuffisant, avec seulement 18 participants parmi les 120 PED que comptait le monde à cette époque[2]. La deuxième critique fait état qu'en dépit que le préambule du protocole vise également l'élimination des obstacles non tarifaires, les concessions entre les pays participants se sont limitées aux avantages tarifaires qui en plus, octroyés sur une base sélective. Ces concessions ont plus touché des produits qui faisaient déjà l'objet d'échanges traditionnels entre certains pays, d'où leur faible impact[3].

Toutefois, c'est l'adoption de la clause d'habilitation en 1979 qui a permis au GATT d'aménager une base juridique aux SGP, mais aussi de concrétiser l'introduction du TSD dans le droit international économique.

Cette clause constitue l'instrument juridique qui légitime plus les SGP et qui consacre pleinement le TSD en l'intégrant dans le système commercial multilatéral. En plus de constituer le fondement juridique aux SGP, cette clause a refondu les dérogations de 1971 en un seul texte[4] qui pérennise et étend le commerce des PED en lui donnant une assise juridique permanente, fondée sur la dualité des normes dans le GATT de 1947.

La Clause d'habilitation instituait une exception à l'article 1er de l'Accord GATT de 1947. Dans le cadre de ce système, les pays développés appliquent un traitement préférentiel non réciproque aux produits originaires des PED[5]. Toutefois, ce sont les pays octroyant les préférences qui déterminent unilatéralement les pays et les produits bénéficiaires. L'exemple le plus connu de mise en œuvre d'un tel

---

[1] EWANGO Bolia, *op.cit*, p.259.

[2] L'une des principales raisons de cette défection est toutefois liée au fait qu'à la conclusion du protocole bon nombre de PED n'étaient pas encore membres du GATT. Ce qui justifie que 34 PED seulement aient pris part aux négociations. EWANGO Bolia, *op.cit*, p.260.

[3] EWANGO Bolia, *op.cit*, p.260.

[4] Il s'agit de la Décision du 28 novembre 1979 (L/4903) sur le « *Traitement différencié et Plus Favorable, Réciprocité et Participation Plus Complète des pays en voie de Développement* » appelée aussi clause d'habilitation.

[5] L'intérêt de cette clause tient aussi au fait que son champ d'application est précisé. Et il est très large. Les domaines couverts sont au nombre de quatre :
- Tous les traitements préférentiels accordés aux PMA ;
- Les préférences tarifaires que les PED pourraient négocier entre eux ;
- Les préférences tarifaires accordées dans une relation Nord-Sud, au titre du système généralisé de préférence ;
- Les préférences non tarifaires régies par tous les accords, conclus sous le GATT.

Voir : DUVAL Isabelle, *op.cit*, pp.53-54.

système est celui qui résulte des accords de Lomé, conclus entre la CEE et 69 pays de la zone ACP[1].

Le principal impact de la clause d'habilitation sur les PED c'est qu'elle proclame le principe du traitement différencié et plus favorable suivant lequel les parties contractantes du GATT peuvent déroger à la clause NPF pour accorder un traitement préférentiel aux PED. Le principe se décline en deux modalités essentielles :

- La possibilité pour les pays développés d'appliquer le SGP à l'égard des PED est maintenue dans les mêmes conditions. Ainsi donc, les pays développés peuvent accorder un traitement tarifaire préférentiel à l'égard des parties contractantes de leur choix.
- La deuxième possibilité introduit une nouvelle modulation du traitement différencié en ce qui concerne les obstacles non tarifaires au commerce des PED (Clause d'habilitation, art 2b)[2].

La clause d'habilitation accorde aux parties contractantes la possibilité de voter une dérogation *ad hoc* pour une mesure donnée en application des règles générales du GATT de 1947 prévoyant l'octroi des dérogations[3]. C'est cette technique d'ailleurs qui a permis au TSD de s'intégrer, une première fois, dans les relations commerciales multilatérales[4].

Des critiques ont été émises à l'encontre de la clause d'habilitation, qui ne prévoit que la possibilité, et non l'obligation, d'accorder un traitement préférentiel et plus favorable aux PED. Le principe de l'auto-élection est une autre tare, d'autant qu'il produit comme effet que les parties contractantes développées n'ont pas l'obligation juridique d'accorder des préférences commerciales. Du coup, les PED sont simplement éligibles à ce traitement préférentiel sans pouvoir l'imposer à leurs pairs développés ou à saisir une quelconque instance dans le cas où un pays développé ne respecterait pas les dispositions de cette clause.

En outre, la Clause d'habilitation sert de fondement juridique aux accords régionaux conclus entre PED et au Système global de

---

[1] JACQUET Jean-Michel, DELEBECQUE Philippe et CORNELOUP Sabine, Droit du commerce international, Dalloz, Paris, 2007, p.91.

[2] Toutefois, la levée de ces obstacles a fait l'objet de plusieurs nouveaux accords sectoriels, négociés lors du cycle de Tokyo, comme les droits antidumping, les subventions et les droits compensateurs, les OTC ou les marchés publics. Un traitement différencié peut être accordé aux PED à l'égard des dispositions de l'Accord GATT de 1947, qui ont fait l'objet d'un code de Tokyo. Néanmoins, en l'absence d'une définition, la qualité de PED est attribuée pour les fins de cette disposition suivant le principe de l'auto- élection. Voir : COTE Charles-Emmanuel, *op.cit*, p.138.

[3] Article XXV (5) de l'Accord GATT de 1947, op.ci.

[4] COTE Charles-Emmanuel, *op.cit*, p.140.

préférences commerciales entre PED (SGPC)[1], dans le cadre duquel un certain nombre de PED s'accordent mutuellement des concessions commerciales[2]. Ainsi donc, la coopération entre les PED n'est plus limitée aux concessions tarifaires faites dans le cadre du Protocole concernant les négociations commerciales entre pays en voie de développement. Tous les ACR entre PED sont visés, ce qui signifie une avancée considérable comparativement aux exceptions permises par l'Accord GATT de 1947 et qui ne permettent de tels accords que s'ils libéralisent l'essentiel du commerce entre leurs parties[3]. La clause d'habilitation permet la conclusion d'accords sectoriels entre PED sans viser l'essentiel du commerce entre ces pays.

La dernière modulation du TSD apportée par la clause d'habilitation consiste en la création d'un régime particulier plus favorable pour les PMA. Ce faisant, les parties contractantes peuvent accorder un traitement spécial aux PMA « *dans le contexte de toute mesure générale ou spécifique en faveur des pays en voie de développement* »[4].

L'adoption de la clause d'habilitation a constitué une avancée dans le processus de rééquilibrage des relations commerciales multilatérales. Son adoption a eu comme conséquence de légaliser le traitement différencié et plus favorable dans le système juridique du GATT, sans qu'il soit nécessaire de recourir à la procédure de dérogation (Waiver) conformément à l'article XXV/5 de l'Accord général. La clause a, en outre, permis aux PED de s'accorder entre eux des préférences ou d'autres formes du traitement préférentiel dans le cadre d'accords régionaux et mondiaux, sans qu'ils soient contraints de satisfaire aux critères portés par l'article XXIV de l'Accord général (unions douanières et ZLE). Cette clause permet aux pays développés de renoncer à la réciprocité, lorsqu'il s'agit de négociations avec les PED.

En dépit de ses effets, jugés positifs sur les PED, la clause d'habilitation a toutefois produit certains effets injustes tels que :

[1] Le SGPC (Système Généralisé de Préférences Commerciales) est un dispositif mis en place en 1988 et qui prend la clause d'habilitation comme principal fondement juridique à son institution.

[2] L'article 2c de la clause d'habilitation autorise la conclusion d'*arrangements régionaux ou mondiaux conclus entre parties contractantes peu développées en vue de la réduction ou de l'élimination de droits de douane sur une base mutuelle...*

[3] Accord général sur les tarifs douaniers et le commerce GATT de 1947, *op.cit*, article XXIV (8).

[4] Clause d'habilitation, article 2d. Concernant la détermination des parties contractantes appartenant à la sous-catégorie des PMA, cette mission relève de la compétence de la CNUCED qui dresse périodiquement une liste nominative des PMA. Par la suite, le GATT puis l'OMC ont décidé de suivre la liste des PMA établie par l'ONU suivant des critères mesurables liées essentiellement au niveau du revenu.

- La sélectivité : la pratique des pays développés montre que le TSD n'est pas accordé à tous les PED et ils ont le plein droit de sélectionner les pays qu'ils considèrent comme en difficulté et leur accorder ce traitement. C'est un système qui est inégal et discriminatoire pour les parties contractantes[1].
- Le pouvoir discrétionnaire accordé aux pays développés de supprimer les concessions lorsqu'ils constatent un *développement progressif de l'économie de leurs partenaires.* Cela qui donne à la suspension des concessions un caractère vague et ambigu. Aussi, le par.7 de la clause permet aux pays développés de déterminer, voire supprimer unilatéralement, le traitement différencié s'ils ont trouvé que les produits originaires des PVD sont devenus plus compétitifs sur le marché international.
- L'inapplication de la clause évolutive portée par l'article 7 de la clause d'habilitation est considérée comme un ratage. Cette clause se veut une manière pour aider les PED à une réintégration progressive dans le régime commercial général du GATT de 1994[2].

2-3 Les différents modes d'application du TSD dans les relations commerciales multilatérales

L'introduction du TSD dans les relations commerciales multilatérales l'a été à l'aide de plusieurs mécanismes juridiques, à l'instar des SGP en cours depuis 1971 et du Système global des préférences commerciales (SGPC), mis en place pour favoriser les échanges inter PED. Les ACR en partenariat avec des PED ont été favorisés pour constituer une formule supplémentaire de traitement en faveur des PED. Ces pays bénéficient également d'un traitement dérogatoire dans certaines circonstances. Toutefois, la multiplication des formules par lesquelles le TSD a été introduit dans les relations internationales n'a pas débouché sur un bilan satisfaisant quant à l'intégration des PED dans le SCM. La prédominance du « soft law » a été la cause principale de la dévalorisation de ce traitement.

---

[1] AEKA-PUTRA Prasit, p.148.

[2] La clause évolutive constitue le lien juridique entre le régime général et le régime particulier du commerce des PED. Elle traduit du moins théoriquement le caractère dynamique du processus de développement, ainsi que la nature transitoire du statut de PED. Même les accords de l'OMC ne se sont pas inspirés de cette clause et ont préféré introduire des délais courts et les mêmes pour tous les PED alors qu'il est plus concevable de les faire suivant la situation individuelle de chaque PED concerné. Lire : COTE Charles-Emmanuel, *op.cit*, p.158.

2-3-1 L'application au moyen du système généralisé de préférences (SGP)

Le SGP vise à offrir un accès accru au marché national des pays développés pour les produits en provenance des PED, sans que ces derniers aient à faire des concessions tarifaires équivalentes[1]. L'application de ce mécanisme a débuté en 1971 au profit des pays désignés suivant le système d'auto-élection.

Le SGP se résume en l'octroi de préférences tarifaires aux produits en provenance des PED en dérogation à la règle NPF. Il permet à chaque pays développé d'arrêter son schéma de préférences et qui sera soumis à la légalisation du GATT. L'objectif de ce mécanisme est d'offrir un accès accru au marché national des pays développés pour les produits en provenance des PED. Le SGP vise en principe tous les produits manufacturés et semi-finis, à l'exclusion des produits agricoles et des autres produits de base (sauf pour de rares exceptions pouvant être consenties par les pays donneurs)[2].

L'application du SGP a montré que ce système n'est pas aussi reluisant que ses concepteurs l'attendaient à son lancement en 1971. Les PED le jugent en deçà de leurs attentes et ils l'ont principalement critiqué pour le fait que les pays développés gardent entièrement le contrôle sur son application, qui demeure volontaire[3]. Le caractère volontaire est jugé comme vice fondamental du SGP et remet en question son bien-fondé comme réponse juridique appropriée aux inégalités de développement entre États[4].

En outre, le SGP est un système qui profite plus aux pays nouvellement industrialisés, à l'instar de la Chine, et qui disposent de capacités industrielles pour saisir les opportunités commerciales ouvertes par les schémas nationaux de préférences des pays donneurs. En revanche, ce dispositif serait inutile pour les PMA tant ceux-ci resteraient

---

[1] L'objectif principal du SGP était de favoriser les PED dans leurs exportations, leur industrialisation et d'accélérer le rythme de leur croissance économique. Plusieurs textes ont été adoptés en vue d'autoriser les pays développés à accorder des préférences aux produits en provenance des PED. Le texte le plus célèbre demeure la clause d'habilitation adoptée en 1979.

[2] COTE Charles-Emmanuel, *op.cit*, p.147.

[3] Ce contrôle consiste d'abord en le pouvoir de déterminer les produits visés par le schéma préférentiel et la marge préférentielle, c'est-à-dire l'ampleur de la préférence tarifaire pour chaque produit visé. Chaque pays développé est habilité à déterminer les règles d'origine, applicables pour qu'un produit puisse bénéficier des préférences tarifaires. Il est également habilité à déterminer son système de sauvegarde, qui peut exclure des produits sensibles du schéma de préférences voire même suspendre des préférences en cas de désorganisation du marché.

[4] COTE Charles-Emmanuel, *op.cit*, pages 147 et149.

totalement en marge des échanges commerciaux mondiaux[1].Une autre analyse montre que le SGP porte une tare congénitale et que ce système est appelé à disparaître, en raison de la dynamique qui sous-tend les accords du GATT/OMC, basés essentiellement sur l'abaissement, puis de l'élimination des tarifs douaniers (portés de 40 % en 1947 à 4 % en 1993)[2].

Dans l'ensemble, les préférences accordées dans le cadre du SGP n'ont pas ramené les résultats escomptés et les avantages procurés aux PED sont très réduits, proportionnellement au volume global de leurs exportations. Le fait que le SGP ne favorise pas la diversification des exportations en est l'une des causes. Il est à constater aussi que l'apparition des unions douanières et la course derrière les arrangements régionaux ont désavantagé les SGP.

2-3-2 L'introduction du SGPC pour l'encouragement des arrangements commerciaux inter PED

Devant l'application discriminatoire du SGP, par les pays développés et l'exclusion de certains pays pour des motifs purement politiques, plusieurs PED appartenant au G77 ont décidé en 1988 de mettre en place le Système Global de Préférences Commerciales (SGPC). L'initiative de créer ce mécanisme remonte à la conférence de Mexico en 1976 sur la coopération économique entre PED, mais il a fallu attendre la réunion ministérielle du G77 de Belgrade (Yougoslavie) pour concrétiser ce projet[3].

L'apparition du SGPC, dont l'objectif principal reste la protection des préférences accordées aux PED, fut un moyen pour ces pays de corriger les imperfections du Protocole de 1971 du GATT, concernant les négociations commerciales entre PVD. Le SGPC se veut une autre application de la Clause d'habilitation, qui autorise et encourage *les arrangements mondiaux conclus entre PED en vue de la réduction ou de l'élimination de tarifs douaniers sur une base mutuelle*[4].

---

[1] COTE Charles-Emmanuel, *op.cit*, p.150.

[2] De ce fait, au fur et à mesure que progresse l'accomplissement de cet objectif fondamental, les avantages comparatifs que les schémas nationaux de préférences confèrent artificiellement aux PED s'amenuisent. Cette première modalité d'opération du traitement différencié dans le système commercial multilatéral est appelée à perdre de l'importance, voire à disparaître au fil des années. Voir : COTE Charles-Emmanuel, *op.cit*, p. p. 151. Voir également : DUVAL Isabelle, *op.cit*, p.60.

[3] Le support juridique cadrant ce mécanisme consiste en l'Accord relatif au Système Global de Préférences Commerciales entre pays en développement, signé à Belgrade le 13 avril 1988 et entré en vigueur à partir du 19 avril 1989.

[4] Clause d'habilitation, art 2 (c).

Le SGPC a corrigé certaines lacunes juridiques du SGP en posant un cadre juridique clair. De l'avis des observateurs, le SGPC met en place un système généralisé, puisque les concessions tarifaires négociées entre PED doivent être étendues à tous les pays participants sans discrimination, en application du principe de la nation la plus favorisée (Article 9 de l'Accord sur le SGPC). Mieux, les articles 10 et 15 ainsi que l'annexe II de l'Accord sur le SGPC protègent juridiquement les préférences tarifaires consenties dans le cadre de ce dispositif, ce qui signifie que les pays donneurs ne peuvent plus les retirer ou les modifier[1].

Les PED ont la ferme ambition de faire du SGPC un instrument dynamique de coopération économique entre eux et un lieu de négociations périodiques. Ils bénéficient du soutien de la CNUCED pour la gestion administrative du SGPC, qui compte actuellement 43 PED participants. En vue de renforcer et de pérenniser ce mécanisme, les PED, sous le patronage de la CNUCED, ont lancé le 16 juin 2004 le cycle de Sao Paulo par la Déclaration éponyme[2].

Le SGPC comporte une modulation des plus innovantes du traitement différencié, puisqu'il réserve un traitement particulier aux PMA, avec la permission accordée aux pays participants de prévoir des préférences additionnelles pour cette catégorie de pays. Cela en plus de la reprise du principe de non-réciprocité en faveur des PMA dans les négociations commerciales conduites sous le SGPC[3]. Outre le fait de bénéficier d'un traitement préférentiel, les PMA ne seront pas tenus d'accorder de concessions à titre réciproque.

Il leur a été attribué également de déterminer les biens pour lesquels ils attendent des concessions sur le marché des pays participants, tout comme ils peuvent également bénéficier d'une assistance technique[4]. Afin de la rendre compatible avec la clause d'habilitation, la mesure portant octroi de préférences tarifaires par des PED en faveur des PMA a

---

[1] COTE Charles-Emmanuel, *op.cit*, p.160.

[2] Le cycle de São Paulo marque le début d'une nouvelle ère pour la coopération commerciale sud-sud. Il a montré la vitalité du SGPC en tant que plateforme de soutien de cette coopération. Pour plus de détails, consulter : MASHAYEKHI Mina & ITO Taisuke , « Le cycle de São Paulo du SGPC : une étape importante dans la coopération sud-sud », *Éclairage sur les négociations (Publication de la CNUCED),* Volume 10 - Number 6, Genève, Septembre 2011 , disponible sur le site officiel de la CNUED : www.icstd.org

[3] COTE Charles-Emmanuel, *op.cit*, p.160.

[4] CHELLAF Aziz, *op.cit*, p.225.

dû être légalisée au moyen d'une dérogation accordée par l'OMC en 1999 et prorogée en 2009[1].

Il est utile de le constater que malgré tous les avantages énumérés dans le texte instituant le SGPC, les PED lui préférant les SGP des pays développés vers lesquels ils se tournent le plus souvent[2]. D'où la nécessité de réformer ce dispositif afin de le rendre plus cohérent avec les besoins et les spécificités des pays auxquels il est destiné.

2-3-3 Les autres modes d'application du TSD

L'application du TSD en faveur des PED ne se limite pas aux mesures contenues dans le SGP et le SGPC. Il existe d'autres modulations par lesquelles des préférences pourront être accordées à ces pays.

Ce traitement est ainsi appliqué au moyen d'accords commerciaux régionaux (ACR), d'autant que la clause d'habilitation admet aux PED d'entreprendre des modes de libéralisation de leur économie en procédant par des mécanismes moins stricts que ceux posés par le régime juridique général, porté par les accords GATT/OMC[3]. Comme la clause d'habilitation est reprise dans les accords de Marrakech, le recours des PED aux ACR est donc autorisé, à la seule condition de notifier, à l'OMC, le texte de l'accord conclut. Après quoi, l'OMC peut théoriquement entrer en consultations avec les membres si l'accord devait poser des difficultés[4].

Il est à conclure que la majorité de ces ACR établissent des unions douanières et moins d'accords concernent la création de zones de libre-échange (ZLE)[5]. Même si ces dernières années, les PED tentent de relancer des projets de zones de libre-échange[6]. La conclusion d'ACR, en

---

[1] Préférences tarifaires en faveur des pays les moins avancés : Décision portant octroi d'une dérogation, OMC Doc WT/L/304 (1999), prorogée en 2009 par : Préférences tarifaires en faveur des pays les moins avancés : Décision portant prorogation de la dérogation, OMC Doc WT/L/759 (2009).

[2] CHELLAF Aziz, *op.cit*, p.225.

[3] L'article 2c de la clause d'habilitation admet aux parties contractantes d'accorder un traitement différencié et plus favorable aux PVD, sans l'accorder à d'autres pays en agissant par des *arrangements régionaux ou mondiaux conclus entre parties contractantes peu développées en vue de la réduction ou de l'élimination de droits de douane sur une base mutuelle...*

[4] L'article 4 (a) de la Clause d'habilitation oblige la partie contractante qui prendra des mesures pour instituer un arrangement ou, ultérieurement, pour modifier ou cesser d'accorder un traitement différencié et plus favorable de notifier aux *parties contractantes et leur fournira tous les renseignements qu'elles pourront juger appropriés au sujet de ces mesures ;*

[5] COTE Charles-Emmanuel, *op.cit*, P.161.

[6] Dans ce sens, il est utile de signaler que 44 pays africains ont signé à Kigali (Rwanda) le 21 mars 2018 le protocole portant la création d'une ZLE continentale.

application des dispositifs préférentiels, demeure marginale par rapport aux accords de libre-échange et aux unions douanières régulières, autorisées par le régime général du droit de l'OMC[1]. Ce qui relance le débat sur l'effectivité et l'attractivité des régimes préférentiels qui apparaissent moins attractifs que le régime général.

Le TSD est également introduit dans les relations commerciales multilatérales au moyen du traitement différencié dérogatoire. L'octroi d'une dérogation *ad hoc* est jugé comme la modalité du traitement différencié la plus flexible dans le SCM, puisqu'il s'agit d'un régime qui permet de légaliser tout traitement de faveur accordé à des PED et qui échappe aux autres modalités d'opération du concept et qu'il serait autrement illicite[2].

Il est utile de noter que c'est cette technique juridique qui a permis au traitement différencié de s'intégrer véritablement dans le système commercial multilatéral, avec l'adoption des deux dérogations de 1971[3]. Cette technique juridique est sans doute la portion la moins visible de l'application du TSD dans les relations multilatérales, puisque son étude nécessite la recension d'une panoplie de décisions éparses, adoptées pour l'essentiel par le Conseil général de l'OMC. Elle est régulièrement employée pour satisfaire les besoins du développement de certains PED, ce qui traduit bien la flexibilité du droit international économique[4].

L'application la plus célèbre du régime dérogatoire demeure le partenariat entre l'UE et les pays de la zone ACP. Le premier accord entre ces deux parties a été signé en 1975 (accord de Lomé) et a été renouvelé à trois reprises, avant d'être rehaussé par la conclusion de la convention de Cotonou en 2000.

---

[1] Les PED ne se limitent pas à l'application de la Clause d'habilitation puisqu'ils n'hésitent pas à conclure aussi des ACR entre eux sous le régime juridique général des accords de l'OMC.

[2] COTE Charles-Emmanuel, *op.cit*, p.162.

[3] Soit la dérogation portant création des SGP et celle sur l'adoption du protocole concernant les négociations commerciales entre PVD.

[4] COTE Charles-Emmanuel, *op.cit*, p.162.

CHAPITRE 2 :

Récapitulatif des dispositions préférentielles portées par les accords de l'OMC

Le droit de l'OMC, qui émane essentiellement de trois sources différentes : les textes juridiques de l'OMC, les décisions et déclarations ministérielles et les décisions du Conseil général,[1] ne marquent pas de rupture avec le système GATT, en ce qui concerne l'intégration du concept de traitement différencié dans le système commercial multilatéral. La Clause d'habilitation, qui a marqué l'avènement du TSD dans le système GATT a été intégralement reconduite dans les accords de l'OMC par l'Accord GATT de 1994[2], ce qui signifie que son application par les membres est obligatoire. Toutefois, le traitement préférentiel a subi quelques variations, notamment un changement de dénomination puisque sous l'OMC le concept est appelé : « traitement spécial et différencié ».

D'une manière générale, tous les accords de l'OMC, admettent une application plus souple de leurs dispositions en faveur des PED afin de permettre à ces pays d'échapper aux disciplines les plus rigoureuses de

[1] Ce droit qui est au premier chef le droit d'une organisation internationale particulière, structurée par un acte constitutif original, mais surtout par l'omniprésence de l'exigence du respect du consensualisme traduit l'existence de ce que l'on pourrait qualifier de *lex mercatoria publica*. LUFF David tente de distinguer entre les sources primaires de l'OMC à savoir les accords proprement dits et des sources dites interprétatives qui contribuent à préciser le contenu des accords de l'OMC, mais ne créent pas de droits distincts et autonomes par rapport à ceux-ci. Ce même auteur reprend l'avis de la Professeure Ruiz Fabri Hélène qui considère : *ce qu'il est désormais convenu d'appeler le droit de l'OMC est constitué par un ensemble complexe de règles dans lesquelles s'intègrent les règles du GATT et ce qu'on appelle l'acquis du GATT.* Voir : LUFF David, Le droit de l'Organisation mondiale du Commerce : analyse critique, Éditions Bruylant, Bruxelles (Belgique), 2004, p.21.

[2] Article 1 (b) iv de l'Accord général sur les tarifs douaniers et le commerce de 1994 (GATT de 1994).

ces accords et de poursuivre, sans fracas, leurs programmes de développement économique.

Au motif du bénéfice des dispositions du TSD, les PED sont classés en deux catégories : les pays les moins avancés et les PED qui ont déjà accompli certaines phases de leur développement économique. Contrairement à l'ère du GATT, la définition du « développement » et des « pays en développement » reste inexistante dans le système juridique de l'OMC, qui se contente d'arrêter la liste des PMA, en adoptant celle établie par l'ONU[1].

Même si plusieurs textes internationaux évoquent le TSD, le traitement du développement n'a pas trop changé dans le droit de l'OMC. La question demeure traitée à travers des clauses préférentielles dont le principe a été institutionnalisé par la Décision de 1979, alors même que le mécanisme avait déjà montré ses effets pervers pour les PED, notamment en ce qui concerne l'ambivalence de la non- réciprocité. Les Accords de l'OMC comprennent des dispositions spécifiques qui confèrent des droits spéciaux aux PED et en donnant aux pays développés la possibilité d'accorder à ces pays un traitement plus favorable que celui réservé aux autres membres[2].

1- Les règles visant l'accroissement des potentialités commerciales et celles liées à la flexibilité des engagements

Ayant été l'un des sujets phares des négociations du cycle de l'Uruguay, le développement économique durable est mis comme objectif principal par l'OMC[3]. Cette dernière indique que le commerce international devrait profiter au développement économique des PED et des PMA[4].

---

[1] ROLLAND Sonia Elise, « Une dimension du développement à l'OMC : pourquoi et comment ? », *op.cit*, p.04.

[2] Ces règles spécifiques confèrent principalement aux PED les avantages suivants :
-périodes plus longues pour la mise en œuvre des accords et des engagements ;
-mesures visant à accroître les possibilités commerciales de ces pays ;
-dispositions exigeant de tous les membres de l'OMC qu'ils préservent les intérêts commerciaux des PED ;
- soutien destiné à aider ces pays à mettre en place l'infrastructure nécessaire pour participer aux travaux de l'OMC, à gérer les différends et à appliquer les normes techniques.

[3] Par.1er du préambule de l'Accord instituant l'Organisation mondiale du Commerce (OMC), signé à Marrakech le 15 avril 1994, et entré en vigueur le 1er janvier 1995.

[4] C'est ce qui est relaté dans le Préambule (Par.2) de l'Accord instituant l'OMC : *« Reconnaissant en outre qu'il est nécessaire de faire des efforts positifs pour que les pays en développement, .../...*

Bien que conçus comme un « engagement unique », les accords de l'OMC ont préservé le TSD. Mieux, pas moins de 145 dispositions du droit de l'OMC traitent du TSD et qui sont classées en cinq grandes catégories[1]. La mise en place d'instruments permettant l'accroissement des potentialités commerciales des PED et de dispositions en mesure de préserver les intérêts de ces pays a pris une place de choix dans l'arsenal juridique préférentiel compris dans le droit de l'OMC.

1-1 Les règles liées à l'accroissement des potentialités commerciales et à la préservation des intérêts des PED

D'autant que l'OMC se vante le mérite d'être « *le seul instrument pouvant être utilisé pour fournir ce bien public mondial qu'est le commerce multilatéral non discriminatoire et ayant essentiellement une vocation publique où tout le monde devrait en tirer des avantages* »[2], il était clair que l'accroissement des potentialités commerciales des PED et la préservation de leurs intérêts devrait être pris en charge par des instruments juridiques fiables.

L'OMC a réservé un nombre de dispositions visant à accroître les potentialités commerciales des PED. Le premier type de mesures (12 dispositions au total)[3] vise à tenir compte des besoins et de la situation particulière des PED dans la mise en œuvre des engagements, notamment en matière d'accès aux marchés, alors que le second impose aux membres de préserver les intérêts des PED. Il s'agit du type le plus fréquent dans les accords de l'OMC (47 dispositions au total) et par lequel il est demandé aux membres de mettre en œuvre les accords en protégeant les intérêts des PED. Il s'agit pour la plupart de dispositions formulées en simples recommandations invitant les pays à faire de leur

---

.../...et en particulier les moins avancés d'entre eux, s'assurent une part de la croissance du commerce international qui corresponde aux nécessités de leur développement économique ».

[1] À savoir : 1- dispositions visant à accroître les possibilités commerciales des PED ; 2- dispositions en vertu desquelles les membres doivent préserver les intérêts des PED ; 3- mesures concernant la flexibilité des engagements pris au titre des accords ; 4- les périodes de transition et 5- l'assistance technique.

[2] C'est ce qui ressort de l'allocution donnée par l'ex Directeur général de l'OMC, Pascal Lamy sous le thème « *Humaniser la mondialisation* », lors du forum du commerce international tenu à Santiago de Chile (Chili) 30 janvier 2006. In : http://www.wto.org/french/news_f/sppl_f/sppl16_f.htm

[3] Par exemple, il est prévu, selon le préambule de l'Accord sur l'agriculture, que les membres de l'OMC tiennent compte des besoins et de la situation particulière des pays en développement dans la mise en œuvre de leurs engagements en matière d'accès au marché des produits agricoles, y compris les produits tropicaux.

mieux[1]. En somme, l'OMC a réservé une cinquantaine de clauses parmi 13 de ses accords ainsi que deux décisions[2] aux dispositions en vertu desquelles les membres doivent préserver les intérêts des PED.

1-1-1 Récapitulation des dispositions portées par l'Accord GATT de 1994 et celles portées par l'Accord sur l'agriculture

Les textes de l'Accord GATT de 1994 et celui portant l'Accord sur l'agriculture comprennent assez de mesures à mettre dans le chapitre lié à l'accroissement des potentialités commerciales et à la préservation des intérêts des PED.

A- Les mesures de protection des intérêts des PED dans l'Accord GATT de 1994

La mise en place de clauses de sauvegarde dans le droit de l'OMC traduit la conviction qu'en l'absence de telles clauses, les intérêts d'une partie des membres seraient menacés par les disciplines de l'Organisation[3].

L'Accord GATT de 1994, qui reprend l'intégralité du texte de l'Accord GATT de 1947 ainsi que les décisions dérogatoires adoptées sous l'ère du GATT, comprend à la fois des mesures visant l'accroissement des potentialités commerciales des PED ainsi que des mesures visant la protection des intérêts autres que commerciaux de ces pays.

L'engagement des membres de l'OMC à accroître les possibilités commerciales des PED, en ce qui concerne les produits dont l'exportation leur présentait un intérêt particulier a été un support positif en faveur de ces pays. L'Accord GATT de 1994 autorise les pays

---

[1] On peut donner pour exemple le préambule à l'Accord de Marrakech instituant l'OMC, qui reconnaît « *qu'il est nécessaire de faire des efforts positifs pour que les pays en développement, et en particulier les moins avancés d'entre eux, s'assurent une part de la croissance du commerce international qui corresponde aux nécessités de leur développement économique* ». D'autres accords, tels que l'Accord sur l'agriculture, l'Accord sur les obstacles techniques au commerce invitent les Membres à « *tenir pleinement compte* », ou à « *accorder une attention particulière* » de la situation des PED.

[2] Il s'agit de la Décision sur les Mesures de sauvegarde à des fins de développement, adoptée le 28 novembre 1979 et de la Décision du 28 novembre 1979 sur le « *Traitement différencié et Plus Favorable, Réciprocité et Participation Plus Complète des pays en voie de Développement* », (appelée aussi Clause d'habilitation). Ces deux Décisions ont été intégrées dans le droit de l'OMC par le biais du point 1b) iv de l'Accord GATT de 1994.

[3] ROLLAND Sonia Elise, *op.cit*, p 06.

développés à accorder des préférences commerciales aux PED[1]. Le maintien de la « Clause d'habilitation »[2] prolonge, aux pays développés, l'octroi d'un traitement préférentiel aux PED, tout comme elle leur permet de conclure entre eux des arrangements régionaux ou mondiaux en vue d'abaisser ou d'éliminer les obstacles au commerce.

La protection des intérêts autres que commerciaux des PED est garantie par les exceptions, à caractère général, mais essentiel et qui sont contenues dans l'article XX de l'Accord GATT de 1947. En théorie, l'existence de ces exceptions permet de contrer les arguments des partisans du protectionnisme portant sur les excès d'une mondialisation irrespectueuse de l'environnement ou des besoins particuliers des États[3]. L'article XX énumère les mesures qu'un pays peut appliquer pour la défense des intérêts non commerciaux des PED. Au nombre de dix, ces mesures visent essentiellement la protection de la moralité publique ; la protection de la santé et de la vie des personnes et des animaux ou à la préservation des végétaux...

Toutefois, cet article pose la condition que ces dispositions ne doivent pas être appliquées de façon à constituer soit un moyen de discrimination arbitraire ou injustifiable entre les pays où les mêmes conditions existent, soit une restriction déguisée au commerce international.

B- Le renforcement des capacités commerciales des PED dans l'Accord sur l'agriculture

La question alimentaire et le développement sont suspendus à la capacité des PED à obtenir un accès aux marchés agricoles des pays riches. Pour l'heure, la libéralisation n'a pas produit les effets attendus par les PED.

---

[1] Cette autorisation est portée par l'article XXXVII a) de cet Accord où les pays développés se sont engagés à *accorder une haute priorité à l'abaissement et à l'élimination des obstacles qui s'opposent au commerce des produits dont l'exportation présente ou pourrait présenter un intérêt particulier pour les parties contractantes peu développées, y compris les droits de douane et autres restrictions comportant une différenciation déraisonnable entre ces produits à l'état primaire et ces mêmes produits après transformation.*

[2] Par le biais de l'article 1er b) iii) et selon lequel l'Accord GATT de 1994 reprend toutes les *décisions sur les dérogations accordées au titre de l'article XXV du GATT de 1947 et encore en vigueur à la date d'entrée en vigueur de l'Accord sur l'OMC.*

[3] L'application de ces mesures a donné lieu à des différends dans lesquels certains groupes de pression attribuent aux décisions rendues par le SRD de l'OMC une volonté de réduire la protection des personnes ou de l'environnement face à une globalisation effrénée. Un des effets incontestables de la jurisprudence de l'OMC est d'avoir précisé les conditions dans lesquelles des objectifs non commerciaux peuvent être poursuivis. Ils indiquent ainsi aux États désireux de promouvoir ces objectifs la manière de concevoir et de mettre en œuvre des mesures efficaces qui seraient à l'abri de toute contestation commerciale. Lire : LUFF David, *op.cit*, p.146.

L'Accord sur l'agriculture comprend assez d'engagements en faveur des PED, notamment pour la prise en compte de leur situation particulière ou la défense de la sécurité alimentaire dans ces pays.

Le par.5 du préambule de l'Accord sur l'agriculture reprend l'engagement des membres de l'OMC selon lequel *dans la mise en œuvre de leurs engagements en matière d'accès aux marchés, les pays développés membres tiendraient pleinement compte des besoins et de la situation particuliers des pays en développement membres en prévoyant une amélioration plus marquée des possibilités et modalités d'accès pour les produits agricoles présentant un intérêt particulier pour ces Membres, y compris la libéralisation la plus complète du commerce des produits agricoles tropicaux convenue lors de l'examen à mi-parcours, et pour les produits qui revêtent une importance particulière pour la diversification de la production en remplacement des cultures de plantes narcotiques illicites.*

Cet engagement se veut un gage quant à la prise en charge des problèmes des PED, notamment ceux liés à la garantie de leur sécurité alimentaire et à la diversification de la production agricole en vue de s'imposer sur le marché international, ce qui a été repris dans le par.6 du préambule.

Certes, l'Accord sur l'agriculture a réservé un TSD aux PED et aux PMA[1], notamment en matière de réduction des droits de douane, de subventions à l'exportation et de la période de mise en œuvre, néanmoins ces allégements ne sont pas adaptés aux exigences des pays ciblés. Ces derniers sont insatisfaits du traitement qui leur est réservé. En témoigne leur opposition à la ligne de l'OMC à plusieurs reprises[2].

L'Accord sur l'agriculture instaure un dispositif propre aux PED visant la lutte contre la poussée des importations et la protection des produits spéciaux et il prévoit un traitement préférentiel en matière d'abaissement des droits de douane[3]. Dans le cas des produits soumis à

---

[1] La réduction des droits de douane frappant les produits agricoles de 24 % seulement au lieu des 36 % exigés aux pays développés. De même pour ce qui est de la réduction de la valeur des subventions à l'exportation, qui doivent être réduites soit de 24 % en valeur et 14 % en volume, soit les 2/3 de ce qui est exigé aux pays développés. La période de mise en œuvre, quant à elle, est portée à dix ans au lieu de six exigées aux pays développés. Les PMA ne sont tenus de réduire aucunement leurs subventions à l'exportation. Voir article 15-2 de l'Accord sur l'agriculture.

[2] Notamment à Cancun lors de la conférence ministérielle de 2003, mais aussi depuis l'entame du cycle de Doha, où les PED ont critiqué sévèrement les subventions et les aides que continuent d'accorder les pays développés à leurs producteurs et à leurs exportateurs agricoles.

[3] Les droits de douane résultant de cette « tarification » ainsi que les autres droits frappant les produits agricoles, doivent être réduits de 36 % en moyenne dans le cas des pays développés et de 24 % dans le cas des PED…/…

tarification, une « clause de sauvegarde spéciale » permettant d'appliquer des droits additionnels en cas d'expéditions à des prix libellés en monnaie nationale, inférieurs à un certain niveau de référence ou en cas de poussée des importations a été retenue. Le déclenchement du mécanisme de sauvegarde en cas de poussée des importations dépend de la « pénétration des importations » existante. Autrement dit, lorsque les importations représentent une large part de la consommation, le niveau de déclenchement est plus bas[1].

En vue de faciliter la mise en œuvre de la tarification dans les situations sensibles, une clause de « traitement spécial » permet à un pays, sous certaines conditions, soigneusement et strictement définies dans la section A1 de l'Annexe 5 de l'Accord sur l'agriculture, de maintenir des restrictions à l'importation jusqu'à l'expiration de la période de mise en œuvre.

Étant liée à la tarification, cette clause exclut de fait, la plupart des PED qui avaient opté pour des taux plafonds que de recourir à la tarification[2].

Dans un autre registre, l'Accord sur l'agriculture prévoit un mécanisme spécifique pour les produits spéciaux et qui permet à chaque PED de déterminer les produits auxquels il donnera le cachet de « spéciaux ». Cette détermination devra se fonder sur certains critères, à savoir : la sécurité alimentaire, la garantie des moyens d'existence et du développement rural. Ces produits bénéficient d'un traitement tarifaire différent de celui des autres produits. Une flexibilité supplémentaire est accordée aux petites économies vulnérables, qui pourraient choisir d'appliquer à la fois la formule étagée modérée prévue à leur actif et le

---

.../...Une réduction minimale étant exigée pour chaque ligne tarifaire. Les réductions doivent être opérées en six ans pour les pays développés et en dix ans pour les PED. Les PMA ne sont pas tenus d'abaisser leurs droits de douane. En outre, Le programme de tarification prévoit, en outre, le maintien des possibilités d'accès courant et l'établissement de contingents tarifaires assurant un accès minimal (à des taux de droits réduits) lorsque l'accès courant est inférieur à 3 % de la consommation intérieure. Ces contingents tarifaires d'accès doivent être portés à 5 % au cours de la période de mise en œuvre. Voir : MESSAD Rafik, « *Le contentieux agricole dans le cycle de Doha* », *op.cit*, p.34.

[1] À rappeler que le déclenchement de la clause, en vertu de l'article 5 de l'Accord sur l'agriculture, est conditionné à ce que le produit pour lequel la clause a été invoquée ait été soumis au processus de tarification et que le produit ait été désigné dans la liste du membre comme un produit pour lequel il s'est réservé le droit de recourir à la clause et que les critères relatifs au seuil du déclenchement aient été réunis. Voir : MESSAD Rafik, « *Le contentieux agricole dans le cycle de Doha* », *op.cit*, p.34.

[2] THEOPHANE Noël Zouré, Le commerce des produits agricoles dans le droit de l'OMC, Éditions Schulthes Médias Juridique SA, Genève (Suisse), 2012, p.279.

pourcentage autorisé pour les produits spéciaux. Ils pourront renoncer à ce cumul et opter pour un abaissement moyen global de 24 %[1].

En dépit de ces avancées, le débat sur le traitement à donner aux produits spéciaux se tire une place importante dans les travaux liés au TSD dans le cadre du cycle de Doha.

1-1-2 La protection des PED dans l'Accord sur les mesures SPS, dans l'Accord sur les subventions et les mesures compensatoires et dans l'Accord sur les OTC

Ces trois textes comprennent assez de mesures visant la préservation des intérêts des PED.

A- Les dispositions liées au TSD comprises dans l'Accord sur l'application des mesures SPS

L'Accord sur l'application des mesures sanitaires et phytosanitaires reconnaît, dans son préambule, les difficultés spéciales que peuvent rencontrer les PED pour se conformer aux mesures SPS sur les marchés importateurs et pour formuler de telles mesures sur leur territoire. Pour y remédier, il réserve un traitement préférentiel à l'égard de ces pays.

Cet Accord prévoit (article 10.1) que dans l'élaboration et l'application des mesures SPS, les membres doivent tenir compte des besoins spéciaux des PED, et en particulier des PMA. Dans la perspective d'élaborer des dispositions en mesure de définir des standards techniques permettant de fournir une aide technique et financière aux PED, le Conseil général et le Directeur général de l'OMC tentent de coordonner avec d'autres organisations internationales en vue de réussir cette mission[2].

En outre, l'article 10.3 de l'Accord habilite le Comité SPS à faire bénéficier les PED *d'exceptions spécifiées et limitées dans le temps, totales ou partielles, aux obligations résultant du présent accord, en tenant compte des besoins de leurs finances, de leur commerce et de leur*

[1] Voir : OMC : Document de travail n° 15 -Produits Spéciaux-, in : https://www.wto.org/french/tratop_f/agric_f/workdoc_15specprods_f.pdf, p.03.
Il est à noter que malgré que la Décision du 1er août 2004 a apporté (dans son Par.31) du nouveau au sujet des produits spéciaux en exemptant un certain nombre de ces produits des engagements de réduction, et ce, afin de permettre aux PED de prendre en compte leurs préoccupations en matière de sécurité alimentaire et de développement rural, les produits spéciaux et le MSS constituent un sujet de tension entre les PED et les pays développés. Ce sujet a été l'une des causes de l'échec des négociations de juillet 2008. Les pays développés se méfient de ce concept de produits spéciaux. Les négociations actuelles, à l'instar de celles de 2008, n'ont pas parvenu à un accord sur le MSS.

[2] ROLLAND Sonia Elise, *op.cit*, p 07.

développement. Alors que le par.4 du même article évoque l'encouragement et la facilitation par les membres de la participation des PED aux travaux des organisations internationales compétentes.

B- La protection des intérêts des PED dans l'Accord sur les subventions et les mesures compensatoires

Cet Accord a reconnu le principe d'un TSD en faveur des PED dans son article 27. C'est ainsi que le par.2 a) de cet article exempt, de la prohibition des subventions à l'exportation, les PED dont le revenu par habitant est inférieur à 1 000 dollars.

L'Accord exige que *toute enquête en matière de droits compensateurs portant sur un produit originaire d'un pays en développement Membre sera close dès lors que les autorités concernées auront déterminé* soit : que le niveau global des subventions accordées pour le produit en question ne dépasse pas 2 % de sa valeur calculée sur une base unitaire, ou que le volume des importations subventionnées représente moins de 4 % des importations totales du produit similaire dans le Membre importateur, à moins que les importations en provenance des PED membres dont les parts individuelles dans les importations totales représentent moins de 4 % ne correspondent pas collectivement à plus de 9 % des importations totales du produit similaire dans le membre importateur[1].

C- Le TSD dans l'Accord sur les Obstacles Techniques au Commerce (OTC)

L'Accord sur les Obstacles Techniques au Commerce vise l'octroi aux PED d'un TSD, et ce, par l'encouragement des membres à prendre en considération la situation particulière des PED lors des négociations et la mise en œuvre des engagements sans pour autant créer l'obligation de moyens ni de résultat[2].

Le Préambule de l'Accord sur les OTC reconnaît *la contribution que la normalisation internationale peut apporter au transfert de technologie des pays développés vers les pays en développement.* Il reconnaît également que les PED *peuvent rencontrer des difficultés spéciales dans l'élaboration et l'application de règlements techniques, de normes et de procédures d'évaluation de la conformité aux règlements techniques et aux normes.* L'OMC affiche son désir *de les aider dans leurs efforts à cet égard,*

---

[1] Voir : Article 27/10 de l'Accord sur les subventions et les mesures compensatoires, *op.cit.*

[2] Articles 10/6 et 12 de l'Accord sur les Obstacles Techniques au Commerce.

À l'instar des autres textes de l'OMC, l'Accord sur les OTC contient des dispositions générales visant à prendre en compte les intérêts des PED. C'est le cas de l'article 12/3 qui dispose que : *dans l'élaboration et l'application des règlements techniques, des normes et des procédures d'évaluation de la conformité, les Membres tiendront compte des besoins spéciaux du développement, des finances et du commerce des pays en développement membres, pour faire en sorte que ces règlements techniques, normes et procédures d'évaluation de la conformité ne créent pas d'obstacles non nécessaires aux exportations des pays en développement membres*[1].

L'OMC reconnaît, par le biais de l'article 12.4 de l'Accord sur les OTC, que l'on ne saurait attendre des PED qu'ils *utilisent, comme base de leurs règlements techniques ou de leurs normes, y compris les méthodes d'essai, des normes internationales qui ne sont pas appropriées aux besoins de leur développement, de leurs finances et de leur commerce* lorsqu'ils adoptent certains règlements techniques, normes ou procédures d'évaluation de la conformité visant à préserver des techniques et des méthodes et procédés de production d'origine compatible avec leur développement.

C'est pour cela que l'article 12 : 5 du même accord exige des membres à prendre *toutes les mesures raisonnables en leur pouvoir pour faire en sorte que la structure et le fonctionnement des organismes internationaux à activité normative et des systèmes internationaux d'évaluation de la conformité soient de nature à faciliter une participation active et représentative des organismes compétents de tous les membres, en tenant compte des problèmes spéciaux* des PED.

L'OMC ne s'empêche pas de solliciter les organismes internationaux à activité normative à examiner la possibilité d'élaborer et, si cela est réalisable, des normes internationales en ce qui concerne les produits présentant un intérêt spécial pour les PED (article 12.6 de l'Accord sur les OTC)[2].

---

[1] L'article 12/7 demande des pays développés de fournir aux PED une assistance technique *pour faire en sorte que l'élaboration et l'application des règlements techniques, normes et procédures d'évaluation de la conformité ne créent pas d'obstacles non nécessaires à l'expansion et à la diversification des exportations de ces Membres.*

[2] En outre, l'article 12.10 de l'Accord mandate le Comité des OTC à examiner périodiquement le TSD prévu par l'accord et accordé aux PED Membres aux niveaux national et international.

1-1-3 Les dispositions portées par les deux accords, AGCS et ADPIC

Ces deux accords « techniques » qui régulent deux secteurs où les PED sont peu concurrentiels portent des dispositions préférentielles en faveur de la promotion des capacités des PED, même si ces derniers affichent leur insatisfaction par rapport à ce régime.

A- Les dispositions portées par l'Accord général sur le Commerce des Services (AGCS)

L'Accord général sur le Commerce des Services, qui a fait l'objet de longues discussions, que ce soit durant le cycle de l'Uruguay ou depuis l'entame du cycle de Doha, comporte des dispositions protectrices des intérêts des PED. C'est un texte qui reconnaît la nécessité de prendre en considération les programmes de développement économique, mais duquel les observateurs décèlent plusieurs manques.

L'Article IV /1 de l'Accord prévoit une nouvelle disposition assimilable à un TSD et qui stipule que la participation des PED au commerce mondial sera facilitée par la négociation d'engagements spécifiques se rapportant notamment à la libéralisation de l'accès aux marchés dans les secteurs et pour les modes de fourniture qui les intéressent du point de vue des exportations[1].

Toutefois, et à l'instar de la majorité des accords de l'OMC, la valeur des clauses de TSD comprises dans l'AGCS, est souvent remise en cause par leur contenu ne reflétant qu'une obligation de « faciliter » ou de « négocier », sans obligation du résultat[2]. On peut déduire que les dispositions préférentielles qui visent le renforcement de la compétitivité des services nationaux des PED par un accès à la technologie ainsi que l'amélioration de leur accès aux réseaux d'information, se voient heurtées à la bonne foi des pays développés, à qui l'Accord ne demande qu'à faciliter l'accès des fournisseurs de services issus de PED, et ce, dans des volets bien définis.

Ce texte prend en considération des programmes de développement économique des PED et du coup, l'article XV de cet accord, relatif aux

[1] Déjà le Préambule de cet accord reconnaît le droit des PED *de réglementer la fourniture de services sur leur territoire et d'introduire de nouvelles réglementations à cet égard afin de répondre à des objectifs de politique nationale et, vu les asymétries existantes pour ce qui est du degré de développement des réglementations relatives aux services dans les différents pays, le besoin particulier qu'ont les pays en développement d'exercer ce droit.*

[2] C'est ce qu'on peut déduire, par exemple, de l'énoncé de l'article IV, qui a pour objet la participation croissante des PED au commerce mondial.

subventions, reconnaît la nécessité de prendre en considération les programmes de développement économique lors des négociations sur les disciplines en matière de subventions et concernant les mesures de sauvegarde de leurs balances de paiement.

L'article XII de l'Accord reconnaît que *des pressions particulières s'exerçant sur la balance des paiements d'un Membre en voie de développement économique ou engagé dans un processus de transition économique pourront nécessiter le recours à des restrictions pour assurer, entre autres choses, le maintien d'un niveau de réserves financières suffisant pour l'exécution de son programme de développement économique ou de transition économique.* C'est pour cela que des restrictions pourraient être décidées par un PED en quête d'équilibrer sa balance de paiements[1].

Une autre disposition de TSD est contenue dans l'article XIX/2 et qui prévoit qu'une flexibilité appropriée devra être aménagée aux différents PED, qui pourraient être ainsi autorisés à ouvrir moins de secteurs et à libéraliser moins de types de transactions[2].

En dépit des dispositions préférentielles, sus-citées, l'AGCS est critiqué pour sa marginalisation des PED. Ce texte est d'abord critiqué pour le défaut d'une disposition générale relative à un TSD à accorder aux PED. Tout comme il est critiqué pour le fait qu'il ne prévoit aucune mesure de sauvegarde spéciale en faveur des industries de services naissantes sur le territoire des PED. Le texte se contente d'interdire aux membres toute mesure de restriction d'un secteur de services donné (article XII/3), mais cet article n'établit pas de distinction entre les secteurs naissants et d'autres[3].

---

[1] Ces restrictions sont toutefois conditionnées comme suit : *a) n'établiront pas de discrimination entre Membres ;b) seront compatibles avec les Statuts du Fonds monétaire international ; c) éviteront de léser inutilement les intérêts commerciaux, économiques et financiers de tout autre Membre ; d) n'iront pas au-delà de ce qui est nécessaire pour faire face aux circonstances décrites au paragraphe 1 ; e) seront temporaires et seront supprimées progressivement, au fur et à mesure que la situation envisagée au paragraphe 1 s'améliorera.*

[2] Cet article semble être une exception aux principes de la réciprocité en faveur du développement économique. Il est toutefois exprimé de façon vague, comme l'était l'article XXVIII bis/3b de l'Accord GATT. L'absence de caractère obligatoire de cette prise en compte des besoins spécifiques des PED risquerait de faire de cette disposition une lettre morte. Lire : VINCENT Philippe, *op.cit*, p.347.

[3] On peut en conclure que toute protection des industries de services naissantes est interdite, sauf à faire appel à la procédure de Waiver (Article IX/3 de l'Accord instituant l'OMC). Cela constitue déjà un grand pas en arrière par rapport aux dispositions déjà timides du GATT. Voir : VINCENT Philippe, L'OMC et les pays en développement, *op.cit*, p.344.

Parmi les autres critiques dont l'AGCS a fait l'objet, l'absence d'exception à la clause NPF en faveur des PED. Ce défaut s'explique principalement par le fait que les négociations sur la libéralisation des services ont concerné plus les pays développés. Les PED sont restés en marge et discrets sans pouvoir contester la conclusion de l'AGCS[1].

Les PED qui aspiraient à ce que l'OMC réadapte son dispositif juridique pour la protection de leurs intérêts se sont retrouvés face aux pressions exercées sur eux pour les ramener à l'ouverture du marché des services[2].

B- Les dispositions portées par l'Accord ADPIC

En dépit que son préambule reconnaisse que les systèmes nationaux de protection de la propriété intellectuelle comprennent des objectifs de développement, l'Accord ADPIC ne conçoit pas de mesures de sauvegarde en faveur des PED. Les pays développés s'y sont farouchement opposés. Ce texte n'octroie d'exceptions aux PED qu'en matière de délais de mise en œuvre de l'Accord, en leur accordant des périodes de transition plus longues par rapport à ce qui est exigé des autres membres. La seule disposition de cet Accord allant dans le sens de la sauvegarde des intérêts des PED en est dans l'article 31 et qui prévoit qu'en cas d'urgence, un État pourra utiliser un brevet sans l'autorisation du détenteur du droit. Cette disposition pourrait toutefois difficilement être invoquée pour justifier la suspension d'un brevet afin de protéger une industrie pharmaceutique naissante[3].

Dans le chapitre des droits liés à des savoirs traditionnels, on note un net effort pour leur protection juridique. Ce qui pourrait servir de point de départ pour des développements technologiques, médicaux et

---

[1] Les PED ont concentré leurs demandes sur la libéralisation des secteurs très sensibles pour les pays développés comme les mouvements des personnes et des marchandises et ces derniers n'ont pas voulu faire des concessions dans ce domaine pour des raisons stratégiques liées notamment à la sécurité. Lire : VINCENT Philippe, L'OMC et les pays en développement, *op.cit*, p.347.

[2] Dans ce sens, le FMI a conditionné en 1997 l'octroi d'aides aux pays du sud-est asiatique, frappés par une crise aiguë, par l'ouverture de leurs services financiers. Ce qui a été fait avec la signature de l'Accord sur les services financiers le 15 décembre 1997 et qui comprend plusieurs concessions. VINCENT Philippe, L'OMC et les pays en développement, *op.cit*. p.346.

[3] Aussi, l'article 27/3 de l'Accord comprend une dérogation importante pour les PED et qui consiste en la possibilité d'exclure de la brevetabilité les végétaux et les animaux. Ils devront toutefois mettre en place un système de protection adéquat pour ces derniers. Cette exception est importante essentiellement dans le domaine de l'alimentation. Des variétés de riz ou d'autres plantes comestibles ayant un rendement supérieur tomberont dans le domaine public et pourront dès lors être utilisées immédiatement par les agriculteurs des PED sans que ceux-ci aient à rémunérer l'inventeur de la plante. Voir : VINCENT Philippe, L'OMC et les pays en développement, *op.cit*, p.356.

pharmacologiques et des productions culturelles. Ces idées, négociées au sein de l'Organisation mondiale de la Propriété Intellectuelle (OMPI)[1], répondent à une exigence ayant une haute valeur symbolique pour les PED et derrière laquelle se cache la question d'une juste attribution de différents droits concernant des contributions intellectuelles à des innovations technologiques et culturelles[2].

Le défaut d'exception à la brevetabilité des médicaments est perçu comme le principal vice de l'Accord. En effet, malgré leurs multiples démarches, les PED n'ont pas réussi à obtenir une dispense de la brevetabilité des médicaments, d'autant que l'article 27/3 de l'Accord ADPIC n'autorise cela que pour les méthodes diagnostiques, thérapeutiques et chirurgicales qui peuvent être exclues de la brevetabilité par un État membre. Le recours excessif à la brevetabilité des médicaments se répercute sur la rareté et la cherté de ces produits dans les PED, où l'accès aux médicaments est un souci majeur des gouvernements.

En fait, les PED ont présenté pour la première fois de l'histoire des négociations multilatérales une solidarité sans faille qui leur a permis d'obtenir satisfaction sur l'accès aux médicaments génériques avec l'adoption d'une déclaration ministérielle distincte. L'enjeu fondamental était de faciliter aux PED, non-producteurs de médicaments et de vaccins, l'accès aux médicaments essentiels par le recours aux génériques tout en rassurant les pays développés du maintien de la protection des brevets[3]. Le principe des droits de propriété intellectuelle est préservé, mais pondéré par la prise en compte nécessaire des situations d'urgence qu'un pays membre peut en décréter[4].

---

[1] L'OMPI est une organisation internationale dont la mission consiste à promouvoir l'élaboration d'un système international de protection intellectuelle équilibré et efficace qui favorise l'innovation et la créativité dans l'intérêt de tous. La mission, les organes directeurs et les procédures de l'OMPI sont énoncés dans la Convention de l'OMPI, qui a institué cette organisation en 1967. L'OMPI compte 189 États membres et son directeur général est M. Francis Gurry. Son siège se trouve à Genève (Suisse).

[2] STOLL Peter- Tobias, « Le droit international économique face aux défis de la mondialisation », *RGDIP,* Tome 113, n° 2/2009, Paris, pp.273- 304, p.284.

[3] Il est utile de noter que ce compromis a évité la réouverture des négociations sur l'ensemble de l'Accord mais des pourparlers ont débuté pour mettre en application le par.6 de la Déclaration ministérielle de Doha qui demandait de trouver « une solution rapide » à ce problème. Lire : WAREGNE Jean-Marie, « L'OMC et la santé publique : L'après Doha », in *: Courrier hebdomadaire du CRISP (Centre de recherche et d'information socio- politiques),* n° 25/2003 (n° 1810), Belgique, 2003, p.05.

[4] La situation d'urgence n'est pas spécifiquement définie dans le droit de l'OMC qui se contente de citer la pandémie du Sida en exemple, de même que la tuberculose, le paludisme et d'autres épidémies.

1-1-4 La consécration du TSD dans l'Accord sur les sauvegardes, dans l'Accord sur les textiles et les vêtements et dans l'Accord antidumping

En dépit que l'OMC se vante d'avoir réservé un traitement conséquent en faveur des PED dans tous ses accords annexés à l'accord instituant l'organisation, mais il existe des textes qui n'ont réservé qu'une portion limitée de TSD. C'est le cas de l'Accord sur les sauvegardes, de l'Accord sur les textiles et les vêtements et de l'Accord antidumping.

A-La prise en compte limitée de la situation des PED dans l'Accord sur les sauvegardes,

L'Accord sur les mesures de sauvegarde, qui ne s'applique aux PED en matière de TSD que dans la mesure où ces pays ne se prévalent pas de l'article XVIII du GATT traitant de l'aide de l'État en faveur du développement économique, est d'une contenance très limitée en matière de mesures préférentielles.

La principale disposition de TSD contenue dans cet Accord l'est dans l'article 9 : 1 et qui énonce que « *des mesures de sauvegarde ne seront pas appliquées à l'égard d'un produit originaire d'un pays en développement membre tant que la part de ce membre dans les importations du produit considéré du membre importateur ne dépassera pas les 3 pour cent, à condition que les pays en développement membres dont la part dans les importations est inférieure à 3 pour cent ne contribuent pas collectivement pour plus de 9 pour cent aux importations totales du produit considéré* ».

Deux dispositions de détail tentent d'apporter une amélioration à la situation des PED. La première permet à ces pays d'appliquer des mesures de sauvegarde pendant dix ans, alors que cette période est de huit ans pour les pays développés. La seconde donne au PED le droit d'appliquer à nouveau des mesures de sauvegarde à l'importation des produits qui en ont déjà fait l'objet lorsqu'une période égale à la moitié de celle durant laquelle les mesures avaient été appliquées la première fois (avec un minimum de deux ans) se sera écoulée depuis la suspension des premières mesures (article 9 : 2)[1].

[1] L'Accord sur les sauvegardes contient toutefois une disposition analogue, selon laquelle des mesures de sauvegarde ne seront pas appliquées à l'égard d'un produit originaire d'un PED membre si la part des importations est inférieure aux pourcentages prescrits. Voir : OMC : « *Pays en développement et système commercial multilatéral : le passé et le présent* », symposium de haut niveau sur le commerce et le développement organisé par l'OMC à Genève (Suisse) les 17 et 18 mars 1999, in : www.wto.org, p.20.

Cet Accord réserve un traitement favorable très limité aux PED et n'améliore guère la situation de ces pays par rapport à ce qui était sous l'Article XVIII du GATT qui continue à s'appliquer prolongeant ainsi la philosophie initiale du GATT. Pis, aucune de ses dispositions n'exempte les PMA du respect des dispositions de l'Accord[1].

Parmi les reproches destinés contre ce texte, on peut citer :

- Que l'obligation faite à un pays appliquant des mesures de sauvegarde de maintenir un niveau de concession équilibré avec les membres touchés par ces mesures, ne connaît pas d'exceptions en faveur des PED qui devront négocier l'ouverture de nouvelles concessions à chaque prise de mesures de sauvegarde[2].
- Cet Accord, et même s'il ne remet pas en cause le maintien en vigueur de l'article XVIII de l'Accord GATT de 1947 et de la clause de sauvegarde, mais durcit leur application.
- Ce texte comporte des échappatoires, dont les pays développés pourraient profiter. Il offre en particulier le droit d'utiliser des restrictions quantitatives et d'invoquer la clause de « modulation des contingents » pour réintroduire des mesures relevant de la zone grise, qui sont maintenant couvertes par cet Accord. L'adjonction d'une clause préconisant un dédommagement financier pour les parties affectées par les sauvegardes quantitatives lorsqu'elles dépassent une certaine durée maximale dissuaderait les pays d'exploiter abusivement le système[3].

B- Les dispositions portées par l'Accord sur les textiles et les vêtements

L'Accord sur les textiles et les vêtements ne comprend pas de dispositions préférentielles notables, malgré l'importance de ce secteur pour les PED.

---

[1] VINCENT Philippe, L'OMC et les pays en développement, *op.cit*, p.297.

[2] Ainsi donc, toute restriction imposée au commerce doit être accompagnée de compensations pour les parties tierces affectées et les PED doivent en offrir des concessions à chaque fois qu'ils ont recours à des mesures de sauvegarde au même titre que les pays développés. Cela qui les mettra devant le risque de subir les pressions des pays développés qui chercheraient à les forcer à davantage de libéralisation dans d'autres secteurs comme celui du commerce des services. Cela qui les éloignerait fort probablement au recours à ce genre de mesures avec tout ce que cela leur induirait en préjudices. Voir : VINCENT Philippe, *op.cit*, L'OMC et les pays en développement, p.297.

[3] L'Accord sur les sauvegardes n'a nullement réglé cette question, d'autant qu'il consacre en droit le nouveau protectionnisme sous la forme de règles antidumping qui laissent beaucoup à désirer. C'est ce qui explique que ce domaine continue de figurer au premier plan sur l'ordre du jour des négociations commerciales multilatérales. Lire à ce propos : AGOSIN Manuel R, « Les pays en développement et le cycle de l'Uruguay : évaluation et perspective d'avenir », *Bulletin n de la CNUCED,* Numéro 29 (Novembre- décembre 1994), p.07.

Le préambule de cet accord concentre son attention sur la sous-catégorie des PMA, en rappelant qu'un traitement spécial devrait être accordé à ces pays. La seule application de ce principe l'était dans le traitement plus favorable accordé à ces pays, en cas de prise de mesures de sauvegarde pendant les périodes de transition[1].

Un traitement préférentiel est prévu *de manière à permettre des augmentations significatives des possibilités d'accès pour les petits fournisseurs et la création de possibilités d'échanges notables d'un point de vue commercial pour les nouveaux venus dans le domaine du commerce des textiles et des vêtements*[2]. Le par.4 de l'article 1er énonce qu'il faudrait, en consultation avec les Membres exportateurs et producteurs de coton, refléter les intérêts particuliers de ces Membres dans la mise en œuvre de l'Accord.

L'octroi d'une attention spéciale aux besoins des exportateurs de laine de pays *dont l'économie et le commerce des textiles et des vêtements dépendent du secteur de la laine, dont les exportations totales de textiles et de vêtements se composent presque exclusivement de produits en laine, et dont le volume du commerce des textiles et des vêtements est relativement faible sur les marchés des Membres importateurs* est demandé par l'article 6.6c).

Une autre règle de TSD est comprise dans cet accord. Il s'agit de la disposition interdisant aux pays développés d'exiger de réciprocité des PED lorsque ces derniers sont appelés à négocier des engagements tarifaires, que ce soit suite à une demande de retrait ou de modification de leur *Liste* ou dans le cadre de nouveaux cycles de négociation[3].

C- Le traitement préférentiel dans l'Accord antidumping

En dépit qu'il cite la situation des PED dans deux de ses articles, l'Accord antidumping est, aux yeux de ces pays, un texte qui ne prend pas en considération leur situation fébrile. Parmi les rares dispositions préférentielles comprises dans ce texte, on note celle portée par l'article 15 et qui oblige les pays développés de prendre spécialement en considération la situation particulière des PED, quand ils envisagent d'appliquer des mesures antidumping[4]. Cet article énonce également que

---

[1] Article 6.6 de l'Accord sur les textiles et les vêtements, *op.cit.*

[2] Par.2 de l'article 1er de l'Accord sur les textiles et les vêtements, *op.cit.*

[3] Voir : Note interprétative « ad article XXXVI, paragraphe 8 du GATT », in : https://www.wto.org/french/docs_f/legal_f/gatt47_03_f.htm

[4] Voir article 15 de l'Accord sur la mise en œuvre de l'article VI de l'accord général sur les tarifs douaniers et le commerce de 1994 (Accord antidumping) annexée à l'accord instituant l'OMC signé à Marrakech le 15 avril 1994.

les possibilités de solutions constructives prévues par l'Accord *seront explorées préalablement à l'application de droits antidumping lorsque ceux-ci porteraient atteinte aux intérêts essentiels* de PED.

La principale critique à l'égard de cet Accord est dirigée contre son article 17.6, qui limite les possibilités pour un Panel d'examiner le bien-fondé de l'imposition de droits antidumping. Le Panel doit effectivement se limiter à vérifier si, dans l'évaluation des faits de la cause, les autorités nationales compétentes ont bien établi exactement les faits et si cette évaluation était objective. Si tel est le cas, le Panel ne pourra pas remettre en cause la décision des autorités nationales[1].

1-1-5 Les règles préférentielles portées par d'autres accords de l'OMC

Le TSD est évoqué dans d'autres accords de l'OMC. Ainsi donc, l'Accord sur les mesures concernant les investissements et liées au commerce demande, dans son préambule, aux membres de prendre en compte les besoins du commerce, du développement et des finances des PED et en particulier des PMA[2].

L'article V de l'Accord sur les marchés publics permet aux PED de négocier avec leurs partenaires économiques des exceptions à l'application du traitement national par les entités indiquées dans leurs Listes. Les objectifs attendus de cette dérogation ont lien avec l'aide des PED à sauvegarder leur balance des paiements et de promouvoir leur production nationale.

Les accords sur l'interprétation des paragraphes 6 et 7 du GATT prévoient qu'en cas de difficulté rencontrée par un PED dans la mise en œuvre des engagements portés par les articles, certaines négociations pourront être envisagées avec les pays développés[3]. Le Mémorandum d'Accord sur le règlement des différends comprend un certain nombre de mesures visant à sauvegarder les intérêts des PED[4].

L'Accord sur l'inspection avant expédition, et dans son préambule, reconnaît que les PED *ont besoin de le faire aussi longtemps et pour*

---

[1] VINCENT Philippe, L'OMC et les pays en développement, *op.cit*, p.312.

[2] Aussi, l'article 4 du même Accord énonce qu'un PED Membre *sera libre de déroger temporairement aux dispositions de l'article 2 dans la mesure et de la manière prévues par l'article XVIII du GATT de 1994, le Mémorandum d'accord sur les dispositions du GATT de 1994 relatives à la balance des paiements et la Déclaration relative aux mesures commerciales prises à des fins de balance des paiements adoptée le 28 novembre 1979 (IBDD, S26/226-230), permettant à un Membre de déroger aux dispositions des articles III et XI du GATT de 1994.*

[3] ROLLAND Sonia Elise, *op.cit*, p 07.

[4] Notamment les articles 4/10, 8/10, 12/10, 12/11, 21/2, 21/7 et 21/8 de l'Accord.

autant que cela leur est nécessaire pour vérifier la qualité, la quantité ou le prix des marchandises importées.

L'Accord sur la mise en œuvre de l'article VII du GATT (Évaluation en douane) évoque le TSD dans son Annexe III. Le par.2 de cette annexe donne aux PED la possibilité de conserver le système existant de valeurs minimales, suivant des modalités et à des conditions devant être agréées par le Comité, alors que son paragraphe 3 les autorise à refuser d'accéder à une demande d'inversion de l'ordre d'application des articles 5 et 6, formulée par l'importateur.

Le Préambule de l'Accord sur les procédures de licences d'importation évoque la nécessité de la prise en compte des besoins du commerce, du développement et des finances des PED. L'Article 1.2 impose aux membres de *faire en sorte que les procédures administratives utilisées pour mettre en œuvre des régimes de licences d'importation soient conformes aux dispositions pertinentes du GATT de 1994, de ses annexes et de ses protocoles, telles qu'elles sont interprétées par le présent accord, en vue d'empêcher les distorsions des courants d'échanges qui pourraient résulter d'une application inappropriée de ces procédures, compte tenu des objectifs de développement économique et des besoins des finances et du commerce* des PED[1].

En outre, l'OMC accorde la possibilité pour les PED de libéraliser le commerce entre eux par le biais des accords commerciaux régionaux, à des conditions beaucoup moins strictes que celles imposées par le régime juridique général des accords de l'OMC. Pour ce faire, les PED n'ont pas à obtenir l'autorisation de l'OMC, mais doivent simplement lui notifier leur accord commercial. Après quoi, l'OMC peut théoriquement entrer en consultations avec les membres si l'accord devait poser des difficultés[2].

La prise en compte des intérêts des PED par l'OMC n'est que partiellement réalisée. La réalité des pratiques commerciales internationales dément le discours élogieux de l'OMC et des organisations internationales favorables à la libéralisation.

L'accroissement des potentialités commerciales des PED et la préservation de leurs intérêts ne sont que marginalement traités par cette organisation. Nous estimons que le défaut du caractère obligatoire de la

---

[1] En outre, l'OMC instruit ses membres développés qu'ils ne doivent pas attendre des PED Membres qu'ils assument concernant les produits soumis à licence d'importation *des charges administratives ou financières additionnelles*. Voir : Art 3,5 a) iv) de l'Accord sur les procédures de licences d'importation, *op.cit.*

[2] COTE Charles-Emmanuel, *op.cit*, p.161.

quasi-totalité des règles du TSD est la raison principale de l'inefficience de ce dispositif. Le greffage du sceau contraignant à ces règles, avec l'inclusion de sanctions à l'encontre des réfractaires, est une alternative inéluctable pour soigner ce dispositif vital pour le rééquilibrage des relations commerciales internationales.

L'ineffectivité du traitement préférentiel est constatée également dans les mesures liées à la flexibilité des engagements, où les PED y relèvent plusieurs manques. Ils révèlent également le manque de volonté des pays développés, qui ne sont pas très adroits dans l'application du TSD contenu dans le droit de l'OMC.

1-2 Les règles préférentielles portant sur la flexibilité d'engagements

Le droit de l'OMC n'est pas avare en matière de dispositions prévoyant une flexibilité dans les engagements pour les PED. Contrairement aux deux autres catégories (les mesures visant à accroître les potentialités commerciales des PED et celles appelant les membres à préserver les intérêts de ces pays), les clauses liées à la flexibilité des engagements s'adressent directement aux PED qui peuvent choisir d'exercer les droits attenants, qui ne sont donc pas à la discrétion de leurs partenaires commerciaux. De ce point de vue, ces clauses seraient les plus opérantes pour les PED.

1-2-1 Les dispositions assouplissantes dans l'utilisation des instruments de politique économique et commerciale

Faisant suite au constat établi et selon lequel il est inconcevable de soumettre les membres aux mêmes degrés d'engagement alors que leurs potentialités économiques sont largement disproportionnées, l'OMC a arrêté une batterie de mesures visant la flexibilité des engagements des PED. Dans cette optique, une trentaine de clauses ont été adoptées pour permettre aux PED de contourner[1] les obligations énoncées dans les accords de l'OMC sous conditions bien précises.

[1] Contrairement à l'abus de droit, la notion de contournement n'est pas reconnue en droit international général. En revanche, la jurisprudence de l'OMC utilise le terme « contournement » bien plus que le terme « abus de droit » et ce bien que ces deux notions revêtent une signification ainsi que des implications en matière d'autoprotection très analogues. On juge qu'il est impératif pour le juge de l'OMC de donner un aperçu des diverses applications de la notion du contournement et de relever ses similarités et ses divergences par rapport au principe de l'abus de droit.../...

Bien que le nombre de dispositions liées à l'assouplissement de l'utilisation des instruments de politique économique et commerciale n'est pas aussi élevé que celui lié aux périodes de transition ou à la nécessaire prise en charge des intérêts des PED, toutefois ces mesures sont comprises dans la plupart des accords de l'OMC.

A- Les dérogations accordées par l'Accord instituant l'OMC

L'Accord de Marrakech portant création de l'OMC accorde, suivant les termes de son article IX, des dérogations pouvant aider les PED à faire face à des situations exceptionnelles pouvant affecter leur balance commerciale.

Le TSD dans l'accord instituant l'OMC se limite à la possibilité d'accorder une dérogation à un membre dans des circonstances exceptionnelles, comme établies par l'article IX:3 de l'Accord. Dans ces conditions, l'OMC permet à la Conférence ministérielle de dispenser un Membre d'une des obligations qui lui sont imposées par ledit accord ou par l'un des accords commerciaux multilatéraux, à condition qu'une telle décision soit prise par les trois quarts (3/4) des Membres (Art. IX/4 de l'Accord instituant l'OMC). Les procédures et les modalités d'octroi de telles dérogations sont énumérées dans l'article IX/3.

B- Les dérogations contenues dans l'Accord GATT de 1994

Des avantages et des exceptions assouplissantes dans l'utilisation des instruments de politique commerciale en faveur des PED sont contenus dans l'Accord GATT de 1994.

Une mesure assouplissante dans l'utilisation des instruments de politique commerciale en faveur des PED est contenue dans l'article 18 de cet Accord. Cette dérogation, incluse dans le par.9, permet à un PED de régler le niveau général de ses importations, en limitant le volume ou la valeur des marchandises dont il autorise l'importation[1].

Le Mémorandum d'accord sur les dispositions du GATT de 1994 relatives à la balance des paiements confirme l'engagement des membres

---

.../....Voir : HAGEN Rooke, « *L'autoprotection et le droit de l'OMC : réflexions sur les implications juridiques des comportements unilatéraux des membres de l'Organisation mondiale du commerce* », thèse de doctorat de l'Université Paris 1- Panthéon Sorbonne -, France, 2007, p.247.

[1] L'article conditionne à ce que *les restrictions à l'importation instituées, maintenues ou renforcées n'aillent pas au-delà de ce qui est nécessaire*

a) pour s'opposer à la menace d'une baisse importante de ses réserves monétaires ou pour mettre fin à cette baisse ;

b) ou pour relever ses réserves monétaires suivant un taux d'accroissement raisonnable, dans le cas où elles seraient insuffisantes.

d'annoncer publiquement, aussitôt que possible, des calendriers pour l'élimination des mesures de restriction des importations prises à des fins de balance des paiements[1]. Il encourage également les membres à éviter *l'imposition de nouvelles restrictions quantitatives à des fins de balance des paiements, à moins que, en raison d'une situation critique de la balance des paiements, des mesures fondées sur les prix ne permettent pas d'arrêter une forte dégradation de la situation des paiements extérieurs*[2].

C- La flexibilité des engagements dans l'Accord sur les subventions et les mesures compensatoires

Les règles de TSD liées à l'assouplissement dans l'utilisation des instruments de la politique économique et commerciale sont résumées dans l'article 27 de l'Accord sur les subventions et les mesures compensatoires. Le par.11 de cet article qui traite des dispositions relatives au subventionnement *de minimis* prescrit la clôture des enquêtes en matière de droits compensateurs quand le niveau ne dépasse pas 2 % (contre 1 % pour les autres pays) ou 3 % si les subventions à l'exportation sont éliminées avant l'expiration du délai de huit ans. Une subvention accordée par un PED ne sera pas présumée causer un préjudice grave, sauf si ce préjudice sera démontré *par des éléments de preuve positifs*[3].

Les rédacteurs de l'Accord estiment que les subventions ne peuvent donner lieu à une action que si elles causent un dommage ou annulent ou compromettent des avantages découlant pour d'autres Membres[4]. Le par.10 de l'article 27 appelle à la clôture de toute enquête en matière de droits compensateurs quand la part des importations subventionnées représente moins de 4 % des importations totales du produit et que les PED Membres dont les parts individuelles représentent moins de 4 % ne contribuent pas pour plus de 9 % aux importations totales du produit[5].

---

[1] Par. 1er du Mémorandum d'accord sur les dispositions de l'Accord général sur les tarifs douaniers et le commerce de 1994 relatives à la balance des paiements. Il est à noter que cette mesure a été énoncée pour la première fois dans la Déclaration de 1979 concernant la balance des paiements. Voir : Déclaration relative aux mesures commerciales prises à des fins de balance des paiements adoptée le 28 novembre 1979 (L/4904).

[2] Par.3 du Mémorandum d'accord sur les dispositions de l'Accord général sur les tarifs douaniers et le commerce de 1994 relatives à la balance des paiements, *op.cit.*

[3] Article 27.8 de l'Accord sur les subventions et les mesures compensatoires, *op.cit.*

[4] Article 27.9 de l'Accord sur les subventions et les mesures compensatoires, *op.cit.*

[5] Articles 27.9 et 27.10 de l'Accord sur les subventions et les mesures compensatoires, *op.cit.*

D- Les faveurs portées par l'Accord sur les OTC

Par le biais de l'article 12.4 de l'Accord sur les OTC, l'OMC reconnaît que *bien qu'il puisse exister des normes, guides ou recommandations internationaux, dans les conditions technologiques et socio-économiques particulières qui sont les leurs, les pays en développement membres adoptent certains règlements techniques, normes ou procédures d'évaluation de la conformité visant à préserver des techniques et des méthodes et procédés de production indigènes compatibles avec les besoins de leur développement.*

L'article 12.8 de l'Accord reconnaît que les PED *peuvent se heurter à des problèmes spéciaux, notamment des problèmes institutionnels et d'infrastructure, dans le domaine de l'élaboration et de l'application de règlements techniques, de normes et de procédures d'évaluation de la conformité.* L'article reconnaît que *les besoins spéciaux de leur développement et de leur commerce, ainsi que le degré de leur développement technologique, peuvent nuire à leur capacité de s'acquitter pleinement de leurs obligations au titre de l'Accord.*

Aussi, en vue d'aider les PED à se conformer à cet accord, le Comité des OTC est habilité à les faire bénéficier, s'ils lui en font la demande, d'exceptions spécifiées et limitées dans le temps, totales ou partielles, aux obligations résultant de l'Accord sur les OTC[1].

E- La flexibilité des engagements dans l'Accord sur l'agriculture

L'Accord sur l'agriculture prévoit plusieurs mesures visant à aider les PED à réussir la mutation de leurs politiques, économique et commerciale. On peut citer les plus importantes d'entre elles dans les paragraphes ci-après :

L'OMC exempte des engagements de réduction du soutien interne les subventions à l'investissement qui sont généralement disponibles pour l'agriculture, les subventions aux intrants agricoles qui sont généralement disponibles pour les producteurs qui ont de faibles revenus ou sont dotés de ressources limitées ainsi que le soutien aux producteurs destiné à encourager le remplacement des cultures de plantes narcotiques illicites[2].

---

[1] L'article 12.8 de cet Accord ajoute que : « *Lorsqu'il examinera des demandes de ce genre, le Comité tiendra compte des problèmes spéciaux dans le domaine de l'élaboration et de l'application des règlements techniques, des normes et des procédures d'évaluation de la conformité, des besoins spéciaux du développement et du commerce du pays en développement Membre, ainsi que du degré de son développement technologique, qui peuvent nuire à sa capacité de s'acquitter pleinement de ses obligations au titre du présent accord. Le Comité tiendra compte, en particulier, des problèmes spéciaux des pays les moins avancés membres* ».

[2] OMC : Agriculture : analyse « *Soutien interne* », in : https://www.wto.org

Le pourcentage de *minimis* de la mesure globale du soutien (MGS)[1] au niveau duquel aucune réduction n'est nécessaire est arrêté à 10 % pour les PED contre 5 % pour les autres pays[2].

Un TSD est accordé également aux PED en matière de réduction des subventions à l'exportation. Ainsi donc, ces pays réduiront de 14 % sur une période de dix ans pour les volumes et de 24 % sur la même période pour les dépenses budgétaires. Alors que les pays développés sont tenus de réduire sur une période de six ans, et en tranches annuelles égales, le volume des exportations subventionnées de 21 % par rapport au niveau de la période de base (1986-1988), et les dépenses budgétaires correspondantes au titre des exportations subventionnées de 36 %[3].

La fourniture de produits alimentaires à des prix subventionnés, si elle est faite dans l'objectif de répondre aux besoins alimentaires des populations pauvres des PED ne doit pas être considérée comme un programme de soutien interne devant faire l'objet d'un engagement de réduction[4].

En matière de subventions à l'investissement, l'article 6.2 de l'Accord exempte les PED des engagements de réduction[5], alors que l'article 9.4 les exempte pendant la période de mise en œuvre *de contracter des engagements pour ce qui est des subventions à l'exportation énumérées aux alinéas d) et e) du paragraphe 1 ci-dessus, à condition que celles-ci ne soient pas appliquées d'une manière qui reviendrait à contourner les engagements de réduction.*

L'article 16 de l'Accord sur l'agriculture exige des pays développés de prendre *les mesures prévues dans le cadre de la Décision sur les mesures concernant les effets négatifs possibles du programme de réforme sur les pays les moins avancés et les pays en développement*

---

[1] Le MGS est défini par l'article 1 a) de l'Accord sur l'agriculture s'entend *du niveau de soutien annuel, exprimé en termes monétaires, accordé pour un produit agricole en faveur des producteurs du produit agricole initial ou du soutien autre que par produit accordé en faveur des producteurs agricoles en général, autre que le soutien accordé au titre de programmes qui remplissent les conditions requises pour être exemptées de la réduction en vertu de l'Annexe 2 du présent accord.*

[2] OMC : Agriculture : analyse « *Soutien interne* », *op.cit.*

[3] Lire à ce propos : OMC : Agriculture : analyse « Concurrence/subventions à l'exportation », in : https://www.wto.org/french/tratop_f/agric_f/ag_intro04_export_f.htm. Pour la période de mise en œuvre de l'Accord, les PED bénéficient d'un traitement favorable en vertu de l'article 15.2 qui fixe cette période à 10 ans pour les PED contre six pour les autres membres.

[4] Voir : Par.4 de l'Annexe 2 de l'Accord dur l'agriculture, *op.cit.*

[5] Ainsi donc, ces pays ne doivent pas inclure dans la MGS totale les producteurs ayant de faibles revenus ou dotés de ressources limitées. De même qu'ils ne doivent pas inclure le soutien interne aux producteurs nationaux destiné à encourager le remplacement des cultures de plantes narcotiques illicites.

importateurs nets de produits alimentaires. La surveillance de la suite donnée à cette décision échoit au Comité de l'agriculture[1]. La prise en compte du TSD dans la poursuite du processus de réforme est imposée suivant l'article 20 de l'Accord[2].

F- Les flexibilités contenues dans l'AGCS

L'Accord général sur le commerce des services (AGCS) a porté plusieurs mesures de flexibilité des engagements[3]. Toutefois, l'application concrète de la notion de flexibilité reste très incertaine, car l'Accord n'envisage pas d'ajustement des obligations autrement que par la renégociation ou par le paiement de compensation. En pratique donc, les engagements pris au titre de cet accord ne sont pas particulièrement flexibles.

Cet Accord prévoit qu'au cours des négociations, des engagements spécifiques menés dans le cadre du processus de libéralisation, une flexibilité appropriée doit être aménagée aux PED. Ces derniers sont autorisés *à ouvrir moins de secteurs, libéraliser moins de types de transactions, élargir progressivement l'accès à leurs marchés en fonction de la situation de leur développement*[4]. Lorsqu'ils accordent l'accès à leurs marchés à des fournisseurs de services étrangers, cet accès doit être assorti de conditions visant l'atteinte des PED de leurs objectifs de participation croissante au commerce mondial[5]. L'article XII autorise les

---

[1] Suivant le Par.6 de la Décision sur les mesures concernant les effets négatifs possibles du programme de réforme sur les pays les moins avancés et les pays en développement importateurs nets de produits alimentaires.

[2] D'autres mesures à l'égard des PED sont contenues dans les annexes de l'AACU. On peut citer que le Par 3 de l'Annexe 2 évoque le TSD en relation avec la détention de stocks publics à des fins de sécurité alimentaire. Le Par. 4 de la même annexe traite du TSD en relation avec l'aide alimentaire intérieure. L'Annexe 5 dans la section B évoque le TSD dans le cadre des dispositions de l'annexe 5 relatives au "traitement spécial", en relation avec les conditions régissant l'accès aux marchés mentionnées à l'article 4.2. En matière de notifications, certaines obligations en matière de notification annuelle dans le domaine du soutien interne peuvent, sur demande, être mises de côté par le Comité de l'agriculture.

[3] Des mentions venues comme réponse à la place que reflète l'extension des négociations aux services durant le cycle de l'Uruguay. Si au départ les PED, menés par le Brésil et l'Inde, ont refusé, au début des années 1980, l'inclusion des services dans les négociations commerciales, ils ont cédé sous la pression des États-Unis à la fin du cycle. Ce compromis a placé l'ouverture des négociations sur le commerce des services à la deuxième partie de la Déclaration ministérielle, séparée du reste des sujets. Voir : ROLLAND Sonia Elise, *op.cit*, p 08.

[4] Article XIX.2 de l'Accord général sur le Commerce des Services, *op.cit.* Aussi, en vertu de l'article V : 3 de l'Accord, les PED bénéficient d'une flexibilité dans l'application de l'article V : 1 prescrivant un nombre substantiel de secteurs et l'élimination de toute discrimination entre Membres dans le contexte d'un accord conclu entre des Membres en vue de libéraliser le commerce des services.

[5] Article XIX.2 de l'Accord général sur le Commerce des Services, *op.cit.*

PED et les pays en transition à appliquer des restrictions au commerce des services, en cas de difficultés liées à la balance des paiements.

Dans le but de permettre aux PED de renforcer l'infrastructure nationale de télécommunications et d'accroître la participation au commerce international, ces pays peuvent *subordonner à des conditions raisonnables en rapport avec leurs besoins, l'accès aux réseaux et services publics de transport des télécommunications*[1]. Une flexibilité est également accordée à ces pays dans l'utilisation des subventions dans le cadre des programmes de développement[2].

1-2-2 Les règles liées à l'allongement des périodes de transition pour les PED

L'octroi des périodes de transition plus longues se veut une manière d'aider les PED à surpasser les problèmes particuliers relatifs à la mise en œuvre des accords[3]. Les clauses liées à ce traitement favorable, insérées dans les accords de l'OMC, consistent essentiellement en des dérogations aux règles générales. Elles comprennent également la possibilité d'engagements altérés, dont les PED qui le souhaitent, peuvent en bénéficier. Ces dispositions visent à pallier le manque de moyens institutionnels dont souffrent les PED.

Quasiment, tous les accords de l'OMC [4] prévoient des périodes de mise en œuvre plus longues pour les PED, en prenant en compte les besoins particuliers de ces pays.

A- Les périodes de transition dans l'Accord sur les subventions et les mesures compensatoires

La première disposition préférentielle portée par l'Accord sur les subventions et les mesures compensatoires l'en est dans les par.4 et 2b de l'article 27, et selon laquelle une période de transition d'une durée de 8 ans est accordée aux PED. L'article 27.3 annonce que la prohibition

---

[1] Par.5g) de l'Annexe de l'AGCS sur les télécommunications, *op.cit.*

[2] Voir : article XV : 1 de l'Accord général sur le Commerce des Services, *op.cit.*

[3] Cette faveur est dictée aussi par le fait que la nature juridique et économique des accords requiert de la part des PED une expertise différente est plus lente ainsi que des réformes internes parfois assez radicales comme c'est le cas pour l'instauration des régimes juridiques de la propriété intellectuelle. Outre le coût et le temps nécessaires à la mise en œuvre de ces réformes et normalisations, les économies des PED peuvent en être profondément affectées, notamment lors de déréglementations de certains secteurs économiques ce qui induit assez souvent des ajustements sectoriels et des déplacements de main d'œuvre. Voir : ROLLAND Sonia Elise, *op.cit*, p 08.

[4] Exception faite de l'Accord sur la mise en œuvre de l'Article VI (Antidumping) de l'Accord GATT de 1994 et de l'Accord sur l'inspection avant expédition.

énoncée au paragraphe 1 b) de l'article 3 *(subventions subordonnées, soit exclusivement, soit parmi plusieurs autres conditions, à l'utilisation de produits nationaux de préférence à des produits importés)* ne s'appliquera pas aux PED *pendant une période de cinq ans,* et ne s'appliquera pas aux PMA *pendant une période de huit ans, à compter de la date d'entrée en vigueur de l'Accord sur l'OMC.*

Un PED dont les exportations d'un produit donné sont devenues compétitives[1] supprimera -aux termes de l'article 27.5- les subventions à l'exportation accordées pour ces produits dans un délai de deux ans. Toutefois, pour un PED membre visé à l'Annexe VII[2], dont les exportations d'un ou de plusieurs produits sont devenues compétitives, la suppression des subventions à l'exportation accordées pour ces produits se fera progressivement et dans un délai de huit ans.

Les dispositions de l'article 7 relatives aux « *voies de recours* » s'appliquent aux PED pour ce qui est des subventions conformes aux dispositions des articles 27.2 à 27,5. Dans les autres cas, l'article 4 (relatif aussi aux voies de recours) est d'application[3].

B- Les mesures contenues dans l'Accord sur les sauvegardes

L'Accord sur les sauvegardes tente, par deux dispositions, contenues dans l'article 9.2, d'apporter une amélioration à la situation des PED. La première permet à un PED d'appliquer des mesures de sauvegarde pendant dix ans, alors que cette période est de huit ans pour les autres pays. La seconde disposition donne au PED le droit *d'appliquer de nouveau une mesure de sauvegarde à l'importation d'un produit qui aura fait l'objet d'une telle mesure, prise après la date d'entrée en vigueur de l'Accord sur l'OMC, après une période égale à la moitié de*

---

[1] Le Par.6 de l'article 27 considère les exportations d'un produit comme compétitives si pour ce produit, les exportations d'un PED Membre ont atteint une part d'au moins 3,25 % du commerce mondial de ce produit pendant deux années civiles consécutives. La compétitivité des exportations sera déterminée soit :

a) sur la base d'une notification du PED Membre dont les exportations sont devenues compétitives,

b) sur la base d'un calcul effectué par le Secrétariat à la demande d'un Membre.

[2] Soit tous les PMA et chacun des PED ci-après *qui sont Membres de l'OMC sera soumis aux dispositions qui sont applicables aux autres pays en développement membres conformément au paragraphe 2 b) de l'article 27 lorsque le PNB par habitant y aura atteint 1 000 dollars par an : Bolivie, Cameroun, Congo, Côte d'Ivoire, Égypte, Ghana, Guatemala, Guyana, Inde, Indonésie, Kenya, Maroc, Nicaragua, Nigéria, Pakistan, Philippines, République dominicaine, Sénégal, Sri Lanka et Zimbabwe.*

[3] Article 27.7 de l'Accord sur les subventions et les mesures compensatoires, *op.cit.*

celle durant laquelle cette mesure aura été antérieurement appliquée, à condition que la période de non-application soit d'au moins deux ans.

C- Les mesures contenues dans l'Accord ADPIC

L'Accord ADPIC accorde aux PED des périodes de transition de durée variable et plus longues par rapport à ce qui est exigé des autres pays membres pour la mise en œuvre de l'Accord. Ainsi donc, les PED sont autorisés à différer de cinq ans l'application des dispositions de l'Accord, à compter de sa date d'entrée en vigueur[1]. Si un PED n'étend la protection, par des brevets de produits, à aucun des domaines de la technologie (produits chimiques et pharmaceutiques, par exemple) à la date d'application générale de l'Accord, il est autorisé à différer, pendant une période additionnelle de cinq ans, l'application des dispositions en matière de brevets de produits à ces domaines de la technologie[2].

Dans ce sens, les PED ont, en effet, disposé d'une période de transition de cinq ans à partir de l'entrée en vigueur de l'Accord (celui-ci était entré en vigueur le 1er janvier 1996) pour mettre en vigueur les obligations découlant de celui-ci (article 65 par.2 et 3)[3]. Ce délai était porté à dix ans pour les brevets. Les PED étaient toutefois tenus d'observer immédiatement les clauses de traitement national et de la NPF[4].

D- Le prolongement de la mise en œuvre dans l'AGCS

L'Accord général sur le Commerce des Services (AGCS) ne cite le TSD en faveur des PED que dans une seule disposition. Il s'agit de celle portée par l'article III : 4 et selon laquelle *il pourra être convenu de ménager à tel ou tel pays en développement Membre une flexibilité appropriée en ce qui concerne le délai fixé pour l'établissement de ces points d'information.*

E- Les mesures contenues dans l'Accord sur l'agriculture

L'Accord sur l'agriculture permet aux PED de mettre en œuvre les engagements de réduction sur une période pouvant aller jusqu'à dix ans,

---

[1] Le délai étant d'un an pour les autres membres. Voir : Article 65.2 de l'Accord ADPIC, *op.cit.*

[2] Voir l'article 65.4 de l'Accord ADPIC, *op.cit.*

[3] Les PMA, quant à eux, disposent d'un délai général de 20 ans (fixé initialement à dix ans, cette période fut prolongée à 20 ans, à l'entame du cycle de Doha et contenue dans le Par.7 de la Déclaration de Doha) pour l'application de l'Accord à l'exception de la clause du traitement national et de la NPF.

[4] De plus, ils n'étaient pas autorisés à modifier leurs législations dans le sens moins protecteur durant la période de transition (article 65/5).

contre six ans pour les pays développés. Les PMA quant à eux ne seront pas tenus de contracter des engagements de réduction[1].

D'autres textes conclus depuis l'entame du cycle de Doha ont renforcé l'ordre juridique en faveur des PED. C'est le cas de la Décision du 1er août 2004 qui accorde, dans son annexe A, une place de choix au TSD en faveur des PED /PMA. Ces pays bénéficieront de période de mise en œuvre plus longue pour le retrait progressif de toutes formes de subventions à l'exportation. Ils continueront, en outre, de bénéficier du traitement spécial réservé par l'article 9-4 de l'Accord sur l'agriculture[2], pendant une période raisonnable à négocier après que le retrait progressif de toutes les formes de subventions à l'exportation et la mise en œuvre de toutes les disciplines identifiées, auront été achevés[3].

En définitive, il est légitime de relever que dans la pratique, l'utilité et la portée des mesures du TSD sont parfois contestables. Seul le prolongement des périodes de transition qui est important pour les PED, car à titre d'exemple, en matière de soutien interne, combien sont-ils les PED qui sont capables d'accorder cette aide à leurs agriculteurs ? Aussi, au sujet de la prise en compte de leur situation particulière, phrase très présente dans les accords de l'OMC, tout est lié au bon vouloir des pays développés.

F- Le traitement préférentiel dans l'Accord sur les mesures SPS

L'Accord sur les mesures SPS accorde aux PED un traitement préférentiel, qui consiste en la possibilité de bénéficier de délais plus longs avant d'appliquer une nouvelle mesure SPS[4]. L'objectif étant de ne pas perturber les exportations de ces pays, qui peuvent aussi différer de deux ans au maximum la mise en œuvre de la plupart des dispositions de l'Accord, relatives aux mesures affectant les importations[5]. L'Annexe B de l'Accord exige des membres d'aménager un délai « raisonnable » aux PED entre l'annonce et la mise en place des mesures SPS.

---

[1] Article 15.2 de l'Accord sur l'agriculture.

[2] L'article 9-4 de l'Accord sur l'agriculture énonce : « *Pendant la période de mise en œuvre, les pays en développement membres ne seront pas tenus de contracter des engagements pour ce qui est des subventions à l'exportation énumérées aux alinéas d) et e) du paragraphe 1 ci-dessus, à condition que celles-ci ne soient pas appliquées d'une manière qui reviendrait à contourner les engagements de réduction* ».

[3] Paragraphes 22 et 23 de la Décision adoptée par le Conseil général de l'OMC le 1er août 2004, *op.cit.*

[4] Article 10.2 de l'Accord sur l'application des mesures sanitaires et phytosanitaires, *op.cit.*

[5] À l'exception des mesures non fondées sur des normes internationales pertinentes ou existantes. Voir : article 14 de l'Accord sur l'application des mesures sanitaires et phytosanitaires, *op.cit.*

G- Les mesures contenues dans l'Accord sur les MIC et dans l'Accord sur les OTC

L'Accord sur les MIC (mesures concernant les investissements et liées au commerce) prescrit l'élimination de toutes les mesures qui sont notifiées conformément à l'article 5/ 1 dans un délai de cinq ans pour les PED et de sept ans pour les PMA, contre deux ans seulement pour les pays développés[1]. Cet accord prévoit également la possibilité de proroger la période de transition pour les PED et les PMA. L'article 5.3 donne au Conseil du commerce des marchandises le droit de *proroger la période de transition prévue pour l'élimination des MIC notifiées conformément au paragraphe 1* pour un PED ou un PMA. À condition que ce dernier *démontrera qu'il rencontre des difficultés particulières pour mettre en œuvre les dispositions* de l'Accord[2].

En plus, l'article 4 de cet accord prévoit que : « *Un pays en développement Membre sera libre de déroger temporairement aux dispositions de l'article 2 dans la mesure et de la manière prévues par l'article XVIII du GATT de 1994, le Mémorandum d'accord sur les dispositions du GATT de 1994 relatives à la balance des paiements et la Déclaration relative aux mesures commerciales prises à des fins de balance des paiements adoptée le 28 novembre 1979 (IBDD, S26/226-230), permettant à un Membre de déroger aux dispositions des articles III et XI du GATT de 1994* ».

L'Accord sur les OTC exige des membres à aménager, sauf dans les circonstances d'urgence, *un délai raisonnable entre la publication des règlements techniques et leur entrée en vigueur, afin de laisser aux producteurs dans les Membres exportateurs, en particulier dans les pays en développement membres, le temps d'adapter leurs produits ou leurs méthodes de production aux exigences du Membre importateur*[3].

H- Les dérogations portées par d'autres textes de l'OMC

L'Accord sur l'évaluation en douane permet aux PED, qui n'ont pas adhéré à l'Accord similaire signé en 1979[4], de différer l'application de

---

[1] Article 5/ 2 de l'Accord sur les Mesures concernant les Investissements et liées au Commerce (MIC), *op.cit.*

[2] L'article ajoute que : « *Lorsqu'il examinera une telle demande, le Conseil du commerce des marchandises tiendra compte des besoins individuels du Membre en question en matière de développement, de finances et de commerce* ».

[3] Article 2.12 de l'Accord sur les Obstacles Techniques au Commerce, *op.cit.* À noter que la même disposition est retenue mot à mot dans l'article 5.9 de l'Accord.

[4] À savoir l'Accord relatif à la mise en œuvre de l'article VII de l'Accord général sur les tarifs douaniers et le commerce, conclu en date du 12 avril 1979.

ses dispositions pendant une période n'excédant pas les cinq ans[1]. Cette même catégorie de pays peut différer l'application des articles 1,2 b) iii) et 6 concernant la méthode de la valeur calculée pendant une période maximale de trois ans après la mise en application des autres dispositions de l'Accord[2].

L'Accord sur les procédures de licences d'importation comprend une seule faveur pour les PED en matière de prorogation de période de mise en œuvre et introduite dans une note infrapaginale de l'article 2.2 de l'Accord. Selon cette note, un PED[3] *auquel les prescriptions des alinéas a) ii) et a) iii)*[4] *causeront des difficultés spécifiques, pourra, sur notification au Comité, différer l'application des dispositions de ces alinéas pour une période qui n'excédera pas deux ans à compter de la date d'entrée en vigueur de l'Accord sur l'OMC pour le Membre en question.*

Aussi, le Mémorandum d'accord sur le règlement des différends ne comprend qu'une seule disposition liée à l'allongement des périodes de transition en faveur des PED. On la trouve dans l'article 12.10 du texte et qui autorise un groupe spécial de ménager à un PED parti dans un différend *un délai suffisant pour préparer et exposer son argumentation.*

2- Les mesures liées à l'assistance technique, à l'assistance juridique et celles favorables aux PMA

L'assistance technique est considérablement renforcée au sein de l'OMC. Au total, quatorze dispositions y sont consacrées. Des dispositions qui visent à aider les PED dans le processus de conformité de leurs normes aux exigences de l'OMC. Tout comme elles visent de fournir une aide juridique additionnelle aux PED qui le lui demandent dans le cadre d'un différend porté devant le système de règlement des

---

[1] Article 20.1 de l'Accord sur l'évaluation en douane, *op.cit.*

[2] En vertu de l'article 20.2 de l'Accord sur l'évaluation en douane, *op.cit.*

[3] À l'exception des PED qui étaient *parties à l'Accord relatif aux procédures en matière de licences d'importation, en date du 12 avril 1979.*

[4] Soit : *ii) les demandes de licences peuvent être présentées n'importe quel jour ouvrable avant le dédouanement des marchandises ; iii) les demandes de licences présentées sous une forme appropriée et complète sont approuvées immédiatement à leur réception, pour autant que cela est administrativement possible, et en tout état de cause dans un délai maximal de 10 jours ouvrables ;*

différends de l'OMC. Le secrétariat est l'organe principalement chargé de la mise en œuvre de ce dispositif[1].

En outre, le droit de l'OMC réserve un nombre de dispositions (vingt-deux au total) qui visent exclusivement les PMA. C'est un régime additif qui est réservé à cette sous-catégorie, qui comprend les pays les plus pauvres de la planète, par rapport au traitement dont bénéficie l'ensemble de la large catégorie des PED.

Dans un autre registre, la plupart des accords de l'OMC prévoient la fourniture d'une assistance technique aux PED. Celle-ci peut être fournie directement par les pays développés, ou dans le cadre de programmes mis en place par le secrétariat de l'OMC. Elle peut concerner aussi bien l'accession de ces pays à l'OMC ou la mise en œuvre des accords de cette organisation. Dans un autre registre, l'OMC a réservé un traitement préférentiel aux PED en vue de faciliter leur accès au système de règlement des différends et d'asseoir ainsi un instrument juridique capable d'assurer une neutralisation des faiblesses des uns mais aussi des forces des autres[2].

2-1 L'élaboration d'un régime d'assistance technique en faveur des PED

Le droit de l'OMC aménage un dispositif d'assistance technique à l'égard des PED en vue de les aider à adapter leur législation et leurs pratiques commerciales et mettre celle-ci en conformité avec les règles de l'Organisation. Le comité du commerce et du développement est chargé de suivre la mise en place des mesures liées à l'assistance technique. Il adopte annuellement un rapport sur l'assistance technique et la formation. Cette assistance qui est, à la fois, financière et en matière de ressource humaine[3] comprend des mesures allant dans le sens d'aider les PED à se conformer aux règles et normes de l'Organisation et exaucer le vœu des

---

[1] Le Secrétariat de l'OMC est doté d'un Institut de formation et de coopération technique (IFCT), créé pour coordonner l'assistance technique et la formation liées à l'OMC, afin de relever les grands défis en matière de développement que pose le Programme de Doha pour le développement. Le financement de l'assistance technique repose aujourd'hui sur un « fonds global d'affectation spéciale pour le programme de Doha pour le développement » crée en 2002. Source : www.wto.org

[2] DIMA EHONGO Paul, *op.cit*, p19.

[3] Il est à noter que le droit de l'OMC parle tantôt de l'assistance technique, tantôt de la coopération technique sans toutefois donner une définition à l'un des concepts ou à l'autre. Tous les accords OMC –idem pour la Déclaration de Doha- ne donnent pas de définition à ces notions même si les auteurs préfèrent le mot coopération. Voir : CHELLAF Aziz, *op.cit*, p.165.

pays développés, lié à la modernisation des infrastructures douanières des PED.

2-1-1 Les mesures inhérentes à l'assistance technique dans le droit de l'OMC

La fourniture d'une assistance technique aux PED est comprise dans la plupart des accords de l'OMC.

L'Accord ADPIC a réservé son article 67 à la « Coopération technique » où il énonce qu'afin *de faciliter la mise en œuvre du présent Accord, les pays développés membres offriront, sur demande, et selon des modalités et à des conditions mutuellement convenues, une coopération technique et financière aux PED Membres et aux PMA membres*. Une analyse du texte nous fait constater que cette disposition a été rédigée pour tenir compte des conditions de mise en œuvre du droit de l'OMC dans les pays où un cadre juridique et des institutions destinées à assurer la protection de la propriété intellectuelle font défaut[1].

Le financement des programmes d'assistance technique échoit à plusieurs fonds destinés à apporter un soutien financier aux missions techniques. Certains fonds sont gérés par l'OMC, d'autres par des programmes communs avec le FMI et Banque mondiale et même avec des agences de l'ONU[2].

L'Accord OMC sur les obstacles techniques au commerce (OTC) comprend une multitude de mesures liée à l'assistance technique au profit des PED. Dans ce sens, son article 11.1 incite les membres à fournir des conseils aux PED, sur demande de ces derniers, au sujet de l'élaboration de règlements techniques. Les pays développés sont aussi invités à fournir aux PED une assistance en *ce qui concerne la création d'organismes nationaux à activité normative et leur participation aux travaux des organismes internationaux à activité normative* en vue d'aider ces pays à encourager *leurs organismes nationaux à activité normative à agir de même*[3].

---

[1] Cette coopération comprendra une assistance en matière d'élaboration des lois et réglementations relatives à la protection et au respect des droits de propriété intellectuelle ainsi qu'à la prévention des abus, et un soutien en ce qui concerne l'établissement ou le renforcement de bureaux et d'agences nationaux chargés de ces questions, y compris la formation de personnel. Voir : OMC : « *ADPIC : Coopération technique dans le domaine des ADPIC* », document mis en ligne sur le portail web de l'OMC. In : www.wto.org/french/tratop_f/trips_f/intel9_f.htm

[2] In : site officiel de l'OMC : www.wto.org

[3] Voir article 11.2 de l'Accord sur les OTC, *op.cit.*

Sur demande des PED, les membres prendront, selon l'article 11.3, *toutes mesures raisonnables en leur pouvoir pour que les organismes réglementaires de leur ressort territorial conseillent les autres* membres, en particulier les PED, et de leur fournir une assistance technique *en ce qui concerne la création d'organismes réglementaires, ou d'organismes d'évaluation de la conformité aux règlements techniques ; et les méthodes permettant le mieux de se conformer à leurs règlements techniques.*

Les PED bénéficient également d'une assistance technique en ce qui concerne *la création d'organismes d'évaluation de la conformité aux normes adoptées sur le territoire du Membre qui aura fait la demande*[1].

Le Par.5 du même article incite les pays développés à répondre aux demandes des PED liées à l'assistance technique en ce qui concerne *les mesures que leurs producteurs devraient prendre s'ils désirent avoir accès à des systèmes d'évaluation de la conformité appliqués par des organismes, gouvernementaux ou non gouvernementaux, du ressort territorial du Membre sollicité.*

Les Membres siégeant dans les systèmes internationaux ou régionaux d'évaluation de la conformité, ou qui y participent, sont invités à conseiller les autres Membres, en particulier les PED, et ils leur *fourniront une assistance technique selon des modalités et à des conditions convenues d'un commun accord en ce qui concerne la création des institutions et du cadre juridique qui leur permettraient de remplir les obligations que comporte la qualité de membre de ces systèmes ou la participation à ces systèmes*[2].

Il est également demandé des pays développés d'encourager *les organismes de leur ressort territorial, qui sont membres de systèmes internationaux ou régionaux d'évaluation de la conformité ou qui y participent, à conseiller* les PED. Ils devraient également *prendre en considération leurs demandes d'assistance technique concernant la création des institutions qui permettraient aux organismes compétents de leur ressort territorial de remplir les obligations que comporte la qualité de membre de ces systèmes ou la participation à ces systèmes*[3]. L'Accord sur les OTC aménage un traitement additionnel pour les PMA qui bénéficient de la priorité dans la réception de conseils et de l'assistance technique de la part des pays développés[4].

---

[1] Article 11.4 de l'Accord sur les OTC, *op.cit.*
[2] Article 11.6 de l'Accord sur les OTC, *op.cit.*
[3] Article 11.7 de l'Accord sur les OTC, *op.cit.*
[4] Paragraphes de 1 à 7 de l'article 11 de l'Accord sur les OTC, *op.cit.*

L'invitation des PED à participer « pleinement » et « dans la limite de leurs ressources »[1] dans les travaux du Comité sur les OTC visant l'harmonisation des règlements techniques ne s'est pas traduite par une participation accrue de ces pays dans l'élaboration des normes. Cela qui pourrait influer sur la défense de leurs intérêts commerciaux[2].

Des dispositions liées à la fourniture d'une assistance technique aux PED se trouvent aussi dans d'autres accords de l'OMC. Dans ce registre, l'article 20.3 de l'Accord sur la mise en œuvre de l'article VII (Évaluation en douane) incite les pays développés à la fourniture d'une assistance technique aux PED selon des modalités convenues d'un commun accord.

L'article 9 de l'Accord sur l'application des mesures SPS recommande l'octroi d'une assistance technique aux PED. Les Membres exportateurs doivent fournir aux Membres utilisateurs, si demande-leur en est faite, une assistance technique visant la réalisation des objectifs de l'Accord à des conditions mutuellement convenues. Cette assistance peut être fournie sur une base bilatérale, plurilatérale ou multilatérale.

L'Accord AGCS évoque, dans son article XXV:2, la nécessité de la fourniture d'une assistance technique aux PED sur une base multilatérale. L'Annexe de l'AGCS sur les télécommunications demande aux membres la fourniture, *dans les cas où cela sera réalisable*, de renseignements aux PED concernant les services de télécommunications et l'évolution technologique[3].

L'assistance technique a été également citée dans d'autres textes, à l'instar de l'Accord sur l'inspection avant expédition (Article 1.2) et du Mémorandum d'Accord sur les règles et procédures régissant le règlement des différends (Article 27.2).

---

[1] Voir : article 2/6 de l'Accord sur les OTC, *op.cit.*

[2] C'est ce qui ressort des résultats d'une étude conjointe (CCI/CNUCED/OMC) et qui a révélé une faible participation des PED à la mise en place des normes. Ceci est dû à des ressources scientifiques limitées ayant entraîné une absence de participation active à ces travaux de normalisation internationale. C'est pour cela qu'il a été recommandé la formation des experts, en mesure de représenter les PED à ces travaux, afin de combler ce déficit. Voir : RAZARANAINA Nomenirina, *op.cit*, p.60.

[3] Par.6 c de l'Annexe de l'AGCS sur les télécommunications, *op.cit.*

2-1-2 L'émergence d'un régime additionnel d'assistance technique en faveur des PMA

Des programmes d'assistance technique au profit des PMA, ont été élaborés avec la conjugaison des efforts de l'OMC, de la CNUCED et d'autres institutions dans l'objectif de renforcer les capacités de ces pays dans l'intégration du commerce mondial.

Ainsi, le Cadre Intégré (CI), mis en place en décembre 1996, est destiné à assurer une meilleure cohérence technique des programmes d'aide à destination des PMA. Son succès très relatif a nécessité une réforme menant au Cadre Intégré Renforcé (CIR) en 2005[1].

Un deuxième programme appelé « programme intégré conjoint d'assistance technique », appelé aussi : « Programme JITAP », fut établi après la neuvième conférence de la CNUCED en 1996 conjointement avec l'OMC et leur organe subsidiaire conjoint : le centre du commerce international (CCI). Outre les mesures classiques de coopération technique, ce programme se focalise sur l'établissement de « Centres OMC », localisés dans les PMA et non pas à Genève[2].

La convergence d'efforts entre l'OMC, la CNUCED et le CCI a permis à ce triptyque de lancer, en 1998, un fonds d'affectation spéciale pour l'assistance technique dans le secteur du commerce des pays africains. Ce fonds est destiné à financer le programme intégré d'assistance technique en faveur des PMA et autres pays africains dans le but d'aider leur participation au système commercial multilatéral et à améliorer la compétitivité de leurs exportations[3].

---

[1] Le CIR est un programme multi donateurs qui aide les PMA à jouer un rôle plus actif dans le système commercial multilatéral. Il vise, plus largement, à favoriser la croissance économique et le développement durable et à faire sortir davantage de gens de la pauvreté. Le programme, qui fournit actuellement une aide à 49 pays du monde entier figurant parmi les plus pauvres, est financé par un fonds d'affectation spéciale multi donateurs dont l'objectif de financement s'élève à 250 millions de dollars. Source : www.wto.org

[2] Le JITAP était un programme expérimental destiné à réduire la marginalisation des pays d'Afrique dans l'économie mondiale, par un renforcement des capacités aux trois niveaux essentiels, à savoir le gouvernement, les institutions et les entreprises. Il a établi les bases d'une méthode d'inclusion en vue de développer la capacité de chaque pays de participer au système commercial multilatéral, et d'élaborer des stratégies d'exportation pouvant être mises en œuvre au niveau sectoriel grâce à une mobilisation de toutes les parties prenantes. Source : www.wto.org

[3] Ce programme traduit le ferme engagement de la CNUCED, l'OMC et du CCI de coordonner leurs efforts et leurs ressources en faveur du développement du commerce africain. Il consiste en la formation du personnel et des représentants des PMA, principalement à Genève, mais également en séminaires locaux d'analyse du droit de l'OMC. Aussi, des missions techniques d'aide à la mise en œuvre des législations nationales d'application sont également organisées ainsi que des stages de politique commerciale à destination des fonctionnaires de ces pays…/…

Dans le sillage de leur coopération, l'OMC et la CNUCED ont signé, en 2003, un Mémorandum d'accord définissant les modalités de leur coopération en matière d'assistance technique et de la réalisation d'études conjointes sur des questions particulières et renforçant par la même occasion leurs relations et leur coopération[1].

2-2 Les dispositions préférentielles dans le droit de l'OMC lié au règlement des différends

Les PED exigent un traitement préférentiel en mesure de leur faciliter l'accès à la jurisprudence de l'OMC, que ce soit avant de porter l'affaire ou au courant du traitement de cette dernière. Ces pays estiment que le droit de l'OMC, dans sa version actuelle, ne leur réserve pas de traitement spécial notable pour l'accès au SRD. C'est ainsi que des spécialistes estiment que désormais l'enjeu des négociations liées à la régulation du commerce mondial et de règlement des différends, réside dans la neutralisation formelle des rapports de forces pour parvenir à la traduction de cette neutralisation dans les faits et dans la pratique[2].

2-2-1 Le dispositif préférentiel à l'égard des PED pour l'accès au système de règlement des différends

Le droit de l'OMC réserve un certain nombre de mesures préférentielles en faveur des PED dans le système de règlement des différends. À titre d'exemple, dans le cas d'un différend entre un pays développé et un PED, ce dernier est en mesure d'exiger qu'au moins un membre du groupe spécial soit ressortissant d'un PED[3].

Le SRD de l'OMC a apporté une nouvelle conception par rapport à la situation qui prévalait sous l'ère du GATT, où le principal texte lié à un

.../...Des formations qui visent à aider les pays destinataires à la maîtrise du droit de l'OMC et de dépasser les difficultés juridiques ou structurelles. Pour plus de détails, lire : SOUMAORO Souleymane, *op.cit*, p.294.

[1] Mémorandum d'accord entre l'Organisation mondiale du Commerce (OMC) et la Conférence des Nations Unies sur le Commerce et le Développement (CNUCED) signé à Genève le 16 avril 2003.

[2] C'est l'avis que défend DIMA EHONGO qui estime que la validité juridique plurielle des institutions et des mécanismes de régulation ne saurait être acquise sans l'existence d'instruments juridiques capables d'assurer une neutralisation des faiblesses des uns, mais aussi des forces des autres. Voir : DIMA EHONGO Paul, *op.cit*, p.18.

[3] Article 8 (10) du Mémorandum d'accord sur les règles et procédures régissant le règlement des différends, *op.cit*.

TSD en faveur des PED était la Décision du 5 avril 1966 sur la procédure d'application de l'article XXIII du GATT[1].

Cette Décision comprend deux dispositions importantes. La première est que lors de l'établissement de son rapport, le groupe spécial doit tenir compte, non seulement, des mesures mises en cause, mais aussi de leur impact sur le commerce et le développement économiques du PED[2]. La deuxième est portée dans le point 10 de la Décision et selon laquelle, dans l'hypothèse de la non-conformité, les parties contractantes peuvent aller au-delà de la simple autorisation des contre-mesures et chercher la nature et la portée des mesures de sanctions supplémentaires qui permettraient de forcer le pays développé à respecter ses obligations[3]. Cette Décision n'a toutefois pas impulsé l'amélioration de la situation des PED dans le système du GATT[4].

L'OMC a opté pour la préservation des pratiques qui étaient en vigueur sous l'ère du GATT[5]. La procédure de règlement des différends a été néanmoins complétée par la nouvelle procédure judiciaire de l'ORD. Un organe qui a été institué lors de la conférence interministérielle de Singapour de décembre 1996, lequel a reçu compétence pour régler les litiges commerciaux entre les États[6].

Les règles de l'OMC ont apporté du nouveau, par rapport au système GATT, en interdisant à un membre d'opposer son veto à la décision du

---

[1] La Décision du 5 avril 1966 sur la procédure d'application de l'article XXIII du GATT était adoptée suite à des négociations dans lesquelles les PED souhaitaient de remodeler l'article XXIII du GATT, mais devant l'intransigeance des pays développés, les négociations ont débouché plutôt sur l'adoption d'une Décision qui n'est restée, au regard des exigences du départ, qu'une procédure destinée à aider les PED dans l'application de l'article XXIII. Pour plus de détails sur cette Décision, voir : MACHROUH Jamal, « *Le statut des pays en développement dans le système de règlement des différends de l'OMC* », thèse de doctorat de l'Université de Tours : discipline droit public, France, 2007, p.36.

[2] Point 6 de la Décision du 5 avril 1966, *op.cit.*

[3] Cette Décision exige également, lors d'un différend entre un PED et un pays développé, des parties à engager des consultations bilatérales avant de demander les bons offices du Directeur général. À défaut, ils constitueront un groupe spécial qui traitera de l'affaire (point 11 de la Décision du 5 avril 1966).

[4] MESSAD Rafik, « De l'effectivité du traitement préférentiel en faveur des pays en développement dans le système de règlement des différends de l'OMC », *Revue Académique de la Recherche Juridique,* Faculté de droit et des sciences politiques de l'Université Abderrahmane Mira de Bejaia, numéro spécial 2017, p.32.

[5] Et ce par le biais de l'article 3.1 du Mémorandum d'accord sur le règlement des différends et qui énonce : « *Les Membres affirment leur adhésion aux principes du règlement des différends appliqués jusqu'ici conformément aux articles XXII et XXIII du GATT de 1947, et aux règles et procédures telles qu'elles sont précisées et modifiées dans le présent mémorandum d'accord* ».

[6] BOY Laurence, « Le déficit démocratique de la mondialisation du droit économique et le rôle de la société civile », *RIDE,* n°03/ 2003, p.472.

groupe spécial qui lui sera contraire[1]. Le Mémorandum d'accord sur les règles et procédures de règlement des différends a transformé ce consensus en un consensus négatif, ça veut dire, il faut le même consensus pour bloquer l'adoption du rapport, ce qui parait quasiment impossible puisqu'il suffit que la partie, ou les parties si elles sont plusieurs, qui a perdu fasse objection pour empêcher le blocage[2].

Le mémorandum d'accord autorise une partie à un différend à faire appel de la décision du groupe spécial, mais sans possibilité de bloquer la décision de l'organe d'appel lui-même[3].

Ces procédures révisées pourraient stimuler les PED à saisir davantage le mécanisme de règlement des différends, d'autant que la nouvelle procédure s'appliquera à tous les domaines couverts par l'OMC, et non pas seulement au commerce des marchandises[4].

En plus du consensus négatif, une deuxième nouveauté est apportée par le droit de l'OMC. Il s'agit de l'institution d'une juridiction à deux degrés par la création d'un organe d'appel chargé d'examiner de nouveau les décisions rendues par les groupes spéciaux, comme c'est le cas dans les systèmes judiciaires nationaux ou à un degré moindre internationaux[5].

La procédure de règlement des différends doit être entamée par des consultations et demande de conciliation (article 4 du Mémorandum d'accord). Si ces consultations n'ont pas abouti dans un délai de 60 jours, la partie plaignante s'ouvre le droit de demander la constitution d'un groupe spécial[6]. La partie non satisfaite du verdict du groupe spécial peut

---

[1] Auparavant l'adoption d'un rapport d'un groupe spécial concernant un différend exigeait un vote à l'unanimité, ce qui signifiait qu'un pays pouvait bloquer une décision qui lui était défavorable.

[2] MESSAD Rafik, « *De l'effectivité du traitement préférentiel en faveur des pays en développement dans le système de règlement des différends de l'OMC* », *op.cit*, p.33.

[3] RODRIK Dani, « Les pays en développement après le cycle de l'Uruguay », *Bulletin CNUCED*, Numéro 29 (Décembre 1994), p.10.

[4] Il est à constater que la courbe du recours des PED au SRD est à la hausse. Comparativement à l'ère du GATT où le nombre d'affaires portées par les PED ne dépassait pas les 18 % du nombre global des affaires soumises à ce système, les chiffres de l'OMC montrent que pour la décennie 1995-2004, la participation des PED - aussi bien comme demandeur que comme défendeur- a dépassé les 30 % des affaires. Lire : GONZALEZ MARTIN Luis Alexander, « Le produit agricole et agroalimentaire dans la mondialisation des échanges : contribution à la recherche d'une justice économique internationale », thèse de doctorat en droit, Université Paris 1 Panthéon-Sorbonne, Paris, 2012, p.309.

[5] MESSAD Rafik, « *De l'effectivité du traitement préférentiel en faveur des pays en développement dans le système de règlement des différends de l'OMC* », *op.cit*, p.33.

[6] Celui-ci est composé, en vertu de l'article 8 du Mémorandum d'accord, de 3 personnes ou de 5, si les parties en conviennent ainsi, et qui sont choisies par le secrétariat d'une liste indicative dressée par lui (le secrétariat).

introduire un appel auprès de l'organe d'appel[1]. Ce dernier ne statue que sur les questions de droit soulevées par la partie ayant fait appel[2].

Le Mémorandum d'accord sur le règlement des différends ne comprend qu'un nombre limité de dispositions inhérentes au TSD en faveur des PED. En général, les dispositions du TSD ne constituent pas des exceptions aux règles générales et communes du mémorandum. Du coup, leur portée normative est extrêmement limitée, surtout qu'en majorité, ces dispositions sont libellées sur le mode conditionnel[3].

La première disposition du mémorandum qui mérite d'être signalée comme règle préférentielle est celle contenue dans l'article 4/10 et qui demande aux pays développés de *porter une attention spéciale aux problèmes et intérêts particuliers des pays en développement.* Ce texte comprend d'autres dispositions portant sur l'aménagement de la procédure en faveur des PED. Ainsi donc, lorsqu'un PED est défendeur, il peut demander au président de l'ORD une extension du délai des consultations[4]. Il peut également exiger qu'au moins un membre d'un groupe spécial devant statuer sur un différend le concernant soit un ressortissant d'un PED[5]. Lorsqu'un groupe spécial est établi, il doit établir son calendrier de manière à laisser à un PED défendeur un délai suffisant pour préparer et exposer son argumentation[6].

À l'inverse, lorsqu'un PED est plaignant, une procédure accélérée est applicable. Les constatations du groupe spécial doivent mentionner explicitement la façon dont il a été tenu compte du TSD[7]. Lorsque le litige concerne un PMA, et que les consultations n'ont pas abouti à un accord, le DG de l'OMC ou le directeur de l'ORD doit offrir spontanément sa médiation ou ses bons offices avant l'établissement du Panel (article 24.2 du Mémorandum).

Aussi, lors de la mise en œuvre des recommandations d'un rapport de Panel adopté à leur encontre, une attention particulière devrait être accordée aux questions qui affectent les intérêts des PED dans l'objectif

---

[1] L'organe d'appel est composé de 7 membres dont 3 siégeront pour une affaire donnée (article 17-1 du mémorandum d'accord). Ils sont désignés par l'ORD pour une durée de quatre ans renouvelable une fois et (article 17-2 du mémorandum d'accord). Ils ne doivent avoir aucune attache avec une administration nationale.

[2] MESSAD Rafik, *« De l'effectivité du traitement préférentiel en faveur des pays en développement dans le système de règlement des différends de l'OMC »*, *op.cit*, p.33.

[3] *Ibid.* p.37.

[4] Articles 4.7, 4.8 et 12.10 du Mémorandum d'accord sur le règlement des différends, *op.cit.*

[5] Article 8.10 du Mémorandum d'accord sur le règlement des différends, *op.cit.*

[6] Article 12.10 du Mémorandum d'accord sur le règlement des différends, *op.cit.*

[7] Article 12.11 du Mémorandum d'accord sur le règlement des différends, *op.cit.*

de leur permettre de disposer de délais supplémentaires de mise en œuvre[1].

Dans le cas d'une affaire soulevée par un PED, l'ORD étudie quelle suite il pourrait y donner et qui soit appropriée aux circonstances[2]. Idem dans le cas d'un recours déposé par un PED et pour lequel l'ORD tient compte, lors de l'examen des mesures appropriées, de l'incidence des mesures en cause sur l'économie des PED concernés ainsi que des échanges visés par ces mesures (article 21.8 du Mémorandum d'accord).

Dans un style suppliant, le Mémorandum d'accord invite, dans son article 24.1, les pays développés à faire preuve de modération lorsqu'ils demandent l'autorisation de prendre des contre-mesures à l'encontre de PMA. En outre, le droit de l'OMC, via l'article 27-2 du mémorandum d'accord, met à la disposition de tout PED, qui le demande, un expert juridique qualifié des services de coopération technique de l'OMC[3].

En somme, les règles procédurales énoncées montrent qu'aucun traitement plus bénéfique pour les PED n'a été institué par le droit de l'OMC. Cela qui justifie l'insatisfaction de ces pays, qui estiment que les règles préférentielles comprises dans le Mémorandum d'accord ne sont pas suffisantes pour protéger leurs droits[4]. Ils jugent qu'il était loisible soit de concevoir une composante particulière au principe du TSD, soit d'adapter la procédure commune à l'extrême fragilité des PED. Ces deux opérations pouvaient en outre être cumulées[5].

Il est clair que le renforcement de la participation des PED dans l'ORD passe par la réforme des normes préférentielles existantes et par l'accord de privilèges à ces pays et la création d'un service d'aide financière et juridique.

[1] Article 21.2 du Mémorandum d'accord sur le règlement des différends, *op.cit.*

[2] Article 21.7 du Mémorandum d'accord sur le règlement des différends, *op.cit.*

[3] Ces services sont offerts afin de permettre aux PED d'assurer leur défense malgré leur manque de moyens techniques et humains. Ces services sont payants, mais ils sont offerts à des tarifs réduits aux PMA. Lire : MESSAD Rafik, « *De l'effectivité du traitement préférentiel en faveur des pays en développement dans le système de règlement des différends de l'OMC* », *op.cit*, p.38.

[4] Pour plus de détails sur les mesures en faveur des PED lors du processus de règlement des différends, consulter : MACHROUH Jamal, Justice et développement selon l'Organisation mondiale du Commerce, Éditions l'Harmattan, Paris, 2008.

[5] DIMA EHONGO Paul, *op.cit*, p.21.

2-2-2 Les caractéristiques du système de règlement des différends de l'OMC et leur impact sur les PED

Qualifiée par Ruiz Fabri Héléne de figure judiciaire singulière[1], la jurisprudence de l'OMC se distingue des systèmes internationaux similaires par plusieurs caractéristiques.

Le SRD de l'OMC se spécifie d'abord d'être l'unique système international de juridiction obligatoire à soumission préalable, ce qui n'est pas sans effet sur la soumission d'un membre tel que les États-Unis à ce système, en dépit de ses positions assez hésitantes dans les autres organisations internationales.

Par sa jouissance d'une compétence obligatoire, le SRD de l'OMC se distingue des systèmes similaires existants sur la scène internationale. Du coup, si un État entame une procédure de consultations dans l'ORD et que cette consultation n'aboutit pas, il peut unilatéralement déclencher la procédure juridictionnelle en demandant l'établissement d'un groupe spécial. Cette distinction marque le passage d'un système purement consensuel du temps du GATT à un système foncièrement obligatoire avec l'OMC, où aucun membre n'est en mesure de bloquer le processus[2]. L'aspect obligatoire est incontestablement l'élément le plus positif et le plus important de ce système aux côtés de l'acceptation des États-Unis de se soumettre d'avance à une juridiction obligatoire, ce qui n'est pas le cas dans les autres systèmes internationaux[3].

Cet aspect impose aux pays développés, habitués à user et même abuser de mesures unilatérales, de recourir exclusivement aux mécanismes de l'OMC. Ce qui n'est pas sans effet sur la diminution de la réticence des PED à utiliser le système pour contester les mesures commerciales adoptées par des pays riches[4]. La tendance haussière du nombre d'actions intentées par des PED témoigne d'une mutation remarquable par rapport à la perception qu'ils avaient du système de règlement des différends sous les auspices du GATT[5].

---

[1] Dans le titre qu'elle a donné à l'article : « Le juge de l'OMC : ombres et lumières d'une figure judiciaire singulière », *RGDIP,* Éditions A. Pedone, Paris, 2006, pp. 39-83.

[2] MESSAD Rafik, « *De l'effectivité du traitement préférentiel en faveur des pays en développement dans le système de règlement des différends de l'OMC* », *op.cit*, p.35.

[3] ABI-SAAB Georges, Le développement du droit international : Réflexions d'un demi-siècle, Volume 1 (Théorie générale du droit international public), PUF, Paris, 2013, p.348.

[4] MESSAD Rafik, « De l'effectivité du traitement préférentiel en faveur des pays en développement dans le système de règlement des différends de l'OMC », *op.cit*, p.35.

[5] CANAL-FORGUES Eric, le règlement des différends à l'OMC, 3eme édition, Éditions Bruylant, Bruxelles (Belgique), 2008, p.07.

Une deuxième caractéristique de la jurisprudence de l'OMC est que cette juridiction est une juridiction de légalité qui se contente à se prononcer si telle mesure est légale et conforme aux accords de l'organisation ou non. Les règles de l'OMC liées au règlement des différends, et du fait qu'elles sont dépourvues de moyens répressifs (comme l'est le Conseil de sécurité pour l'ONU) innovent en moyens de sanction à l'encontre du membre incriminé. En effet, si un Etat n'obtempère pas et ne change pas sa législation incriminée, le droit de l'OMC offre à la victime le moyen de procéder par des contre-mesures, principalement le retrait de concessions commerciales au membre incriminé[1].

Ce mode de sanctions est sévèrement critiqué par le juriste égyptien, Georges Abbi-Saab qui affirme que l'État victime peut donc racheter l'illégalité. Il estime que ce procédé n'est pas du tout une bonne solution du point de vue systématique, car s'il satisfait l'autre partie, c'est aux dépens de la légalité et de l'intégrité du système juridique[2].

Il est utile de le souligner que ce mode de sanctions n'est pas du tout adapté à la situation des PED, d'autant qu'il ne peut s'opérer en fait qu'entre États de poids, plus ou moins, équivalent. Il est quasiment impossible de voir un pays pauvre prendre des mesures pareilles à l'encontre d'un pays développé.

2-3 Les règles liées au renforcement des capacités des PMA

Étant donné que la vaste catégorie des PED comprend des pays aux capacités économiques distinctes, il a été inéluctable de diversifier le traitement à réserver aux pays ayant franchi quelques étapes dans la marche du développement et les pays fragilisés par l'extrême pauvreté. C'est ainsi qu'un régime d'aide additionnel a été aménagé en faveur d'une sous-catégorie de PED, composée de pays appelés pays les moins avancés (PMA).

La revendication d'un statut juridique spécial pour les PMA est passée par plusieurs étapes avant d'atteindre sa reconnaissance par l'OMC comme une catégorie distincte de celle comprenant les autres PED. C'est ainsi que l'OMC a reconnu les inégalités entre les membres de la large

---

[1] MESSAD Rafik, « De l'effectivité du traitement préférentiel en faveur des pays en développement dans le système de règlement des différends de l'OMC », *op.cit*, p.35.

[2] Georges Abbi-Saab rappelle que ce mode de sanction fournit un exemple du « droit international de coopération » cher à Wolfgang Friedmann, par le retrait des bénéfices de coopération. Voir : ABI-SAAB Georges, *op.cit*, pages 349 et 350.

catégorie des PED en y distinguant une sous-catégorie des pays les plus pauvres (PMA).

2-3-1 La consécration juridique de la catégorie des PMA

Dès lors que l'attitude a changé en faveur de la reconnaissance de la catégorie PMA comme sous-catégorie des PED, l'identification des pays pouvant s'adjuger du statut de PMA devenait urgente. Plusieurs suggestions ont été émises pour la confection de cette liste avant que l'ONU n'intercède pour arrêter la liste suivant des critères mesurables.

A- L'intronisation de la catégorie des PMA sur la base de la liste établie par l'ONU

Après que plusieurs propositions aient été émises au sujet de la création d'une catégorie spéciale des PMA[1], l'ONU a intercédé en arrêtant, sur la base de critères mesurables, liés essentiellement au niveau des revenus, la liste des PMA éligibles à des concessions additives à celles accordées à tous les PED.

L'ONU a établi une liste provisoire des pays s'adjugeant du statut de PMA suite à l'approbation par son AG d'un rapport reçu en 1971 et préparé par le Comité de planification du développement, travaillant sous l'égide de la CNUCED[2]. Trois critères ont été retenus avant l'établissement de cette première liste comprenant 25 pays[3].Tout en

[1] Une première proposition visant à hiérarchiser les PED a été retenue par des institutions de Banque Mondiale, suivant une méthode qui répartit les PED en trois catégories : pays à revenu faible, pays à revenu intermédiaire et pays exportateurs de pétrole à revenu élevé. Une seconde méthode a été proposée et selon laquelle il faut isoler à l'intérieur des PED certains pays plus désavantagés et dont la situation réclame une attention spéciale de la part de la communauté internationale. Cette proposition a trouvé place dans l'acte final de la première CNUCED qui a souligné qu'il fallait « *tenir compte des caractéristiques particulières et des divers stades de développement* » des pays du tiers-monde, « *en accordant une attention spéciale aux moins développés d'entre eux* ». En outre, la première CNUCED, a débouché sur le dégagement de deux premières catégories des PED : celle des PMA, et celle des pays sans littoral, avant que la troisième CNUCED tenue en 1972, n'ajoute une troisième catégorie réservée aux pays insulaires. L'AG de l'ONU a été, de sa part, à l'origine de l'avènement de la quatrième sous-catégorie de PED, celle des « pays gravement touchés par la crise », créée par la résolution du 1er mai 1974. Voir : BOUVERESSE Jacques, *op.cit*, p.89.

[2] Cette liste comprend 25 pays : 16 d'Afrique, 8 États d'Asie et d'Océanie, et un seul d'Amérique latine (Haïti).

[3] - un PIB par habitant égal ou inférieur à 100 dollars, révélateur d'une extrême pauvreté de masse ;
- une production industrielle qui ne dépasse pas 10 % du PIB et met en évidence les faiblesses structurelles de l'économie ;
- un taux d'alphabétisation inférieur à 15 % de la population âgée de plus de 15 ans, traduisant l'insuffisance des ressources humaines qualifiées…/…

donnant un cachet provisoire à la liste établie, le Comité de planification du développement a émis le désir de ne pas voir la liste modifiée jusqu'à la fin de la décennie. C'est un vœu respecté puisque cette liste n'a connu d'adjonctions qu'en 1981, lorsqu'à la veille de la conférence des Nations-Unies sur les PMA, 31 États étaient rangés dans cette catégorie[1].

À sa création, l'OMC a décidé d'adopter la liste onusienne (Article XI : 2 de l'Accord instituant l'OMC). Cette catégorie regroupe désormais 46 pays, dont la plupart se situent dans le continent africain. Cette liste est revue tous les trois ans par le Conseil économique et social de l'ONU sur la base de critères proposés par le comité des politiques de développement[2].

Cela qui marque la consécration juridique de la catégorie PMA qui est de surcroît une catégorie reconnue comme tel par plusieurs institutions internationales, à leur tête l'OMC, qui relate cette catégorie dans bon nombre de ses accords.

La création de cette sous-catégorie a été suivie par la mise en place de certains instruments en mesure de concrétiser le traitement de faveur accordé à ces pays. C'est ainsi qu'il a été mis en place le sous-comité des PMA comme organe subsidiaire du Comité du commerce et du développement. Son mandat consiste à examiner tout spécialement des questions revêtant une importance particulière pour cette catégorie de

---

.../...Ainsi donc, pouvaient être considérés comme PMA les pays qui satisfaisaient à deux de ces trois critères et dont les résultats dépassaient à peine la limite du troisième critère. Lire : NJINKEU Dominique et autres, L'Afrique et les défis de l'OMC, Karthala, Paris (France), 2004, p.324.

[1] BOUVERESSE Jacques, *op.cit*, p.91.

[2] À noter que le Comité des politiques de développement de l'ONU a mis à jour, en 2015, les critères d'éligibilité au statut de PMA. Un pays qui remplit les conditions requises pour être ajouté à la liste des PMA s'il atteint les seuils prévus pour les trois critères et si sa population n'excède pas 75 millions d'habitants. Les critères retenus sont les suivants : a) Le critère du revenu, fondé sur une estimation moyenne du revenu national brut par habitant effectuée sur trois ans, avec un seuil de 1 035 dollars pour être ajouté à la liste et un seuil de 1 242 dollars pour être reclassé ; b) Le critère du capital humain, fondé sur l'indice du capital humain, indice composite regroupant les indicateurs suivants : nutrition (pourcentage de la population qui est sous-alimentée) ; santé (taux de mortalité infantile et taux de mortalité maternelle) ; scolarisation (taux brut de scolarisation dans l'enseignement secondaire) ; et alphabétisation (taux d'alphabétisation des adultes) ; c) Le critère de la vulnérabilité économique, fondé sur l'indice de vulnérabilité économique, indice composite regroupant les indicateurs suivants : chocs naturels (instabilité de la production agricole et part de la population victime de catastrophes naturelles) ; chocs commerciaux (instabilité des exportations de biens et de services) ; exposition physique (part de la population vivant dans des zones de faible élévation) ; exposition économique (part de l'agriculture, de la chasse, de la sylviculture et de la pêche dans le produit intérieur brut, et concentration des exportations de marchandises) ; taille (population) ; et situation géographique (éloignement).
-Source : CNUCED : Communiqué de presse « *Que sont les pays les moins avancés ?* », (Document : UNCTAD/PRESS/IN/2017), Genève (Suisse), 22 novembre 2017. In : http://unctad.org/fr/pages/PressRelease.aspx?OriginalVersionID=438

pays[1]. Ce mandat définit ses principaux domaines d'activité. Comme dans le cas du Comité du commerce et du développement, tous les membres de l'OMC sont également membres du sous-comité des PMA. Cet organe est chargé depuis 2001 de la réalisation du programme de travail de l'OMC pour les PMA[2]. Il suit également les travaux du Cadre intégré pour l'assistance technique liée au commerce en faveur des PMA.

B- Le défaut d'hermétisme de la catégorie des PMA

Même si elle est considérée comme étant la catégorie la mieux définie à l'OMC, la catégorie PMA n'est pas, pour autant, hermétique. Les accords de l'OMC, à l'instar de l'Accord sur les subventions et mesures compensatoires, ne reconnaissent pas l'hermétisme de cette catégorie. En effet, en accordant une exemption de la prohibition d'utiliser certaines mesures de subventions aux PMA, ce texte étend cette flexibilité à d'autres PED ayant un revenu par habitant inférieur à 1 000 $ par an, selon les données de Banque mondiale[3].

La liste des PMA fait objet de critiques et considérée défectueuse pour au moins deux raisons. D'abord, c'est parce qu'elle est basée sur les revenus et de ce fait ne traduit pas la compétitivité commerciale qui préoccupe (ou devrait préoccuper) l'OMC. Ensuite, la manière avec laquelle est élaborée cette catégorie exclut plusieurs pays à un revenu faible et qui abrite des masses importantes de pauvres[4].

---

[1] VINCENT Philippe, L'OMC et les pays en développement, *op.cit*, p.209.

[2] Ce programme de travail porte sur les questions systémiques ci-après :
a) accès aux marchés pour les PMA ;
b) initiatives concernant l'assistance technique et le renforcement des capacités commerciales des PMA ;
c) fourniture, selon qu'il conviendra, d'un soutien aux organismes aidant à diversifier la base de production et d'exportation des PMA ;
d) intégration, selon qu'il conviendra, dans les travaux de l'OMC des éléments du Programme d'action PMA-III liés au commerce qui correspondent au mandat de l'OMC ;
e) accession des PMA à l'OMC et leur participation au système commercial multilatéral ;
f) suite donnée aux décisions et déclarations ministérielles de l'OMC.

[3] Annexe VII de l'Accord sur les subventions et mesures compensatoires, *op.cit*.

[4] Les bornes de cette liste ne sont pas reconnues également par les pays développés lorsqu'ils établissent un programme de coopération et de préférences à l'égard des pays pauvres. Ils décident des critères qui leur sont propres et font l'impasse sur la liste des PMA à laquelle renvoie l'OMC. Dans son programme AGOA qui permet à plusieurs produits en provenance d'une quarantaine de pays d'Afrique subsaharienne de bénéficier d'un accès préférentiel au marché américain, les États-Unis sont allés au-delà de cette catégorie des PMA et étendent le bénéfice de ces préférences à d'autres pays. Voir : CHELLAF Aziz, *op.cit*, p.162.

2-3-2 Les dispositions du droit de l'OMC réservant un traitement préférentiel aux PMA

Au lancement du cycle de l'Uruguay, les Parties contractantes ont décidé qu'« *une attention particulière sera accordée à la situation et aux problèmes particuliers des pays les moins avancés ainsi qu'à la nécessité d'encourager les mesures positives visant à faciliter l'expansion de leurs capacités commerciales* »[1]. Ainsi donc, la naissance de l'OMC a été accompagnée par l'adoption de plusieurs dispositions en faveur des PMA, d'autant que ses différents accords comprennent des décisions claires en faveur de cette catégorie.

A- Les règles spécifiques aux PMA portées par l'Accord GATT de 1994

L'Accord GATT de 1994 désigne, dans son article XVIII : 4, les PMA comme étant ceux qui « *sont à leurs premiers stades de leur développement économique ou qui ne peuvent assurer à leur population qu'un faible niveau de vie* »[2].

La section A de l'article XVIII de cet Accord GATT autorise les *pays qui sont aux premiers stades de leur développement* à modifier ou retirer une concession tarifaire reprise dans leur liste, si cela est souhaitable, afin de favoriser la création d'une branche de production déterminée. Les PMA peuvent recourir aux mesures restrictives non tarifaires au commerce si celles-ci sont nécessaires pour faciliter la création d'une branche de production nationale[3].

Aussi, et en vertu de la section b de l'article XVIII du GATT, les PMA qui sont en développement rapide peuvent *régler le niveau général de ses importations en limitant le volume ou la valeur des marchandises dont elle autorise l'importation, à la condition que les restrictions à l'importation instituées, maintenues ou renforcées n'aillent pas au-delà de ce qui est nécessaire.* Ces pays peuvent bénéficier du privilège de ne

---

[1] Point B vii de la Déclaration ministérielle de Punta Del Este du 20 septembre 1986, in : http://www.sice.oas.org/trade/Punta_e.asp

[2] Le terme « *aux premiers stades de leur développement* » ne s'applique pas seulement aux membres de l'OMC dont le développement économique est à ses débuts, mais aussi à ceux dont les économies sont en voie d'industrialisation à l'effet de réduire un état de dépendance excessive par rapport à la production de produits primaires. Voir : LUFF David, Le droit de l'OMC : analyse critique, Éditions Bruylant, Bruxelles (Belgique), 2004, p.137.

[3] Section c de l'article XVIII de l'Accord GATT de 1994, *op.cit.*

pas devoir se soumettre à des procédures approfondies de consultation, mais uniquement à des procédures de consultation simplifiées[1].

B- Les dispositions portées par l'Accord sur les subventions et les mesures compensatoires

L'article 27.2 de ce texte prévoit que la prohibition relative aux subventions à l'exportation énoncée à l'article 3.1 a)[2] ne s'applique pas aux PMA Membres désignés comme tels par l'ONU[3]. Une période de transition de huit ans[4] pendant laquelle la prohibition énoncée à l'article 3,1 b) au sujet des subventions subordonnées à l'utilisation de produits nationaux de préférence à des produits importés ne s'applique pas aux PMA[5].

Cet accord permet aux PMA de bénéficier d'un réajustement en matière de mise en application de la mesure liée à la suppression progressive des subventions à l'exportation[6]. Ils ne le feront que dans un délai de huit ans (deux ans pour les autres PED) après qu'a été atteinte la « compétitivité des exportations »[7] pour un produit donné.

C- Les dérogations contenues dans l'Accord AGCS

L'article IV/3 de l'Accord AGCS prévoit qu'une *priorité spéciale* sera accordée aux PMA membres dans la mise en œuvre de l'Accord. Il sera tenu compte en particulier des difficultés graves que ces pays ont *à accepter des engagements spécifiques négociés en raison de leur situation économique spéciale et des besoins de leur développement, de leur commerce et de leurs finances.*

Dans l'Annexe de l'AGCS sur les télécommunications, on trouve des dispositions en faveur des PMA comme celle portée par le Paragraphe 6d) et qui recommande une *attention spéciale aux*

---

[1] Ces procédures ont été établies par la Décision ministérielle du 19 décembre 1972. Lire : LUFF David, *op.cit*, p.138.

[2] Les subventions énoncées dans cet article sont les suivantes : *a) subventions subordonnées, en droit ou en fait4, soit exclusivement, soit parmi plusieurs autres conditions, aux résultats à l'exportation, y compris celles qui sont énumérées à titre d'exemple dans l'Annexe I5 ; b) subventions subordonnées, soit exclusivement, soit parmi plusieurs autres conditions, à l'utilisation de produits nationaux de préférence à des produits importés.*

[3] Le paragraphe b de l'article souligne que cette faveur profiterait aussi aux PED Membres visés à l'annexe VII, où le PNB par habitant est inférieur à 1 000 dollars américains par an.

[4] Cette période est de cinq ans pour les autres PED.

[5] Article 27.3 e l'Accord sur les subventions et les mesures compensatoires, *op.cit.*

[6] Articles 27.5 et 27.6 de l'Accord sur les subventions et les mesures compensatoires, *op.cit.*

[7] L'article 27.6 de l'Accord sur les subventions et les mesures compensatoires définit la « *compétitivité des exportations* » comme correspondant à une part du marché mondial du "produit" (section du SH) en question d'au moins 3,25 % pendant deux années civiles consécutives.

possibilités, pour les pays les moins avancés, d'encourager les fournisseurs étrangers de services de télécommunication à les aider en ce qui concerne le transfert de technologie, la formation et d'autres activités à l'appui du développement de leur infrastructure de télécommunication et de l'expansion de leur commerce des services de télécommunication.

D- Les avantages aux PMA portés dans l'Accord ADPIC

Le préambule de cet Accord reconnaît les intérêts spéciaux des PMA en ce qui concerne la mise en œuvre des réglementations au plan intérieur avec un maximum de flexibilité afin de permettre la création d'une base technologique solide. En outre, ces pays sont dispensés de l'application des engagements contenus dans l'Accord, à l'exclusion de ceux portés par les articles 3, 4 et 5, pendant une période de 10 ans à compter de la date d'application (telle qu'elle est définie au Par.1er de l'article 65)[1]. Les PMA sont autorisés à différer l'application des dispositions de l'Accord (à l'exception de celles qui concernent le traitement national et le traitement NPF) durant une période de onze ans à compter de la date d'entrée en vigueur de l'Accord. Ces pays disposent d'un délai général de 20 ans pour l'application de l'Accord, à l'exception de la clause du traitement national et de la NPF[2].

L'OMC incite ses membres développés à avantager le transfert de technologie vers les PMA. Dans ce sens, les pays développés doivent offrir des *incitations aux entreprises et institutions sur leur territoire afin d'encourager le transfert de technologie* vers les PMA (Article 66.2 de l'Accord ADPIC). L'article 67 de l'Accord vise la fourniture de l'assistance technique aux PMA *en matière d'élaboration des lois et réglementations relatives à la protection et au respect des droits de propriété intellectuelle ainsi qu'à la prévention des abus, et un soutien en ce qui concerne l'établissement ou le renforcement de bureaux et d'agences nationaux chargés de ces questions, y compris la formation de personnel.*

---

[1] Voir : article 66 de l'Accord ADPIC, *op.cit.*
A noter ici que La Déclaration de Doha octroie un délai de mise en conformité à l'Accord ADPIC au 31 décembre 2015 pour les PMA qui devront donc en respecter les termes à partir de 2016 (au lieu de 2006 originellement prévu). Par contre, les autres PED devront appliquer cet Accord dès 2006.

[2] Cette période, qui était initialement fixée à dix ans, fut prolongée à vingt ans par le biais du Par.7 de la Déclaration de Doha.

E- Les flexibilités aux PMA accordées par d'autres textes de l'OMC

L'Accord sur l'agriculture, dans son article 15.2, exempte les PMA de contracter des engagements de réduction du soutien interne et des subventions à l'exportation. Alors que l'article 14 de l'Accord SPS prévoit la possibilité de différer de cinq ans au maximum la mise en œuvre des dispositions de l'Accord.

L'Accord sur les MIC prescrit que l'élimination de toutes les mesures, qui sont notifiées conformément à l'article 5:1, se fasse dans un délai de sept ans pour les PMA contre cinq ans dans le cas des autres PED et deux ans pour les pays développés. Il prévoit également la possibilité de proroger la période de transition pour les PED et les PMA. Ces derniers estiment que les mesures d'investissement sont des instruments de la politique de développement et c'est ainsi qu'ils ont demandé leur exemption des dispositions de l'Accord sur les MIC à l'expiration de la période de transition. Leur revendication a trouvé écho dans la Déclaration ministérielle de Hong-kong, dont le Par.47 autorise les PMA à maintenir des mesures existantes qui dérogent à leurs obligations dans le cadre de l'Accord MIC jusqu'à la fin d'une nouvelle période de transition[1].

L'Accord sur les textiles et les vêtements rappelle, dans son préambule, *qu'il a été convenu qu'un traitement spécial devrait être accordé aux* PMA membres. Toutefois, la seule application de ce principe l'était dans le traitement plus favorable aux PMA en cas de prise de mesures de sauvegarde pendant les périodes de transition rapportée par l'article 6.6 a) de l'Accord.

L'article 12.7 de l'Accord sur les OTC invite les membres à tenir *compte du degré de développement du Membre requérant, et en particulier des pays les moins avancés membres* lors de l'établissement des programmes d'assistance technique.

Le Mémorandum d'accord sur le règlement des différends réserve, au titre de son article 24, un traitement favorable aux PMA. À cet effet, le Par 1er demande des autres membres à accorder une attention particulière à la situation spéciale des PMA, et ce, *à tous les stades de la détermination des causes d'un différend et d'une procédure de règlement des différends concernant* un PMA. *À cet égard, les Membres feront*

[1] Aussi, les PMA seront autorisés à introduire de nouvelles mesures qui dérogent à l'Accord MIC. Cependant, toutes les mesures adoptées à titre de la Décision comprise dans la déclaration de Hong-kong seront éliminées pour l'année 2020. Lire à ce propos : OUDEBJI Mohamed, *op.cit*, p.1003.

preuve de modération lorsqu'ils soulèveront des questions au titre des présentes procédures concernant un PMA. Et s'il est constaté qu'une mesure prise par un PMA *a pour effet d'annuler ou de compromettre des avantages, les parties plaignantes feront preuve de modération lorsqu'elles demanderont une compensation ou l'autorisation de suspendre l'application de concessions ou d'autres obligations conformément aux présentes procédures.*

Aussi, dans toute affaire soumise au règlement des différends concernant un PMA *pour laquelle aucune solution satisfaisante n'aura été trouvée au cours de consultations, le Directeur général ou le Président de l'ORD, à la demande d'un pays moins avancé Membre, offrira ses bons offices, sa conciliation et sa médiation en vue d'aider les parties à régler le différend, avant qu'une demande d'établissement de groupe spécial ne soit faite*[1].

L'accord d'une attention aux importateurs des produits en provenance des PMA est cité dans l'article 3.5 j) de l'Accord sur les procédures de licences d'importation.

Il est judicieux de noter que même si l'Accord instituant l'OMC annonce la philosophie globale applicable aux PMA en précisant que ceux-ci *ne seront tenus de contracter des engagements et de faire des concessions que dans la mesure compatible avec les besoins du développement, des finances et du commerce de chacun d'entre eux ou avec leurs capacités administratives et institutionnelles*[2], et que la majorité des accords de l'OMC singularise les PMA de la catégorie des PED, mais les avantages accordés à ces pays, et qui sont portés par des termes fort généreux, ne donnent guère d'indication sur leur portée réelle[3].

En plus de toutes les dérogations précédemment énumérées, l'ordre juridique de l'OMC admet un mécanisme de SGP autorisant les PED à accorder un traitement tarifaire préférentiel aux produits des PMA. Ce mécanisme a été intégré dans le droit de l'OMC par le biais de la Décision adoptée par le Conseil du commerce des marchandises en juin 1999[4] et couvrit une période de 10 ans. La dérogation a été prorogée

---

[1] Article 24.2 du Mémorandum d'accord sur les règles et procédures régissant le règlement des différends, *op.cit.*

[2] Article XI (2) de l'Accord instituant l'OMC.

[3] CARREAU Dominique et JUILLARD Patrick, Droit international Économique, 5eme édition, Dalloz, Paris, 2013, p.272.

[4] Préférences tarifaires en faveur des pays les moins avances : Décision portant octroi d'une dérogation, adoptée le 15 juin 1999.

jusqu'au 30 juin 2019[1]. Toutefois, les pays concernés n'ont eu qu'un maigre recours à ce mécanisme.

2-3-3 L'introduction d'un traitement dérogatoire ad hoc dans le droit de l'OMC

L'introduction du régime dérogatoire ad hoc dans le droit de l'OMC permet la singularisation d'un traitement différencié à l'égard d'un pays ou de plusieurs PED. Cette technique juridique permet aux membres de moduler le régime juridique général du commerce mondial pour l'adapter à des initiatives jugées politiquement acceptables, et ce même si elles dérogent à ses règles. Elle est régulièrement employée pour permettre la satisfaction des besoins du développement de certains PED, notamment des PMA, ce qui traduit bien le pragmatisme et la flexibilité réelle du droit international économique[2]. La pratique de l'OMC dégage une typologie sommaire du traitement différencié dérogatoire et que nous allons développer ci-après :

A- Les dérogations visant la levée des obstacles non tarifaires au commerce

Il s'agit d'une dérogation qui permet à son PED bénéficiaire de demander la prolongation de la période de transition prévue par une disposition, avant qu'il ne soit pleinement soumis au régime juridique général du commerce. Plusieurs PED ont obtenu une dérogation retardant la fin de la période de transition, initialement prévue dans les accords de l'OMC, concernant les valeurs minimales aux fins de l'évaluation en douane des marchandises[3].

B- Les dérogations interdisant l'importation ou l'exportation de diamants illégitimes servant à financer la guerre

À la demande de ses membres participant au système de certification du processus de Kimberley concernant les diamants bruts, l'OMC a adopté, en mai 2003, une dérogation qui vise l'interdiction de

[1] Par le biais de la Décision « *Preferential tariff treatment for least-developed countries : Décision on extension of waiver* », adoptée le 29 mai 2009 (Document : WT/L/759).

[2] COTE Charles-Emmanuel, *op.cit*, p.163.

[3] Ainsi donc, le Sénégal a obtenu en 2008 une Dérogation concernant les valeurs minimales relevant de l'Accord sur la mise en œuvre de l'article VII du GATT de 1994 (OMC Doc WT/L/735) alors que Salvador en a obtenu en 2002 une Dérogation similaire (OMC Doc WT/L/476). Idem pour la Côte d'Ivoire qui a obtenu à la même année une dérogation du même contenu (OMC Doc WT/L/475). Voir : COTE Charles-Emmanuel, *op.cit*, p.163.

l'importation ou de l'exportation de diamants illégitimes servant à financer la guerre[1].

Cette dérogation soustrait le commerce international des diamants du régime juridique général du système commercial multilatéral à des fins sécuritaires et humanitaires, puisqu'il n'existe qu'un seul cas d'application et il est difficile de le généraliser pour en faire un type, mais cette dérogation innovatrice ne se rattache à aucun autre type et illustre bien la flexibilité du droit de l'OMC. Cette opérationnalisation du TSD est d'autant plus originale qu'elle participe d'une acception large de la notion de développement, plus proche du développement durable que du développement purement économique classique[2].

C- Les dérogations légalisant le traitement tarifaire préférentiel en faveur d'une catégorie générale de PED ou en faveur d'un ou plusieurs PED

Les dérogations visant la légalisation du traitement tarifaire préférentiel en faveur d'une catégorie générale de PED bénéficiaires sont demandées par les pays donneurs de préférences qui souhaitent régulariser leur pratique au regard des accords de l'OMC, ou encore renforcer la sécurité juridique de leur action pour le développement, en raison des doutes qu'il peut y avoir sur sa licéité[3]. Les seuls exemples de ce type sont les deux dérogations qui concernent l'octroi de préférences par des PED en faveur des PMA accordées en 1999 et en 2009[4].

Pour ce qui est des dérogations visant la légalisation d'un traitement tarifaire préférentiel en faveur d'un ou de plusieurs PED bénéficiaires, elles sont aussi demandées par le pays donneur des préférences, dans l'optique de régulariser la discrimination qu'il opère entre les PED dans sa politique tarifaire. Par exemple, des arrangements commerciaux préférentiels franco-marocains remontant aux années 1960 ont fait l'objet

---

[1] Décision OMC du 15 mai 2003 portant Dérogation concernant le système de certification du processus de Kimberley pour les diamants bruts (OMC Doc WT/L/518). Cette dérogation a été le fruit d'une requête adressé par certains pays au Conseil de commerce des marchandises. Ce dernier a recommandé en date du 26 février 2002 au Conseil général d'accorder à ces pays la dérogation. Les premiers pays en ayant bénéficié sont la Thaïlande, Sierra Léone, le Japon et le Canada.
-Source : OMC : Nouvelles 2003 : « *Accord sur une dérogation pour les "diamants de la guerre" dans le cadre de l'OMC* », publié le 26 février 2003 sur le site officiel de l'OMC : www.wto.org

[2] COTE Charles-Emmanuel, *op.cit*, p. 164.

[3] *Ibid.* p. 164.

[4] Préférences tarifaires en faveur des pays les moins avancés : Décision portant octroi d'une dérogation, OMC Doc WT/L/304 (1999) prorogée en 2009 par : Préférences tarifaires en faveur des pays les moins avancés : Décision portant prorogation de la dérogation, OMC Doc WT/L/759 (2009). www.wto.org.

de plusieurs dérogations jusqu'à l'entrée en vigueur de l'accord commercial régional établissant une association entre la CE et le Maroc[1].

D- Les dérogations légalisant un traitement tarifaire préférentiel en faveur d'un ensemble de PED

Un autre type de dérogations a vu le jour au sein de l'OMC et vise également la légalisation d'un traitement tarifaire préférentiel, mais cette fois en faveur d'un groupe ou d'un ensemble des PED bénéficiaires, octroyé dans le cadre d'une politique plus globale d'aide au développement du pays donneur[2].

L'application de ce traitement dérogatoire est l'opérationnalisation la plus remarquée du TSD en faveur des PED et notamment des PMA. Ce type de TSD peut avoir des conséquences économiques significatives sur le système commercial multilatéral. Par exemple, les États-Unis s'en sont servis pour légaliser leur politique tarifaire préférentielle en faveur des pays andins[3], qui vise à encourager l'expansion des produits licites comme substituts à la production et au trafic de stupéfiants illicites, et en faveur des pays du bassin des Caraïbes, qui vise à appuyer leur redressement économique[4]. Les États-Unis ont aussi lancé un programme portant avantages tarifaire en faveur des exportations des pays de l'Afrique subsaharienne (programme AGOA).

Toutefois, l'exemple le plus notable de ce type de dérogations est celui de la politique européenne d'aide au développement des pays ACP qui fut aménagée par les conventions de Lomé I à IV, auxquelles a substitué depuis 2000 l'Accord de Cotonou[5].

Les conventions de Lomé, qui ont fait l'objet de quatre renégociations entre 1975 et 1989, ont institué un régime global et innovateur pour le commerce entre la CE et les pays ACP. Ces conventions se voulaient une

---

[1] Ces arrangements ont été validés par le biais de la dérogation « CE/France- Arrangements commerciaux franco-marocains : Prorogation de la dérogation (2000), OMC Doc WT/L/361 ».

[2] COTE Charles-Emmanuel, *op.cit*, p. 165.

[3] Les pays andins forment un groupe régional appelé la « Communauté andine des nations ». Ce groupe est composé des pays suivants : Colombie, Venezuela, Équateur, Pérou et Bolivie.

[4] États-Unis - Loi relative aux préférences commerciales en faveur des pays andins : Prorogation de dérogation (2009), OMC Doc WT/L/755 ; États-Unis -Loi relative au redressement économique du bassin des Caraïbes : Prorogation de dérogation (2009), OMC Doc WT/L/753. In : www.wto.org

[5] L'Accord de Cotonou entre l'UE et les États de la zone ACP a été signé le 23 juin 2000 à Cotonou après l'expiration de la Convention De Lomé. Conclu pour 20 ans, cet accord, révisé tous les 5 ans, réunit les 79 États du groupe ACP et les 27 pays de l'UE. Pour lire le texte de l'Accord de Cotonou : Accord modifiant l'Accord de partenariat entre les membres du groupe des États d'Afrique, des Caraïbes et du Pacifique, d'une part, et la Communauté Européenne et ses États membres, d'autre part, consulter : http://www.acp.int

réponse à la revendication d'un nouvel ordre économique international et elles sont considérées comme l'une de ses rares matérialisations en droit international positif. Le régime mis en place avait plusieurs volets, dont notamment un système de régulation du commerce des produits de base, qui prévoyait deux mécanismes de stabilisation des recettes d'exportation pour les pays ACP : le STABEX (Système de Stabilisation des Recettes d'Exportation)[1] et le SYSMIN (*System of Stablization of export earning fron mining products*)[2], ainsi qu'une politique tarifaire préférentielle exclusive en faveur de ces pays[3].

La compatibilité de ce régime avec le GATT de 1947 a été contestée à deux reprises et les groupes spéciaux ont conclu qu'il ne s'agissait pas d'un accord commercial régional, au sens du régime de droit commun de l'article XXIV du GATT, et que la Partie IV n'introduisait aucune exception au régime commercial de droit commun[4].

Puisqu'il établissait une discrimination tarifaire entre les PED et que seuls les pays ACP pouvaient en bénéficier, le régime commercial de la Convention de Lomé IV constituait vraisemblablement une violation de la clause NPF qui ne pouvait être justifiée par la Clause d'habilitation. La CE a dû se résoudre à légaliser le régime commercial de la Convention de Lomé IV au moyen d'une dérogation ad hoc accordée par le GATT en date du 9 décembre 1994[5]. Même si les rapports des groupes spéciaux n'ont jamais été adoptés et qu'elle soutenait toujours que ce régime était licite au regard de l'article XXIV, considéré à la lumière de la partie IV du GATT de 1947.

---

[1] Le STABEX est un système de compensations financières qui vise la stabilisation des recettes à l'exportation des pays ACP. Il fut introduit en 1975 par l'Accord de Lomé 1 et fut aboli en 2000 après la signature des Accords de Cotonou. Le but de ce système était de remédier aux effets désastreux sur les économies en développement des pays ACP des instabilités des prix des matières agricoles et donc des recettes à l'exportation pour ces pays. Pour plus de détails à propos du STABEX, consulter : FAO : « Rapport et perspectives sur les produits 1992-93 », *Collection FAO : Développement économique et social,* Rome (Italie), 1993, p.25.

[2] Le SYSMIN (Système de Développement du potentiel minier), créé par la Convention de Lomé II (1980-1985), apparaît comme le pendant du STABEX (en français : Fond de stabilisation des recettes d'exportation sur les produits agricoles) pour le secteur minier, qui est un secteur important pour beaucoup d'États ACP. Source : « Le SYSMIN et le développement minier : Coopération dans le secteur minier entre l'Union européenne et les États ACP », étude insérée dans la revue *Développement* publiée par la commission européenne, n° DE83, Janvier 1996, Bruxelles (Belgique), 1996.

[3] COTE Charles-Emmanuel, *op.cit*, p.166.

[4] *-EEC- Import Régime for Bananas* (1994), GATT Doc DS38/R au para 164 (Rapport non adopté). *Et : - EEC- Member States' Import Régimes for Bananas* (1993), GATT Doc DS32/R aux para 368-72 (Rapport non adopté).

[5] COTE Charles-Emmanuel, *op.cit*, p.166.

L'Accord de Cotonou marque une rupture fondamentale par rapport aux conventions de Lomé puisqu'après une période initiale de transition, qui a fait l'objet d'une dérogation, il prévoit que le régime commercial particulier CE/ACP doit réintégrer le régime juridique général. Ce qui signifie que le traitement différencié dérogatoire a été abandonné[1].

La politique tarifaire préférentielle de la CE en faveur des pays ACP a réintégré le régime commercial de droit commun de l'OMC, ce qui signifie que les préférences doivent désormais être mutuelles et porter sur l'essentiel du commerce s'effectuant entre les parties, plutôt qu'unilatérales et sectorielles. C'est pourquoi l'Accord de Cotonou a pu être qualifié de nouveau paradigme dans la discussion académique sur l'évolution du droit international du développement[2]. Le professeur Guy Feuer voit dans cet accord le modèle juridique indiquant peut-être la voie de l'avenir pour les rapports juridiques entre pays développés et PED.

---

[1] Annexe V de l'Accord de Cotonou, *op.cit.*

[2] LOGOSSAH Kinvi, SALMON Jean-Michel et SOLIGNA LECOMTE Henri- Bernard, « L'Accord de Cotonou et l'ouverture économique : un partenariat modèle entre l'UE et les pays ACP ? », *Revue région et développement*- Université de Toulon et du Var - Faculté de Sciences Economiques et de Gestion, n° 14/2001, France.

CHAPITRE 3 :

Les implications du droit de l'OMC sur la garantie de la sécurité alimentaire mondiale

Le droit de l'OMC est dépourvu de signalement explicite de la protection des droits de l'homme en général. Ce défaut ne peut être pallié que par une interprétation extensive de certains objectifs des textes juridiques émis par cette organisation, afin de permettre à une mesure visant la protection des droits de l'Homme de franchir le test de la finalité[1]. Alors que la protection de ces droits, reconnus par les standards internationaux, va de pair avec l'objectif global de l'OMC de défense du bien-être des populations.

Si les rapports successifs de la FAO étaient arrivés à des conclusions prometteuses, selon lesquelles au cours des trente prochaines années, toute croissance des marchés alimentaires se produira dans les PED, et que les avantages que ces pays pourraient tirer d'une ouverture plus marquée de ces marchés seront plus conséquents[2], les avis divergent à propos des retombées du système OMC sur les populations du Sud. La lutte contre la famine et la défense de la sécurité alimentaire, qui devraient être la priorité absolue de l'OMC, ne le sont pas. Du coup, des questions se posent sur l'adaptation des règles de l'OMC avec le défi lié à la garantie de la sécurité alimentaire mondiale.

[1] CHAMPEIL-DESPLATS Véronique et LOCHAK Danièle, Libertés économiques et droits de l'Homme, Presses Universitaires de Paris ouest, Paris, 2011, p.178.

[2] Voir : Organisation des Nations Unis pour l'alimentation et l'agriculture (FAO), « *La situation mondiale de l'alimentation et de l'agriculture 2005 : Rapport sur l'impact du commerce sur la pauvreté* », Rome (Italie), 2005 .In : www.fao.org , p.66.

1- Le degré d'adaptation du droit de l'OMC aux exigences de la sécurité alimentaire

Comme il a été constaté, les règles de l'OMC n'ont pas été conçues pour garantir la sécurité alimentaire mondiale. Cette sécurité ne peut pas être assurée par une libéralisation, caractérisée par l'élimination ou la réduction des obstacles au libre-échange de marchandises[1]. Contrairement aux assurances des partisans de la libéralisation, qui continuent d'affirmer que la mutation du droit commercial international augmentera la disponibilité et l'accessibilité des produits alimentaires au niveau mondial, les règles et la pratique de l'OMC sont loin de prendre en charge le problème de l'accès des pans entiers de la population mondiale à une nutrition suffisante[2].

L'inadaptation du régime préférentiel à la situation socioéconomique des PED et l'imprécision des régimes d'exception accentuent les menaces pesant sur ces pays. Même si les négociations du cycle de Doha relatives à la libéralisation du commerce des produits agricoles ont débouché sur quelques réformes du régime des échanges, mais ces réformes n'ont pas satisfait les PED, ce qui n'est pas sans incidence sur la léthargie dans laquelle sont plongées les négociations de l'OMC depuis des années.

1- 1 La dilution du TSD sous l'effet de la violation des engagements donnés à la création de l'OMC

La limitation, par les accords de l'OMC, de la liberté des gouvernements de mettre en œuvre des mesures d'appui à la sécurité alimentaire et de subsistance des populations rurales est totalement à l'encontre des intérêts des PED. Cette situation est aggravée par la nature

[1] Le Bureau Quaker auprès des Nations Unies s'est montré très critique à l'égard de la ligne de l'OMC. Il estime que la libéralisation menacera la sécurité alimentaire et compromettra le développement rural, en exposant les PED à la volatilité des marchés mondiaux et restreindra leurs options en termes de politique intérieure. Lire : ELLIOTT David et BURNETT Kim, « Le lien entre les mesures liées aux politiques de sécurité alimentaire et les règles commerciales de l'OMC », *Etude réalisée pour le Bureau Quaker auprès des Nations Unies,* Genève, 2015. In :http://www.quno.org/sites/default/files/resources/The%20Relationship_French_web.pdf, p.01.

[2] Cette situation a conduit l'assesseur spécial des affaires sociales à la présidence du Brésil, Frei Betto jusqu'à se demander : « Et *si la faim tue vingt fois plus que le Sida, pourquoi il y'a autant de mobilisation contre le sida et pas contre la faim ? Malheureusement la réponse est cynique : le sida ne fait pas de distinction de classes, tandis que la faim si* ». Voir : GONZALEZ MARTIN Luis Alexander, *op.cit*, p.40.

ambiguë de certaines règles de l'OMC, et qui font l'objet d'interprétations contradictoires. Ce qui désavantage les PED, qui n'ont pas les capacités juridiques et administratives nécessaires pour naviguer efficacement dans ce lot de règles complexes[1]. L'inefficience du TSD est accentuée par l'ampleur des subventions à l'exportation et le soutien interne, accordés par les pays développés à leurs producteurs et à leurs exportateurs agricoles.

Ce sujet occupe une place prépondérante dans les négociations du cycle de Doha, où les PED insistent sur l'élimination de toutes les entraves au développement et la révision de l'Accord sur l'agriculture, en adéquation avec les besoins du développement.

Le TSD a montré son incapacité d'aider ces pays à accroître le volume de leurs échanges commerciaux, d'autant plus que le recours aux dispositions préférentielles n'est pas totalement garanti. Les PED subissent également l'impact des aides accordées par les pays développés à leurs producteurs et à leurs exportateurs agricoles et qui détruisent les marchés locaux des PED et accentuent leur dépendance alimentaire, non sans remettre en cause le droit à l'alimentation des habitants de ces pays.

1-1-1 La restriction du recours aux dispositions préférentielles garanties par le droit de l'OMC

Le droit de l'OMC ne traduit aucunement une prise en compte suffisante de la fébrilité économique des PED. Le rappel de la nécessité de la prise en compte de cette situation par la jurisprudence de l'OMC[2] ne cache pas la réalité faisant que la situation fragile des PED n'inquiète pas beaucoup cette organisation planétaire.

Bien que le droit de l'OMC réserve un traitement préférentiel à l'égard des PED en vue de faciliter leur insertion dans le système commercial multilatéral, les avantages tirés par ces pays de l'ouverture commerciale sont limités, d'autant que le TSD est réduit par la restriction de l'utilisation des mesures de sauvegarde[3], autorisées par le droit de

---

[1] ELLIOTT David et BURNETT Kim, *op.cit*, p.01.

[2] Comme cela a été le cas dans l'affaire : Communautés européennes c/ droits antidumping sur les importations de linge de lit en coton en provenance de l'Inde - Rapport de l'Organe d'appel et Rapport du Groupe spécial au titre de l'article 21:5 du Mémorandum d'accord sur le règlement des différends - Dispositions prises par l'Organe de règlement des différends (WT/DS141/19), 29 avril 2003.

[3] Les mesures de sauvegarde ce sont des mesures d'urgence concernant l'importation de produits particuliers. Elles sont traitées par l'article XIX de l'Accord GATT de 1947 et auxquelles renvoie également l'article 1er de l'Accord sur les sauvegardes. Ces mesures exceptionnelles, qui consistent principalement en la limitation d'importation d'un produit donné, sont déclenchées, .../...

l'OMC. Pis encore, leur liberté aurait même tendance à se réduire. L'affaire de l'Inde relative aux restrictions quantitatives à l'importation de produits agricoles, textiles et industriels est très illustrative à ce propos[1]. En effet, les restrictions appliquées par l'Inde ont été condamnées par l'ORD. L'Inde justifiait ces mesures au titre de sa balance des paiements et des nécessités de sa politique nationale de développement. Néanmoins, l'ORD se basant, notamment sur l'avis du FMI, a estimé que l'utilisation d'instruments de politique macro-économique n'était pas liée à une politique de développement particulière[2].

Il est à révéler, par ailleurs, que certaines dispositions de l'Accord sur les mesures de sauvegarde sont incompatibles avec les besoins des PED. C'est le cas de l'article 9.1 qui indique que des mesures de sauvegarde ne seront pas appliquées à l'égard d'un produit originaire d'un PED tant que la part de ce membre dans les importations du produit considéré du membre importateur ne dépassera pas 3 %, à condition que les PED dont la part dans les importations est inférieure à 3 % ne contribuent pas collectivement pour plus de 9 % aux importations totales du produit considéré. Cette disposition a pour but de protéger les exportations des PED. Ce seuil de 3 % s'avère cependant relativement bas, illustrant les

…/…suivant les termes du Par.1er de l'article XIX de l'Accord GATT de 1947, dans les cas suivants : *a)- Si, par suite de l'évolution imprévue des circonstances et par l'effet des engagements, y compris les concessions tarifaires, qu'une partie contractante a assumés en vertu du présent Accord, un produit est importé sur le territoire de cette partie contractante en quantités tellement accrues et à des conditions telles qu'il cause ou menace de causer un dommage grave aux producteurs nationaux de produits similaires ou de produits directement concurrents, cette partie contractante aura la faculté, en ce qui concerne ce produit, dans la mesure et pendant le temps qui pourront être nécessaires pour prévenir ou réparer ce dommage, de suspendre l'engagement en totalité ou en partie, de retirer ou de modifier la concession.*

b)- Si une partie contractante a accordé une concession relative à une préférence et que le produit auquel celle-ci s'applique vienne à être importé sur le territoire de cette partie contractante de telle sorte que cette importation cause ou menace de causer un dommage grave aux producteurs de produits similaires ou de produits directement concurrents, qui sont établis sur le territoire de la partie contractante bénéficiant ou ayant bénéficié de ladite préférence, celle-ci pourra présenter une requête à la partie contractante importatrice, qui aura alors la faculté, en ce qui concerne ce produit, de suspendre l'engagement en totalité ou en partie, de retirer ou de modifier la concession, dans la mesure et pendant le temps qui pourront être nécessaires pour prévenir ou réparer un tel dommage.

[1] Affaire WT/DS 90-91-92-93-94 ; rapport du groupe spécial du 6 avril 1999 et de l'Organe d'appel du 23 août 1999.

[2] Pour plus de détails sur cette affaire, lire : DUBOZ Marie-Line et HOUSER Matthieu, *op.cit*, p.122.

faibles avantages accordés et surtout l'absence de différenciation entre les PED[1].

La dévalorisation du SGP par sa soumission à des conditions de mise en œuvre éloignées de l'objectif des préférences est une restriction supplémentaire du recours aux dispositions préférentielles garanties par le droit de l'OMC. Le principe de non-réciprocité, considéré comme le socle du TSD a subi certaines modifications, qui l'ont altéré graduellement. Les PED estiment que la clause évolutive[2] a influé sur cette dévalorisation du TSD en exigeant des PED l'acceptation de concessions en échange des avantages accordés[3].

Institué pour servir d'instrument de promotion des exportations des PED, le SGP est devenu un outil de négociations et de pression entre les mains des pays développés, ce qui a fait que les différences de coûts entre le SGP et la clause de la NPF sont faibles. Autrement dit, ce système de préférences n'apportait presque rien aux PED, d'autant plus qu'ils étaient parfois soumis à des conditions de mise en œuvre des préférences qui s'éloignent de l'objectif premier de celles-ci.

Il est à constater que plusieurs pays développés n'hésitent pas à menacer des PED de les retirer de la liste des bénéficiaires de SGP s'ils ne s'engageaient pas dans des accords souhaités, comme ceux protégeant les droits de propriété intellectuelle ou l'autolimitation des exportations dans un secteur désigné, comme cela a été brandi par l'UE en face des PED en matière des produits textiles. Les pays développés conditionnent également ces préférences par l'élaboration de politiques perçues comme dignes de reconnaissance et de récompense, telles que la lutte contre le

---

[1] Il faut noter que même bas, les pays développés font abstraction au respect de ces seuils, comme ça était le cas dans l'affaire Corée du Sud c/ États-Unis où ces derniers n'auraient pas dû appliquer les mesures de sauvegarde contre la Corée du Sud concernant des tubes et tuyaux, car les seuils n'étaient pas atteints (Affaire WT/DS209). Lire : DUBOZ Marie-Line et HOUSER Matthieu, *op.cit*, p.123.

[2] La clause évolutive appelée aussi : « *Clause de graduation ou graduelle* » ou encore : « *Principe de l'application graduée* » est considérée comme complément de la clause d'habilitation. Elle constitue un dispositif indiquant que le statut plus favorable et préférentiel auquel les PED sont éligibles à réclamer au titre de la clause d'habilitation, ne peut être que temporaire et il ne va perdurer que tant que le PED en question sera en situation de difficulté économique. Dès lors qu'il aura rattrapé son retard en termes de développement, il ne sera plus éligible à ce statut et il devra retourner au statut de droit commun. La clause évolutive est rédigée dans des termes peu précis et elle ne définit pas le seuil à partir duquel le développement opère. On comprend la logique économique et politique qui sous-tend la clause qui vise à extraire ces États du TSD. Si auparavant, elle visait les Nouveaux Pays industrialisés, aujourd'hui, elle vise les pays émergents. Lire : « *Droit de l'OMC- Droit international économique* », Document disponible sur le lien : http://d.20-bal.com/pravo/2516/index.html?page=5

[3] VINCENT Philippe, L'OMC et les pays en développement, *op.cit*, p.292.

trafic de drogue ou la corruption, le respect de l'environnement ou encore le respect des normes concernant les conditions de travail[1].

La subordination des préférences au respect de certaines normes s'est traduite clairement dans la nouvelle politique européenne. En effet, le « SPG Plus[2] » qui constitue un régime spécial d'encouragement en faveur du développement durable et de la bonne gouvernance, et qui est entré en vigueur le 1er janvier 2014 pour une durée de dix ans[3], conditionne l'éligibilité à la ratification d'un certain nombre de conventions internationales en matière de droit du travail et qui sont au nombre de 27[4].

Cette conditionnalité n'est pas du goût des PED qui exigent que le TSD soit mis en œuvre de manière non discriminatoire et non arbitraire en adéquation avec la recommandation du préambule de l'article XX de l'Accord GATT de 1947[5]. Ils rejettent la conditionnalité des préférences à la poursuite de certaines politiques, car cela est contraire à l'objectif de

---

[1] VINCENT Philippe, L'OMC et les pays en développement, *op.cit*, p.292.

[2] Le SPG de l'UE propose des réductions de droits de douane ou un accès au marché communautaire en franchise de droits pour les exportations de 178 pays et territoires en développement. Le schéma communautaire accorde des avantages spéciaux aux 49 pays les moins développés et aux pays mettant en œuvre certaines normes dans les domaines du travail ou de l'environnement. L'UE accorde ces préférences sans exiger de contrepartie des pays bénéficiaires. En 2002, les importations bénéficiant des préférences SPG s'élevaient à 53 milliards d'euros. Les pays éligibles peuvent bénéficier de cinq régimes dans le cadre du SPG (Le régime général ; le régime spécial d'encouragement à la protection des droits des travailleurs ; le régime spécial d'encouragement à la protection de l'environnement ; le régime spécial en faveur des PMA et le régime spécial de lutte contre la production et le trafic de drogue).
- Pour plus de détails, consulter : « *Le système de préférences généralisées de l'Union européenne (SPG)* », Document d'information de la direction générale du commerce de la Commission européenne, Belgique, février 2004, in :
http://trade.ec.europa.eu/doclib/docs/2004/march/tradoc_116451.pdf

[3] Ce régime de préférences est encadré par le règlement (UE) n° 978/2012 du Parlement européen et du conseil du 25 octobre 2012 appliquant un schéma de préférences tarifaires généralisées et abrogeant le règlement (CE) n° 732/2008 du Conseil (JO L.303 du 31.10.2012).

[4] Le règlement européen prévoit des mécanismes détaillés visant à assurer le respect effectif de ces conventions, reposant sur un contrôle de la Commission au travers d'un rapport bisannuel sur l'état des ratifications par ces pays et de leur mise en œuvre effective. Cette nouvelle forme de conditionnalité peut conduire à l'exclusion du pays concerné par le SPG, s'il s'avère qu'il ne respecte pas les conditions indiquées et qui ont généralement trait à l'élaboration de politiques de lutte contre le trafic de drogue ou la corruption, le respect de l'environnement ou encore le respect des normes liées aux conditions de travail, le respect des droits de l'Homme... Lire : DUBOUIS Louis et BLUMANN Claude, Droit matériel de l'Union européenne, 7eme édition, LGDJ, Paris, 2015, p.830.

[5] Et qui stipule que : « *Sous réserve que ces mesures ne soient pas appliquées de façon à constituer soit un moyen de discrimination arbitraire ou injustifiable entre les pays où les mêmes conditions existent, soit une restriction déguisée au commerce international, rien dans le présent Accord ne sera interprété comme empêchant l'adoption ou l'application par toute partie contractante des mesures...* ».

développement durable que l'OMC entend réussir et qui doit être celui de l'ensemble des membres et non pas celui d'une minorité[1].

Par contre, la conditionnalité des préférences accordées aux PED est défendue par les pays développés. L'UE reconnaît les « bienfaits » de la mise en place des clauses liées aux droits de l'Homme dans les ALE signés avec des partenaires étrangers. Elle trouve ces accords comme modèle propice pour l'inclusion de telles clauses, contrairement aux accords multilatéraux sous la bannière de l'OMC[2]. La conditionnalité est placée dans le chapitre du « juste échange » par le député européen, Henry Weber, dans une réponse à la demande insistante du G20 pour la suppression du protectionnisme et des subventions agricoles que continuent d'accorder les pays développés[3].

La jurisprudence de l'OMC relance le débat sur les limites de ce type de traitement différencié. L'affaire portée par l'Inde pour attaquer certains programmes préférentiels européens assortis de conditions environnementales, de droit du travail ou de lutte contre la drogue, et qui sont considérés par l'Inde comme une discrimination injustifiable entre PED a apporté de nouveaux éléments concernant la manière avec laquelle devront être mises en œuvre les préférences[4].

Le Panel a conclu en faveur de l'Inde au motif que l'article I.1 du GATT interdisait de discriminer entre PED et que ni la Clause d'habilitation, ni les exceptions de l'article XX ne fournissaient une exemption valable. L'Organe d'appel a précisé que si la Clause d'habilitation était bien une exception de principe à l'article I.1, il fallait

---

[1] Même s'il est admis que la lutte contre certains maux qui touchent les PED -et non pas seulement ces pays- comme le trafic de drogue et la corruption, est une condition de réussite du développement économique, mais conditionner les aides à cela aurait pour conséquence la dilution des préférences et parfois la discrimination entre les pays éligibles. Voir à ce propos : CHAUMONT Anne-Claire, *op.cit*, p.176.

[2] Erika MANN, Coordinatrice du Groupe socialiste de la Commission Commerce international au Parlement Européen estime que « *Les ACR offrent l'occasion d'expérimenter diverses règles, qui peuvent ensuite être assimilées au système de marché au sens large* ». Et d'ajouter que : « *Cette sorte d'« espace politique » est beaucoup plus courante dans les ZLE et est utilisée par l'UE dans le cas de sa « clause relative aux droits de l'homme» dans les ALE et toutes les formes d'accord d'association et de partenariat* ». Lire : MANN Erika « Multilatéralisme, bilatéralisme et politique commerciale », in : *« Nouvelle approche de la politique commerciale et du développement : les relations entre négociations multilatérales et négociations régionales ou bilatérales »,* Document de réflexions établi par le Groupe socialiste au Parlement européen, disponible sur le lien : www.socialistgroup.eu , p.05.

[3] THOUVENIN Jean-Marc, *op.cit*, pages128 et 129.

[4] Communautés Européennes- Conditions d'octroi de préférences tarifaires aux pays en développement, Rapport du Panel, 1er décembre 2003 (WT/DS246/R), Rapport de l'Organe d'Appel, 7 avril 2004 (WT/DS246/AB/R), Sentence arbitrale, 20 septembre 2004 (WT/DS246/14). In : www.wto.org

néanmoins examiner si cette clause exemptait de la violation spécifique de l'article I.1. De plus, il a conclu que l'obligation de non-discrimination incluse dans la Clause d'habilitation, couplée avec l'objectif de développement, signifiait seulement qu'on ne pouvait discriminer entre pays « *se trouvant dans une situation semblable* »[1]. Il convient de relever que l'Organe d'appel a bien précisé que la « différenciation » entre PED dans la mise en œuvre de la Clause d'habilitation doit se faire sur la base de critères objectifs[2].

Certains auteurs, à l'image de R. Berger, ont souligné, à juste titre, que l'établissement de critères objectifs de graduation admis par toutes les parties permettrait le retour à une utilisation du SGP plus conforme à son objectif initial[3].

L'opposition au recours des PED aux restrictions nécessaires pour l'équilibrage de leur balance des paiements est un autre grief retenu contre le traitement préférentiel accordé par le droit de l'OMC qui confère aux PED le droit de recourir à l'imposition des restrictions quantitatives à des fins de balances de paiements. Un droit renforcé par le Mémorandum d'accord sur les dispositions de l'Accord général sur les tarifs douaniers et le commerce de 1994 relatives à la balance des paiements[4], qui fait partie intégrante de l'Accord GATT de 1994[5].

---

[1] L'Organe d'appel a souligné à cet effet que les parties s'accordent pour dire que la clause d'exemption de 1971 et la Clause d'habilitation de 1979 avaient bien pour objectif, entre autres, de mettre fin au système fragmenté de préférences fondées sur les anciens liens coloniaux. Voir : Rapport de l'Organe d'Appel, 7 avril 2004, *op.cit*, par.155.

[2] L'Organe d'appel a ainsi précisé que la notion de besoin de développement justifiant un TSD ne saurait être laissée à la seule appréciation de l'État offrant un système préférentiel. Elle devait prendre en compte les critères objectifs posés par le droit de l'OMC (le Par.3 (c) de la Clause d'habilitation prévoit la modification des systèmes préférentiels « pour répondre de manière positive aux besoins du *développement, des finances et du commerce* des PVD ») et suggère la prise en compte des standards découlant d'autres instruments multilatéraux pertinents conclus sous l'égide d'organisations internationales. À cet effet, l'Organe d'appel a distingué le mécanisme préférentiel lié à la lutte contre la drogue (qu'il a trouvé discriminatoire), de ceux liés à des conditionnalités environnementales et de droit du travail. Pour plus de détails, lire : ROLLAND Sonia Elise, *op.cit*, p.05.

[3] CHAUMONT Anne-Claire, *op.cit*, p.174.

[4] Mémorandum d'accord sur les dispositions de l'Accord général sur les tarifs douaniers et le commerce de 1994 relatives à la balance des paiements, in :
https://www.wto.org/FRENCH/docs_f/legal_f/09-bops.pdf

[5] Dans ce sens, le Par.4 du Mémorandum exige des membres de confirmer que *les mesures de restriction des importations prises à des fins de balance des paiements ne pourront être appliquées que pour réguler le niveau général des importations et ne pourront pas dépasser ce qui est nécessaire pour remédier à la situation de la balance des paiements. Afin de réduire au minimum les effets de protection accessoires, un Membre administrera les restrictions d'une manière transparente.*

L'opposition de certains pays développés à l'utilisation de restrictions quantitatives pour protéger la balance des paiements et l'enregistrement de plusieurs affaires dans ce sens au niveau de l'ORD, a réduit en l'importance de ce dispositif. Une application stricte de ce texte serait capitale pour les PED qui sont plus actifs dans le commerce des produits agricoles que dans d'autres volets[1].

1-1-2 L'impact de la politique subventionnelle sur la rupture des équilibres socio-économiques des PED et sous la garantie de la sécurité alimentaire

Les PED accusent les pays développés d'enfreindre à la législation de l'OMC en accordant encore des subventions à leurs agriculteurs et à leurs exportateurs agricoles. Cette pratique est très préjudiciable pour les PED dont l'agriculture est un secteur névralgique, d'autant qu'elle induit la destruction des marchés locaux, sous l'effet de l'arrivée sur leurs territoires de produits bon marché, puisque subventionnés. Elle porte atteinte également au droit à la nutrition et menace du coup la sécurité alimentaire.

A-La rupture des équilibres socio-économiques des PED sous l'effet des subventions occidentales à l'exportation

Cette opposition des PED est justifiée par le fait que leur produit récolté n'arrive pas sur les marchés à bon prix. Il est défavorisé, d'autant qu'en plus de la difficulté à l'exporter vers le Nord, il se met sur le marché local en concurrence avec un produit importé arrivant à des prix bas, sous l'effet des aides étatiques[2]. Des produits comme le riz, le sucre, la viande bovine et des produits agricoles non alimentaires comme le

[1] Cette opposition constitue l'une des raisons pour laquelle, seuls trois PED ont appliqué des mesures à cette fin durant la période allant de 2005 à 2014. La limite des moyens des PED pour plaider leurs affaires devant les groupes spéciaux et l'Organe d'appel les a obligés à l'abandon de l'utilisation de ces restrictions, non sans subir davantage de retombées négatives sur leurs balances de paiement.
-Source : OMC : Rapport sur le commerce mondial 2014 « *Commerce et développement : tendances récentes et rôle de l'OMC* », in : www.wto.org , p.209.

[2] À titre d'exemple, les exportations subventionnées de viande bovine européenne en Afrique subaérienne ont fait chuter les exportations traditionnelles du Niger, du Mali, de la Côte d'Ivoire et du Burkina Faso de 450 mille têtes à 250 mille têtes. La viande congelée et désossée en provenance de l'UE arrive à Abidjan à 4,5 francs le kilo (soit 0,68 euro), grâce à la subvention, de 2 euros par kilo accordée, pour être revendue à 10 francs (1,5 euro). La viande bovine locale étant vendue à 19 francs le kilo (environ 3 euros), on comprend pourquoi la production locale a été détruite. Lire : Assemblée Nationale française, forum sur « *Enjeux et défis du nouveau cycle de négociations de l'OMC* », Paris, 9 novembre 1999, p.52.

coton, et qui sont très cultivés chez les PED sont ruinés par l'arrivée des produits étrangers subventionnés[1].

Une situation qui a fait que plusieurs millions d'agriculteurs, qui n'ont pas de débouchés pour leurs produits, ont vu leurs gains s'amenuiser jusqu'à disparaître. À titre d'exemple, la commercialisation du coton qui servait de moyen de lutte contre la pauvreté aiguë dans l'Afrique de l'Ouest a été sensiblement touchée. Les producteurs n'ont plus où vendre leur produit, d'autant que le coton importé est cédé beaucoup moins cher par rapport à son prix de revient chez eux. Les subventions américaines à leurs producteurs spécialisés dans cette filière sont pour beaucoup dans cette situation[2]. Cette destruction des marchés accentue sensiblement la faim et atteint au droit à la nutrition des milliers de ménages à travers les PED[3].

La pratique des subventions est très dommageable aux cultures vivrières des PED et par conséquent à la sécurité et à la souveraineté alimentaires de ces pays. Les mesures de soutien appliquées par les pays développés ont accentué la faiblesse des cours mondiaux de certains produits très cultivés par les PED, notamment le coton et le sucre, et ont contribué à évincer du marché mondial de tels produits, pourtant

---

[1] Plusieurs études ont démontré l'impossibilité pour les producteurs activant dans des PED de continuer sur le volume de leur production, d'autant qu'ils sont en perte de parts de marchés, causée par les produits étrangers arrivant sur leurs sols à bas prix. Dans ce sens et dans son rapport remis à l'assemblée générale des Nations-Unies, le rapporteur Olivier De Schutter a souligné que dans les États africains subsahariens, « *l'agriculture a été sérieusement mise à mal, et parfois réduite à néant, par cette concurrence internationale* ». D'autre part, il « *est également devenu difficile pour ces producteurs de rester compétitifs sur leurs marchés nationaux, leur production étant achetée à des prix trop bas* ». Lire : Par.19 du Rapport intérimaire du Rapporteur Spécial pour le droit à l'alimentation, présenté le 21 octobre 2008 à l'Assemblée générale des Nations Unies (63ème session) (UN doc A/63/278), in : http://www.srfood.org/fr/rapports-officiels

[2] Pour plus de détails à propos des difficultés que rencontrent les producteurs et exportateurs africains de coton, consulter : GOREUX Louis M, « Le coton en zone franc et les subventions américaines et européennes : avant et après Cancun », *Afrique contemporaine,* n° 03/2003, pp.59-70. L'article est consultable sur le lien : https://www.cairn.info/revue-afrique-contemporaine-2003-3-page-59.htm .

[3] Dans une étude, l'OMS a constaté qu'avant de subir l'impact des subventions américaines, les ménages cultivant le coton en Afrique de l'Ouest avaient une meilleure nutrition. Il apparaît donc que la meilleure façon de lutter contre la faim est de permettre à tous, non seulement, de produire la nourriture, mais aussi et surtout d'en acheter. Lire : GOREUX Louis M, « Les producteurs de coton en Afrique face aux subventions américaines et européennes : prélude pour les négociations de Cancun *», Étude basée sur le rapport « Préjudices causés par les subventions des pays industrialisés sur les filières cotonnières de l'Afrique de l'Ouest et du centre »,* juillet 2003, p.03. In : http://www.europarl.europa.eu/meetdocs/committees/deve/20030909/505780FR.pdf

compétitifs[1]. Les PED, dont les capacités à contrer de telles pratiques sont limitées, voient leurs firmes accuser le pas sur le plan international[2].

La protection de l'agriculture dans les pays de l'OCDE fait subir aux PED des pertes considérables, estimées à 11,6 milliards de dollars/an[3]. Cela qui justifie leur demande d'une réforme substantielle du dispositif juridique régulant le commerce des produits agricoles dans les pays de l'OCDE[4]. Nuisant considérablement aux producteurs dans les PED, les subventions à l'exportation n'aident pas pour autant les consommateurs des pays développés dans la mesure où elles sont peu fiables et disparaissent dès que les coûts mondiaux augmentent. Il est donc inéluctable d'éliminer de telles subventions, si l'on veut aligner le régime commercial de l'agriculture sur celui des autres produits[5].

La protection et la promotion des marchés locaux sont une solution inéluctable de lutte contre la faim et le chômage. Elles sont aussi des remparts contre la violation du droit à l'alimentation[6]. La réduction des subventions et des obstacles aux importations des produits issus des PED pourrait engendrer des avantages économiques équivalents à trois fois l'aide actuellement octroyée par les pays développés. Un rapport de la Banque mondiale publié juste avant la conférence ministérielle de Doha est parvenu aux mêmes conclusions[7].

---

[1] QUENAULT Béatrice, « Le développement durable comme pierre d'achoppement des relations Nord/Sud au sein des négociations commerciales multilatérales à l'Organisation mondiale du commerce », *Mondes en développement,* n° 03/2004, Nancy (France), 2004, pp.11-27, p.17.

[2] NYAHOHO Emmanuel, L'arsenal des subventions à l'exportation et l'OMC, Éditions Presses de l'Université de Québec, Canada, 1996, p.99.

[3] BINSWANGER Hans et Lutz Ernst, « Obstacles au commerce des produits agricoles, négociations commerciales et intérêts des pays en développement », in : *« Développement, commerce et OMC »,* ouvrage collectif dirigé par ENGLISH Philip et HOEKMAN Bernard, Éditions Economica, Paris, 2004, p.106.

[4] Les experts estiment qu'une telle réforme procurerait aux ménages des pays pauvres une augmentation nette qui se situerait en moyenne entre 1 $/habitant en Asie du Sud, 4 $ en Asie de l'Est, 6 $ en Afrique au sud du Sahara et 30 $ en Amérique latine. Lire : BINSWANGER Hans et Lutz Ernst, *op.cit*, p.106.

[5] WANG Zhen Kun et WINTERS Alan, « Pour un consensus à l'OMC qui englobe les pays en développement, ou comment concilier l'inconciliable », in : *« Développement, commerce et OMC »,* ouvrage collectif dirigé par ENGLISH Philip et HOEKMAN Bernard, Éditions Economica, Paris, 2004, p.329.

[6] Pour plus de détails sur l'aggravation de l'insécurité alimentaire dans les PED, consulter : le rapport d'information déposé à l'Assemblée Nationale française le 21/01/ 2004 par sa délégation pour l'UE et intitulé : « *L'agriculture et les pays en développement à l'Organisation mondiale du Commerce* », et présenté par le député François Guillaume, notamment les pages de 13 à 18. Le rapport est disponible in : http://www.assemblee-nationale.fr/12/europe/rap-info/i1371.asp

[7] D'après ce rapport, l'élimination des subventions agricoles, ainsi que la réduction des tarifs agricoles élevés et l'affranchissement de droits et de quotas, sur les marchés de l'OCDE, des produits exportés par les PED, pourraient apporter à ces derniers un plus de 15 000 milliards.../...

Un autre effet perceptible des subventions à l'exportation, accordées par les pays développés à leurs producteurs et exportateurs agricoles consiste en la dépendance alimentaire des PED vis-à-vis des pays développés. Du fait que le marché local est atteint, le recours aux produits importés au détriment des produits locaux devient incontournable pour les ménages. Une dépendance qui expose les PED à toute hausse des prix au niveau international, préjudiciable à la sécurité alimentaire. Une étude de l'institut international de recherche sur les produits alimentaires note qu'« *en tant qu'importateurs nets de céréales, la plupart des pays d'Afrique sont sérieusement touchés par la hausse des prix* »[1].

Une autre étude de la CNUCED, établie en mai 2008[2], montre à quel point les subventions agricoles accordées par les pays développés ont affaibli la capacité de production des agriculteurs des PED. Cette capacité, qui est la seule force en mesure de lutter contre les crises alimentaires et la faim dans ces pays, est atteinte par la baisse des prix des produits importés sur les marchés internes[3].

B- L'impact des subventions agricoles sur l'atteinte au droit à la nutrition dans les PED

Les rapports entre le commerce international et les droits de l'Homme s'avèrent complexes. La menace du droit international économique, prôné par l'OMC, sur le droit à l'alimentation[4] revient le plus souvent

---

.../... de dollars. en 10 ans. Lire : MUTUME Gumisai, « Ce que Doha signifie pour l'Afrique : Les compromis obtenus à la réunion de l'OMC présentent des avantages, mais à quel prix ? », Afrique *Relance,* Vol.15 # 4 (Décembre 2001), in : *www.un.org/fr/africarenewal/vol1.*

[1] CHAMPEIL-DESPLATS Véronique et LOCHAK Danièle, *op.cit*, p. 154.

[2] Actes de La conférence de haut niveau sur la sécurité alimentaire mondiale : les défis du changement climatique et de la bioénergie organisée par la CNUECD entre les 3 et 5 juin 2008 à Rome (Italie), Note du Secrétariat de la CNUCED consultable en anglais sur le lien : http://unctad.org/sections/edm_dir/docs/osg_2008_1_en.pdf

[3] CHAMPEIL-DESPLATS Véronique et LOCHAK Danièle, *op.cit*, p. 154.

[4] Le droit à l'alimentation a été mentionné pour la première fois par Franklin D. Roosvelt dans l'« *Economic bill of rights* ». Il a fait l'objet d'une consécration relativement ancienne sur le plan international puisqu'il se trouve formulé tant à l'article 25 de la Déclaration Universelle des droits de l'homme, qu'à l'article 11 du Pacte international des droits économiques sociaux et culturels de 1966. Ce dernier texte stipule dans son Par.1er que : « *Les États parties au présent Pacte reconnaissent le droit de toute personne à un niveau de vie suffisant pour elle-même et sa famille, y compris une nourriture, un vêtement et un logement suffisants, ainsi qu'à une amélioration constante de ses conditions d'existence...* »

Le Comité des droits économiques, sociaux et culturels (qui est l'organe de surveillance du Pacte relatif aux droits économiques, sociaux et culturels) a prolongé, dans son observatoire général n°12 consacré au droit à une nutrition suffisante, le droit à l'alimentation, en évoquant le droit à la nourriture suffisante qui est réalisé *lorsque chaque homme, chaque femme et chaque enfant, seul ou en communauté avec d'autres, a physiquement et économiquement accès à tout moment à une nourriture suffisante ou aux moyens de se la procurer.../...*

dans les requêtes des PED dans les négociations commerciales multilatérales. Leur leitmotiv est d'adapter le droit de l'OMC aux exigences de sécurité alimentaire et de la garantie du plein respect du droit à la nutrition, qui figure parmi les droits élémentaires reconnus à la personne humaine et qui fait l'objet d'une violation à répétition par les pays développés.

Le constat de Laurence Roudard, émis en 2005 et selon lequel la réalisation du droit à l'alimentation ne fait pas partie du mandat de l'OMC, traduit la fracture entre les droits de l'Homme et le commerce libéral prôné par cette organisation[1]. Ce constat est alertant sur les effets néfastes de la violation du droit de l'OMC par les pays développés, avec notamment la poursuite de leur politique subventionnelle à l'égard des exportations agricoles. Des subventions qui atteignent les droits de l'Homme en général et le droit à l'alimentation dans les PED, en particulier.

Cette violation cause un préjudice consistant pour les PED. Dépourvus de moyens d'accorder de telles subventions à leurs producteurs et à leurs exportateurs agricoles, ces pays subissent les effets de la vente des produits importés sur leurs marchés respectifs à des prix bas, parfois inférieurs à leur prix de revient. Ce qui réduit l'attractivité commerciale de leurs produits, en contradiction avec les règles du commerce libre.

Une étude de l'Institut international de recherche sur les produits alimentaires note que les subventions agricoles accordées par les pays développés ont des effets néfastes sur le droit à l'alimentation. L'étude rapporte que dans des PED, comme le Nigéria, le Bangladesh, la Zambie et le Malawi, on assiste à une dégradation de la situation alimentaire des populations. Une dégradation qui a été à l'origine des émeutes de la faim en 2008. L'étude constate, en outre, que « *si les prix continuent à grimper, les pauvres vont être confrontés à une détérioration de la qualité de leur régime alimentaire et de leur apport en micronutriments, et les plus pauvres verront en plus décroître leur apport calorique* »[2].

La pratique subventionnelle des pays développés se poursuit malgré les rappels du Comité des droits économiques, sociaux et culturels, qui

---

.../...Pour lire le texte du Pacte relatif aux droits économiques, sociaux et culturels de 1966, adopté et ouvert à la signature, à la ratification et à l'adhésion par l'Assemblée générale dans sa résolution 2200 A (XXI) du 16 décembre 1966 et entré en vigueur le 3 janvier 1976, consulter le lien : http://www.ohchr.org/FR/ProfessionalInterest/Pages/CESCR.aspx

[1] CHAMPEIL-DESPLATS Véronique et LOCHAK Danièle, *op.cit*, p .147.

[2] *Ibid.* p.154.

oblige les parties au Pacte de 1966 à «*prendre des mesures pour respecter l'exercice du droit à l'alimentation dans les autres pays*» et il leur demande de «*protéger ce droit*»[1]. En d'autres termes, cette « mise en garde» montre à quel niveau les États partis sont obligés d'éliminer toute pratique qui serait préjudiciable à l'exercice du droit à l'alimentation dans les pays tiers.

C'est l'avis partagé également par Jean Ziegler, rapporteur spécial de l'ONU sur le droit à l'alimentation, qui estime - dans son rapport établi le 10 janvier 2008- que les États ont des obligations extraterritoriales dans le cadre de la mise en œuvre du droit à l'alimentation, notamment lorsqu'ils prennent des décisions au sein de l'OMC[2].

Une mobilisation internationale contre l'atteinte au droit à l'alimentation et au droit des PED à une activité commerciale loyale et saine est née. Le SG de l'ONU[3], le PNUD, l'Union africaine et les ONG (comme Oxfam international) ont dénoncé la pratique des subventions à l'exportation des pays développés et leurs effets sur les droits de l'Homme. De sa part, la FAO a estimé que la production à l'échelle locale par de petits exploitants peut permettre la garantie de la sécurité alimentaire, alors que le Comité des droits économiques, sociaux et culturels estime qu'il est important de veiller « à *ce que les denrées soient achetées sur les marchés locaux si possible et à ce que la production locale ne soit pas découragée* »[4].

C'est tout cela qui a fait que l'élimination des subventions revient dans les demandes de PED, et constitue la pomme de discorde des travaux du cycle de Doha voué au développement. Les négociations actuelles à l'OMC doivent déboucher sur un arsenal juridique en mesure de protéger davantage le droit à l'alimentation et améliorer les capacités des PED à persévérer dans leur activité fermière et agricole, seule

---

[1] Comité des droits économiques, sociaux et culturels, Application du Pacte international Relatif Aux Droits Economiques, Sociaux Et Culturels, Observation générale No 12, Le droit à une nourriture suffisante (Art. 11), établie le 12 mai 1999. (E/C.12/1999/5).in : http://hrlibrary.umn.edu/gencomm/epcomm12f.htm

[2] CHAMPEIL-DESPLATS Véronique et LOCHAK Danièle, *op.cit*, p .155.

[3] L'ancien SG de l'ONU Ban Ki Moon et dans un discours prononcé à l'occasion de la 12eme session de la CNUCED à Accra (Ghana) le 20 avril 2008 a déclaré qu'il « *est temps pour les pays les plus riches revoient leurs programmes obsolètes de subventions agricoles. Les économistes s'accordent à dire que ces programmes entravent les échanges commerciaux et pénalisent les pays les plus pauvres de façon disproportionnée, contribuant à la crise actuelle. Si nous ne pouvons pas se débarrasser aujourd'hui de ces vestiges d'un autre temps, alors même que les prix sont élevés, quand le pourrons-nous ?* ». Lire : CHAMPEIL-DESPLATS Véronique et LOCHAK Danièle, *op.cit*, p.155.

[4] *Ibid.* 153.

alternative pour se générer des dividendes matériels et se garantir des postes d'emploi.

La libéralisation accrue du commerce mondial, stimulée par le modèle néolibéral de l'OMC, n'a non seulement pas encouragé le développement comme promis, mais a été déterminante dans la crise mondiale actuelle. Des crises alimentaires sont signalées dans un nombre de PED et PMA (Burkina Faso, Venezuela...). Le lien est établi entre les politiques de libre-échange et ces crises. Le modèle extra libéral défendu par l'OMC, mais aussi par le FMI et Banque mondiale, engendre des effets dévastateurs sur les populations partout dans le monde et contribue à la dégradation dramatique de l'accès aux aliments, sans compter le chômage et la crise financière[1].

La libéralisation accrue des marchés est aussi à l'origine de la cherté de la vie et de la difficulté d'accès aux services publics, engendrées principalement par les engagements internationaux contractés par les gouvernements sous la bannière de l'OMC. La marginale prise en considération des disparités de développement entre les différents partenaires a accentué les inégalités et a rendu plus difficile la tâche des gouvernements des PED pour répondre aux besoins élémentaires de leurs sociétés respectives.

Le retard dans la conclusion du cycle de Doha est dû essentiellement au pessimisme d'un bon nombre de pays devant le modèle libéral que l'OMC continue à promouvoir.

1-2 La plaidoirie pour l'élimination des entraves au développement dans le nouvel Accord sur l'agriculture

Les négociations commerciales sous l'égide de l'OMC ont débouché sur un consensus selon lequel au commerce un rôle important à jouer dans le développement économique des PED[2]. C'est ce qui justifie la réclamation, introduite par les PED, pour demander une large ouverture des marchés des pays développés à leurs produits afin de leur permettre de tirer profit de la libéralisation. Ces pays ont, en outre, exigé à ce que le nouvel accord sur l'agriculture soit en adéquation avec l'objectif d'un commerce équitable garantissant les dividendes à tous les intervenants.

---

[1] MESSAD Rafik, « *Le contentieux agricole dans le cycle de Doha* », *op.cit*, p.176.

[2] ACHTERBOSCH Thorn, BEN HAMOUDA Hakim, TONGEREN Frank Van et OSAKWE Patrick N, « Cycle de Doha, négociations agricoles et bénéfice pour l'Afrique », in *Recueil établi par la commission économique pour l'Afrique sous le titre : « l'Afrique et les négociations agricoles »*, Maisonneuve & Larose, Paris, 2005, p.177.

1-2-1 L'insistance pour l'élimination des subventions à l'exportation et du soutien interne

Les subventions à l'exportation et le soutien interne constituent deux entraves indéniables au commerce des PED. Ce n'est que justice si ces pratiques ont été dénoncées dans les différents rapports émis par des organisations internationales et des ONG. La libéralisation commerciale a mis les PED devant un véritable dilemme : d'une part, le droit de l'OMC les a obligés à abandonner assez de pratiques interventionnistes, d'autre part, ils affrontent l'invasion de produits bon marché émanant des pays développés et bénéficiant des soutiens gouvernementaux.

Une situation qui fait réagir les PED qui rappellent, en plénière, que la concrétisation de l'objectif de développement passe inéluctablement par l'élimination totale des subventions à l'exportation des pays développés. Ils ont émis plusieurs propositions pour l'élimination du soutien interne et pour l'instauration d'une concurrence saine et harmonieuse dans les échanges commerciaux multilatéraux.

Dans l'objectif d'asseoir un cadre juridique en mesure d'éliminer les effets dévastateurs des subventions à l'exportation sur leur économie, les PED ont réclamé une réduction par tranche des subventions jusqu'à leur élimination définitive. Le rapport sur « *Une mondialisation juste, créer des opportunités pour tous* » de la commission mondiale sur la dimension sociale de la mondialisation, appelle à un commerce équitable et procurant des intérêts à tous les acteurs et estime que *le protectionnisme agricole est un obstacle majeur qui annule une large part des avantages procurés par l'APD*[1].

La lutte contre le protectionnisme et les subventions accordées par les pays développés revient le plus souvent dans les plaidoiries des PED en faveur d'un commerce équitable. Il a été proposé que les pays développés éliminent leurs subventions à l'exportation[2]. L'élimination toucherait les crédits à l'exportation, les garanties de crédit à l'exportation ou les programmes d'assurance. Quant aux PED, et conformément à la Déclaration ministérielle de Hong-kong, ils continueront de bénéficier des dispositions de l'article 9.4 de l'Accord sur l'agriculture pendant cinq

---

[1] Ce rapport conclut que *les subventions agricoles dans les pays industrialisés sont désormais estimées à plus d'un milliard de dollars par jour, alors que 70 % des populations pauvres du monde entier vivent dans des zones rurales et subsistent avec moins d'un dollar par jour. Il s'agit là d'une injustice flagrante* ». Le rapport intitulé : « *Une mondialisation juste : créer des opportunités pour tous* », Publication de la Commission mondiale sur la dimension sociale de la mondialisation, (Genève, 2004). In : http://www.ilo.org/public/french/wcsdg/docs/report.pdf

[2] RAZARANAINA Nomenirina, *op.cit*, p.33.

ans après la date butoir pour l'élimination de toutes formes de subventions à l'exportation[1]. Dans la perspective de la conclusion des négociations agricoles, il a été projeté que les PED élimineront leurs subventions à l'exportation par tranches annuelles à déterminer avant l'accord final, alors que les PMA ne seront pas concernés.

Le manque de clarté qui caractérise l'Accord sur l'agriculture, notamment en matière de soutien interne et des subventions à l'exportation[2], a amené les PED à demander que l'agenda de Doha soit précis et facile à interpréter sur ce volet.

Pour rendre les catégories de soutien interne plus claires, une autre proposition a été émise et selon laquelle il faut ramener à deux le nombre de catégories (boîtes)[3]. La première concerne les mesures de soutien interne ayant des effets de distorsion sur les échanges et la deuxième touche aux mesures de soutien ayant des effets de distorsion minimes sur les échanges ou n'ayant pas de tels effets[4].

Dans un autre registre, le C4[5] a présenté un projet remettant en cause les subventions que reçoivent les producteurs du coton des pays développés, notamment des États-Unis, et qui durcissent la situation de leurs agriculteurs cultivant ce produit essentiel pour leur économie. Pour compenser l'impact de ces subventions, le C4 a proposé un projet relatif au mécanisme transitoire de compensation financière en faveur des PMA exportateurs du coton pendant une période de trois ans. Le montant de la compensation financière doit être équivalent aux pertes de recettes d'exportation subies par les PMA[6].

Il est à noter que les discussions relatives à la réduction du soutien interne et des subventions à l'exportation se sont heurtées toujours aux

---

[1] Par. 6 de la Déclaration ministérielle sanctionnant les travaux de la Conférence ministérielle de Hong-kong, adoptée le 18 décembre 2005, *op.cit.*

[2] Le manque de clarté de l'Accord sur l'agriculture l'est d'abord dans la définition exacte des trois catégories de soutien interne appliquées. Ce qui n'est pas sans impact sur la poursuite des politiques subventionnelles des pays occidentaux qui continuent à dissimuler leurs aides dans les catégories, bleue et verte.

[3] Il s'agit du premier projet révisé du document sur les « modalités », distribué aux gouvernements membres le 18 mars 2003, avant les réunions sur les négociations qui vont se tenir du 25 au 31 mars. Il s'agit d'une nouvelle version tirée essentiellement des travaux de la réunion sur les négociations du 24 au 28 février. Source : www.wto.org

[4] Dans le but de définir clairement les catégories du soutien interne, une autre proposition a été émise par un groupe de PED, rejoints par l'Australie, la Nouvelle-Zélande et le Canada. Cette proposition vise la réduction des aides de la boîte orange qui seront définies, produit par produit. Lire : RAZARANAINA Nomenirina, *op.cit*, p.36.

[5] Le C4 est une appellation donnée à un groupe de PMA producteurs de coton et composé de quatre pays africains : Bénin, Burkina Faso, Mali et Tchad.

[6] RAZARANAINA Nomenirina, *op.cit*, p.35.

clivages Nord/Sud et chaque projet émanant d'un bloc est systématiquement rejeté par l'autre bloc. La recherche d'un système multilatéral équilibré ne pourra s'effectuer que dans le cas où les acteurs du changement fléchissent leurs positions respectives.

Il est à utile de le souligner toutefois que la position des PED n'est pas totalement harmonieuse et des pays, à l'instar du groupe de Cairns[1], montrent une position redondante quant à la libéralisation de l'agriculture et de la réforme de l'Accord sur l'agriculture, idem pour les pays tributaires de l'importation des produits alimentaires qui appréhendent la hausse des prix consécutivement à l'abandon des subventions étatiques.

Si le groupe Cairns épousait objectif lié à l'abandon des subventions à l'exportation, accordées par l'UE et les États-Unis à leurs producteurs et exportateurs agricoles, les objectifs particuliers de ses membres sont très éloignés, notamment entre le Canada et les PED. Pour les pays composant ce groupe, la question du TSD était importante, mais problématique d'autant qu'un fossé séparait les PED selon qu'ils accordent ou non les subventions[2]. Si les pays du groupe de Cairns se mettent sur une même ligne avec des pays développés pour demander une libéralisation accélérée des échanges agricoles, c'est parce qu'ils sont appuyés dans leur démarche par les avantages dont ils disposent et qui les mettent en mesure d'accroître leur compétitivité[3].

---

[1] Le groupe de Cairns a été constitué à l'initiative de l'Australie dans l'objectif de coaliser les pays exportateurs des produits agricoles de la zone tempérée qui ont eu à souffrir des subventions à l'exportation et du soutien interne, accordées par les États-Unis et par l'UE. Il se consacre, depuis 1986, à l'ouverture des marchés agricoles et à la lutte contre les soutiens internes et les subventions à l'exportation des produits agricoles. Ce bloc regroupe des PED (Afrique du Sud, Argentine, Bolivie, Brésil, Chili, Colombie, Costa Rica, Guatemala, Indonésie, Malaisie, Paraguay...) et des pays développés (l'Australie, le Canada et la Nouvelle-Zélande). Pour plus de détails sur le groupe de Cairns, consulter : OLIVIER Louis, « OMC : un nouvel équilibre nord-sud ? », *Politique étrangère,* n°03/2007, France, 2007, p.581.

[2] D'un côté, le Brésil, connu pour les subventions qu'il accorde à la filière du blé, appuyait l'institution du TSD pour des raisons idéologiques et des intérêts économiques en tablant sur une proposition de TSD qui inclurait un échange de concessions entre les PED et les pays développés. De l'autre côté, l'Argentine qui a fait les frais de l'écoulement des produits européens sur les marchés tiers, et qui est très dépendante des recettes de ses exportations agricoles, défendait une position libérale radicale. Acquise à la libéralisation du commerce, elle s'opposait au départ au TSD avant de rallier la position brésilienne à la faveur du déploiement d'une plus grande interdépendance commerciale avec ce pays. Voir : M'RINI Mohamed Lotfi, De La Havane à Doha : bilan juridique et commercial de l'intégration des pays en développement dans le système commercial multilatéral, Presses de l'Université Laval, Québec (Canada), 2005, p.383.

[3] Ces avantages sont principalement liés à la disponibilité de surfaces agricoles (Canada, Australie, pays du Mercosur), du climat (Afrique du Sud, Nouvelle- Zélande), ou du faible coût de la main-d'œuvre (pays d'Asie ou d'Amérique latine). Lire : BEN HAMOUDA Hakim, l'Afrique, l'OMC et le développement, *op.cit*, p.22.

La différence de vision chez les PED est aussi perceptible dans la position des pays tributaires de l'importation des produits alimentaires et qui nourrissent une certaine crainte quant aux retombées de l'abandon des soutiens accordés par les pays développés. Les importateurs de ces pays estiment que la libéralisation accrue de l'agriculture se traduirait par une augmentation vertigineuse des prix des produits alimentaires. C'est ainsi qu'ils se montrent prudents à l'égard d'une plus grande ouverture des marchés agricoles[1]. Ces PED appréhendent aussi la nécessité de mettre en place des instruments pour endiguer les effets néfastes de ces augmentations de prix[2].

Elisabeth Sadoulet et Alain Janvry ont estimé nécessaire dans les négociations commerciales *d'identifier soigneusement parmi les pays les plus pauvres ceux qui seront pénalisés, et d'être bien au fait des instruments susceptibles d'être utilisés plus efficacement pour prononcer les compensations nécessaires à court terme*. Ce constat est motivé par leur conviction que *toute négociation multilatérale qui affecte le système alimentaire mondial ne peut, pour des raisons aussi bien politiques qu'éthiques, progresser dans l'abstrait sans prendre en compte les répercussions qu'elle peut avoir sur la sécurité alimentaire et sur les situations de famine ou de malnutrition dans les pays les plus pauvres du tiers-monde*[3].

1-2-2 Pour la mise en place d'un dispositif juridique protecteur de l'agriculture dans les PED

Voulant faire du cycle de Doha une occasion pour le rééquilibrage des relations multilatérales, les PED ont présenté une multitude de propositions visant l'élimination de toutes les entraves pour le développement.

---

[1] M'RINI Mohamed Lotfi, *op.cit*, p.384.

[2] Ces pays redoutent plus l'impact social de ces éventuelles augmentations qui seraient la source de dégradation de la situation nutritionnelle et créeraient des tensions sociales fortes au sein des populations. Le souci majeur de ces pays est de pouvoir approvisionner leur marché intérieur de produits alimentaires à un coût socialement acceptable afin de défendre leur stabilité économique, politique et sociale. Voir : M'RINI Mohamed Lotfi, *op.cit*, p.385.

[3] Dans un article intitulé : « *Incidence de la libéralisation des échanges sur les pays en développement à faible revenu : aperçu des études antérieures et formulation de certaines hypothèses* », cité dans : M'RINI Mohamed Lotfi, *op.cit*, p.387.

Ces propositions, ayant émané de plusieurs groupes de PED[1], visent essentiellement l'établissement de règles pour les PED distinctes de celles visant les autres membres. Dans l'ensemble, les auteurs de ces demandes considèrent que les dispositions de l'OMC devraient être plus souples pour permettre aux PED de soutenir et de protéger leur développement agricole et rural et d'assurer la subsistance de leur population agricole, qui pratique une agriculture à une échelle et selon des méthodes relativement différentes de celles des pays développés. Ils soutiennent que les pays pauvres doivent octroyer des subventions et des mesures de protection pour se garantir la sécurité alimentaire. Tout comme ils jugent utile de soutenir les petits agriculteurs et compenser leur manque de capitaux afin d'éviter les migrations des pauvres des régions rurales vers des villes, déjà surpeuplées.

Les PED ont présenté diverses propositions visant à protéger et à renforcer leurs capacités de productions vivrières, notamment les produits alimentaires de base, la sauvegarde d'emplois en faveur des populations pauvres des zones rurales et la protection des petits agriculteurs de la concurrence des produits importés à bon marché. Ils ont émis, en outre, une proposition selon laquelle la clause de sauvegarde spéciale soit maintenue et seulement pour les PED[2]. Leur front commun a débouché sur quelques acquis comme la prolongation du délai de mise en œuvre de l'Accord sur les mesures SPS[3].

Par ailleurs, il a été également fait état des obstacles auxquels les exportations des PED continuent de se heurter pour entrer aux marchés des pays développés, qui leur imposent des tarifs élevés et d'autres obstacles liés aux normes notamment. La progressivité des tarifs (application de tarifs d'importation plus élevés sur les produits transformés que sur les matières premières) est également compromettante des efforts déployés par les PED pour créer des

---

[1] Groupe africain, groupe de l'ANASE -Association des Nations de l'Asie du Sud- Est, Groupe de Cairns, groupe des petits PED insulaires. D'autres membres, comme Swaziland, Mali, Inde, Turquie et Namibie, ont présenté des demandes à titre individuel.

[2] PETERS Ralf & VANZETTI David, « Conflit et convergences dans les négociations sur le commerce des produits agricoles », in : *Recueil établi par la commission économique pour l'Afrique sous le titre : « l'Afrique et les négociations agricoles »,* Maisonneuve & Larose, Paris, 2005, p.217.

[3] Ainsi donc, les PMA pourront différer l'application, durant cinq ans, alors que les PED pourront le faire durant deux ans. En accordant aux PED et aux PMA, les membres de l'OMC cette flexibilité ont reconnu que l'application stricte et instantanée des dispositions de l'accord contraste avec la situation de ces pays qui éprouvent un retard de connaissances techniques, de ressources et d'infrastructures. Pour plus de détails, consulter : KRIEGER-KRYNICKI Annie, *op.cit*, p.65.

industries de transformation. C'est tout logiquement qu'ils demandent des réductions substantielles de ces obstacles[1].

En outre, les PED ont souligné l'importance de la question des changements climatiques dans l'accélération de la cadence du commerce et du développement. Parlant au nom des pays africains, qui puisent leurs ressources financières de l'agriculture, le président congolais a interpellé la communauté internationale pour qu'elle prenne en charge ce phénomène et pour qu'elle apporte son aide aux pays concernés afin de dépasser cet écueil[2].

1-2-3 La plaidoirie en faveur d'un nouvel accord agricole adapté aux besoins du développement

Dans le but de promouvoir leur compétitivité[3] et continuer d'asseoir leur mainmise sur les échanges internationaux des produits agricoles, les pays développés ont eu recours aux mesures protectionnistes déguisées, car elles sont à l'abri de définition légale à l'OMC. C'est ce qui a fait réagir les PED qui ont interpellé l'OMC pour qu'elle répare ce vice, avec l'élaboration de règles en adéquation avec la diversité des situations agricoles des membres. Ces pays reposent leurs espoirs sur la mise en place d'un dispositif en mesure d'asseoir une concurrence saine et d'avoir plus de débouchées à leurs produits agricoles, qui représentent 30 % de leurs exportations contre seulement 10 % des exportations des pays développés.

Si l'agriculture occupe une place centrale dans les négociations du cycle de Doha, c'est parce que les membres ont décelé assez de vices dans l'accord sur l'agriculture, dont les suivants :

- Les clauses de sauvegarde spéciale et de minimis sont plus des instruments de défense commerciale en faveur des pays développés. Ces derniers monopolisent le recours à la clause de sauvegarde spéciale

---

[1] Source : « Négociations sur l'agriculture : *aperçu général : pays en développement* », *op.cit.*

[2] Le Président congolais a insisté, lors de la Table ronde sur la « *Mobilisation internationale des ressources pour le développement* », tenue à Doha le 30 novembre 2001, notamment sur la protection de l'écosystème des forêts du bassin du Congo qui est le deuxième poumon économique de la planète. Il a ajouté qu'un fonds fiduciaire ouvert à tous les donateurs avait été créé à Londres en juin 2008 et géré par la Banque africaine de Développement (BAD). Lire : MESSAD Rafik, « *Le contentieux agricole dans le cycle de Doha* », *op.cit*, p.75.

[3] On note que le concept « compétitivité » peut se définir comme : « *La capacité d'un pays à conquérir, à conserver et à accroître ses parts de marchés internationaux* ». Lire : DLIMI Dounya, L'agriculture des pays en développement face à l'Organisation mondiale du Commerce, Éditions l'Harmattan, Paris, 2014, p.232.

comme ils recourent à la tarification abusive, ce qui est un monopole de la clause de minimis[1].

- La pratique du protectionnisme a engendré des effets néfastes sur l'économie des PED, avec la diminution de leur part dans l'exportation des produits agricoles et l'augmentation des factures de ces produits à l'intérieur des PED, mais surtout des PMA. Les boîtes, bleues et vertes, sont une légalisation de mesures internes distorsives[2]. Ils estiment que le droit de l'OMC ne déclare illicites, que les mesures de soutien interne couplées, car liées au niveau de production ou des prix, tandis que les aides directes aux revenus, considérées comme étant totalement découplées de la production et des prix, ne le seraient pas puisque n'appartiennent pas aux « mécanismes de marché » et ne « faussent pas les échanges »[3].

C'est ainsi qu'une mobilisation s'est constituée en faveur de la facilitation de l'accès aux marchés du Nord et l'élaboration d'un TSD plus efficient. Ainsi donc, il a été demandé, depuis l'ouverture des négociations sur l'agriculture en 2000[4] et avec plus de pression depuis l'entame du cycle de Doha, l'élimination des entraves à l'entrée des produits, en provenance des PED sur les marchés des pays développés. La demande liée à l'adoption d'un TSD en adéquation avec le degré de développement des PED a ressurgi et a été greffée à la demande de défense de la sécurité alimentaire[5].

Certes, la Déclaration de Doha a voulu accorder une place de choix au traitement différencié et dont le Par.13 énonce ce que sera réservé à ces pays lors du cycle[6], mais ce texte n'a pas totalement enthousiasmé les

---

[1] DLIMI Dounya, *op.cit*, p.232.

[2] À propos des boîtes du soutien interne, il est utile de noter que les aides de toutes natures à l'agriculture sont classées en trois « boîtes » : la boîte verte, pour les aides jugées non distorsives des échanges, essentiellement les aides complètement découplées de la production et les dépenses sociales, la boîte orange pour les aides qui ont un effet direct sur les prix et la production. Ces aides doivent être notifiées à l'OMC et font l'objet d'un engagement de réduction. Enfin, la boîte bleue pour les aides, dont l'effet distorsif est limité sous l'effet, par exemple, d'un engagement de limitation de production. Ces aides n'ont pas fait l'objet d'engagement de réduction. Lire : OLIVIER Louis, « OMC : un nouvel équilibre nord-sud ? », *Politique étrangère,* n°03/2007, France, 2007, p.583.

[3] DLIMI Dounya, *op.cit*, p.232.

[4] À noter que l'Accord sur l'agriculture énonce, dans son article 20, que *les Membres conviennent que des négociations en vue de la poursuite du processus seront engagées un an avant la fin de la période de mise en œuvre.*

[5] RAZARANAINA Nomenirina, *op.cit*, p.32.

[6] Le Par.13 de la Déclaration de Doha stipule : « *Nous décidons de faire en sorte que le traitement spécial et différencié en faveur des pays en en développement fasse partie intégrante de tous les éléments des négociation et qu'il soit incorporé à la liste des concessions et d'engagements et,…/…*

PED, qui estiment qu'il a passé sous silence leur suggestion liée à l'introduction d'une catégorie d'aide au développement[1]. Les PED ambitionnent de voir ce cycle déboucher sur l'impulsion d'une nouvelle dynamique au système commercial international, plus favorable au développement. Les démarches n'ont pas manqué en vue de parvenir à cette fin[2]. Les PED sont arrivés jusqu'à suggérer la création d'une catégorie spéciale d'aide au développement pour le domaine agricole[3].

La marginalisation du secteur agricole dans les travaux du cycle de développement a déplu aux PED. Ils estiment que les négociations doivent prendre au sérieux les doléances des PED et que le prochain accord sur l'agriculture doit être examiné pour s'assurer de l'effectivité de ses mesures, notamment celles liées à l'abandon des pratiques distorsives des pays développés[4].

La revendication de la sauvegarde de la sécurité alimentaire des PMA était l'une des revendications récurrentes de ces pays, qui s'appuient

---

.../...selon que le besoin, aux règles et disciplines qui feront l'objet de négociations , afin qu'il soit rendu plus efficace dans la pratique et que les pays en développement soient en mesure de prendre effectivement en compte leurs besoins en matière de développement, notamment la sécurité alimentaire et le développement rural ».

[1] Cette revendication portée par les groupes des PED (Groupe de Cairns, G33, G77...) s'est inscrite dans le sillage de leur plaidoirie pour la révision de l'AACU en lui inculquant la mesure développement. Ils estiment que le nouveau cadre juridique du commerce des produits agricoles doit se pencher sur un encadrement strict des mesures internes, un renforcement des politiques de la sécurité alimentaire et de l'agriculture durable et la création d'une « boîte de développement ». À lire : BEN HAMOUDA Hakim, l'Afrique, l'OMC et le développement, *op.cit*, p.206.

[2] On peut souligner dans ce chapitre que dans une note commune, l'Union africaine, l'ACP et les PMA ont demandé un meilleur accès aux marchés et une réduction des crêtes tarifaires et de la progressivité des droits dans les pays développés. À la réunion formelle, certains PED, tels que la Malaisie et le Paraguay ont affiché leur opposition quant au réexamen de la clause d'habilitation. Ils ont souligné que le TSD devait être accordé de la même manière à tous les PED. Lire à ce propos : PETERS Ralf & VANZETTI David, « Conflit et convergences dans les négociations sur le commerce des produits agricoles », in *Recueil établi par la commission économique pour l'Afrique sous le titre : « l'Afrique et les négociations agricoles »,* Maisonneuve & Larose, Paris, 2005, p.214.

[3] Constitue une aide ou une assistance au développement : « *toute opération procurant à un pays en développement un avantage qu'il ne pourrait acquérir par la voie de transactions commerciales fondées sur l'équilibre d'intérêts purement économiques* ». L'assistance au développement a pour but de conduire à une égalité des partenaires par l'acceptation d'une inégalité des engagements immédiats pris par les parties. Elle revêt plusieurs modalités. À lire à ce propos : DAVID Roch-Gnahoui, *« Le principe du respect de la situation particulière des pays en développement et de l'assistance au développement », RIDE,* Tome 17, Numéros 3 & 4 2003, pp 373- 386.

[4] Jusque-là, aucun dispositif n'a été mis en place, malgré la proposition faite par le groupe de Cairns en juillet 2002, qui concerne l'impérativité de la mise en place de dispositions strictes sur les crédits à l'exportation contre tous les pays qui contournent les engagements de Doha. Voir : Déclaration du groupe de Cairns, session extraordinaire du comité de l'agriculture, G/AG/NG/W/21, 11 juillet 2002, in : www.wto.org

grandement sur l'agriculture en vue de s'insérer dans le commerce international. Pour garantir le respect du droit à la nutrition, les PMA et avec d'autres membres ont suggéré la création d'une catégorie spéciale d'aide au développement notamment pour le domaine agricole.

Bien qu'ils ne résistent pas à l'ouverture de leurs marchés agricoles, les PMA estiment qu'il leur est légitime de demander un traitement en adéquation avec leur niveau de développement et à ce qu'une dose supplémentaire par rapport au traitement accordé aux autres PED, leur soit ajoutée, car le TSD tel qu'accordé par l'Accord sur l'agriculture ne les avantage pas et fait plus les affaires des grands PED, notamment les pays du groupe de Cairns[1].

Toujours dans la perspective de la défense du droit à la nutrition, le groupe des PMA à l'OMC a demandé le renforcement de la Décision sur les pays importateurs nets de produits alimentaires par des instruments distincts et efficaces de façon qu'elle permette de traiter le cas des PMA, durement touchés par la crise alimentaire[2].

En somme, le cycle de Doha n'a pas défendu la sécurité alimentaire dans les PMA, en dépit de l'engagement de l'OMC *à remédier à la marginalisation des pays les moins avancés dans le commerce international et à améliorer leur participation effective au système commercial multilatéral*[3]. Une marginalisation qui fait que si le cycle s'achève sur le point où sont actuellement les négociations, ce serait très dommageable pour les pays pauvres. La réduction du soutien interne et des subventions à l'exportation induirait inéluctablement la hausse des prix mondiaux des produits alimentaires, ce qui serait certes en faveur des producteurs des grands PED, mais très préjudiciables aux PMA,

---

[1] D'autant que des écarts considérables sont constatés entre les différents PED. Du coup, il s'est avéré nécessaire de séparer le traitement qui leur sera réservé en proportion avec leurs capacités de production et de leur situation macroéconomique en général. C'est ce qui ressort même de l'étude sur la croissance et la pauvreté réalisée en 2002 et par laquelle la Banque mondiale répartit les PED en 2 groupes :

- 24 d'entre eux, représentant 2,4 milliards d'habitants (dont le Brésil, la Chine, l'inde et le Mexique) ont connu un taux de croissance moyenne de 5 % ;
- le reste des PED, soit quelque 2 milliards d'habitants, ont vu leur taux de croissance diminuer de 1 %.

Pour lire ce rapport, consulter : http// www.wwan.cn/french/../020826conf1.htm.

[2] Ils revendiquent l'instauration de systèmes de compensations pour les pays importateurs nets de produits alimentaires, notamment les PMA, qui représentent 40 des 49 pays importateurs nets des produits alimentaires. Voir : MESSAD Rafik, « *Le contentieux agricole dans le cycle de Doha* », *op.cit*, p.176.

[3] Par.3 de la Déclaration ministérielle de Doha, *op.cit*.

notamment ceux de l'Afrique subsaharienne qui se nourrissent des importations alimentaires.

2- L'actualité des négociations agricoles à l'OMC : divergences dans les positions et recherche continue d'un compromis salvateur

Après avoir constaté qu'il est illusoire de croire à la résolution du problème du développement par une libéralisation du marché agricole, les PED ont exigé la réforme substantielle des règles de l'OMC relatives au commerce des produits agricoles. Une réforme qui leur améliorerait l'accès aux marchés, avec l'élimination des subventions à l'exportation et la réduction des soutiens internes. La réforme souhaitée devrait également introduire un TSD efficient et en mesure de répondre à leurs préoccupations non commerciales, notamment la sécurité alimentaire.

Les travaux du cycle, qui ont connu des divergences de vision à propos du traitement à donner au commerce des produits agricoles, ont quand même débouché sur l'adoption d'un certain nombre de règles préférentielles en faveur des PED et qui ont été intégrées dans le droit de l'OMC. Les initiatives se multiplient dans la perspective de replacer le développement au premier plan et enregistrer des avancées dans le traitement préférentiel à l'égard des PED dans le commerce des produits agricoles.

2-1 Le renforcement du dispositif préférentiel à l'égard des PED depuis le lancement du cycle de Doha

Le lancement d'un cycle, consacré au développement, aurait pu marquer un changement considérable, au sens où les capitalismes historiques remettaient ce thème à l'ordre du jour après l'avoir abandonné des décennies durant au profit de celui de la mondialisation[1]. Toutefois, le greffage de la dimension développement à tout un cycle de négociations n'a pas trop changé en la position des pays riches, peu favorables à un traitement préférentiel à l'égard des PED en adéquation avec leurs capacités économiques. Cela même si le front commun des PED a débouché sur l'adoption de plusieurs mécanismes facilitant la

[1] ABBAS Mehdi, « Quels enseignements en matière de gouvernance de l'échec des négociations du cycle de Doha ? », *Note de travail du 10 Août 2008 du LEPII (Laboratoire d'Économie de la Production et de l'Intégration Internationale),* Grenoble (France), 2008, in : http://www.ieim.uqam.ca/IMG/pdf/mehdi.gouvernance.pdf. p.02.

mise en œuvre des accords de l'OMC et la promotion de leur rôle dans le commerce agricole mondial.

2-1-1 La facilitation de la mise en œuvre des accords et la promotion du rôle des PED dans les échanges agricoles mondiaux

Le cycle de Doha a débuté sur un objectif prometteur pour les PED, soit celui lié à l'établissement d'*un système de commerce équitable et axé sur le marché au moyen d'un programme de réforme fondamentale comprenant des règles renforcées et des engagements spécifiques concernant le soutien et la protection afin de remédier aux restrictions et distorsions touchant les marchés agricoles mondiaux et de les prévenir*[1].

Les travaux ont débouché sur l'adoption de plusieurs décisions à mettre à l'actif de la promotion du rôle des PED sur la scène commerciale mondiale. La Décision du 1er août 2004 comprend assez de dispositions liées à l'assouplissement dans l'utilisation des instruments de politique économique et commerciale. Idem pour le programme de travail sur les petites économies. L'OMC a également adopté un Accord sur la facilitation des échanges, qui consacre la liaison entre les obligations des PED découlant des accords de l'OMC et leur capacité de mise en œuvre de ces mêmes accords, ainsi qu'elle accorde un traitement préférentiel dans le cadre des questions liées à la mise en œuvre de ses accords.

La Décision adoptée par le Conseil général en date du 1er août 2004 a, en plus d'avoir marqué la reprise des négociations à l'OMC après leur rupture suite à l'échec de la conférence de Cancun, pris en charge, du moins proportionnellement, les revendications des PED. Selon le Par.31 de la Décision, un nombre limité de produits sensibles serait exempté des engagements de réduction en vue de permettre aux PED de prendre en compte leurs préoccupations en matière de sécurité alimentaire et de développement rural[2]. Cela même si la liste des produits est controversée durant les négociations. Le mécanisme spécial de sauvegarde agricole, renforcé par cette Décision, offre ainsi une protection temporaire contre les importations qui menacent de perturber la production interne[3].

L'annexe A de la Décision accorde une place de choix au TSD en faveur des PED/ PMA. Ainsi donc, ces pays bénéficieront de période de

---

[1] Par.13 de la Déclaration ministérielle de Doha, *op.cit.*

[2] Le Par.31 dispose : « *Sans compromettre l'objectif global de l'approche étagée, les Membres pourront désigner un nombre approprié, à négocier, de lignes tarifaires à traiter comme sensibles, compte tenu des engagements existants pour ces produits* ».

[3] PETERS Ralf & VANZETTI David, *op.cit*, p.219.

mise en œuvre plus longue pour le retrait progressif de toutes formes de subventions à l'exportation. Ils continueront, en outre, de bénéficier du traitement spécial réservé par l'article 9-4 de l'Accord sur l'agriculture pendant une période raisonnable, à négocier après l'achèvement du retrait progressif de toutes les formes de subventions à l'exportation et la mise en œuvre de toutes les disciplines identifiées[1].

Cette Décision comprend quelques concessions supplémentaires en faveur des PED, à l'instar de l'octroi de délais supplémentaires pour la mise en œuvre de l'Accord sur les mesures SPS. La Décision traite aussi des problèmes liés à la singularisation d'un TSD en faveur des PED importateurs nets de produits alimentaires concernant les crédits à l'exportation ou les programmes d'assurance. C'est ainsi qu'il a été décidé que les entreprises commerciales d'État jouiront de privilèges spéciaux pour préserver la stabilité des prix à la consommation intérieure et à assurer la sécurité alimentaire[2]. Ces entreprises bénéficieront d'une attention spéciale en vue du maintien du statut de monopole[3].

Il a été également décidé que les membres auront la possibilité de convenir, dans des circonstances exceptionnelles[4], des arrangements temporaires *ad hoc* en matière de financements relatifs aux exportations vers les PED[5].

Comme suite du programme de travail sur les petites économies, lancé en 2001[6], il a été adopté en 2005[1] un programme de travail sur les petites

---

[1] Paragraphes 22 et 23 de la Décision adoptée par le Conseil général de l'OMC le 1er août 2004, *op.cit.* Voir: MESSAD Rafik, « *Le contentieux agricole dans le cycle de Doha* », *op.cit*, p.69.

[2] Par.25 de la Décision adoptée par le Conseil général de l'OMC le 1er août 2004, *op.cit.*

[3] Pour ce qui est des produits spéciaux, ces derniers bénéficieront d'une flexibilité additionnelle pour les produits qui sont particulièrement importants pour la sécurité alimentaire, la garantie des moyens d'existence et le développement rural. Pour plus de détails, consulter : « *Négociations de l'OMC sur l'agriculture : questions visées et état d'avancement* », *op.cit*, p.52.

[4] Soit des circonstances auxquelles il n'est pas possible de répondre de façon adéquate par une aide alimentaire, par des crédits à l'exportation ou par des facilités de financement internationales préférentielles.

[5] Par.26 de la Décision du 1er août 2004, *op.cit.* Cette clause conditionne toutefois la conclusion de tels accords qui ne devront pas compromettre les engagements pris par les membres aux termes du Par.18 de la même Décision et qu'ils seront fondés sur des critères et des procédures de consultions à établir. Pour une synthèse des règles preferentielles contenues dans la Décision du 1er août 2004, voir : MESSAD Rafik, « *Le contentieux agricole dans le cycle de Doha* », *op.cit*, pp.69-70.

[6] Par la Déclaration de Doha (Par.35) et qui convient *d'un programme de travail, sous les auspices du Conseil général, pour examiner les questions relatives au commerce des petites économies. Ces travaux ont pour objectif de définir des réponses aux questions liées au commerce identifiées pour intégrer davantage les petites économies vulnérables dans le système commercial multilatéral, et pas de créer une sous-catégorie de Membres de l'OMC. Le Conseil général réexaminera le programme de travail et fera des recommandations en vue d'une action à la cinquième session de la Conférence ministérielle.*

économies[2] en vue d'aider ces pays à une insertion en douceur dans le système commercial multilatéral. Cela qui constitue un nouvel apport visant la poursuite des travaux du Secrétariat de l'OMC relatifs aux difficultés rencontrées par les petites économies lorsqu'elles intègrent les chaînes de valeur mondiales dans le commerce des marchandises et des services. Le Secrétariat est également sollicité pour mener des travaux sur les difficultés que rencontrent les petites économies lorsqu'elles s'efforcent de réduire les coûts du commerce, en particulier dans le domaine de la facilitation des échanges[3].

L'attention particulière à l'égard des petites économies s'est poursuivie avec l'adoption, en marge de la onzième conférence ministérielle de Buenos Aires (Argentine) tenue entre les 10 et 13 décembre 2017, d'une nouvelle Décision ministérielle appuyant le programme de travail sur les petites économies. Une décision qui instruit le Secrétariat de l'OMC *de présenter des renseignements pertinents et une analyse factuelle pour discussion entre les Membres dans le cadre de la Session spécifique du CCD,* et insiste sur la poursuite des *travaux sur les difficultés que rencontrent les petites économies lorsqu'elles s'efforcent de réduire les coûts du commerce, en particulier dans le domaine de la facilitation des échanges*[4].

L'Accord sur la facilitation des échanges, adopté en décembre 2013 en marge de la Conférence ministérielle de Bali, est un instrument juridique qui établit un lien entre les obligations des PED dans le cadre des accords de l'OMC et leur capacité de mise en œuvre de ces mêmes accords[5]. Il permet aux PED de déterminer, eux-mêmes, leurs besoins

---

[1] Il s'agit de la Décision ministérielle sur le Programme de travail sur les petites économies, adoptée le 19 décembre 2015 (Document WT/MIN (15)/40 -WT/L/975).

[2] Toutefois, à ce jour, il n'existe pas une définition précise du concept « petite économie » au sein de l'OMC. Certains membres soutiennent qu'il faut avoir d'abord une définition de ce concept avant de pouvoir prendre des engagements.

[3] Par. 2 de la Décision ministérielle sur le Programme de travail sur les petites économies, adoptée le 19 décembre 2015, *op.cit.*

[4] Par.2 de la Décision ministérielle du 13 décembre 2017 « *Programme de travail sur les petites économies* », Document WT/MIN (17) /63 WT/L/1030).

En outre, le Par.3 de cette Décision indique que : « *Le CCD réuni en session spécifique continuera de suivre l'évolution des propositions des petites économies dans les organes de l'OMC et dans les groupes de négociation afin de trouver des solutions, le plus rapidement possible, aux questions liées au commerce identifiées pour l'intégration plus complète des PEV dans le système commercial multilatéral* ».

[5] L'Accord sur la facilitation des échanges est le premier accord commercial multilatéral conclu depuis l'établissement de l'OMC. Une fois entré en vigueur, il devrait réduire le coût total du commerce de plus de 14 % pour les pays à faible revenu et de plus de 13 % pour les pays à.../...

d'assistance technique et leur calendrier de mise en œuvre. L'objectif d'un tel texte est de donner une impulsion à la réduction des coûts du commerce au niveau mondial. Toutefois, l'OMC réaffirme (Par.1.8 de la Déclaration ministérielle de Bali) que le principe de non-discrimination de l'article V du GATT de 1994 reste valable.

Ce texte, inséré dans l'Annexe 1A de l'Accord instituant l'OMC[1], vise à réduire les formalités administratives et à accélérer les procédures portuaires. Il vise également l'accélération du mouvement, la mainlevée et le dédouanement des marchandises, y compris de celles en transit. Il comporte des dispositions relatives à l'assistance technique et au renforcement des potentialités des membres, notamment des PED[2]. Son article 13 énumère les principes généraux des dispositions relatives au TSD en faveur des PED et des PMA et qui sont les suivants :

- Une assistance et un soutien pour le renforcement des capacités devraient être fournis pour aider les PED et les PMA à *mettre en œuvre les dispositions du présent accord, conformément à leur nature et à leur portée*. L'étendue et le moment de la mise en œuvre des dispositions de cet accord seront liés aux capacités de mise en œuvre des PED et des PMA membres. Dans les cas où un PED ou un PMA *continuera de ne pas avoir la capacité nécessaire, la mise en œuvre de la (des) disposition(s) concernée(s) ne sera pas exigée jusqu'à ce que cette capacité de mise en œuvre ait été acquise.*
- Les PMA membres *ne seront tenus de contracter des engagements que dans la mesure compatible avec les besoins du développement, des finances et du commerce de chacun d'entre eux ou avec leurs capacités administratives et institutionnelles.*

La mise en œuvre effective de cet Accord permettrait aux PMA de dépasser les obstacles (La qualité des infrastructures, les procédures à la frontière et les formalités administratives) qui subsistent à leur participation au commerce mondial. Elle leur permettrait également

---

.../...revenu intermédiaire de la tranche supérieure en simplifiant la circulation des marchandises à travers les frontières.

- Source : https://www.wto.org/french/thewto_f/20y_f/wto_tradefacilitation_f.pdf

[1] Une insertion fondée sur la Décision prise à Bali adopté, le 27 novembre 2014 (OMC : Protocole portant amendement de l'Accord de Marrakech instituant l'Organisation mondiale du Commerce : Décision du 27 novembre 2014 (Document WT/L/940), in : www.wto.org). L'Accord entrera en vigueur une fois que les deux tiers des Membres auront achevé leur processus de ratification interne.

[2] Article 21 de l'Accord sur la facilitation des échanges, *op.cit.*

d'intégrer les chaînes de valeur mondiale[1], et qui n'est possible que par la création d'un environnement prévisible pour les entreprises et par la réduction des obstacles au commerce et des coûts du commerce, surtout que ces chaînes sont devenues une caractéristique dominante du commerce et de l'investissement au niveau mondial, d'autant qu'elles offrent de nouvelles perspectives pour la croissance, le développement et l'emploi[2].

En réponse à la demande des PED/PMA liée à la facilitation de la mise en œuvre des engagements de l'OMC, la conférence ministérielle de Doha a approuvé une Décision ministérielle sur les questions et préoccupations liées à la mise en œuvre[3]. Un texte qui comprend assez de mesures préférentielles à l'égard de cette catégorie de membres. D'abord, le Par.1.1 réaffirme que l'article XVIII de l'Accord GATT de 1994 est une disposition relative au TSD pour les PED et que le recours aux dispositions de cet article devrait être moins astreignant que le recours à l'article XII de l'Accord GATT de 1994[4].

Ensuite, la Décision prie les Membres de faire preuve de modération dans la contestation des mesures notifiées, au titre de la catégorie verte (Accord sur l'agriculture), par les PED pour promouvoir le développement rural et répondre efficacement aux préoccupations liées à la sécurité alimentaire (Par.2.1)[5]. La Décision supplie la communauté de

---

[1] On entend par « chaîne de valeur » l'ensemble des activités productives réalisées par les entreprises en différents lieux géographiques au niveau mondial pour amener un produit ou un service du stade de la conception au stade de la production et de la livraison au consommateur final.

[2] Cette reconnaissance vient du nouveau rapport conjoint présenté par l'OCDE, l'OMC et la CNUCED au Sommet du G20 qui a eu lieu à Saint-Pétersbourg (Russie) les 5 et 6 septembre 2013. Pour lire le rapport, consulter : « Implications of global value chains for trade, investment, development and jobs », OECD, WTO, UNCTAD, 6 August 2013, Prepared for the G-20 Leaders Summit Saint Petersburg (Russian Federation) September 2013, in : http://www.oecd.org/trade/G20-Global-Value-Chains-2013.pdf

[3] Décision ministérielle sur les questions et préoccupations liées à la mise en œuvre adoptée le 14 novembre 2001, (Document WT/MIN (01)/17).

[4] Il a été donné instruction au Comité de l'accès aux marchés d'examiner l'expression « *intérêt substantiel* » au Par.2 d) de l'article XIII du GATT de 1994, soulevée dans le rapport de la Présidente de ce Comité. Voir : Par.1.2 de la Décision ministérielle sur les questions et préoccupations liées à la mise en œuvre, *op.cit.*

[5] La Décision donne une interprétation à certains concepts introduits dans l'Accord sur les mesures SPS. Ainsi donc, le Par 3.1 de la Décision interprète l'expression « *des délais plus longs... pour en permettre le respect* », figurant à l'article 10:2 de l'Accord sur l'application des mesures SPS, sera interprétée comme signifiant normalement une période qui ne sera pas inférieure à six mois. De même pour l'expression « délai raisonnable », citée dans le même Accord. La même interprétation a été donnée à la mention « délais raisonnables » citée dans l'article 12/2 de l'Accord sur les OTC (Par.5.2 de la Décision ministérielle sur les questions et préoccupations liées à la mise en œuvre, *op.cit*).

l'OMC à poursuivre les efforts en faveur des PED et des PMA et à leur accorder une assistance technique et financière liée aux mesures SPS (Par 3,5 et 3,6) et même pour ce qui est des OTC (Par 5,4). L'assistance technique est également demandée en vue de permettre aux PMA de mettre en place toute nouvelle mesure OTC, qui peut avoir des effets négatifs notables sur leur commerce[1].

La Décision prescrit au Comité des subventions et des mesures compensatoires de proroger la période de transition pour les PED l'ayant sollicitée, après avoir pris en compte la compétitivité relative par rapport aux autres PED membres qui ont demandé une prorogation de la période de transition suivant les procédures énoncées dans le document[2]. Cette prorogation est autorisée, au titre de l'article 27.4 de l'Accord sur les subventions et les mesures compensatoires.

En outre, via cette Décision (Par.12.1), l'OMC donne instruction au Comité du commerce et du développement de prendre un certain nombre de mesures dans le sens de donner des moyens additionnels pour faciliter aux PED la mise en œuvre des accords[3].

2-1-2 Le renforcement du dispositif lié aux subventions à l'exportation et à la défense de la sécurité alimentaire

Le renforcement de ce dispositif lié aux subventions à l'exportation, longtemps réclamé par les PED, a trouvé son écho avec l'adoption d'une série de mesures visant le retrait progressif de ces aides. Le débat sur

---

[1] C'est pour cela que l'OMC prie les membres de veiller à ce qu'une assistance technique soit fournie aux PMA en vue de répondre aux problèmes spéciaux auxquels ceux-ci se heurtent dans la mise en œuvre de l'Accord sur les OTC (Par.5.4 de la Décision).

[2] Dans ce sens, le Comité des subventions et des mesures compensatoires a établi les procédures pour la prorogation des dispositions autorisant certains PED à continuer de subventionner des exportations. Ces procédures ont été énumérées dans la Note n° G/SCM/39 du 20 novembre 2001 relative aux procédures pour les prorogations au titre de l'article 27.4 pour certains pays en développement membres disponible sur le site : www.wto.org Lire également : Organisation Mondiale du Commerce : les textes du cycle de Doha et documents connexes, Service des publications de l'OMC, Genève (Suisse), 2009, disponible sur le site : www.wto.org, p.65.

[3] Ces instructions sont les suivantes :

- *d'identifier les dispositions relatives au TSD qui sont déjà de nature impérative et celles qui sont de caractère non contraignant, d'examiner les conséquences juridiques et pratiques, pour les Membres développés et en développement, de la conversion des mesures relatives au TSD en dispositions impératives, d'identifier les dispositions qui devraient être rendues impératives, et de faire rapport au Conseil général en formulant des recommandations ;*
- *d'examiner des moyens additionnels de rendre plus effectives les dispositions du TSD, d'examiner les moyens qui permettraient d'aider les PED, en particulier les PMA, à mieux utiliser ces dispositions ;*
- *d'examiner, dans le cadre du programme de travail adopté à Conférence ministérielle de Doha comment le TSD peut être incorporé dans l'architecture des règles de l'OMC.*

l'élimination de ces subventions accordées par les pays développés a marqué l'entame du cycle de Doha.

Autorisées jusqu'à fin 2013, ces subventions doivent être supprimées, si le comité n'établit pas qu'elles *sont nécessaires à maintenir*, conformément à l'article 27.4 de l'Accord sur les subventions et les mesures compensatoires. Toutefois, ce retrait n'est pas généralisé puisque les pays les plus défavorisés parmi les PED bénéficient d'une largesse, suivant l'article 27.5 de l'Accord sur les subventions et les mesures compensatoires[1], qui leur accorde une période de transition de huit ans à compter du moment où les exportations sont devenues compétitives.

La conférence ministérielle de 2015 a apporté du nouveau en matière de subventions à l'exportation. Un engagement a été donné pour que les pays développés éliminent immédiatement leurs possibilités restantes d'octroi de subventions à l'exportation, inscrites dans les *Listes* à compter de la date d'adoption de la Décision[2]. Quant aux PED, l'élimination de leurs possibilités d'octroi de subventions à l'exportation doit intervenir pour fin 2018[3]. Ils continueront de bénéficier des dispositions de l'article 9:4 de l'Accord sur l'agriculture jusqu'à fin 2023. Les PMA et les PED importateurs nets de produits alimentaires en continueront de bénéficier jusqu'à fin 2030[4]. La Décision ministérielle de 2015 accorde des flexibilités aux PED fournisseurs de soutien au financement à l'exportation et qui seront admis à bénéficier de certaines largesses énumérées dans les par.16 et 17 de la Décision[5].

---

[1] Ces pays sont classés en deux catégories par l'Annexe VII de l'Accord :

a) Les PMA désignés comme tels par l'ONU qui sont Membres de l'OMC.

b) Chacun des PED ci-après qui sont Membres de l'OMC sera soumis aux dispositions qui sont applicables aux autres PED Membres conformément au paragraphe 2 b) de l'article 27 lorsque le PNB par habitant y aura atteint 1 000 dollars par an : Bolivie, Cameroun, Congo, Côte d'Ivoire, Égypte, Ghana, Guatemala, Guyana, Inde, Indonésie, Kenya, Maroc, Nicaragua, Nigéria, Pakistan, Philippines, République dominicaine, Sénégal, Sri Lanka et Zimbabwe.

[2] Par.6 de la Décision ministérielle du 19 décembre 2015- Concurrence à l'exportation (Document WT/MIN (15)/45 -WT/L/980), in : www.wto.org

[3] Par.7 de la Décision ministérielle du 19 décembre 2015- Concurrence à l'exportation, *op.cit.*

[4] Par.8 de la Décision ministérielle du 19 décembre 2015- Concurrence à l'exportation, *op.cit.* Il est à noter que des mises en garde ont été faites aux membres par le biais de cette Décision. Ces derniers *n'appliqueront pas de subventions à l'exportation d'une manière qui contourne l'obligation de réduire et d'éliminer toutes les subventions à l'exportation (*Par. 9 de la Décision). Et ils *s'efforceront de ne pas augmenter leurs subventions à l'exportation au-delà du niveau moyen des cinq dernières années par produit (*Par.10 de la Décision).

[5] Il s'agit des flexibilités suivantes :

-Les PED concernés auront une période d'application progressive de 4 ans après le premier jour de la période de mise en œuvre à la fin de laquelle ils mettront pleinement en œuvre le délai de remboursement maximal de 18 mois. Cela se fera de la manière suivante :…/…

En outre, Les PED auront le droit d'avoir recours à un mécanisme de sauvegarde spéciale (MSS) tel que prévu au Par.7 de la Déclaration ministérielle de Hong-kong[1]. Les négociations sur ce mécanisme seront poursuivies au cours des sessions spécifiques du Comité de l'agriculture réuni en session extraordinaire[2].

À noter que ce texte a été accueilli avec bonheur même par l'UE, pourtant très hostile à l'élimination des subventions. L'UE estime que *cet accord ouvre des perspectives de meilleure intégration au système commercial mondial pour les pays les plus pauvres et les plus vulnérables*[3].

Le dispositif juridique lié à la détention de stocks publics à des fins de sécurité alimentaire, réglementée par l'Accord sur l'agriculture où sont considérés exclusivement comme un moyen de fournir des subventions aux producteurs via des achats à des prix supérieurs à ceux du marché a été enrichi par l'OMC en 2013 puis en 2015.

.../... a) le premier jour de la mise en œuvre, le délai de remboursement maximal pour tout nouveau soutien mis en place sera de 36 mois ;b) deux ans après la mise en œuvre, le délai de remboursement maximal pour tout nouveau soutien à mettre en place sera de 27 mois ; c) quatre ans après la mise en œuvre, le délai de remboursement maximal de 18 mois sera d'application. Il est entendu que, dans les cas où il y aura, après l'une quelconque des dates pertinentes, des arrangements de soutien préexistants mis en place dans les limites établies aux alinéas a) à c) ci-dessus, ils s'appliqueront jusqu'à leur terme initial.

-Les PMA et les PED importateurs nets de produits alimentaires dont la liste figure dans le document G/AG/5/Rev.10 bénéficieront d'un traitement différencié et plus favorable comprenant la possibilité d'un délai de remboursement en ce qui les concerne compris entre 36 et 54 mois pour l'acquisition de produits alimentaires de base. Au cas où l'un de ces Membres serait confronté à des circonstances exceptionnelles qui empêchent encore de financer des niveaux normaux d'importations commerciales de produits alimentaires de base et/ou d'accéder aux prêts accordés par des institutions financières multilatérales et/ou régionales dans ces délais, il y aura une prorogation du délai visé. Les dispositions types relatives au suivi et à la surveillance découlant de la présente décision s'appliqueront à ces cas.

[1] Par. 1er de la Décision ministérielle du 19 décembre 2015 -Mécanisme de sauvegarde spéciale en faveur des pays en développement membres (Document WT/MIN (15)/43-WT/L/978), in : www.wto.org. À noter que le par.7 de cette Déclaration ministérielle évoque les conditions du recours des PED à ce mécanisme: « ... *Les pays en développement Membres auront aussi le droit d'avoir recours à un Mécanisme de sauvegarde spéciale basé sur des seuils de déclenchement fondés sur les quantités importées et les prix, avec des arrangements précis à définir plus avant. Les produits spéciaux et le Mécanisme de sauvegarde spéciale feront partie intégrante des modalités et des résultats des négociations sur l'agriculture* ».

[2] Par. 2 de la Décision ministérielle du 19 décembre 2015 -Mécanisme de sauvegarde spéciale en faveur des pays en développement membres, *op.cit.*

[3] L'UE a assuré que son équipe de négociateurs a été *au premier plan des efforts consentis pour dégager un accord. Les ministres ont par ailleurs tracé la voie future pour les négociations de l'OMC et engagé un débat concernant de nouvelles problématiques sur lesquelles l'OMC devrait se pencher.* Lire : Commission européenne - Communiqué de presse : « L'OMC conclut un accord sans précédent pour le développement », Bruxelles, le 19 décembre 2015.

Depuis l'entame du cycle de Doha, les PED ont revendiqué une dérogation dans le recours à ce genre de stocks, considérés comme des mesures de soutien à la production, et qui sont soumises à plafonnement[1].

L'Inde et le G33 ont revendiqué la suppression de toute contrainte sur les stocks publics, notamment pour les produits alimentaires de base comme les céréales. Cette demande visait de faire passer les stocks publics dans la « boîte verte », qui rassemble les mesures autorisées sans limitation). Leurs arguments reposaient sur la double nécessité de soutenir les revenus des petits producteurs (dont beaucoup sont en situation de pauvreté et d'insécurité alimentaire) et de disposer de stocks de taille suffisante pour alimenter les programmes de distribution gratuite et de vente à des prix subventionnés aux populations vulnérables. Cette demande a été vite rejetée par les États-Unis et l'UE, au motif que des stocks publics de grande taille risqueraient d'être écoulés à bas prix sur les marchés internationaux, exerçant par là même une tendance dépressive sur les prix. Devant cette opposition, le G33 a formulé de nouvelles propositions plus modérées visant à relever le plafond des subventions auxquelles ont droit les PED et/ou à modifier les règles utilisées par l'OMC pour calculer le montant des subventions procurées par les stocks publics[2].

En réponse, la conférence ministérielle de Bali en 2013 a adopté la Décision ministérielle sur la détention de stocks publics à des fins de sécurité alimentaire[3] qui traduit une demi-mesure : les règles de l'OMC sur les stocks publics ne sont pas modifiées pour l'instant, mais les pays membres s'engagent à ne pas attaquer les pays qui enfreindraient ces règles[4].

Par cette Décision, les PED se sont vus accorder une protection provisoire contre toute contestation juridique des programmes de détention de stocks publics à des fins de sécurité alimentaire existants,

---

[1] GALTIER Franck et BERTHELOT Jacques, « La conférence de Bali a-t-elle rendu licites les politiques de stockage aux yeux de l'OMC ? », *Économie rurale*, n°05/2014 (n° 343), p.103, in: http://www.cairn.info/revue-economie-rurale-2014-5-page-103.htm

[2] *Ibid.* p.103.

[3] Décision ministérielle du 7 décembre 2013 -Détention de stocks publics à des fins de sécurité alimentaire (Document WT/MIN (13)/38 WT/L/913), in : www.wto.org

- Ce texte a été appuyé par une Décision du Conseil général datant du 28 novembre 2014 interprétant certains concepts introduits dans la Décision de 2013.

[4] Une dérogation qui permet aux gouvernements d'engager des dépenses, sans plafond monétaire, en vue de la constitution et de la détention de stocks à des fins de sécurité alimentaire, à condition, notamment, que les stocks soient achetés et vendus aux conditions du marché. Cette dérogation est légitimée par la Décision du Conseil général adoptée le 28 novembre 2014 (WT/L/939) sur « Détention de stocks publics à des fins de sécurité alimentaire ».

dans les cas où de telles politiques pourraient entrer en conflit avec leurs engagements dans le domaine agricole pris dans le cadre de l'OMC, sous réserve du respect de certaines prescriptions relatives à la transparence (Par.3 de la Décision), aux sauvegardes[1] et aux consultations[2].

En plus de la prise en charge du dossier lié à la détention de stocks publics à des fins de sécurité alimentaire, l'OMC a adopté, à Bali en 2013, deux autres décisions sur l'agriculture en lien avec la dimension développement, longuement défendue par les PED[3].

La prise en compte de la revendication des PED a été affirmée par la Décision ministérielle du 19 décembre 2015 sur la détention de stocks publics à des fins de sécurité alimentaire adoptée en marge de la conférence ministérielle de Nairobi. Cette Décision engage les Membres à négocier, dans un esprit constructif, *et à faire tous les efforts concertés possibles pour convenir d'une solution permanente à la question de la détention de stocks publics à des fins de sécurité alimentaire et l'adopter*[4].

L'entame du cycle de Doha a vu également l'élaboration d'un régime juridique dérogatoire en faveur des PMA. En effet, le par.10.5 de la Décision ministérielle sur les questions et préoccupations liées à la mise en œuvre, adoptée le 14 novembre 2001, réaffirme l'exemption des PMA de la prohibition des subventions à l'exportation énoncée à l'article 3.1 a) de l'Accord sur les subventions et les mesures compensatoires. Ces pays bénéficient ainsi d'une flexibilité pour financer leurs exportateurs, conformément à leurs besoins de développement. Il est entendu que le délai de huit ans, prévu à l'article 27.5 dans lequel un PMA doit supprimer les subventions à l'exportation qu'il accorde pour un produit

---

[1] Une exigence contenue dans les Paragraphes 4 et 5 de la Décision.

[2] Par.6 de la Décision.

[3] Il s'agit des Décisions suivantes :

- Décision portant élargissement de la liste des « services de caractère général » -pour inclure les dépenses au titre de l'utilisation des sols, de la réforme foncière, de la gestion de l'eau et d'autres programmes de réduction de la pauvreté- qui sont considérés comme un soutien relevant de la catégorie verte (Décision ministérielle du 7 décembre 2013- Mémorandum d'accord sur les dispositions relatives à l'administration des contingents tarifaires pour les produits agricoles, tels que définis à l'article 2 de l'Accord sur l'agriculture- (Document WT/MIN (13)/39, WT/L/914).
- Déclaration en vue de réduire toutes les formes de subventions à l'exportation et de renforcer la transparence et la surveillance (Décision ministérielle du 7 décembre 2013 -Concurrence à l'exportation- (Document WT/MIN (13)/40, WT/L/915).

[4] Par.2 de la Décision ministérielle du 19 décembre 2015 -Détention de stocks publics à des fins de sécurité alimentaire- (Document WT/MIN (15)/44 -WT/L/979).

dont les exportations sont compétitives, commence à la date à laquelle cette compétitivité est acquise au sens de l'article 27.6[1].

L'exemption des PMA de l'engagement de réduction, que ce soit du soutien interne ou des barrières tarifaires, est portée dans la Décision du 1er août 2004, dont le par.45 énonce que les PMA, *qui auront pleinement accès à toutes les dispositions relatives au traitement spécial et différencié susmentionnées, ne sont pas tenus de prendre des engagements de réduction* des niveaux de soutien interne. *Les pays développés membres et les pays en développement membres en mesure de le faire devraient accorder l'accès aux marchés en franchise de droits et sans contingent pour les produits originaires des pays les moins avancés.* Cette Décision invite les pays développés et même les PED qui en peuvent à accorder l'accès aux marchés en franchise de droits et sans contingent pour les produits originaires des PMA[2].

2-1-3 Les dernières mutations du droit de l'OMC dans le sillage du renforcement du droit à la nutrition

La garantie de la sécurité alimentaire mondiale occupe une place de choix dans les négociations de l'OMC. Ces pourparlers ont débouché sur l'adoption de plusieurs mécanismes juridiques visant à juguler cette crise accentuée par les effets de la crise sanitaire mondiale liée à la Covid 19.

Parmi ces mécanismes, il est utile de noter l'adoption d'une Décision sur la non-contestation de la détention par les PED de stocks publics à des fins de sécurité alimentaire[3], lors de la conférence ministérielle de 2013 à Bali (Indonésie) et une autre décision sur l'abandon graduel des subventions à l'exportation[4]. Cette dernière est un appui de taille pour la réalisation de l'objectif 2b des objectifs mondiaux pour le développement (OMD) et qui est l'objectif de développement durable avec la lutte contre la faim.

Les deux dernières conférences ministérielles tenues respectivement à Genève (juin 2022) et à Abou Dabi (février 2024) ont permis l'adoption

---

[1] Ça veut dire si, pour ce produit, les exportations du pays ont atteint une part d'au moins 3,25 % du commerce mondial de ce produit pendant deux années civiles consécutives.

[2] Lire : « *Examen critique de l'accord de l'OMC du 31 juillet 2004 sur l'agriculture : que recouvre l'accord de l'OMC du 31 juillet ?* », in : http://www.agritrade.cta.int/fr/content/view/full/1040, p.06.

[3] Décision ministérielle sur la détention de stocks publics à des fins de sécurité alimentaire, adoptée le 19 décembre 2015 (document : WT/MIN (15)/44- WT/L/979).

[4] Décision ministérielle du 19 décembre 2015 : WT/MIN (15)/45- WT/L/980.

de décisions importantes en lien avec la garantie de la sécurité alimentaire.

La conférence de 2022 a vu l'adoption d'une décision qui exempte les produits alimentaires des restrictions à l'exportation lorsqu'ils sont achetés à des fins humanitaires par le Programme alimentaire mondial (PAM)[1]. Une deuxième a été adoptée et consiste en la déclaration ministérielle sur la réponse urgente à l'insécurité alimentaire[2] et par laquelle les membres ont établi, en novembre 2022, un programme de travail sur la sécurité alimentaire pour les pays les moins avancés et les pays en développement importateurs nets de produits alimentaires.

La 13eme conférence ministérielle de l'OMC qui a eu lieu en février 2024 n'a pas évoqué expressément la sécurité alimentaire dans sa déclaration finale[3]. Les travaux de cette conférence ont plus insisté sur le soutien des petites économies, le soutien pour une transition sans heurts des pays sortant de la catégorie des PMA, et l'aide des PED à relancer leurs économies après la crise sanitaire liée à la Covid 19...

En vue de faire du commerce un élément contributeur à l'amélioration de la sécurité alimentaire mondiale, l'OMC collabore étroitement avec d'autres organisations internationales. Elle prend part au Groupe mondial d'intervention en cas de crise alimentaire, énergétique et financière, établi en mars 2022, par le secrétaire général des Nations Unies. Tout comme elle participe, aux côtés d'un certain nombre d'organisations internationales, au système d'information sur les marchés agricoles, mis en place par les ministres de l'Agriculture du G20 en vue de renforcer la transparence des marchés et promouvoir le dialogue sur les politiques à mener pour contrer la hausse des prix mondiaux des produits alimentaires.

L'OMC est également organisatrice d'un dialogue sur le commerce des produits alimentaires, initié dans l'objectif de débattre du rôle du commerce international dans la lutte contre l'insécurité alimentaire. À ces débats ont pris part des experts, des ONG, des représentants du monde des affaires, des universitaires... Parmi les séances de débats, on peut noter l'atelier consacré à la sécurité alimentaire le 28 février 2023 et qui a

---

[1] Décision ministérielle sur l'exemption des prohibitions ou restrictions à l'exportation pour les achats de produits alimentaires du programme alimentaire mondial adoptée le 17 juin 2022.

[2] Déclaration ministérielle sur la réponse urgente à l'insécurité alimentaire adoptée le 17 juin 2022.

[3] Lire : Déclaration ministérielle sanctionnant les travaux de la 13eme conférence ministérielle d'Abou Dabi, adoptée le 02 mars 2024, in :
https://docs.wto.org/dol2fe/Pages/SS/directdoc.aspx?filename=q:/WT/MIN24/DEC.pdf&Open=True (le texte est anglais).

permis à des organisations internationales, à l'instar de la Banque mondiale, le FMI et le Fonds international de développement agricole de présenter leurs travaux en cours visant à lutter contre l'insécurité alimentaire dans les pays les plus touchés par cette crise, notamment en ce qui concerne le financement des activités de renforcement des capacités de production.

2-2 Les perspectives pour la conclusion du cycle de Doha sur sa dimension développement

La conclusion du cycle de Doha, déjà retardée de plusieurs années, ne se profile pas à l'horizon. Les observateurs s'échangent les visions sur les paramètres à poser pour sauver le cycle. Un énième échec mettrait à mal la crédibilité de l'OMC dans sa mission législative et normative. Un échec serait très préjudiciable pour les PED, qui voient que leurs nombreuses concessions n'ont abouti presque à rien en l'état actuel des négociations. Le blocage persistant des travaux est dû essentiellement à l'opposition entre les pays développés et les économies émergentes.

En vue de boucler le cycle sur sa vraie dimension, à savoir de développement, les différents acteurs doivent faire des concessions importantes, surtout que la conclusion du cycle est conditionnée par le règlement de la question agricole.

2-2-1 Les éléments en faveur de la conclusion du cycle de Doha sur la dimension développement

Le cycle de Doha qui devait être bouclé en 2005 est retardé de plusieurs années, en raison des divergences apparues entre les groupes de négociations sur plusieurs questions liées à l'avenir du commerce international.

La conclusion du cycle sur sa juste dimension tient à l'application stricte, par les puissances occidentales, des règles de l'OMC et à la prise en compte des préoccupations des PED liées au rééquilibrage des marchés mondiaux des produits alimentaires.

Le désengagement des pays développés de leurs obligations, découlant du droit de l'OMC, a marqué l'actualité des relations commerciales internationales, pratiquement depuis l'avènement de cette organisation. Cette pratique a empoisonné les relations nord/ sud à l'OMC et a favorisé le blocage des négociations du cycle de Doha. Pour placer le développement au premier plan en vue de la conclusion du cycle sur sa vraie dimension, les deux économistes américains, Timothy A. Wise et Gallagher Kevin, et dans un article publié dans la revue « *L'économie Politique* » en 2010, ont énuméré cinq paramètres qu'ils jugent en mesure de réussir cette fin. Il s'agit de :

- Premièrement, l'UE et les États-Unis doivent appliquer à la lettre les règles de l'OMC et reconnaître que leurs subventions pour le coton et le sucre violent les règles commerciales existantes. Ils doivent s'interdire d'exporter des produits à des prix subventionnés[1].
- Deuxièmement, l'OMC devrait répondre aux préoccupations de nombreux pays africains sur la maîtrise des marchés mondiaux des matières premières, extrêmement volatils et dominés par des industries agroalimentaires qui s'approprient la plus grosse part de la chaîne de valeurs. Les pays développés devraient aussi autoriser les PED d'exempter des baisses de droits de douane les produits de base de leurs économies locales, comme le blé, le riz et le maïs (désignés comme produits spéciaux). Ils devraient également leur laisser la possibilité d'augmenter les taxes, en cas d'accroissement des importations, par le biais du mécanisme spécial de sauvegarde, auquel les négociateurs américains se sont opposés en juillet 2008[2].
- Troisièmement, pour les produits manufacturés, le principe du TSD devrait être garanti pour les PED. Les pays développés devraient renoncer aux lois sur la propriété industrielle qui empêchent les PED de fabriquer, à moindre coût, des médicaments génériques et d'autres produits manufacturés et autoriser une politique industrielle sélective pour que les gouvernements puissent diversifier leurs économies[3].
- Quatrièmement, pour matérialiser les conclusions de l'étude de l'Institut Peterson et qui montre que l'on peut réellement gagner à la facilitation des échanges, des investissements significatifs en infrastructures et en capital humain sont nécessaires pour permettre aux PED de tirer ces gains. Pour y parvenir, il est inéluctable que les propositions d'« aide au commerce » comportent des engagements contraignants de financements significatifs, ainsi que des ajustements pour les pertes de droits de douane[4].

---

[1] TIMOTHY A. Wise & GALLAGHER Kevin P. traduction MOUSL Marc, « Le développement est-il de retour dans le cycle de Doha ? », *L'Économie Politique*, n°45 (01/2010), France, 2010, p.66.

[2] *Ibid.* p.66.

[3] Les auteurs estiment que ce qui a bien fonctionné pour les États- Unis, la Chine et la Corée du Sud ne devrait pas être interdit aux PED par l'OMC. Voir: TIMOTHY A. Wise & GALLAGHER Kevin P, *op.cit*, p.67.

[4] *Ibid.* p.67.

- Enfin, il faudrait un moratoire sur les accords préférentiels Nord/Sud, qui exploitent l'asymétrie du pouvoir de négociations entre pays développés et PED, et détournent le commerce de pays ayant de réels avantages comparatifs, et restreignent la capacité des PED de déployer des politiques efficaces[1].

La garantie de la sécurité alimentaire par la protection de l'agriculture des PED des méfaits de la libéralisation est un autre gage pour la conclusion du cycle sur sa vraie dimension. En effet, même s'ils ne contestent pas l'ouverture commerciale, prônée par l'OMC, les PED, dont l'économie d'une bonne partie parmi eux est basée sur l'agriculture, estiment de leur intérêt de bénéficier d'un traitement de faveur afin de protéger leur agriculture de la libéralisation.

Leur avis est partagé par la MOMA (Mouvement pour une Organisation mondiale de l'Agriculture), qui élargit le débat sur la question de l'impérieuse nécessité de protéger les agricultures des PED des méfaits d'une libéralisation totale des échanges. Elle développe un nouveau modèle économique, adapté aux spécificités du secteur agricole, afin d'apporter des éléments tangibles sur le sujet.

La MOMA estime que les économies agricoles de la plupart des PED ont été gravement affectées par une mondialisation tous azimuts, où les produits agricoles ne sont qu'une simple marchandise comme une autre, sans égard aux conséquences sociales et culturelles infligées aux pays dont les agriculteurs ne peuvent plus assurer leur subsistance[2].

Les problèmes alimentaires des PED sont accentués par le traitement qui leur est réservé par les organisations internationales (Banque Mondiale, FMI et OMC, notamment), qui aligne les produits agricoles sur les autres produits ou services. Ces organisations ne comprennent pas la dynamique et les besoins spécifiques des économies agricoles mondiales, lesquelles ne sont pas interchangeables et, à la différence des productions non agricoles, peuvent être instantanément dévastées par des inondations, la sécheresse ou d'autres facteurs climatiques. C'est ainsi qu'il est concevable de permettre aux PED de protéger leurs agriculteurs et les aider, non seulement à survivre, mais aussi à prospérer. Si la théorie

---

[1] TIMOTHY A. Wise & GALLAGHER Kevin P, *op.cit*, p.67. À propos des démarches entreprises par les PED devant l'OMC dans le but du rééquilibrage des accords bilatéraux et régionaux conclus avec les pays développés, lire : OUSSENI Illy, L'OMC et le régionalisme : le régionalisme africain, Larcier, Bruxelles (Belgique), 2012, p.116.

[2] CARLES Jacques, Délégué général du MOMA, « Les raisons de l'effondrement du Cycle de Doha », *Wall Street Journal,* Numéro du 23 juillet 2007, New York (États-Unis d'Amérique), in : http://www.momagri.org/FR/editos/-Les-raisons-de-l-effondrement-du-Cycle-de-Doha-_190.html

libérale dominante assure que des marchés libres et ouverts résoudront tous les problèmes, mais il est bon de constater que ces marchés peuvent tout aussi bien engendrer de graves perturbations économiques, l'instabilité et la violence[1].

En collaboration avec d'autres organisations, la MOMA développe actuellement un modèle permettant une meilleure régulation du commerce agricole en vue d'assurer la sécurité future, tant des agriculteurs que des consommateurs du monde. Elle estime que l'adoption d'un tel modèle constitue la clé de réussite des négociations du cycle de Doha[2].

2-2-2 La conditionnalité de la conclusion du cycle à la résolution de la question agricole

Il est aisé de constater que le blocage des négociations multilatérales de l'OMC se situe bien au niveau du dossier agricole. La différence de perception entre les pays développés et les pays émergents a rendu la conclusion difficile à atteindre.

Ce faisant, le succès du cycle de Doha et sa finalisation sont liés à l'arrivée à un compromis au sujet du commerce des produits agricoles. Un tel compromis est conditionné par l'obtention d'un équilibre entre la négociation agricole et celle des autres secteurs.

Après avoir subi un véritable camouflet, suite à l'échec de la conférence de Cancun et la suspension des négociations, la reprise des pourparlers à l'été 2004 avec la conclusion de la Décision du 1er août a été observée comme un « retour à la raison ».

Après coup, les membres se sont rencontrés, en 2005 à l'occasion de la conférence ministérielle de Hong-kong, où en théorie, ces derniers ont pris un engagement d'abandonner les subventions aux exportations dès la fin 2013 et de boucler le cycle à la fin 2006, mais en pratique, on constate que ces engagements sont loin d'être tenus[3]. Les divergences entre les membres et la stagnation des négociations ont conduit, le 24 juillet 2006, Pascal Lamy, alors directeur général de l'OMC, au point de décider de la suspension du cycle *sine die*. Cette décision traduit la situation de blocage, conséquence du fait que les trois principaux antagonistes (UE, USA et PED) campaient chacun sur ses positions[4].

---

[1] CARLES Jacques, Délégué général du MOMA, *op.cit.*

[2] *Ibid.*

[3] LABORDE David, L'économie Mondiale en 2008, Éditions La Découverte, Paris, 2008, p. 88.

[4] L'UE refusait de couper encore plus ses droits de douane agricoles si les États-Unis ne faisaient pas de même avec leur soutien domestique et si les pays émergents n'acceptaient pas une…/…

Étant donné que l'échec du cycle de Doha ne fait l'affaire d'aucun parmi les antagonistes, les échanges de vues ont continué. C'est ainsi qu'à chacune des rencontres, les représentants des principaux pays ont rappelé leur volonté de conclure ce cycle et d'aboutir à un accord, comme cela a été le cas au forum de Davos de janvier 2007. Le 22 juin de la même année et en vue de relancer les négociations, une réunion entre quatre membres (UE, États-Unis, Brésil et Inde) a eu lieu à Postdam (Allemagne) et s'est soldée par un autre échec et un défaut d'accord sur l'agriculture et l'accès aux marchés non agricoles des PED[1].

Ayant émis le souhait de voir les membres reprendre place sur la table des négociations, le président du groupe de négociations, M. Cawford Falconer a fait l'effort d'élaborer, en 2008, un projet d'accord[2]. Il a souhaité que ce projet qui, ne satisfaisant complètement personne, ne devrait susciter aucun veto[3]. Ce projet comporte du nouveau à propos de la mesure de sauvegarde spéciale pour l'agriculture dans la perspective de remédier à l'anomalie de ce mécanisme, qui n'est utilisé que par un nombre réduit de PED[4]. La soumission au débat de ce projet, lors de la conférence ministérielle informelle convoquée en juillet 2008[5], a fait que malgré les avancées dans certains domaines (notamment la libéralisation des services), que les négociations n'ont pu avancer en matière de commerce des produits agricoles. Des obstacles majeurs apparurent au regard du niveau d'ambition dans l'accès aux marchés agricoles dans les grands PED tels que la Chine ou l'Inde (autour de l'application de la

.../...formule de réduction tarifaire ambitieuse dans l'industrie. Les États-Unis expliquaient qu'ils ne bougeraient pas sur la question des subventions aux agriculteurs tant que l'UE appliquerait des droits de douane élevés et que les pays émergents n'ouvriraient pas leurs marchés aux biens manufacturiers. Ces derniers demandaient, avant tout effort de leur part dans l'industrie, une libéralisation accrue de l'agriculture des pays développés. Lire : LABORDE David, *op.cit*, p. 89.

[1] OLIVIER Louis, « OMC : un nouvel équilibre nord-sud ?», *Politique étrangère,* n°03/2007, France 2007, p.577.

[2] OMC : Comité de l'agriculture : Projet révisé de modalités concernant l'agriculture, (Document : WTO, TN/AG/W/4/Rev.4 du 06/12/ 2008).

[3] GONZALEZ MARTIN Luis Alexander, *op.cit*, pages 228 et 229.

[4] Du fait que les PED, qui sont souvent vulnérables à des perturbations de marché, ils n'ont généralement accès à cette clause, puisque la plupart d'entre eux appliquent de simples tarifs douaniers.

[5] Ce rendez-vous est appelé par certains auteurs « la mini- ministérielle de juillet 2008 ». Ce round de consacré à l'agriculture pendant la période allant du 21 au 29 juillet 2008 a eu lieu à Genève en Suisse.

MGS[1]) et dans le niveau d'ambition pour la réduction des subventions américaines pour le coton[2].

Les raisons de l'échec de la mini- ministérielle de juillet 2008 ont été énumérées dans le rapport rendu, par Crawford Falconer, à l'issue de cette réunion[3]. L'échec est dû principalement à l'opposition Inde- États-Unis sur la question des clauses de sauvegarde et des subventions internes à l'agriculture[4]. Toutefois, comme cela est devenu légion dans les négociations internationales, tous les protagonistes ont trouvé intérêt à s'abriter derrière cette opposition pour masquer leur contribution à l'échec et au fait de laisser de nombreuses questions en suspens[5].

Cette rétrospective montre à quel point les divergences entre les membres sont criantes en matière du commerce des produits agricoles. Elle témoigne également de l'impact du blocage des négociations agricoles sur celles relatives aux autres secteurs, tellement que chacun des blocs lie les concessions dans un volet aux avancées à réaliser dans un autre.

Comme constaté, c'est la protection des marchés agricoles des pays développés qui ont la capacité à apporter des subventions massives à leurs agriculteurs, qui désorganisent les marchés en leur faveur. Pour réparer cette injustice, il appartient à l'OMC d'asseoir un équilibre dans les échanges mondiaux de ces produits. Cela qui passerait par la conclusion d'un nouvel accord sur l'agriculture équitable et prenant en compte, à la fois, les soucis et les intérêts de chacun des groupes de négociations. Le nouvel accord devrait comporter les points suivants :

- sur les soutiens internes : l'accord doit statuer sur une limitation des aides directes aux agriculteurs, de nouvelles disciplines dans la définition des aides jugées non distorsives (plus strictes pour les pays développés,

---

[1] La MGS (Mesure Globale de Soutien) est un instrument de protection tarifaire en cas de hausse brutale du niveau des importations ou des prix trop faibles des produits importés dans les PED.

[2] GOMEZ Alejandro, « Le cycle de Doha pour le Développement : état des lieux et enjeux pour l'Afrique », p.10. In : http://www.africa21.org

[3] Lire : OMC : Rapport du Président de la session extraordinaire du comité de l'agriculture, M. l'ambassadeur Crawford Falconer, au Comité des négociations commerciales, déposé le 12 août 2008, in : https://www.wto.org

[4] Il est à noter que la question des clauses de sauvegarde a suscité l'opposition américaine, non pas en raison des choix indiens, mais à cause du précédent que cela causerait et qui pourrait permettre à la Chine, dont les futures importations de maïs, de soja ou de blé sont amenées à croître dans les années à venir, d'activer une clause de sauvegarde à des seuils très bas vis-à-vis des exportations américaines. Lire : ABBAS Mehdi, « Quels enseignements en matière de gouvernance de l'échec des négociations du cycle de Doha ?», *op.cit*, p.04.

[5] SIROËN Jean-Marc, « Négociations commerciales multilatérales et cycle de Doha: les leçons d'un échec annoncé », *Négociations,* (n° 16) 02/ 2011, Paris, 2011, p.09.

mais couvrant pour les PED les réformes agraires et l'appui aux agriculteurs les plus pauvres), des garanties contre les mesures en fait distorsives, et enfin une diminution drastique des aides américaines aux producteurs de coton[1].

- sur l'accès aux marchés : le texte doit tenir compte des caractéristiques totalement différentes de l'économie agricole des PED, par rapport à celles des pays développés[2] ;
- sur les aides à l'exportation : l'accord doit traduire l'engagement donné, lors de la conférence de Hong-kong en 2005, et décider de leur interdiction. Ces aides, utilisées principalement par l'UE, causent des préjudices incommensurables sur l'économie des PED ;
- l'Accord doit satisfaire quelques revendications spécifiques à certains PED, comme l'ouverture totale des marchés pour les exportations des PMA, comme promis par le programme TSA.

Toutefois, il est utile de le souligner que la conclusion d'un accord agricole est subordonnée à l'équilibre à trouver entre la négociation agricole et celle des autres secteurs. Ce faisant, ce n'est qu'une fois les grandes lignes d'un accord agricole définies qu'il serait possible de relancer la négociation sur les trois autres piliers de la négociation : l'accès aux marchés non agricoles, les services et les règles[3].

Ainsi donc, la conclusion du cycle de Doha tient au règlement de la question relative à l'accès aux marchés non agricoles, qui est le point essentiel pour les pays développés et auquel ils lient leurs concessions inévitables dans le secteur agricole. Sur les règles, il est indispensable de concilier les positions des PED, marquées par les réticentes sur l'extension des règles et qui tiennent à l'agrément d'une clause interprétative de l'Accord ADPIC, et de l'UE qui s'est fait le précurseur d'une régulation forte des échanges mondiaux.

---

[1] Avec sa haute valeur symbolique pour les PED, la question du coton est en mesure de faire échouer toute négociation. Elle a eu un effet dans la suspension des travaux à Cancun en 2003. Voir: OLIVIER Louis, *op.cit*, p.583.

[2] Dans ce sens, les PED devraient pouvoir se prévaloir du principe du TSD, en ne s'engageant à des baisses de droits que pour un montant très inférieur à celui que consentiront les pays développés. Ils devraient obtenir, en outre, des exemptions de baisse de droits de douane pour les produits spéciaux, ainsi qu'une clause ad hoc de sauvegarde qui leur permettra de rétablir des droits en cas de hausse brutale des exportations. Lire : OLIVIER Louis, *op.cit*, p.583.

[3] *Ibid.* p.584.

CHAPITRE 4 :

L'atteinte du droit des PED à l'accès aux médicaments

Après avoir largement profité du « copiage légal », les pays développés ont convaincu la communauté internationale, notamment les PED, que la réglementation de la propriété intellectuelle est fondamentale au développement de l'industrie pharmaceutique mondiale. C'est de cette façon que le brevet a été instrumentalisé au profit d'intérêts privés[1]. L'introduction de la propriété intellectuelle dans les négociations de l'OMC et la protection du médicament par brevet a été appuyée par des motivations commerciales.

Le droit des brevets qui confère des droits élargis au titulaire du brevet au détriment du droit à la santé complique ardemment l'accès des populations des PED aux médicaments et aux soins.

Cette situation a fait qu'un appel à l'adaptation des règles de l'OMC avec les besoins liés à l'accès aux médicaments est lancé, que ce soit par les PED ou par les organisations de défense de droits de l'Homme à travers le monde, pour qui l'invention et le brevet ne devraient aucunement constituer un écueil devant l'accession des populations aux soins adéquats. Certains auteurs n'ont pas hésité à qualifier de néo-impériale ou de néo- coloniale la politique commerciale des pays exportateurs de technologie. L'activiste indienne Vandana Shiva estime qu'« *alors que les guerres coloniales d'autrefois eurent lieu dans un champ géographique, la colonisation a maintenant lieu dans un champ intellectuel* »[2]. Les PED constatent que les conclusions des négociations

[1] GUESMI Amelle, Le médicament à l'OMC : droit des brevets et enjeux de santé, Larcier, Bruxelles (Belgique), 2011, p.274.

[2] MORIN Jean- Frédéric, « Le droit international des brevets : entre le multilatéralisme et le bilatéralisme américain », *Études internationales,* Volume 34, n°3, décembre 2003, France, p.538.

commerciales internationales se comprennent davantage sous le prisme de la coercition que celui de la coopération[1]. Une simple analyse de l'évolution du « droit des brevets » et son impact sur l'accès au médicament dans les PED montre combien le droit du commerce prime-t-il sur le droit à la santé.

1- La complication de l'accès aux médicaments dans les PED sous l'effet du « droit des brevets »

L'accès aux médicaments est fortement compliqué par la protection des droits de propriété intellectuelle et le brevetage des produits pharmaceutiques. Une mutation qui a fait subir aux PED, la forte hausse des prix et la rareté des médicaments. La politique des brevets telle qu'elle a été mise en œuvre sous la bannière de l'OMC est avérée totalement inadaptée aux besoins et aux moyens spécifiques des PED. L'Accord ADPIC, qui réglemente les échanges internationaux de médicaments, a bénéficié d'une interprétation très libérale et a donné la primauté au droit du commerce sur le droit à la santé.

Des voix se sont élevées pour exiger la promotion du droit à la santé. Les délégations des PED à l'OMC, les ONG de défense des droits de l'homme et des personnalités politiques influentes se sont liguées pour contester la seule dimension commerciale reconnue au brevet. Il a été notamment demandé l'amorce d'une réforme du droit de l'OMC aboutissant sur le renforcement de l'accès aux médicaments.

1-1 La complexité des rapports entre les brevets pharmaceutiques et l'accès aux médicaments

L'idéologie libérale inspirée par les accords de l'OMC a avantagé l'inadaptation de ses textes aux disparités du niveau de développement des membres, avec comme retombée la complication de leur mise en œuvre, notamment par les PED. Or, l'histoire du droit des brevets[2]

---

[1] MORIN Jean- Frédéric, *op.cit,* p.539.

[2] Le « droit des brevets » est une filière de la propriété industrielle qui compose, avec le droit des obtentions végétales, la catégorie des droits sur les créations industrielles, laquelle appartient au domaine plus large de la propriété intellectuelle. Elle favorise notamment l'innovation par la reconnaissance de droits exclusifs aux inventeurs en contrepartie de leurs apports à la société. Dans le texte de l'Accord ADPIC, la mention au « Droit des brevets » renvoie à la section 5 du même Accord comprenant les articles de 27 à 34…/…

enseigne que l'intérêt du brevet pour le développement économique et social est en relation avec le niveau de développement préexistant à son implantation. L'instauration du droit des brevets a compliqué sensiblement la situation des PED qui, auparavant, se servaient de l'industrie générique pour remédier à la pénurie de médicaments. L'entrée en vigueur de l'Accord ADPIC a montré le contraste entre l'uniformisation des droits de propriété intellectuelle à travers le monde et les disparités du niveau de développement des pays[1].

1-1-1 L'essor de l'industrie générique durant la période précédant l'entrée en vigueur de l'Accord ADPIC

Le développement de l'industrie générique, avantagée par le défaut de droit de propriété intellectuelle, a contribué à l'essor de l'industrie pharmaceutique locale dans bon nombre de PED et par ricochet à la facilitation de l'accès aux médicaments.

L'absence de droit de propriété intellectuelle a joué un rôle important dans l'essor de l'industrie pharmaceutique locale dans un bon nombre de PED à l'instar de l'Argentine, l'Inde et la Turquie[2]. À cette période, certains pays émergents avaient acquis le savoir technologique et les infrastructures nécessaires à la production pharmaceutique, mais ne disposaient pas encore de capacités technologiques suffisantes pour innover. Le recours à l'imitation de molécules existantes leur a permis de développer une certaine industrie pharmaceutique et de répondre, du moins partiellement, à la demande interne[3].

Ces pays qui ont poursuivi cette pratique durant la période de transition n'ont fait qu'imiter en la matière les pays riches qui avaient

---

.../...Pour la définition du « Droit des brevets », consulter : YAMTHIEU Sylvestre, « Brevet et politiques de développement : regards sur l'exploitation locale des droits », *RIDE*, n°04/2014, Paris, 2014, p.454.

[1] REMICHE Bernard, « Les Accords ADPIC+ », Colloque des 21 et 22 mars 2013 sur : *« Les dérèglements économiques internationaux : crise du droit ou droit de crises ? »*, sous la direction de GHERARI Habib, organisé par le Centre d'Etudes et de Recherches Internationales et Communautaires de la Faculté de droit et de science politique de l'Université Aix Marseille, Éditions Pedone, Paris (France), 2014, p. 145.

[2] Si on prend juste l'exemple indien, on constate que la production de médicaments dans ce pays a enregistré une croissance importante. Avant l'entrée en vigueur de l'Accord ADPIC, l'industrie indienne fabriquait 80 % des médicaments demandés par le marché intérieur. Une performance qui a permis à ce pays jusqu'à atteindre l'autosuffisante sanitaire et d'exporter largement sa production vers d'autres PED, voire même à des pays développés qui souhaitent obtenir des médicaments à moindre coût. Lire à ce propos : RENAUD Schils, « Accords ADPIC de l'OMC : quel impact sur l'accès aux médicaments dans les pays en voie de développement ? », *Étude de l'Institut Emile Vandervelde*, Bruxelles (Belgique). In: www.iev.be, p.10.

[3] GUESMI Amelle, *op.cit*, p.243.

profité de l'absence de normes de la propriété intellectuelle pour développer leur industrie pharmaceutique.

La production des génériques a permis à des PED, comme cela a été le cas pour le Brésil et l'Inde, de faire face à des crises sanitaires aiguës. Le Brésil, qui s'était dispensé de tout brevet pharmaceutique, entre 1971 et 1996, a pu ramener le nombre de bénéficiaires de la gratuité des anti-rétroviraux de 35 000 à 125 000, ce qui a eu comme impact la réduction du taux de mortalité de 70 à 40 %, et du taux de morbidité de 80 à 60 %[1]. Ces résultats ont été le fruit du programme de lutte contre le Sida pour garantir un accès universel et gratuit aux traitements anti- rétroviraux et à tous les médicaments contre les maladies opportunistes pour tous les patients infectés par le VIH/Sida, lancé par le gouvernement brésilien en 1996[2].

L'entrée en vigueur de l'Accord ADPIC a empêché la reproduction de ces exemples de réussite dans la lutte contre les épidémies. Ce texte a compliqué l'accès des habitants des PED aux médicaments, en raison de leur cherté[3], si ce n'est pas la rareté des produits.

Le défaut de capacités d'innovation, chez la plupart des PED, a empêché ces pays de monter une industrie pharmaceutique et de réduire leur dépendance des pays développés. Cela qui fait que les épidémies continuent à emporter des centaines, voire des milliers de vies humaines, notamment en Afrique subsaharienne, en Asie et aux Caraïbes.

La situation n'en est pas restée la même après l'entrée en vigueur de l'Accord ADPIC de l'OMC, qui a aggravé la dépendance des PED vis-à-vis des pays développés en matière de médicaments.

En effet, les promesses données aux PED, quant à leur assistance dans le développement de leur propre industrie pharmaceutique, qui devait

---

[1] GUESMI Amelle, *op.cit*, p.244.

[2] Au-delà du succès rencontré au niveau local, le système de production des génériques brésilien a contribué au plan international à obtenir une baisse importante du prix des anti-rétroviraux brevetés. Les autorités brésiliennes ont accordé aux laboratoires publics de recherche une protection pour copier les molécules brevetées. Cela a réduit les prix des traitements de manière significative. Le Brésil s'est même montré disponible à aider certains pays d'Afrique à développer leurs propres infrastructures de production d'anti- rétroviraux. Il a proposé, en marge de la conférence de Durban en 2001, de transférer sa technologie, de former le personnel et d'aider ces pays à faire face aux crises sanitaires. Pour plus de détails sur l'expérience brésilienne, lire : GUESMI Amelle, *op.cit*, pp.244- 245.

[3] La cherté des médicaments est consécutive au fait qu'auparavant les firmes pharmaceutiques occidentales se voyaient défiées par la concurrence du générique, les obligeant à réduire le prix des nouveaux médicaments au terme de trois ou quatre ans, mais désormais elles ont la possibilité de maintenir le prix à un niveau élevé jusqu'à l'expiration du brevet d'une durée d'au moins 20 ans. Ce qui n'est pas sans impact sur l'augmentation vertigineuse des prix des médicaments dans des PED. Voir : RENAUD Schils, *op.cit*, p.18.

contribuer à leur indépendance économique et sanitaire, et qui ont conduit ces pays à accepter l'introduction du brevet dans le domaine de la santé n'ont pas été tenues. Ce processus de développement de la production locale tenait à la possibilité d'approvisionner le marché interne en médicaments à des prix abordables, au bénéfice en termes d'IDE, au transfert de technologie et de l'obtention des licences à des prix abordables[1]. Ce scénario idéal n'a pas été suivi et les PED ont été tenus à l'écart des développements qu'a connus l'industrie pharmaceutique mondiale.

Les pays titulaires de capacités d'innovation, et au lieu d'aider les PED à développer leur propre industrie pharmaceutique, ont renforcé et généralisé le système de droits de propriété intellectuelle. Ils se sont assurés une protection de leurs produits à l'extérieur de leur pays d'origine en faisant du brevet, conçu initialement comme un outil au service de l'industrialisation et du progrès technologique, un outil de compétitivité technologique[2].

Dans la mesure où il ne s'est pas accompagné des transferts de technologie attendus, l'Accord ADPIC a accentué la dépendance des PED en matière de produits pharmaceutiques et a favorisé la rareté de nombreux médicaments sur leurs sols. Ces pays ont été mis dans une situation des plus inconfortables marquée, à la fois, par l'interdiction de copier, l'absence de transfert de technologie et le défaut d'aide à l'innovation et au développement de la production locale. L'impact en est considérable, puisqu'on constate une augmentation vertigineuse des prix des médicaments, limitant de facto l'accès à ces derniers[3]. Dans le cas de certaines maladies graves comme le VIH, l'accès au médicament pour le patient est tout simplement impossible car les prix sont hors de portée[4].

---

[1] GUESMI Amelle, *op.cit*, p.247.

[2] *Ibid.* p.247.

[3] Le FMI a conclu qu'en Argentine, par exemple, le prix des produits pharmaceutiques a augmenté de 71 % depuis l'introduction des normes de l'Accord ADPIC, ce qui a un impact direct sur leur consommation, celle-ci ayant chuté de 50 %. La situation est plus préoccupante dans les pays les plus pauvres comme ceux de l'Afrique subsaharienne où plusieurs épidémies sévissent. Les difficultés des habitants des PED sont accentuées par les limites du système de sécurité sociale dans un bon nombre de ces pays. Il existe des pays où jusqu'à 80 % des médicaments sont payés directement par les patients et ne sont pas remboursés par un système national d'assurance maladie ou une assurance privée. Voir : RENAUD Schils, *op.cit*, p.18

[4] Quand on se rend compte que *le Triomune* qui est l'un des médicaments les moins chers au monde contre le VIH revient à 50 dollars /an, on mesure la difficulté que les patients dans les pays pauvres rencontrent dans leur quête à accéder aux soins. Quant à l'accès à des médicaments de dernière génération, prenant en compte l'évolution du virus et indispensable pour lutter efficacement contre une pandémie est quasiment impossible…/…

1-1-2 Le contraste entre l'uniformisation du droit de propriété intellectuelle et l'écart de développement des membres

L'Accord ADPIC, qui vise à protéger les brevets, dessins industriels, droits d'auteur, schémas de circuits intégrés et appellations géographiques, prévoit que tout produit ou procédé peut être protégé par un brevet de vingt ans[1]. Cet Accord prévoit cependant deux exceptions limitées aux médicaments dans l'objectif de faciliter le transfert de technologie : celle autorisant les chercheurs à utiliser une invention brevetée (exception de recherche) et celle visant l'accélération de la commercialisation des médicaments génériques[2].

La mise en œuvre de ce texte a montré l'étendue de son inadaptation au déficit économique et technologique des PED.

L'Accord ADPIC est jugé inadapté à la situation économique d'un bon nombre de PED. Son adoption montre la difficulté pour trouver un équilibre entre l'uniformisation des normes et la recherche de l'adhésion de tous les pays, dont certains voient que les règles leur sont inadaptées.

L'Accord ADPIC a opéré une modification radicale dans les règles du commerce mondial des produits pharmaceutiques. Il a annihilé la liberté des pays de décider de leur politique de santé en fonction de leur développement économique. Si le recours à la production des génériques leur permettait de faire prévaloir le droit à la santé sur le droit du brevet dans certains cas d'urgence sanitaire nationale, l'entrée en vigueur de l'Accord ADPIC a compromis cette libre disposition par l'instauration de normes identiques à tous les membres sous le couvert de la mondialisation des droits de propriété intellectuelle, y compris au regard des brevets de médicaments.

Un autre vice à déceler dans l'Accord ADPIC, c'est qu'un bon nombre de ses termes et concepts n'est pas défini, ce qui laisse aux États un large pouvoir discrétionnaire dans sa mise en œuvre. Les PED ont demandé que soit inscrit dans l'Accord un pouvoir d'appréciation leur permettant d'appliquer le texte de manière flexible, en fonction de leur

---

.../...Certains antirétroviraux nouvellement recommandés par l'OMS sont beaucoup plus chers que les anciens et sont plus largement brevetés, y compris en Inde et dans d'autres grands pays producteurs de génériques. Voir : RENAUD Schils, *op.cit*, p.17 et p.19.

[1] Les objets de protection sont cités dans l'article 15 de l'Accord ADPIC.

[2] Cet Accord prévoit deux systèmes de flexibilité : les licences obligatoires et les importations parallèles. Les gouvernements peuvent délivrer des licences obligatoires qui autorisent un tiers à fabriquer un produit breveté, sans le consentement du titulaire du brevet. La délivrance de licences obligatoires n'est cependant possible que sous certaines conditions visant à protéger les intérêts du détenteur du brevet. Ces licences doivent être accordées principalement pour l'approvisionnement du marché intérieur. Lire : LABORDE David, *op.cit*, p. 94.

niveau de développement[1]. L'affirmation de la Déclaration de Doha que l'Accord doit être interprété *d'une manière favorable à la santé publique* n'a pas suffi pour satisfaire les PED[2].

Des voix se sont élevées pour plaider en faveur d'une réforme du texte, de sorte d'atténuer ses exigences à l'égard des PED, notamment les plus pauvres parmi eux. À défaut de quoi, ce texte reste inapplicable à l'échelle mondiale[3].

En dépit qu'il aménage certaines flexibilités au profit des PED, ce texte n'a pas atténué les souffrances des milliers de personnes, en proie à une crise de médicaments. L'expiration de la période de transition, accordée aux PED pour se conformer à l'Accord ADPIC, ne devrait pas empêcher le maintien de certaines flexibilités en faveur de ces pays. L'article 30 aménage une flexibilité qui pourrait être utilisée par les PED pour la production de médicaments sans recourir à la rémunération du titulaire du brevet. Il est permis aux membres *de prévoir des exceptions limitées aux droits exclusifs conférés par un brevet, à condition que celles-ci ne portent pas atteinte de manière injustifiée à l'exploitation normale du brevet ni ne causent un préjudice injustifié aux intérêts légitimes du titulaire du brevet, compte tenu des intérêts légitimes des tiers*[4].

L'article 31 de l'Accord, qui traite des « *autres utilisations sans autorisation du détenteur du droit* », autorise les membres à fabriquer un produit breveté ou à utiliser un procédé breveté sans le consentement du titulaire du brevet, afin de poursuivre des objectifs d'intérêts publics[5]. C'est ce qui a incité la plupart des pays à prévoir la concession de licences obligatoires dans leur législation. Cette flexibilité vise à trouver un équilibre entre le souci de promouvoir l'accès aux médicaments existants et celui de l'incitation à la recherche et le développement dans le domaine pharmaceutique[6].

---

[1] NDOUR Marame, « *La politisation de l'accès aux médicaments dans l'espace international : l'Organisation mondiale de la Santé comme foyer d'une dynamique contestataire* », thèse de doctorat en sciences politiques, Université Paris 1 -Panthéon Sorbonne-, Paris, 2013, p. 314.

[2] Voir Déclaration ministérielle de Doha, *op.cit*, Par.17.

[3] REMICHE Bernard, « Les Accords ADPIC+ », *op.cit*, p. 145.

[4] Il est à noter que cet article couvre l'exception relative à la commercialisation de médicaments génériques, comme cela a été confirmé dans le rapport Canada- Protection conférée par un brevet pour les produits. Voir : GUENNIF Samira & CHAISSE Julien, « L'économie politique du brevet au sud : variations Indiennes sur le brevet pharmaceutique », *RIDE*, n°02/ 2007, p.195.

[5] *Ibid.* p.196.

[6] Les licences obligatoires revêtent une importance capitale pour les PED durement par les épidémies comme celle du VIH/Sida. Ces licences constituent un moyen de contrecarrer les effets négatifs des brevets sur les prix et l'accessibilité des médicaments, .../...

L'Accord ADPIC comprend une exception dédiée à la recherche communément appelée « *l'exception Bolar* »[1]. Cette dérogation, qui découle indirectement de l'article 8, permet l'utilisation d'une invention brevetée dans un objectif de recherche, sans le consentement de son titulaire, alors même que le délai d'exclusivité de 20 ans n'est pas arrivé à son terme[2]. Cela pourrait aider les pays démunis à mettre sur leurs marchés des génériques à bas prix, après que l'invention est tombée dans le domaine public[3].

En vue de protéger les PED des comportements abusifs des firmes pharmaceutiques, l'Accord a instauré des licences obligatoires par lesquelles les pouvoirs publics autorisent un tiers à fabriquer le produit breveté ou à utiliser le procédé breveté[4]. Ces licences visent, à la fois, l'intérêt public et le comportement du titulaire du brevet[5]. Elles sont reparties, suivant les termes de l'article 40/2 de l'Accord ADPIC, en : licence en guise de sanctions du refus de traiter à des conditions raisonnables et licence en guise de sanction des pratiques anti-concurrentielles[6].

Ces licences visent à pallier les pratiques et les abus découlant de la position dominante des titulaires de brevets et qui seraient en contradiction avec le préambule de l'Accord ADPIC, qui précise que le

---

.../...dans la mesure où ces licences permettent de réduire le prix des médicaments protégés par un brevet en vigueur, voire d'obtenir de la technologie. Voir : GUENNIF Samira & CHAISSE Julien, *op.cit*, p.197.

1 Cette appellation est puisée de l'affaire Roche Products Inc/ Bolar Pharmaceutical Co, jugée par les tribunaux américains en 1984. Voir : RENAUD Schils, *op.cit*, p.14

2 L'utilisation de ce mécanisme a été confirmée par l'ORD dans le Rapport du Groupe spécial rendu dans l'affaire : Canada- Produits pharmaceutiques, (WT/DS114/R), adopté le 7 avril 2000.

3 RENAUD Schilfs, *op.cit*, p.14.

4 Il est à préciser que les licences obligatoires n'excluent pas l'obligation de payer le détenteur du droit. Cependant, le prix des génériques est beaucoup plus faible que lors d'une licence volontaire (en moyenne 5 % d'une licence volontaire). Voir : RENAUD Schils, *op.cit*, p.15.

5 L'élaboration de ces licences s'appuie sur une série de principes que l'on retrouve notamment à l'article 8/1 de l'Accord permettant aux membres d'élaborer ou modifier leurs législations et d'*adopter les mesures nécessaires pour protéger la santé publique et la nutrition et pour promouvoir l'intérêt public dans des secteurs d'une importance vitale pour leur développement socio-économique et technologique, à condition que ces mesures soient compatibles avec les dispositions du présent accord.*

6 Ici le titulaire du brevet a intérêt à étudier avec le plus grand soin les demandes de licences volontaires qui lui sont adressées et à motiver ses décisions en cas de refus, car un client qui se voit refuser une licence volontaire, en dépit de son offre commerciale raisonnable, peut demander à bénéficier d'une licence non volontaire lui permettant d'utiliser le brevet. Cette faveur est accordée afin de faire face à tout abus de la position dominante très en présence dans le secteur pharmaceutique, surtout que l'objectif principal de la délivrance des licences volontaires est l'approvisionnement du marché intérieur et la rémunération du brevet de manière adéquate. Voir : GUESMI Amelle, *op.cit*, p.271.

brevet ne doit pas devenir un obstacle au commerce. Les conditions de mise en œuvre de ces licences, non volontaires, sont la constatation d'une rémunération trop élevée demandée par le titulaire du brevet. Il existe des pays, à l'instar du Chili et de l'Argentine, qui ont intégré ce genre de licences dans leur législation interne. Il est à relever que l'article 40 laisse une marge de manœuvre aux États pour adopter les mesures appropriées à leurs besoins spécifiques et à leur niveau de développement. Aussi, les PED peuvent déclarer l'attitude des firmes, qui utilisent leurs brevets comme barrières à l'entrée des marchés en vue d'éviter la concurrence des fabricants de génériques, comme étant abusive et anti-concurrentielle[1].

Toutefois, l'imprécision et le caractère non obligatoire des mesures préférentielles, décidées en faveur des PED par l'Accord ADPIC, atténuent en la valeur et en l'impact du traitement favorable.

L'imprécision a été vérifiée en ce qui concerne la période de transition accordée par l'Accord ADPIC et qui n'exempt pas finalement les PED de se soumettre à certaines obligations pendant cette phase. C'est ce qui a été constaté du traitement donné par l'ORD à une affaire opposant les États-Unis à l'Inde[2]. Le groupe spécial avait jugé que quoiqu'un PED ou PMA bénéficie d'une période de transition, il doit mettre en place un système dit « boîte aux lettres » permettant aux inventeurs d'enregistrer leurs inventions pendant cette période transitoire. Pendant cette période, la protection des brevets pharmaceutiques reste « dormante »[3].

Toutefois, le Par.7 de la Déclaration sur l'Accord sur les ADPIC et la santé publique ne précise pas s'il incombe aux PMA de mettre en place cette « boîte aux lettres » pour recevoir et préserver les droits des détenteurs de brevets pendant l'intérim. Cela qui fait que ce paragraphe ne résout pas le problème des articles 70.8 et 70.9 dudit Accord[4].

---

[1] GUESMI Amelle, *op.cit*, pp.272-273.

[2] Inde - Protection conférée par un brevet pour les produits pharmaceutiques et les produits chimiques pour l'agriculture : Rapport du Groupe spécial du 5 septembre 1997.

[3] Nonobstant cette protection momentanément inactive, le PED est dans l'obligation d'accorder des droits exclusifs de vente au titulaire de brevet pendant une période maximum de cinq ans après l'obtention du droit de commercialisation de son médicament, à condition de satisfaire aux autres conditions de l'article 70.9 de l'Accord ADPIC. Ce n'est qu'à la fin de cette période de transition que les applications qui ont été soumises pendant cette période deviendront opérationnelles. Autrement dit, la protection de ces brevets deviendra effective. Voir : CHELLAF Aziz, *op.cit*, p.267.

[4] Certains auteurs, dont Frederick M. Abbott, estiment que durant cette période de transition, le pays bénéficiaire est tenu de répondre à deux obligations. D'abord, conformément à l'article 70.8 de l'Accord ADPIC, le PED ou le PMA mettra en place un moyen de déposer des demandes de brevet pour les produits pharmaceutiques et les produits chimiques pour l'agriculture.../...

Bien que l'Accord autorise, par le biais de son article 8, les mesures destinées à corriger l'usage abusif des droits de propriété intellectuelle par leurs détenteurs[1], toutefois cette faveur est vidée de son sens par l'imprécision et la mauvaise interprétation donnée à cet article, rédigé en des termes opaques et vagues qui ne font l'objet d'aucune précision[2].

L'imprécision a gagné également les articles 30 et 31 de l'Accord, qui n'énoncent pas les motifs sur lesquels les États peuvent fonder leurs exceptions ni les cas précis pouvant faire l'objet d'une telle exception, ce qui limite en la portée de la protection de santé, vantée par l'OMC. La question des motifs fondant des exceptions au droit de brevet est laissée aux interprétations de l'Accord[3]. L'article 30 comprend un autre vice de forme, d'autant plus qu'il n'a pas cité les exceptions, contrairement à l'article 20 de l'Accord GATT de 1947[4]. L'interprétation des articles 30 et 31 et des motifs permettant de limiter les droits des titulaires de brevets pharmaceutiques, n'a émané que d'une décision d'un Panel constitué pour le traitement de l'affaire Canada- produits pharmaceutiques[5]. Celui-ci amorça un début d'évolution vers une meilleure prise en compte de la santé par le droit commercial international[6].

…/…Ensuite, conformément à l'article 70.9 du même Accord, le pays accorde des droits exclusifs de vente au détenteur de brevet pendant une période maximum de cinq ans après l'obtention de l'approbation de commercialisation dans le PED ou PMA membre. Il faut néanmoins qu'une demande de brevet soit déposé soit déposée et obtenue et qu'une approbation de commercialisation soit obtenue dans un autre pays membre. Lire à ce propos : CHELLAF Aziz, *op.cit*, pp.269-270.

[1] Cet article autorise, dans son Par.2, les membres à prendre *des mesures appropriées, à condition qu'elles soient compatibles avec les dispositions du présent accord, pourront être nécessaires afin d'éviter l'usage abusif des droits de propriété intellectuelle par les détenteurs de droits ou le recours à des pratiques qui restreignent de manière déraisonnable le commerce ou sont préjudiciables au transfert international de technologie.*

[2] Cela fait que les États restent libres d'adopter une interprétation stricte des « *intérêts légitimes* » des titulaires de brevet et de *« compatibles avec les dispositions du présent accord »* pour refuser le recours à cette flexibilité.

[3] CLOTIDE Jourdain- Fortier, Santé et commerce international : contribution à l'étude de la protection des valeurs non marchandes par le droit du commerce international, Lexis Nexis, Paris, 2006, p.542.

[4] Cet article, qui traite des « exceptions générales », cite que rien dans l'Accord ne sera interprété comme empêchant l'adoption ou l'application par toute partie contractante de l'une des dix mesures qu'il a énumérées. Parmi ces mesures, on retient le signalement des mesures « nécessaires à la protection de la santé et de la vie des personnes et des animaux ou à la préservation des végétaux ».

[5] Rapport du Groupe spécial Canada- Produits pharmaceutiques, (WT/DS114/R), adopté le 7 avril 2000.

[6] L'ORD s'est prononcé sur la légitimité des dispositions de la loi canadienne relatives à l'utilisation du brevet sans consentement du titulaire au regard de l'article 30 de l'Accord ADPIC. La première disposition de cette loi permettait aux fabricants de génériques de procéder aux expériences et essais nécessaires à l'obtention d'une autorisation de mise sur le marché avant que le brevet ne soit expiré../...

L'entrée en vigueur de l'Accord ADPIC a eu des répercussions négatives sur les PED et a fait d'eux les grands perdants des échanges internationaux de médicaments. Le manque de moyens technologiques a accentué leur dépendance des produits détenus par les pouvoirs privés économiques dont la grande majorité est installée en Occident.

En dépit de l'article 66/2, qui oblige les pays développés à encourager le transfert de technologie vers les PED/PMA, la bonne intention de ces pays, si manifeste soit-elle, se heurterait à un niveau technologique trop faible chez les pays récepteurs[1]. Cela a rendu les PED incapables de prendre en charge les frais des médicaments, même ceux de type générique[2]. Ce qui piétine sensiblement le droit d'accès de leurs populations aux médicaments.

Un accès compliqué davantage par le comportement des pays développés et leurs firmes pharmaceutiques, qui appréhendent le brevet comme un outil exclusivement commercial. Ils concentrent leurs productions sur les traitements rentables au détriment de ceux contre les maladies tropicales et les pandémies qui emportent des centaines de vies en Afrique subsaharienne et dans le Sud asiatique, à l'instar de trypanosomiase humaine africaine et le paludisme, dont la demande est importante mais pas solvable[3]. Même dans le cadre de la lutte contre le virus VIH/Sida, les souches qui reçoivent les plus grands financements sont celles qui prévalent dans les pays développés[4].

Les objectifs sociaux, que le brevet est supposé servir, sont défavorisés par la stratégie du breveté et par son abus de la position de

---

... /... La seconde les autorisait à fabriquer et à stocker au cours des six derniers mois de validité du brevet, une fois l'autorisation de mise sur le marché obtenue. Le groupe spécial a reconnu la nécessité de concilier les droits de protection de la santé et a partiellement donné raison au Canada en validant la première disposition permettant aux fabricants de génériques de procéder aux expériences et essais nécessaires à l'obtention d'une autorisation de mise sur le marché avant que le brevet ne soit expiré. Voir : GUESMI Amelle, *op.cit*, p.325.

[1] Un transfert efficace de technologie exige que le bénéficiaire puisse « absorber » les connaissances transmises. Il doit apprendre à s'en servir pour en adapter ensuite l'usage aux objectifs nationaux. Le déficit économique et technologique des PED est en outre aggravé par des carences institutionnelles qui les empêchent de profiter des quelques souplesses de l'Accord ADPIC, lesquelles restent donc toutes théoriques. Lire à ce propos : GUESMI Amelle, *op.cit*, p.289.

[2] Car même si les firmes pharmaceutiques acceptaient de baisser leurs prix, les montants exigés resteraient souvent supérieurs au coût moyen des dépenses de santé publique qui pèsent sur les ménages.

[3] MESSAD Rafik, « *De l'inadaptation du droit des brevets de l'OMC avec la défense du droit à la santé* », Revue Académique de la Recherche Juridique, Université de Bejaia (Algérie), Vol 10, n°03/2019, pp. 881-907. Article accessible par le lien direct : https://www.asjp.cerist.dz/en/article/105648, p.890.

[4] GUESMI Amelle, *op.cit*, p.293.

monopole. Le renforcement des droits du titulaire du brevet, opéré par l'OMC, traduit, selon Remich Bernard que *Plus le droit est fort, plus il est facile d'en abuser*[1].

La forte protection du titulaire du brevet est illustrée d'abord par le bénéfice d'une protection très longue de son invention, portée à 20 ans par l'article 33 de l'Accord ADPIC et qui peut être même prolongée par un certificat complémentaire[2]. La fin du copiage légal constitue l'une des dispositions centrales de l'Accord ADPIC. Les brevetés bénéficient, aux termes de l'article 28/1, du droit d'empêcher leurs concurrents de fabriquer, d'utiliser, de vendre ou d'importer à ces fins leurs produits protégés, ainsi que ceux obtenus à partir de leurs procédés brevetés[3].

La reconnaissance au breveté du droit de monopole d'importation et de commercialisation de ses produits, en consacrant l'équivalence entre l'exploitation industrielle et l'exploitation commerciale du brevet, a permis de pratiquer des prix très excessifs[4]. Aussi, le principe de non-discrimination entre les produits importés et les produits locaux a fait disparaître l'obligation d'exploitation locale, pourtant conforme à l'esprit du brevet censé diffuser l'innovation[5].

En somme, le titulaire du brevet bénéficie d'une forte protection qui peut aisément le conduire jusqu'à abuser de sa position dominante et piétiner les impératifs de santé publique.

Le traitement réservé par l'OMC aux brevets, avec notamment l'extension de la protection aux données relatives aux essais sur les nouvelles molécules, est jugé d'injustifié. Les pays développés tentent de justifier cela par leurs investissements en temps et en argent pour détenir l'autorisation de mise sur le marché[6]. Si l'article 39 de l'Accord ADPIC

---

[1] REMICHE Bernard, « Révolution technologique, mondialisation et droit des brevets », *RIDE*, n°02/ 2002, Paris, 2002, p.124.

[2] GUESMI Amelle, *op.cit*, p.285.

[3] Ces brevets accordent ainsi une immunité à leurs titulaires contre une concurrence d'imitateurs qui avait été institutionnalisée notamment dans les pays émergents, à l'instar du Brésil et de l'Inde. Lire à ce propos : GUESMI Amelle, *op.cit*, p.286.

[4] *Ibid.* p.286.

[5] Il est à déplorer également le renversement de la charge de preuve dans le cas d'une action de contrefaçon et qui accentue les difficultés des PED. En effet, l'article 34/1 de l'Accord ADPIC habilite les autorités judiciaires *à ordonner au défendeur de prouver que le procédé utilisé pour obtenir un produit identique est différent du procédé breveté.* Cette règle à vocation à s'appliquer sur tous les produits lorsque le titulaire du brevet n'a pas pu déterminer quel procédé a été utilisé. Permettre de renverser la charge de preuve risque de conduire les laboratoires à multiplier les litiges avec des sociétés de plus petite taille pour réduire la concurrence. Voir : GUESMI Amelle, *op.cit*, pp.286-287.

[6] MESSAD Rafik, « *De l'inadaptation du droit des brevets de l'OMC avec la défense du droit à la santé* », *op.cit*, p.888.

prévoit la confidentialité des données d'essais, néanmoins aucune indication n'a été donnée à propos des modalités et de la durée[1].

Barré Pépin considère cette confidentialité injustifiée, en l'absence de contrepartie pour la société, faute de divulgation de ces données et de paiement des taxes[2]. Cette protection est utilisée par certaines entreprises à des fins concurrentielles en cherchant à élargir leur hégémonie, par le biais d'une protection renforcée de ces données confidentielles, surtout lorsqu'elles soumettent des données secrètes aux autorités des PED[3].

1-1-3 L'effet de l'interprétation libérale de l'Accord ADPIC sur la rareté des médicaments dans les PED

Si la santé est réellement prise en compte par l'Accord ADPIC, le brevet ne devait pas conduire, comme le rappelle J. Galloux, à *un blocage du marché préjudiciable à la collectivité nationale*. La question qui mérite d'être posée, au jour d'aujourd'hui, est la suivante : la santé est-elle envisagée par l'Accord ADPIC comme une considération d'intérêt général ou comme un motif légitime, autorisant les membres à limiter le droit de brevet ?[4] Certes, la santé est expressément prise en compte par ce texte comme cause d'exclusion du domaine brevetable[5], notamment dans l'hypothèse où l'octroi d'un brevet pourrait compromettre l'exercice de la médecine, mais en dehors de ces cas limités, la santé n'est guère envisagée comme motif permettant de porter atteinte aux droits du titulaire d'un brevet[6].

Pis, la course au brevetage s'est accentuée dès l'entrée en vigueur de l'Accord ADPIC. Dans le but de se prémunir de la concurrence des

---

[1] Le Par.2 de cet article énumère des conditions exigées pour que les renseignements non divulgués soient protégés et qui sont :

a) soient secrets en ce sens que, dans leur globalité ou dans la configuration et l'assemblage exacts de leurs éléments, ils ne sont pas généralement connus de personnes appartenant aux milieux qui s'occupent normalement du genre de renseignements en question ou ne leur sont pas aisément accessibles ;

b) aient une valeur commerciale parce qu'ils sont secrets ; et

c) aient fait l'objet, de la part de la personne qui en a licitement le contrôle, de dispositions raisonnables, compte tenu des circonstances, destinées à les garder secrets.

[2] Dans un article intitulé « *La mondialisation du système de brevet et la contrefaçon de médicament* », cité dans GUESMI Amelle, *op.cit*, p.280.

[3] Il est utile de signaler que ce genre de comportements protectionnistes est signalé même dans des pays émergents ayant développé leur industrie pharmaceutique, à l'instar de l'Inde. Le lobby pharmaceutique de ce pays a fait pression jusqu'à obtenir l'adoption d'une législation sur la propriété intellectuelle très restrictive. GUESMI Amelle, *op.cit*, p.280.

[4] CLOTIDE Jourdain- Fortier, *op.cit*, p.542.

[5] Article 27 de l'Accord ADPIC, *op.cit*.

[6] CLOTIDE Jourdain- Fortier, *op.cit*, p.542.

génériques produits dans des pays émergents, ayant développé une industrie pharmaceutique en pratiquant la copie de médicament à grande échelle[1], les pays développés ont accéléré le dépôt des brevets sur les anti- rétroviraux très demandés par les PED. Ainsi, ces produits, dont l'usage est recommandé par l'OMS comme étant les mieux adaptés à ces pays, sont les plus brevetés par des laboratoires qui ne les produisent même pas sur place[2]. Cela qui s'est traduit par l'augmentation vertigineuse des prix de ces produits.

La volonté de bloquer l'arrivée de concurrents a conduit les pays occidentaux jusqu'à déposer des brevets qu'ils ne projettent pas d'exploiter commercialement. Or, un tel excès du brevetage conduit inévitablement à se demander si le brevet ne confère pas à son titulaire le droit de privatiser la connaissance[3]. On se pose ici la question sur l'utilité de protéger l'innovation et le progrès pour les réserver uniquement aux plus riches sans profiter pleinement à l'humanité. Cette situation, appuyée par les lobbys pharmaceutiques en Europe et aux États-Unis, a été vivement dénoncée par les PED à l'entame du cycle de Doha.

Pour parvenir à leurs fins, les pays développés usent même de la menace et des sanctions économiques à l'encontre des pays adoptant des pratiques jugées contraires à leurs intérêts. Cela a été le cas de l'Inde, qui a été mis sur la liste noire américaine recensant les pays adoptant des pratiques contraires aux intérêts du pays. Le Brésil en a subi le même sort au milieu des années 1990[4].

En outre, les PED ont dénoncé la transformation du brevet d'une incitation à investir dans les activités de recherche à un abus de la position dominante et la privation du public du bénéfice des inventions. Les PED ont jugé que la communauté de l'OMC ne se soucie guère de leur sort et elle n'a quasiment aménagé aucun dispositif à leur avantage[5], eux qui subissent l'impact de la confrontation entre les brevets pharmaceutiques et l'accès aux médicaments, et qui illustre une nouvelle fois la complexité des rapports entre le droit et l'économie[6]. À cet égard,

[1] Les pays émergents, notamment l'Inde et le Brésil, se sont distingués des autres PED en mettant en œuvre assez de licences obligatoires.
[2] GUESMI Amelle, *op.cit*, p.252.
[3] Ibid.p.252.
[4] Ibid. p.294.
[5] LE GAL Cécile, *op.cit*, p.460.
[6] Cette question invite à réfléchir sur les finalités du droit des brevets de l'OMC et sur la confrontation de l'exercice de ce droit aux objectifs fixés par ses auteurs. L'interrogation conduit à souligner les conséquences de sa mise en œuvre sur l'état de santé des destinataires de la norme se trouvant dans les pays les plus défavorisés. Voir : GUESMI Amelle, *op.cit*, p.21 et p.22.

le droit positif n'est ni satisfaisant ni neutre, car l'adoption du brevet pour protéger l'innovation constitue un parti pris favorable au progrès économique et technologique. Avant cela, l'article 27/1 de l'Accord ADPIC, qui permet l'obtention d'un brevet *pour toute invention, de produit ou de procédé, dans tous les domaines technologiques, à condition qu'elle soit nouvelle, qu'elle implique une activité inventive et qu'elle soit susceptible d'application industrielle* est à considérer comme une des concessions principales des PED en matière de médicaments[1].

Ces pays subissent à présent les incidences de l'exercice du droit des brevets dans le secteur pharmaceutique et qui offre à la protection de l'investissement une garantie juridique certaine, tandis que celle de la santé subit « *le coût du droit ou le coût du mauvais droit ou du non droit* »[2]. Le brevet pharmaceutique, conçu comme une incitation suffisante pour encourager les firmes à investir dans les activités de recherches, a été transformé par ces dernières en moyen pour abuser de leur position dominante ou adopter des pratiques restrictives ou discriminatoires privant le public du bénéfice des inventions.

Les PED se disent victimes de l'ignorance de leurs soucis par les concepteurs de l'Accord ADPIC. Ils ont vérifié cela à leurs dépens dès que la période de transition, qui leur a été accordée, a pris fin[3]. La mise en conformité avec cet Accord a aggravé les difficultés des PED à se procurer des médicaments de seconde ligne, surtout que les pays émergents fabricants de génériques, à l'instar du Brésil, de l'Inde et de la Thaïlande, sont obligés de recourir aux licences volontaires ou obligatoires pour copier les médicaments brevetés[4].

En vue de réussir l'essor de leur production locale et remédier au difficile accès aux médicaments, les PED jugent nécessaire la prorogation, en leur faveur, et pour une période plus longue de l'autorisation de copier en vue de produire le générique[5]. Leur demande est puisée du constat alarmant fait de la situation de l'accès aux

[1] GUESMI Amelle, *op.cit*, p.94.
[2] Ibid.p.22.
[3] Cette période de transition était de cinq ans, ce qui a donné lieu à ce que l'entrée en vigueur de l'Accord ADPIC n'a eu lieu que le 1er janvier 2000.
[4] GUESMI Amelle, *op.cit*, p.353.
[5] Ils jugent qu'il est concevable d'imiter l'expérience de la Corée du sud, et d'autres « pays anciennement en développement », qui sont désormais dotés d'une industrie pharmaceutique innovante, mais qui ont acquis un niveau élevé d'expertise technologique en pratiquant la copie, comme l'avaient fait avant eux les pays aujourd'hui industrialisés. Lire : GUESMI Amelle, *op.cit*, p.289.

médicaments aggravée, depuis le début des années 2000, comme le reconnaît l'OMC[1] elle-même.

Devant l'ampleur des pandémies comme le Sida, ou encore la tuberculose ou le paludisme, il était impératif de s'interroger sur les mesures susceptibles d'être prises pour améliorer l'accès des populations aux médicaments brevetés[2]. Un nouvel équilibre doit être construit entre la protection de l'intérêt général des populations et les intérêts individuels des firmes pharmaceutiques. La réforme du régime de protection par brevets de la fabrication des médicaments était devenue une solution inévitable pour l'OMC.

La promotion du droit à la santé souffre aussi de l'orientation des firmes pharmaceutiques vers les produits rentables au détriment des produits nécessaires à la lutte contre les épidémies ravageantes dans les PED. La course derrière les profits excessifs affecte le marché mondial des médicaments et les laboratoires de recherche concentrent leurs activités sur un nombre limité d'axes de recherches, en fonction de la rentabilité des produits visés. Ils se ruent vers la production des médicaments qui leur assurent un important retour sur investissement[3]. Les priorités des gouvernements des pays développés à propos des filières de médicaments à encourager dans les recherches sont très éloignées des besoins des PED[4].

Les laboratoires pharmaceutiques et les instituts de recherches y afférents se concentrent essentiellement sur les maladies « rentables » plus spécifiques aux pays développés[5]. Le coût des tests de diagnostic et le prix élevé des médicaments excluent de fait les populations pauvres du bénéfice des résultats d'une science qui permet pourtant de mieux comprendre les bases génétiques et les mécanismes de réponse des

[1] Cette reconnaissance l'a été dans une étude conjointe réalisée avec l'OMS, où il a été constaté que « *certains des nouveaux médicaments les plus efficaces contre le VIH/Sida, le paludisme et la tuberculose, maladies qui entraînent d'énormes pertes humaines et économiques, ont été inventés après 1995 et, en tant que tels, pourront prétendre à être protégés par des brevets dans un plus grand nombre de pays en développement* ». Voir : « *Les accords de l'OMC et la santé publique* », Étude conjointe de l'OMS et du Secrétariat de l'OMC, Genève (Suisse), 2002, consultable sur le lien : https://www.wto.org/french/res_f/booksp_f/who_wto_f.pdf, p.107.

[2] CLOTIDE Jourdain- Fortier, *op.cit*, p. 541.

[3] GUESMI Amelle, *op.cit*, pp.278-279.

[4] Même dans la lutte contre le virus VIH/Sida qui frappe simultanément au nord et au sud de la planète, les souches du virus présentes dans le Nord font l'objet de plus d'attention que celles sévissant au Sud. À titre d'exemple, sur les 163 médicaments produits durant la période 1999-2004, seuls trois comptaient de nouvelles molécules innovantes ciblant les maladies tropicales. GUESMI Amelle, *op.cit*, p.278.

[5] *Ibid.* p.283.

produits pharmaceutiques, ce qui peut être très utile dans le cadre des recherches sur les anti- rétroviraux[1]. Cette exclusion est totalement contraire à l'article 27/1 de la Déclaration universelle des droits de l'homme[2].

Insensibles à l'impact du brevetage sur l'accroissement des crises sanitaires à travers le monde, des pays développés demandent le renforcement des brevets. Dans ce registre, les États-Unis ont conclu que l'Accord ADPIC n'est pas tout à fait adapté aux développements technologiques. Ils considèrent cet Accord comme *produit des années quatre-vingt et ne tient par conséquent pas compte des technologies et des problèmes commerciaux du 21eme siècle*[3]. Aussi, plusieurs entreprises américaines ont exprimé à leur gouvernement leur insatisfaction sur la définition de l'objet brevetable prévu dans l'Accord ADPIC. L'entreprise *Biotechnology Industry Organization*, qui dit représenter plus de 1100 entreprises de biotechnologie, a adressé une lettre à l'USTR (bureau du représentant américain au commerce) pour dénoncer les faiblesses de l'Accord ADPIC, qu'elle juge ne répondant pas aux besoins de son industrie. Ayant reçu favorablement ces doléances, le gouvernement américain trace comme objectifs aux négociateurs de son pays, chargés de la question de la propriété intellectuelle, d'axer leurs travaux sur *une solide protection pour les technologies nouvelles et émergentes et s'assurer que le niveau de protection demeure conforme aux développements technologiques*[4].

N'ayant pas réussi à conduire l'OMC jusqu'à amender ce texte, de sorte à les arranger mieux, les États-Unis ont eu recours aux pressions économiques et politiques pour dissuader les PED de recourir à certaines mesures dérogatoires légitimées par les articles 30 et 31 de l'Accord ADPIC, notamment le recours à des importations parallèles et la délivrance de licences obligatoires[5].

Les pressions américaines, sur les PED, se prolongent sous l'effet de la conclusion d'accords bilatéraux, qui ont comme principale incidence de ligoter les PED qui y sont parties, pour ne pas bénéficier librement des

---

[1] GUESMI Amelle, *op.cit*, p.284.

[2] Et qui stipule : *« Toute personne a le droit de prendre part librement à la vie culturelle de la communauté, de jouir des arts et de participer au progrès scientifique et aux bienfaits qui en résultent »*.

[3] MORIN Jean- Frédéric, *op.cit*, p.555.

[4] *Ibid.* p.555.

[5] Des pratiques pouvant être légitimées sur le fondement des articles 30 et 31 de l'Accord ADPIC et qui sont destinées à favoriser l'accès des populations aux médicaments. CLOTIDE Jourdain-Fortier, *op.cit*, p.547.

flexibilités offertes par l'Accord ADPIC[1]. La conclusion d'accords bilatéraux de propriété intellectuelle explique ainsi l'arrimage des législations des pays importateurs de technologie à celle des États-Unis, en ce qui a trait à l'extension de la brevetabilité.

En somme, les accords bilatéraux permettent aux États-Unis de renforcer le droit des brevets et de l'exporter en dehors de l'enceinte de l'OMC où l'émergence d'une force, même relative, des PED contestataires de l'orientation donnée au droit des brevets durcit le processus en faveur de la promotion du brevet[2].

Ces pressions ont conduit l'AG de l'ONU sur le développement social, dans sa session spéciale tenue à Genève du 26 juin au 1er juillet 2000, à réaffirmer que : « *les pays peuvent exercer librement, en conformité avec les lois nationales et les engagements internationaux auxquels ils ont adhéré, de façon limitée, les options qui leur sont offertes par les instruments internationaux pour protéger et favoriser l'accès aux médicaments essentiels et vitaux* »[3].

1-2 Pour une réforme substantielle du droit de l'OMC et le renforcement de l'accès des PED aux médicaments

Faisant face là la pénurie des médicaments sur leurs territoires respectifs, avantagée par les pratiques des détenteurs de brevets, les PED ont constitué un front pour réclamer une facilitation de l'accès aux médicaments. Leur leitmotiv est de lutter contre les épidémies qui font rage dans leurs pays.

1-2-1 La plaidoirie en faveur de la facilitation de l'accès aux médicaments

La facilitation de l'accès aux médicaments a été marginalisée par l'OMC, même si la Déclaration de Doha a consacré trois paragraphes (les par.17, 18 et 19) à la protection de la propriété intellectuelle, mais la protection de la santé publique n'a été citée que dans un court passage, au milieu du par.6, où l'OMC a réitéré, qu'en vertu de ses règles, aucun pays

---

[1] Suivant les estimations établies en 2002 par la Commission britannique sur les droits de propriété intellectuelle, seul un PED sur quatre exclut explicitement les plantes et les animaux de la brevetabilité, comme l'autorise l'Accord ADPIC. Voir : MORIN Jean- Frédéric, *op.cit*, p.555.

[2] MORIN Jean- Frédéric, *op.cit*, p.548.

[3] CLOTIDE Jourdain- Fortier, *op.cit*, p.549.

ne devrait être empêché de prendre des mesures pour la protection de la vie *des personnes et des animaux, la préservation des végétaux... etc.*

Cette marginalisation a donné à cette question une place prépondérante dans les travaux du cycle de Doha, où les PED ont insisté sur le respect de la primauté de la santé publique sur les brevets pharmaceutiques, surtout que l'Accord ADPIC s'est rapidement révélé comme assez contraignant et pénalisant pour les PED, en particulier sur la question sanitaire. Ces pays subissent une augmentation conséquente des prix des médicaments, d'autant que les entreprises pharmaceutiques établies principalement dans les pays développés et pour financer leurs investissements de recherche, pratiquent des prix élevés sur des médicaments essentiels pour les PED, comme ceux destinés au traitement du paludisme ou du sida[1].

Pour y remédier, les membres de l'OMC ont reconnu clairement le droit des membres à promouvoir l'accès de tous aux médicaments, et que l'Accord ADPIC *peut et devrait être interprété et mis en œuvre d'une manière qui appuie le droit des Membres de l'OMC de protéger la santé publique et, en particulier, de promouvoir l'accès de tous aux médicaments* »[2]. Un mandat a été donné au Conseil des ADPIC pour trouver une solution à ce problème avant la fin de 2002[3].

Du fait que les deux déclarations adoptées à Doha en novembre 2001[4] n'ont pas apporté d'amélioration par rapport à la situation antérieure, où les membres disposaient du droit d'imposer des licences obligatoires aux détenteurs de brevets, en cas de crise grave de santé publique[5], moyennant rémunération des détenteurs[6], les PED ont demandé à l'OMC une prise en charge rigoureuse du problème de l'accès aux médicaments[7]. Ces deux déclarations n'ont pas résolu « *le problème le*

---

[1] LABORDE David, *op.cit*, p. 94.

[2] Par.4 de la Déclaration sur l'accord sur les ADPIC et la santé publique, adoptée le 14 novembre 2001.

[3] Par.19 de la Déclaration ministérielle de Doha, *op.cit.*

[4] À savoir la Déclaration ministérielle de Doha et la Déclaration spécifique sur l'Accord sur les ADPIC et la santé publique.

[5] Le seul apport de la Déclaration spécifique était de reconnaître que les grandes épidémies peuvent être considérées comme de telles crises.

[6] La levée de l'obligation de rémunérer les licences obligatoires est la seule solution pour parvenir à une prise en charge sérieuse du problème de l'accès aux médicaments, car dans leur majorité, les PED restent désarmés pour faire face à cette obligation.

[7] La Déclaration sur l'accord sur les ADPIC et la santé publique n'apporte pas un plus aux PED sauf de reconnaître *..que l'Accord sur les ADPIC n'empêche pas et ne devrait pas empêcher les Membres de prendre des mesures pour protéger la santé publique (*Par.4). Mais aussi puisqu'elle autorise explicitement les membres à octroyer unilatéralement des licences qui permettent aux producteurs locaux d'ignorer les brevets.../...

plus grave de l'ADPIC, soit celui des restrictions imposées aux exportations de médicaments fabriqués sous licence obligatoire », observe M. James Love de l'ONG *Consumer Projet on Technology* et spécialiste de la question, cité par Mutume Gumisai[1].

La levée de ces restrictions profiterait aux PED, dont la plupart ne sont pas en mesure de fabriquer des médicaments, et qui doivent répondre aux besoins sanitaires de leurs populations. L'OMC a rejeté le projet d'autorisation de « l'exportation parallèle » de médicaments génériques vers les pays qui n'ont pas les moyens de les fabriquer eux-mêmes[2].

Pour y faire face, et dans une Déclaration publiée à Doha, les PED ont contesté le traitement donné par l'Accord ADPIC aux aspects des droits de propriété intellectuelle qui touchent au commerce. Ils ont affirmé que l'OMC devrait respecter la primauté de la santé publique sur les brevets des médicaments[3]. Tout comme ils ont appelé la communauté internationale à conjuguer plus d'efforts et mettre les fonds nécessaires à disposition pour la lutte contre les épidémies et à avantager les recherches sur les maladies tropicales qui touchent les PED.

Dans un autre registre, les PED ont sollicité l'OMC à faire pression sur les firmes pharmaceutiques afin de réserver aux autres maladies, qui frappent le tiers-monde et qui sont des « maladies oubliées » par les programmes de recherche des grands laboratoires pharmaceutiques le même traitement qui est réservé au sida, qui fait plutôt figure d'exception en raison du fait qu'il constitue l'une des rares épidémies qui frappent de la même manière les pays du Sud et ceux du Nord

Arguant que la vie de leurs citoyens doit l'emporter sur les intérêts privés des entreprises pharmaceutiques, les PED ont autorisé leurs industries pharmaceutiques à violer les brevets. Face à cela, les gouvernements des pays développés protestent avec virulence et demandent le respect des engagements. Un mécontentement qui a

---

.../...Pour plus de détails, lire : WAREGNE Jean-Marie, « La Conférence ministérielle de l'OMC à Doha. Le cycle du développement», *Courrier hebdomadaire du CRISP 34/2001*, (n° 1739-1740), p.16, in : www.cairn.info/revue-courrier-hebdomadaire-du-crisp-2001-34-page-5.htm. p.33.

[1] MUTUME Gumisai, « Ce que Doha signifie pour l'Afrique : Les compromis obtenus à la réunion de l'OMC présentent des avantages, mais à quel prix ? », *Afrique Relance, Vol.15# 4 (Décembre 2001), page 3, in : www.un.org/fr/africarenewal/vol1*

[2] *Ibid.*

[3] Toutefois, cette Déclaration signée par des PED a omis d'aborder les brevets des formes de vie et des matériaux biologiques, que beaucoup, notamment en Afrique, jugent nécessaire d'interdire. De tels brevets pourraient restreindre le droit des agriculteurs des pays pauvres de disposer de semences et d'autres innovations indigènes et déboucher sur l'exploitation illicite de ressources génétiques par des industries et des entreprises pharmaceutiques établis dans des pays développés. Lire : MUTUME Gumisai, *op.cit.*

conduit, en août 2003, à l'adoption d'une dérogation transitoire[1] au cadre général de l'Accord existant, porté par le Par.6 de la Déclaration sur l'Accord sur les ADPIC et la santé publique.

Cette dérogation lève temporairement certaines obligations de l'Accord ADPIC auxquelles devaient se soumettre les fournisseurs de produits pharmaceutiques fabriqués sous licence obligatoire, afin qu'ils puissent exporter vers les pays pauvres ayant des capacités de fabrication insuffisantes ou inexistantes dans le secteur pharmaceutique. En outre, pour les produits pharmaceutiques, le délai de mise en œuvre des engagements liés aux ADPIC accordé aux PMA a été étendu jusqu'en 2016[2].

Les PED pouvaient en théorie s'approvisionner en médicaments à bas prix auprès de pays ayant délivré une licence obligatoire pour la production de médicaments génériques, mais en réalité, ils se heurtaient à de réels problèmes résultant des dispositions de l'article 31 *f* de l'Accord ADPIC, qui dispose que l'utilisation d'un brevet sans autorisation du détenteur du droit *sera autorisée principalement pour l'approvisionnement du marché intérieur du Membre qui a autorisé cette utilisation*[3].

L'amendement de l'Accord, suite à l'insertion de l'article 31 bis[4], a apporté quelques aménagements en indiquant que *les obligations d'un Membre exportateur au titre de l'article 31 f) ne s'appliqueront pas en ce qui concerne l'octroi par ce Membre d'une licence obligatoire dans la mesure nécessaire aux fins de la production d'un (de) produit(s) pharmaceutique(s) et de son (leur) exportation vers un (des) Membre(s) importateur(s) admissible(s) selon les modalités énoncées au paragraphe 2 de l'Annexe du présent accord.*

---

[1] Décision du Conseil général sur les licences obligatoires pour l'exportation («Mise en œuvre du paragraphe 6 de la Déclaration de Doha sur l'Accord sur les ADPIC et la santé publique»), adoptée le 30 août 2003, WT/L/540 et Corr.1.

[2] Cette dérogation transitoire de 2003 a été entérinée par un amendement de l'Accord ADPIC, adopté en date du 6 décembre 2005 par le Conseil général (OMC : Décision du Conseil général - Amendement de l'Accord sur les ADPIC- Document WT/L/641 du 6 décembre 2005) qui a institué dans l'Accord un article 31 *bis* qui reprend les principales dispositions de la Décision du 30 août 2003. Les autres dispositions de la Décision sont renvoyées à une annexe à l'Accord ADPIC.

[3] Pour ARHEL Pierre, Conseiller à l'OMC, le mot « principalement », utilisé dans la dernière phrase de l'article 31f de l'Accord ADPIC ne devrait être interprété que lorsqu'un pays délivre une licence obligatoire pour la fabrication de médicaments génériques et les produits ainsi fabriqués doivent être réservés, au moins à hauteur de 50 %, au marché national, ce qui limite considérablement les quantités exportables. Voir : ARHEL Pierre, « Cycle de Doha : bilan et perspectives », *Recueil Dalloz,* Paris, 2007, p.1984.

[4] Par le biais de la Décision du Conseil général -Amendement de l'Accord sur les ADPIC- (Document WT/L/641) du 6 décembre 2005.

Si l'OMC présente ces différentes étapes comme des victoires importantes, l'avis des ONG et des PED est plus réservé, pour ne pas dire négatif. Les PED n'ont pas pu se lancer dans la production de médicaments génériques de seconde génération en raison des lourdes et onéreuses procédures à suivre pour bénéficier de la dérogation[1].

Tel qu'il se développe actuellement, le système international de propriété intellectuelle, et plus particulièrement celui des brevets, renforce les inégalités Nord/Sud et les inégalités entre « producteurs » et « utilisateurs » de la technologie. Les inégalités qui se développent ainsi ne sont pas porteuses de paix durable[2].

La demande des PED, liée à la facilitation de l'accès aux médicaments, est à juger de légitime eu égard aux différents traités internationaux consacrant le droit de chaque individu à une protection sanitaire adéquate. Ces pays n'ont fait que denoncer la situation difficile à laquelle ils sont confrontés après l'entree en vigueur de l'Accord ADPIC. Depuis, ils n'ont pas cessé de demander la mise en place de mécanismes juridiques en mesure de leur permettre de faire valoir leur droit à la santé. Une demande légitime, d'autant plus qu'elle est appuyée par des textes internationaux sur les droits de l'Homme reconnaissant à la santé une valeur digne de protection. Des textes qui reconnaissent à l'individu le droit d'exiger de l'Etat et des pouvoirs privés économiques de fournir des prestations concrètes en vue d'assurer les besoins humains fondamentaux, notamment en matière d'emploi, d'école et de santé.

La Charte des Nations Unies, et même sans faire référence spécifiquement au droit à la santé, oblige tous les membres de l'ONU à agir pour parvenir au respect universel et effectif des droits de l'Homme. L'article 103 de la Charte prévoit *qu'en cas de conflit entre les obligations des États en vertu de la charte et celles en vertu de tout autre accord international, les premières prévaudront*. Une hiérarchie confirmée par la Cour Internationale de Justice (CIJ) lors du traitement de l'affaire *Aerial incident over lockerbie* (ordonnance du 14 avril 1992)[3].

La santé a été qualifiée de droit fondamental de l'être humain par la constitution de l'Organisation mondiale de la Santé[4], qui a prévu que tous

[1] LABORDE David, *op.cit*, p. 94.
[2] REMICHE Bernard, « Les Accords ADPIC+ », *op.cit*, p. 154.
[3] GUESMI Amelle, *op.cit*, p.223.
[4] La Constitution de l'OMS a été adoptée par la Conférence internationale de la Santé, tenue à New York du 19 juin au 22 juillet 1946. Elle fut signée par les représentants de 61 États et entrée en vigueur le 7 avril 1948. Les amendements adoptés par la 26eme, la 29eme, la 39eme, la 51eme Assemblée mondiale de la Santé sont entrés en vigueur respectivement le 3 février 1977,…/…

les peuples de la planète sont admis aux connaissances acquises par les sciences médicales. L'OMS estime que : *la santé, qui est un état de complet bien-être physique, mental et social et ne consiste pas seulement en l'absence de maladie ou d'infirmité, est un droit fondamental de l'être humain, et que l'accession au niveau de santé le plus élevé possible est un objectif social extrêmement important qui intéresse le monde entier et suppose la participation de nombreux secteurs socioéconomiques autres que celui de la santé*[1].

L'article 25-1 de la Déclaration universelle des droits de l'Homme, signée en 1948, proclame le droit de tout être humain à un niveau de vie suffisant pour la santé[2]. La Charte sociale européenne, adoptée le 18 octobre 1961, a consacré le droit à la protection de la santé[3], suivie par le Pacte international relatif aux droits économiques, sociaux et culturels[4], entré en vigueur le 3 janvier 1976, et qui a reconnu *le droit qu'a toute personne de jouir du meilleur état de santé physique et mentale qu'elle soit capable d'atteindre*[5]. Le *droit de jouir du meilleur état de santé possible* a été repris en 1981 par la Charte africaine des droits de l'Homme, dite « Charte de Banjul », et par la Déclaration des devoirs fondamentaux des peuples et des États asiatiques signée en 1983[6].

Depuis le début du troisième millénaire, l'ONU a multiplié les démarches dans le sens de la promotion du droit à la santé. En effet, le

---

.../...le 20 janvier 1984, le 11 juillet 1994 et le 15 septembre 2005. Ils sont incorporés au texte initial. Pour lire le texte de cette Constitution, consulter : http://www.who.int/governance/eb/who_constitution_fr.pdf

[1] Voir : Déclaration d'Alma Ata, sanctionnant les travaux de la Conférence internationale sur les soins de santé primaires, réunie à Alma-Ata (Kazakhstan) le 12 septembre 1978, in : http://www.euro.who.int/__data/assets/pdf_file/0005/113882/E93945.pdf

[2] Et qui énonce : « *Toute personne a droit à un niveau de vie suffisant pour assurer sa santé, son bien-être et ceux de sa famille, notamment pour l'alimentation, l'habillement, le logement, les soins médicaux ainsi que pour les services sociaux nécessaires ; elle a droit à la sécurité en cas de chômage, de maladie, d'invalidité, de veuvage, de vieillesse ou dans les autres cas de perte de ses moyens de subsistance par suite de circonstances indépendantes de sa volonté* ».

[3] Par le biais de l'article 11 de la Charte et qui énonce : « *En vue d'assurer l'exercice effectif du droit à la protection de la santé, les Parties s'engagent à prendre, soit directement, soit en coopération avec les organisations publiques et privées, des mesures appropriées tendant notamment: 1 à éliminer, dans la mesure du possible, les causes d'une santé déficiente ; 2 à prévoir des services de consultation et d'éducation pour ce qui concerne l'amélioration de la santé et le développement du sens de la responsabilité individuelle en matière de santé ; 3 à prévenir, dans la mesure du possible, les maladies épidémiques, endémiques et autres, ainsi que les accidents»*. Pour lire le texte de la Charte sociale européenne adoptée le 18 octobre 1961 à Turin (Italie) et révisée le 3 mai 1996 à Strasbourg (France), consulter : https://rm.coe.int/168007cf94

[4] Pacte international relatif aux droits économiques, sociaux et culturels, adopté et ouvert à la signature, à la ratification et à l'adhésion par l'Assemblée générale dans sa résolution 2200 A (XXI) du 16 décembre 1966 et entré en vigueur le 3 janvier 1976, conformément aux dispositions de l'article 27.

[5] Article 12 /1 du Pacte international relatif aux droits économiques, *op.cit.*

[6] GUESMI Amelle, *op.cit*, p.224.

Conseil des droits de l'Homme a approuvé le protocole facultatif se rapportant au Pacte international relatif aux droits économiques, sociaux et culturels et qui instaure l'indivisibilité des droits de l'Homme[1].

La présence d'instruments aussi protecteurs du droit à la santé ne pourrait suffire si une application vigoureuse et efficace ne suivra pas. C'est ainsi qu'il est légitime de se demander comment en faire un usage efficace dans les relations économiques internationales ? Et est-ce que le système de rétorsions commerciales, utilisé par l'OMC, sera suffisant comme moyen de faire respecter les droits de l'Homme ? Force est de reconnaître qu'en pratique l'effectivité des droits de l'Homme liés à la santé n'est que relative. Les engagements écrits ne suffisent pas si des moyens effectifs pour leur donner un contenu réel ne suivent pas. Ces textes présentent toutefois une utilité, du moins potentielle, pour les PED en donnant une légitimité certaine à leur exigence d'accès aux médicaments, susceptible de peser dans la balance lors des négociations commerciales multilatérales[2].

1-2-2 L'impact de la mobilisation contre les normes de propriété intellectuelle sur le changement de la position de l'OMC

L'uniformisation des normes de la propriété intellectuelle, imposée aux PED, a compliqué l'accès aux médicaments dans ces pays. L'approche très commerciale donnée à l'Accord ADPIC a détourné le brevet des valeurs non commerciales à des situations inconcevables[3]. Une situation qui a réveillé la société civile internationale pour se mobiliser contre les méfaits de la mondialisation sur les PED. Une prise de conscience qui a impulsé un tournant dans les négociations commerciales multilatérales.

Le procès ouvert en Afrique du Sud, au cours duquel une politique de brevets totalement contraire à la santé publique a été dénoncée, a mis en face à face le gouvernement sud-africain à 39 multinationales pharmaceutiques. Ces dernières ont attaqué une loi sud-africaine, adoptée

---

[1] Le protocole facultatif a ensuite été adopté par l'assemblée générale de l'ONU le 10 décembre 2008 et ouvert à ratification. Pour lire le texte du Protocole facultatif se rapportant au Pacte international relatif aux droits économiques, sociaux et culturels a été adopté par le Conseil des droits de l'homme, dans sa résolution 8/2 du 18 juin 2008.

[2] GUESMI Amelle, *op.cit*, p.226.

[3] *Ibid.* p.296.

en 1997[1], et qui autorise le gouvernement à recourir aux importations parallèles et aux licences obligatoires[2].

La plainte déposée par l'industrie pharmaceutique, en février 1998, est basée sur le fait qu'aucune urgence nationale n'avait été déclarée et aucune mesure de fourniture gratuite d'anti-rétroviraux n'a été mise en œuvre. Cette plainte juge la loi d'anti- constitutionnelle, au motif que son article 15-C, était inadéquat avec l'article 27/1 de l'Accord ADPIC[3]. L'ouverture, le 5 mars 2001 devant la haute cour de justice de Pretoria, du procès, communément appelé le «*procès du droit à la santé contre le droit des brevets*», provoqua une réaction internationale importante[4]. À ce procès, a pris part l'organisme représentant les malades sud-africains « Treatment Action Campaign », en qualité d'*amicus curia*[5] et a demandé aux firmes de justifier leurs prix.

L'affaire a ainsi quitté le cadre strictement juridique pour prendre une dimension humanitaire. Sa médiatisation a provoqué la mobilisation de l'opinion publique internationale en faveur des malades, ce qui a débouché sur le retrait de la plainte par les entreprises, de crainte pour leur image de marque[6]. De l'avis des observateurs, ce procès avorté a impulsé le tournant au sein des négociations commerciales multilatérales. Il a défriché le terrain pour une meilleure prise en compte des revendications des PED et une relecture de l'Accord ADPIC beaucoup plus conforme aux intérêts de la santé publique.

---

[1] Cette loi a été adoptée vue d'enrayer la virulente épidémie de VIH/ Sida qui dévastait ce pays où 10 % de la population était atteinte de ce virus.

[2] En vertu de cette loi, le ministre de la Santé peut autoriser l'importation parallèle de médicaments brevetés depuis des pays où ils coûtent moins cher –plutôt que de les acheter aux firmes étrangères qui détiennent un brevet en Afrique du Sud-, et recourir pour l'approvisionnement, à des appels d'offres internationaux. Cette loi comprend une section (la 22 c) intitulée « licences », autorisant la délivrance de licences obligatoires pour produire localement des copies de médicaments brevetés. Des copies qui coûteront bien évidemment moins cher que les médicaments originaux protégés par brevet. Pour plus de détails sur cette législation, consulter : CLOTIDE Jourdain- Fortier, *op.cit*, p.548.

[3] GUESMI Amelle, *op.cit*, p.298.

[4] CLOTIDE Jourdain- Fortier, *op.cit*, p.549.

[5] L'expression *amicus curiae* vient du latin et signifie littéralement « ami de la cour ». Elle renvoie à un mécanisme procédural par lequel un tribunal invite ou autorise une personnalité ou une entité, non directement liée aux protagonistes d'une affaire judiciaire, à participer à une instance existante entre des parties afin qu'elle lui fournisse des informations susceptibles d'éclairer son raisonnement. Plus généralement, intervenir en tant qu'*amicus curiae* est devenu possible au sein de certaines instances internationales, telles que l'OMC.
Lire à ce propos : MENETREY Séverine, « *L'Amicus curiae, vers un principe de droit international procédural ?* », thèse de doctorat en cotutelle présentée à la Faculté des études supérieures de l'Université Laval, Québec (Canada), 2008.

[6] GUESMI Amelle, *op.cit*, p.298.

Dès lors, les négociateurs évoquent avec insistance l'impérativité de considérer le médicament comme un outil au service du développement. Partant du constat qu'une population en bonne santé était aussi bien une condition préalable à la croissance qu'un résultat de celle-ci, il est légitime de dénoncer une sous-estimation tant des pertes économiques liées à la mauvaise santé que du rôle de la santé dans le développement[1]. C'est ainsi que l'OMC a été sollicitée pour mettre le médicament comme outil au service du développement et se pencher sur les souffrances des PED face aux épidémies[2].

Ayant constaté que la réforme du régime des brevets pharmaceutiques est devenue inévitable, et sous la pression des groupes de négociations comprenant des PED et de l'opinion publique internationale, l'OMC a concédé l'inscription des revendications liées à ce volet à l'ordre du jour des travaux de ses différents organes. C'est ainsi que l'année 2005 a marqué un tournant dans l'histoire de cette organisation, d'autant qu'elle a vu le premier amendement d'un accord de l'OMC, avec l'ajout d'un article 31 bis à l'Accord ADPIC. Cet ajout a été effectué, par le biais d'une Décision du Conseil Général, adoptée le 6 décembre 2005[3].

En somme, la question des rapports entre le système de brevets et les politiques de développement est une question ancienne qui s'est toujours située au cœur de l'histoire. Elle remet sur le devant de la scène l'analyse des fondements du brevet, notamment la théorie du contrat qui postule l'idée d'un équilibre entre les intérêts en présence[4]. C'est cet équilibre qui a été recherché par les contestataires du traitement donné par l'OMC à la question de l'accès au médicament. Une remise en cause qui a abouti à un changement de paradigme au sein de cette organisation devenue plus ouverte sur la problématique de l'accès aux médicaments et la révision de

---

[1] C'est le sentiment exprimé même par la DG de l'OMS, le Dr Margaret Chan, qui a déclaré en marge de la conférence Rio+20 : « *La santé est essentielle au développement durable* », tenue du 20 au 22 juin 2012 que : *« lorsqu'ils sont en bonne santé, les gens sont mieux à même d'apprendre, à être productifs et de contribuer à la vie de leur communauté...»*. Lire : Déclaration de la Conférence Rio+20 sous le thème : « *La santé est essentielle au développement durable* », Rio de Janeiro (Brésil), 22 juin 2012. In :
http://www.who.int/mediacentre/news/statements/2012/rio20_20120622/fr

[2] Ces pays illustrent que le sida est un véritable frein de développement pour cette zone et pour un bon nombre de PED. Cette épidémie tue 3 millions de personnes par an et en infecte cinq millions. Selon les chiffres de l'OMS, 22,5 millions des 33,2 millions d'infectés en 2007 l'étaient en Afrique subsaharienne, considérée comme épicentre de l'épidémie. Lire à ce propos : GUESMI Amelle, *op.cit*, p.232.

[3] Décision du Conseil général -Amendement de l'Accord sur les ADPIC- (Document WT/L/641) du 6 décembre 2005, in : www.wto.org

[4] YAMTHIEU Sylvestre, *op.cit*, p.454.

l'usage du brevet afin qu'il ne soit pas un obstacle à la protection de la santé.

2- L'ouverture de l'OMC sur la problématique de l'accès aux médicaments et le renforcement du dispositif protecteur de la santé

L'accès aux médicaments est devenu une question cruciale qui cristallise les négociations de l'OMC depuis la conférence ministérielle de Seattle en 1999. Les assurances données par la déclaration de Doha, quant à l'importance attachée à la mise en œuvre et à l'interprétation de l'Accord ADPIC *d'une manière favorable à la santé publique, en promouvant à la fois l'accès aux médicaments existants et la recherche-développement concernant de nouveaux médicaments*[1], n'ont pas suffi pour rassurer les PED.

Comme la finalité du développement à l'échelle mondiale devrait être de promouvoir le bien-être de chacun et de tous, l'OMC a été rappelée pour prendre en charge le problème des millions de personnes souffrant de maladies et pandémies et qui ne trouvent pas accès aux médicaments adéquats en raison de la rareté, ou du moins, la cherté des produits avantagée par le brevetage excessif. Sous la pression des ONG et de la société civile internationale, et devant les ravages causés par les épidémies dans les pays pauvres, l'OMC s'est ouverte sur la prise en charge du problème de l'accès aux médicaments en y adoptant plusieurs textes.

2-1 L'engagement affirmé de l'OMC pour la résolution de la question liée à l'accès aux médicaments

En vue *de protéger et de promouvoir les droits fondamentaux des êtres humains à la vie et à la jouissance du meilleur état de santé physique et mentale qu'ils soient capables d'atteindre*[2], les PED ont plaidé pour l'orientation des négociations multilatérales sous la bannière de l'OMC vers l'accord d'une attention particulière au problème de l'accès aux médicaments et à la primauté de la santé sur le droit des brevets.

---

[1] Par.17 de la Déclaration ministérielle de Doha, *op.cit.*

[2] ADPIC : Proposition : Projet de déclaration ministérielle : proposition d'un groupe de pays en développement, (Document : 1P/C/W/312, WT/GC/W/450), 4 octobre 2001, in : www.wto.org.

2-1-1 La réorientation du droit des brevets en faveur de la primauté de la santé sur les intérêts commerciaux

Le succès des actions militantes en faveur de la protection du droit à la santé, initiée par plusieurs ONG, n'a pas été sans effet sur le fléchissement de la position de l'OMC. Cette dernière a montré une flexibilité à l'égard des doléances des PED, notamment depuis l'été 2003 qui a vu l'adoption de la Décision du 30 août qui a concrétisé les orientations de la Déclaration sur l'Accord sur les ADPIC et la santé publique.

Si le procès de Pretoria a été le précurseur pour attirer l'attention de la communauté internationale sur les graves méfaits de l'uniformisation des normes de propriété intellectuelle et du droit des brevets, des actions en faveur du droit à la santé ont été entreprises dès 1998. À cette année, un fonds de solidarité thérapeutique international a été créé par Bernard Kouchner et Jacques Chirac. Bien que ce projet n'ait pas pu réaliser les résultats escomptés en raison d'un certain isolement international, il a eu le mérite de poser le problème de la santé en termes d'accès aux traitements[1].

En 1999, l'ONG Médecins sans Frontières (MSF) a lancé une campagne mondiale d'information sur les enjeux de l'accès de tous les pays aux médicaments essentiels. L'OMS a récapitulé les résultats de cette campagne dans un rapport intitulé *Mondialisation et accès aux médicaments*[2], qui s'est montré très critique à l'égard de l'Accord ADPIC, au point que les États-Unis ont demandé son retrait[3]. Après négociations serrées, ce rapport a été amendé et réédité[4].

Les débats internationaux sur la prise en charge des problèmes de santé, soulevés par les PED se sont poursuivis. En novembre 1999, une conférence sur l'amélioration de l'accès aux médicaments essentiels dans le cadre d'une économie mondialisée a été organisée à Amsterdam et a abouti à l'adoption de la Déclaration éponyme qui recommande à l'OMS la création d'un groupe de travail permanent sur l'accès aux

---

[1] Pour lire une évaluation des activités de ce fonds de solidarité, consulter : LAGARES Valentin, « Le fonds de solidarité SIDA s'échoue en Afrique », *Quotidien l'Humanité,* édition du 20 avril, 1999, in : https://www.humanite.fr.

[2] OMS : « Mondialisation et accès aux médicaments. Perspectives sur l'Accord ADPIC de l'OMC » - Série « Économie de la santé et médicaments », No. 007 (Version révisée), Publications OMS, Genève (Suisse), 1999, in : http://apps.who.int/medicinedocs/fr/d/Jwhozip36f

[3] Pis, l'auteur de ce rapport, German Vélasquez a été agressé et a reçu des menaces de mort en 2001, suite à ses prises de position en matière de santé dans le contexte du procès de Pretoria. GUESMI Amelle, *op.cit*, p.320.

[4] *Ibid.* p.320.

médicaments[1]. En 2001, c'est au tour du Parlement européen de s'afficher en faveur de la promotion du droit à la santé dans les PED, en votant une résolution demandant l'instauration d'un système permettant aux PED de se procurer les médicaments et vaccins nécessaires dans des conditions équitables et à des prix abordables[2].

Les recommandations de l'atelier OMC/OMS, tenu en avril 2001 en Norvège, sur les prix et financements des médicaments essentiels, ont été en faveur de la différenciation des prix en vue de faciliter l'accès aux médicaments dans les PED. Il a été également recommandé à ce que le système des brevets continue à jouer un rôle d'incitation à la recherche et le développement de nouveaux médicaments[3]. La session extraordinaire de l'AG de l'ONU, tenue en juin 2001, a adopté une déclaration portant création d'un fonds global, doté de sept à dix milliards de dollars par an, consacré à la lutte contre le VIH/ sida, la tuberculose et aux autres épidémies associées au VIH[4].

En dépit de leur multiplication, les actions internationales en faveur de l'accès aux médicaments et de la lutte contre les pandémies n'ont eu qu'une portée très limitée. Leur impact est peu perceptible dans la lutte contre les principales épidémies ravageant les pays pauvres, notamment le sida, la tuberculose et le paludisme[5].

Toutefois, la pression exercée par les organisations humanitaires[6] sur les laboratoires pharmaceutiques a porté ses fruits, puisqu'elle a provoqué la sympathie de l'opinion publique interne dans les pays

[1] GUESMI Amelle, *op.cit*, p.320.

[2] Directive 2001/20/CE du Parlement européen et du Conseil du 4 avril 2001 concernant le rapprochement des dispositions législatives, réglementaires et administratives des États membres, relatives à l'application de bonnes pratiques cliniques dans la conduite d'essais cliniques de médicaments à usage humain (JO L 121 du 1.5.2001, p. 34), modifié par le Règlement (CE) n° 1901/2006 du Parlement européen et du Conseil du 12 décembre 2006 et par le Règlement (CE) n° 596/2009 du Parlement européen et du Conseil du 18 juin 2009.

[3] GUESMI Amelle, *op.cit*, p.321.

[4] Déclaration d'engagement sur le VIH/Sida, Session extraordinaire de l'Assemblée générale des Nations Unies sur le VIH/ Sida, 25- 27 juin 2001.

[5] C'est un constat que partage même l'ancien DG de l'OMC, Mike MOORE. en commentant l'initiative lancée par l'AG de l'ONU en juin 2001 et portant création d'un fonds mondial destiné à la lutte contre le sida, la tuberculose et le paludisme, il a considéré que l'objectif de recueillir 7 à 10 milliards de dollars par an pour lutter contre les ravages causés par ces maladies n'équivaut que le montant des subventions agricoles accordées par les gouvernements des membres de l'OCDE sur une période de 12 jours. Voir : CLOTIDE Jourdain- Fortier, *op.cit*, p.551.

[6] C'est le cas aux États-Unis où leurs entreprises pharmaceutiques, à l'instar de *Oxfam international, Public Citizen,* et *Médecins sans frontières,* ont été pressées afin qu'elles n'interprètent pas de façon stricte l'Accord ADPIC. Voir : MORIN Jean- Frédéric, *op.cit*, p.543.

occidentaux et a servi de facteur de déstabilisation du consensus que le monde des affaires a créé autour de l'Accord ADPIC[1].

Parmi les premiers effets positifs, il faut noter qu'en juin 2001, le Conseil des ADPIC de l'OMC a fini par accorder, après deux ans de procédures, le statut d'observateur à l'OMS, un statut lui permettant de suivre toutes les questions susceptibles d'avoir des répercussions sur la santé[2]. Puis, juste avant la conférence ministérielle de Doha, ce même Conseil a examiné pour la première fois des questions de propriété intellectuelle dans le contexte de la santé publique après sa saisine, en juin 2001, par un groupe de pays africains membres de l'OMC[3]. Ces travaux ont été le prélude de l'inclusion de la santé parmi les priorités des travaux de la conférence ministérielle de Doha.

Tous ces événements, qui se sont produits dans un espace de temps relativement court, ont « forcé » l'OMC à opérer un changement de position vis-à-vis de la question de l'accès aux médicaments. Les premières prémices de ce changement l'ont été dans le traitement de l'affaire opposant l'UE au Canada, où l'ORD a dû se prononcer sur la légitimité de la loi canadienne relative à l'utilisation du brevet sans consentement du titulaire au regard de l'article 30 de l'Accord ADPIC[4]. Dans cette affaire, il a été attendu de l'ORD de déterminer l'étendue de la prise en compte de la santé par le droit des brevets[5].

---

[1] Cette pression a eu, en outre, l'effet sur les entreprises pharmaceutiques qui ont retiré, en avril 2001, leur plainte en Afrique du Sud dans la fameuse affaire liée à la loi sud-africaine facilitant les procédures de licences obligatoires sur les brevets pharmaceutiques. Idem pour le retrait par les États-Unis de leur plainte enregistrée à l'OMC contre le Brésil en contestation de la loi brésilienne relative aux brevets pharmaceutiques. Voir : MORIN Jean- Frédéric, *op.cit*, p.543.

[2] MESSAD Rafik, « *De l'inadaptation du droit des brevets de l'OMC avec la défense du droit à la santé* », *op.cit*, p.898.

[3] CLOTIDE Jourdain- Fortier, *op.cit*, p.551.

[4] La première disposition de cette loi permettait aux fabricants de génériques de procéder aux expériences et essais nécessaires à l'obtention d'une autorisation de mise sur le marché avant que le brevet ne soit expiré. La seconde les autorisait à fabriquer et stocker au cours des six derniers mois de validité du brevet, une fois l'autorisation de mise sur le marché obtenue. Voir : GUESMI Amelle, *op.cit*, p.325.

[5] Pour justifier les dispositions litigieuses de sa loi, le Canada estimait que la santé pouvait être prise en compte sur ce fondement, selon une règle d'interprétation bien connue du droit international public et utilisée presque systématiquement par les panels et suivant laquelle « *un traité doit être interprété de bonne foi suivant le sens ordinaire à attribuer aux termes du traité dans leur contexte et à la lumière de son objet et de son but* ».

Il existe deux dispositions de l'Accord ADPIC qui sont en mesure d'appuyer l'argumentaire canadien. Il s'agit des articles 7 et 8 relatifs respectivement aux objectifs de l'Accord et à ses principes. Des termes de l'article 7, on peut aisément déduire que l'objectif de l'Accord est de réaliser un équilibre entre les droits de propriété intellectuelle créés et d'autres politiques socio-économiques importantes des gouvernements des membres. Alors que pour l'article 8, il est évoqué que l'un des principes du texte est que les membres peuvent…/…

Le groupe spécial a reconnu la nécessité de concilier les droits de protection de la santé et a partiellement donné raison au Canada, en validant la première disposition permettant aux fabricants de génériques de procéder aux expériences et essais nécessaires à l'obtention d'une autorisation de mise sur le marché avant que le brevet ne soit expiré[1].

2-1-2 L'évolution de l'Accord ADPIC depuis l'entame du cycle de Doha

Fortement contesté par les PED, l'Accord ADPIC a connu quelques évolutions au courant du cycle de Doha. Une évolution entamée par l'adoption d'une Déclaration distincte sur l'Accord sur les ADPIC et la santé publique.

En effet, en s'appuyant sur l'article 8 de l'Accord ADPIC qui autorise les membres, lorsqu'ils élaboreront ou modifieront leurs lois et réglementations, *d'adopter les mesures nécessaires pour protéger la santé publique et la nutrition et pour promouvoir l'intérêt public dans des secteurs d'une importance vitale pour leur développement socio-économique et technologique*[2], l'OMC a pu adopter une Déclaration ministérielle sur l'Accord sur les ADPIC et la santé publique à l'entame du cycle de Doha[3].

Cette Déclaration reconnaît (Par.5 b) le droit de chaque pays membre *d'accorder des licences obligatoires et la liberté de déterminer les motifs*

…/…« ... *adopter les mesures nécessaires pour protéger la santé publique* », à condition que ces mesures soient compatibles avec les dispositions de l'Accord. La santé pouvait également être envisagée en tant que politique nécessaire au bien-être social sur le fondement de l'article 7 donc comme objectif de l'Accord. Pour plus de détails, lire : CLOTIDE Jourdain- Fortier, *op.cit*, p.544.

[1] En interprétant l'article 30 -et par extension l'article 31- à la lumière des articles 7 et 8, il était loisible au groupe spécial dans cette affaire d'affirmer que le monopole du breveté pouvait être limité par les membres au nom de la protection de la santé des populations, et notamment au nom de l'accès aux médicaments. Cette décision a le mérite d'amorcer, même timidement, une jurisprudence favorable à l'accès aux médicaments. Lire à ce propos : CLOTIDE Jourdain- Fortier, *op.cit*, p.544 et GUESMI Amelle, *op.cit*, p.326.

[2] Cet article utilise un langage similaire à celui de l'article XX (b) de l'Accord GATT de 1994. La différence est qu'alors que l'article XX (b) du GATT de 1994 parle de mesures internes qui ne doivent pas être contraires aux dispositions du GATT de 1994, l'article 8.1 parle des mesures « *compatibles avec les dispositions* » de l'Accord ADPIC. Une telle rédaction n'est pas neutre, car elle fait de l'article 8.1 de l'Accord ADPIC un principe d'interprétation de l'Accord ADPIC. Les PED peuvent adopter des mesures internes nécessaires pour assurer leur santé publique, mais en prenant de telles mesures, ils doivent se conformer aux dispositions dudit accord. Lire : CHELLAF Aziz, *op.cit*, p.266.

[3] Déclaration ministérielle sur l'Accord sur les ADPIC et la santé publique adoptée le 14 novembre 2001, *op.cit*.

pour lesquels de telles licences sont accordées[1]. Elle reconnaît, par ailleurs, le rôle de l'Accord ADPIC dans la protection de la santé sur le plan international et qu'il est nécessaire que ce texte *fasse partie de l'action nationale et internationale plus large visant à remédier à ces problèmes*[2]. Ce passage traduit le changement de position à l'OMC et témoigne de la conciliation entre les intérêts de santé publique et ceux du commerce international.

Par cette Déclaration, l'OMC convient que l'Accord ADPIC n'empêche pas et ne devrait pas empêcher les Membres de prendre des mesures pour protéger la santé publique[3]. À cet effet, le Par.4 de la Déclaration reconnaît le droit des membres de recourir pleinement aux dispositions de l'Accord ADPIC, qui ménagent une flexibilité à cet effet, alors que le Par.5 explique, d'une manière claire, l'étendue de ces flexibilités[4].

En outre, la Déclaration (Par.6) a donné instruction au Conseil des ADPIC de trouver une solution rapide au problème des membres ayant des capacités de fabrication insuffisantes ou n'en disposant pas dans le secteur pharmaceutique et qui pourraient avoir des difficultés à recourir, de manière effective, aux licences obligatoires dans le cadre de l'Accord ADPIC.

---

[1] Au surplus, si les licences obligatoires ne peuvent être accordées que dans le cas d'«*urgence nationale*» ou d'autres « *circonstances d'extrême urgence* », la Déclaration reconnaît à tout État membre le droit de déterminer ce qui constitue de telles situations. La Déclaration précise que les crises de santé publique, dont elle cite, à titre indicatif, dans son Par.1er le VIH/Sida, la tuberculose et le paludisme, peuvent constituer une situation d'urgence nationale ou d'autres circonstances d'extrême urgence (Par. 5 b) contrairement à l'Accord ADPIC qui n'évoque pas des circonstances d'exception. Lire : CHELLAF Aziz, *op.cit*, p.267.

[2] Par.2 de la Déclaration ministérielle sur l'Accord sur les ADPIC et la santé publique, *op.cit*.

[3] Par.4 de la Déclaration ministérielle sur l'Accord sur les ADPIC et la santé publique, *op.cit*.

[4] Ces flexibilités incluent ce qui suit :

a) Dans l'application des règles coutumières d'interprétation du droit international public, chaque disposition de l'Accord sur les ADPIC sera lue à la lumière de l'objet et du but de l'Accord tels qu'ils sont exprimés, en particulier, dans ses objectifs et principes.

b) Chaque Membre a le droit d'accorder des licences obligatoires et la liberté de déterminer les motifs pour lesquels de telles licences sont accordées.

c) Chaque Membre a le droit de déterminer ce qui constitue une situation d'urgence nationale ou d'autres circonstances d'extrême urgence, étant entendu que les crises dans le domaine de la santé publique, y compris celles qui sont liées au VIH/SIDA, à la tuberculose, au paludisme et à d'autres épidémies, peuvent représenter une situation d'urgence nationale ou d'autres circonstances d'extrême urgence.

d) L'effet des dispositions de l'Accord sur les ADPIC qui se rapportent à l'épuisement des droits de propriété intellectuelle est de laisser à chaque Membre la liberté d'établir son propre régime en ce qui concerne cet épuisement sans contestation, sous réserve des dispositions en matière de traitement NPF et de traitement national des articles 3 et 4.

L'apport de cette déclaration est essentiel pour la santé publique, d'autant plus qu'elle exprime la reconnaissance du droit des États à limiter les droits individuels du titulaire du brevet sur les produits ou procédés pharmaceutiques, dès lors qu'une telle limitation s'avère nécessaire pour la santé publique. Selon Petersman, cité par CLOTIDE Jourdain- Fortier, cette Déclaration illustre : « *l'engagement de tous les membres de l'OMC de garantir que les règles qui fondent le système commercial restent compatibles avec les intérêts de santé publique et les droits de l'homme universellement reconnus* »[1].

Bien qu'elle ait été saluée par ses initiateurs comme une avancée importante dans l'interprétation de l'Accord ADPIC en faveur de l'accès aux traitements, la mise en œuvre de cette Déclaration est restée très problématique. L'une de ses faiblesses est que son texte est éminemment politique, ce qui rend sa traduction juridique délicate. La Déclaration laissait beaucoup de questions en suspens, notamment celle ayant trait à sa portée juridique[2].

Les divergences d'intérêts entre les membres ont compliqué la mise en œuvre de ce texte. Cela qui a obligé l'OMC à recourir à des négociations à plusieurs étapes, comme cela a été recommandé par la Déclaration au Conseil des ADPIC. Le refus des États-Unis de concéder sur la limitation des maladies concernées par la Déclaration et l'opposition PED/ pays développés sur plusieurs points ont compliqué les débats[3]. Ce n'est que le 30 août 2003, et après plusieurs rounds de négociations, qu'un compromis partiel a été trouvé.

En dépit des divergences de vues à l'intérieur du conseil des ADPIC, les membres sont arrivés à un compromis permettant la conclusion de la

---

[1] CLOTIDE Jourdain- Fortier, *op.cit*, p.554.

[2] À titre d'exemple, le concept « d'autres épidémies » cité dans l'article 1er aux côtés des trois maladies mentionnées expressément - le Sida, la tuberculose, le paludisme reste confus. Il visait vraisemblablement la maladie du charbon liée à l'exposition à l'anthrax, compte tenu du contexte de l'époque. Les PED, restés dans l'esprit de Doha, considéraient que ce terme recouvrait un champ illimité ont voulu, par conséquent, étendre sa portée à l'ensemble des maladies ayant une forte charge de morbidité et de mortalité dans les pays d'Afrique subsaharienne, d'Amérique du Sud et d'Asie tandis que les autres partenaires, notamment, les États-Unis avaient une conception très restrictive des maladies à prendre en compte. Les États-Unis ont, à l'origine, plaidé pour des licences obligatoires à certaines maladies infectieuses (Sida, tuberculose, paludisme et « autres épidémies d'une gravité et d'une ampleur comparable ») avant de suggérer une liste élargie 19 autres maladies infectieuses. Lire: GOLLOCK Aboubakry, « *Les implications de l'Accord de l'OMC sur les Aspects de Droits de Propriété Intellectuelle qui touchent au Commerce (ADPIC) sur l'accès aux médicaments en Afrique subsaharienne* », thèse de doctorat de l'Université Pierre Mendés France -Grenoble II- Discipline : sciences économiques, France, 2007, p.184.

[3] *Ibid.* pp.185-186.

Décision du 30 août 2003[1], qui a été la finalité du projet du 16 décembre 2002 après son acceptation par les États-Unis[2]. À cette Décision, on a intégré une Déclaration du président du conseil général, qui garantit aux États membres que les produits importés seront utilisés aux fins de santé publique et ne seront pas réexportés vers d'autres pays que les bénéficiaires du système[3].

Cette Décision, qui constitue le mécanisme juridique permettant la mise en œuvre du Par.6 de la Déclaration sur l'accord sur les ADPIC et la santé publique[4], a offert davantage de flexibilités en faveur des PED. Elle établit un système dérogatoire à l'article 31 de l'Accord ADPIC afin de permettre à tous les membres d'exporter des médicaments sous licence obligatoire moyennant le respect de certaines conditions[5]. Il a été permis aux pays confrontés au problème de santé publique d'importer des médicaments génériques sans que cela ne porte atteinte aux systèmes des brevets, en particulier dans les pays riches[6].

Par cette Décision, les pays membres sont convenus des modifications juridiques qui permettraient aux pays d'importer plus facilement des

---

[1] Décision du Conseil général sur les licences obligatoires pour l'exportation («Mise en œuvre du paragraphe 6 de la Déclaration de Doha sur l'Accord sur les ADPIC et la santé publique») adoptée le 30 août 2003, WT/L/540 et Corr.1.

[2] Ce pays a fini par accepter ce projet en exigeant toutefois qu'il soit assorti d'un engagement écrit des membres de ne pas abuser du système et de ne pas l'utiliser à des fins commerciales.

[3] Une intégration qui a été vivement contestée par des pays africains qui la voient bénéficier d'un poids juridique supérieur à celui qui lui avait été initialement dévolu. Lire : GUESMI Amelle, *op.cit*, p.341 et p.345.

[4] Et qui énonce : « *Nous reconnaissons que les Membres de l'OMC ayant des capacités de fabrication insuffisantes ou n'en disposant pas dans le secteur pharmaceutique pourraient avoir des difficultés à recourir de manière effective aux licences obligatoires dans le cadre de l'Accord sur les ADPIC. Nous donnons pour instruction au Conseil des ADPIC de trouver une solution rapide à ce problème et de faire rapport au Conseil général avant la fin de 2002*».

[5] Pour le pays importateur, le par.2 a) de la Décision énumère les conditions que ce dernier doit satisfaire en vue d'utiliser le système de cette Décision. Il doit faire une demande au Conseil des ADPIC dans laquelle il : *i) spécifie les noms et les quantités attendues du (des) produit(s) nécessaire(s) ; ii) confirme que le Membre importateur admissible en question, autre qu'un pays moins avancé Membre, a établi qu'il avait des capacités de fabrication insuffisantes ou n'en disposait pas dans le secteur pharmaceutique pour le(s) produit(s) en question d'une des façons indiquées dans l'annexe de la présente décision ; et*
iii) confirme que, dans les cas où un produit pharmaceutique est breveté sur son territoire, il a accordé ou entend accorder une licence obligatoire conformément à l'article 31 de l'Accord sur les ADPIC et aux dispositions de la présente décision.
Pour l'exportateur, ce dernier doit délivrer une licence obligatoire comportant un certain nombre d'éléments. Il ne doit fournir que le volume nécessaire pour subvenir aux besoins du pays importateur. Le produit exporté doit être identifié par étiquetage, emballage spécial, ou autres.
L'ensemble de ces éléments doit être rendu public et notifié par le pays exportateur au Conseil des ADPIC (Par 2 b) et c) de la Décision).

[6] CHELLAF Aziz, *op.cit*, p.285.

produits génériques bon marché, fabriqués dans le cadre des licences obligatoires, s'ils ne sont pas eux-mêmes en mesure de les fabriquer. Cette mesure tombe à l'avantage des pays les plus démunis, qui pourront ainsi importer des médicaments génériques produits par d'autres membres, sous le couvert de licences obligatoires, s'ils n'ont pas les capacités techniques pour les produire eux-mêmes. Elle apporte ainsi une réponse au problème de l'accès aux médicaments, non tranché par la Déclaration sur l'Accord sur les ADPIC et la santé publique[1].

L'apport de ce texte est historique, d'autant qu'il exprime la volonté inscrite dans la Déclaration de Doha de donner un rôle à l'OMC dans la protection de la santé sur le plan international[2]. Elle constitue, de l'avis de P. Ravillard, une étape historique d'autant qu'elle *démontre que l'OMC n'est pas une organisation uniquement préoccupée par les questions commerciales, mais qu'elle est aussi capable de répondre aux préoccupations humanitaires de ses membres, en particulier des pays en développement et des pays les moins avancés*[3].

La Décision du 30 août 2003, qui n'est pas permanente, mais une solution transitoire en attendant un amendement de l'Accord ADPIC[4], prévoit également des mesures empêchant tout détournement des médicaments moins chers vers les marchés non concernés[5]. Elle met à la charge du pays importateur de prendre des mesures raisonnables pour empêcher une telle réexportation[6]. La mise en œuvre de cette Décision a relancé le débat sur le besoin des pays importateurs (cas de la plupart des PED) d'une assistance technique substantielle, d'autant qu'ils ne disposent pas d'une expertise locale suffisante pour satisfaire les conditions requises[7].

Le régime lié au commerce des médicaments a continué sa réforme avec l'amendement de l'Accord ADPIC. Cet amendement est consécutif à la Décision du 6 décembre 2005, qui a permis l'ajout d'un article 31 bis

---

[1] Même si la Déclaration reconnaît le droit de chaque pays d'utiliser les licences obligatoires pour promouvoir la santé publique, mais les pays dépourvus de capacités pharmaceutiques ne peuvent pas se permettre l'utilisation de telles licences. Voir : CHELLAF Aziz, *op.cit*, p.279

[2] CLOTIDE Jourdain- Fortier, *op.cit*, p.556.

[3] *Ibid.* p.554.

[4] Par 11 de la Décision du 30 août 2003, *op.cit*.

[5] Par 4 de la Décision du 30 août 2003, *op.cit*.

[6] Toutefois, le texte fait en sorte que les mesures à prendre ne soient pas une contrainte pesant sur la charge des pays. Elle utilise des expressions non contraignantes comme « *prendront dans la limite de leurs moyens* », « *mesures raisonnables proportionnées à leurs capacités* »... afin de permettre aux pays pauvres d'utiliser ces flexibilités sans les astreindre à des contraintes pouvant réduire la valeur de cette Décision. Voir: CHELLAF Aziz, *op.cit*, p.286.

[7] GOLLOCK Aboubakry, *op.cit*, p.189.

à l'Accord ADPIC et d'une annexe relative au fonctionnement du système et à la procédure[1]. L'article ajouté reprend le texte de la Décision du 30 août 2003, qui autorise les pays à déroger à leurs obligations au titre des dispositions de l'article 31, f) de l'Accord. Il met, en outre, les bénéficiaires du dispositif à l'abri de plaintes en situation de non-violation et autres situations. Il précise que : « *Les Membres ne contesteront aucune mesure prise en conformité avec les dispositions du présent article et de l'Annexe du présent accord au titre des alinéas 1 b) et 1 c) de l'article XXIII du GATT de 1994* »[2].

Cet amendement, qui s'est accompagné du renouvellement de l'engagement des pays destinataires de n'utiliser le système qu'en cas d'urgence, a vite satisfait à la procédure prévue par l'article X de l'Accord instituant l'OMC, notamment le Par.3[3], d'autant plus que la décision portant l'amendement a été vite ratifiée par les États-Unis et l'Union européenne. Mieux, l'UE a intégré cet amendement dans son droit communautaire[4].

La situation du médicament a sensiblement changé après la conférence de Doha. En effet, l'accès aux médicaments nécessaires pour le traitement des pandémies a été rendu plus facile. Alors que les sociétés pharmaceutiques n'avaient auparavant aucune stratégie particulière à l'adresse des PED[5], les textes adoptés au cours du cycle de Doha (principalement la Déclaration sur l'accord sur les ADPIC et la santé publique et la Décision du 30 août 2003) ont permis le développement

---

[1] Ajoutée après l'article 73.

[2] Point 4 de l'article 31 bis de l'Accord ADPIC.

[3] Et qui dispose : *« Les amendements aux dispositions du présent accord, ou des Accords commerciaux multilatéraux figurant aux Annexes 1A et 1C, autres que celles qui sont énumérées aux paragraphes 2 et 6, de nature à modifier les droits et obligations des Membres, prendront effet à l'égard des Membres qui les auront acceptés dès qu'ils auront été acceptés par les deux tiers des Membres et, ensuite, à l'égard de tout autre Membre, dès que celui-ci les aura acceptés. La Conférence ministérielle pourra décider, à une majorité des trois quarts des Membres, qu'un amendement ayant pris effet en vertu du présent paragraphe est d'une nature telle que tout Membre qui ne l'aura pas accepté dans un délai fixé par la Conférence ministérielle dans chaque cas pourra se retirer de l'OMC ou continuer à en être Membre avec le consentement de la Conférence ministérielle ».*

[4] Par le biais du règlement du 17 mai 2006 (Règlement (CE) n° 816/2006 du Parlement européen et du Conseil du 17 mai 2006 concernant l'octroi de licences obligatoires pour des brevets visant la fabrication de produits pharmaceutiques destinés à l'exportation vers des pays connaissant des problèmes de santé publique. In : http://www.wipo.int/wipolex/fr/details.jsp?id=1454) qui intègre la Déclaration de Doha et la Décision du 30 août 2003 dans l'ordre juridique communautaire.

[5] Il est utile d'illustrer que le traitement contre le sida à titre d'exemple était vendu au même prix dans les PED et les pays développés, soit environ 10 000 euros pour un traitement annuel par patient pour une trithérapie. Lire : CLOTIDE Jourdain- Fortier, *op.cit*, p.556.

d'une industrie du générique proposant les mêmes traitements que ceux des pays développés à des prix qui sont à diviser par 30 parfois[1].

La réforme de l'Accord ADPIC s'est poursuivie avec l'adoption d'une Décision, lors de la conférence ministérielle de Bali[2], en vertu de laquelle les membres sont convenus, dans le domaine de la propriété intellectuelle, de ne pas déposer de plaintes en situation de « non-violation » dans le cadre du règlement des différends à l'OMC[3].

2-1-3 La protection juridique des besoins spéciaux des PMA liés à la propriété intellectuelle

Les négociateurs de l'Accord ADPIC ont reconnu les préoccupations et les besoins particuliers des PMA dans le domaine de la propriété intellectuelle. Ils ont attesté que ces pays ont besoin d'une coopération technique et financière continue pour réaliser les objectifs culturels, sociaux et technologiques. C'est ainsi que l'OMC a décidé d'adapter l'Accord ADPIC aux besoins des PMA. Ainsi donc, la période de transition a été prorogée deux fois pour tous les PMA. Une première par le biais de la Décision du 29 novembre 2005[4] qui l'a prorogée jusqu'au 1er juillet 2013 et la deuxième par la Décision du 11 juin 2013 et qui l'a prorogée jusqu'au 1er juillet 2021ou jusqu'à la date où le bénéficiaire cessera de faire partie des PMA, si cela se produit avant 2021[5]. L'extension de la période de transition constitue la « vraie concession » faite en faveur des PMA[6].

---

[1] L'expansion de la production du générique a permis au laboratoire indien *Cipla* de proposer au gouvernement sud-africain quelques jours seulement après l'ouverture du célèbre procès à Pretoria de lui fournir 8 des 15 médicaments anti VIH à un prix de 600 dollars par an et par patient pour une trithérapie au lieu des 10 000 à 15 000 dollars pratiqués aux États-Unis et en Europe. Ce même traitement a été proposé à l'ONG Médecins sans frontières (MSF) au prix de 350 dollars seulement. Il est ainsi aujourd'hui possible de fabriquer un tel traitement à moins d'un dollar par jour et par personne. Pour plus de détails, lire : CLOTIDE Jourdain- Fortier, *op.cit*, p.556.

[2] Décision ministérielle -Plaintes en situation de non- violation ou motivées par une autre situation dans le domaine des ADPIC- (Document WT/MIN (13)/31 -WT/L/906).

[3] La formulation abrégée « non violation » est utilisée pour évoquer la question technique de savoir s'il peut y avoir des motifs juridiques de plainte pour la perte d'un droit attendu au titre de l'Accord ADPIC, même dans les cas où il n'y a pas eu violation de l'Accord. Voir : « *Jours 3, 4 et 5 : Un - Paquet de Bali- voit le jour à l'issue de consultations-marathon* », in : https://www.wto.org/french/news_f/news13_f/mc9sum_07dec13_f.htm

[4] OMC : Décision du Conseil des ADPIC du 29 novembre 2005 -Prorogation de la période de transition au titre de l'article 66:1 pour les Pays les Moins Avancés membres.

[5] OMC : Décision du Conseil des ADPIC du 11 juin 2013 - Prorogation de la période de transition au titre de l'article 66:1 pour les Pays les Moins Avancés membres (Document IP/C/64).

[6] BARBAR Micheline, « *Le concept de « santé publique» devant l'OMC face au « droit à la santé» de l'OMS : le cas des médicaments génériques* », mémoire de maîtrise en droit international, Université du Québec à Montréal, Canada, 2006, p.135.

Par la Décision du Conseil des ADPIC du 11 juin 2013, l'OMC reconnaît que les PMA *ont encore besoin d'une coopération technique et financière pour leur permettre de réaliser les objectifs culturels, sociaux et technologiques et autres objectifs de développement des systèmes de propriété intellectuelle.* (Préambule de cette Décision). Tout comme elle invite ces pays à identifier leurs besoins générés par la mise en œuvre de l'Accord ADPIC pour qu'un soutien puisse leur être fourni par les pays développés.

En outre, l'OMC engage ses membres développés à offrir des incitations à leurs entreprises et institutions pour promouvoir et encourager le transfert de technologie vers les PMA membres[1]. Une sollicitation qui est une suite des recommandations émises par l'article 66.2 de l'Accord ADPIC[2]. L'objectif était de doter les PMA d'une base technologique solide et viable[3].

Les PMA ont bénéficié également de la facilitation de la mise en œuvre des engagements induits par l'Accord ADPIC, en ce qui concerne les produits pharmaceutiques. La Déclaration ministérielle sur l'Accord sur les ADPIC et la santé publique exempte ces pays de l'obligation de mettre en œuvre les sections 5 et 7 de la Partie II de l'Accord ADPIC[4] et de ne pas faire respecter les droits que prévoient ces sections, et ce, jusqu'au 1er janvier 2016. Le Par.7 de la Déclaration maintient le droit de ces pays de demander la prorogation de cette période, ainsi qu'il est prévu à l'article 66:1 de l'Accord ADPIC[5]. Pour compléter cette

---

[1] Lire Par.7 de la Déclaration sur l'accord sur les ADPIC et la santé publique, *op.cit.*

[2] Et qui énonce: « *Les pays développés membres offriront des incitations aux entreprises et institutions sur leur territoire afin de promouvoir et d'encourager le transfert de technologie vers les pays les moins avancés membres pour leur permettre de se doter d'une base technologique solide et viable* ».

[3] La Décision sur les questions et les préoccupations liées à la mise en œuvre avait rappelé (Par.11.2) que: « *les dispositions de l'article 66.2 de l'Accord sur les ADPIC sont impératives* ». Ce rappel fait suite à l'interprétation donnée par les pays développés qui ont considéré cette mesure comme non contraignante. Pour assurer l'application de cette disposition, les membres ont chargé le Conseil des ADPIC de mettre en place un mécanisme qui assurera la surveillance et la pleine mise en application de cette disposition. Lire : CHELLAF Aziz, *op.cit*, p.271.

[4] Relatives respectivement aux « brevets » et à la « Protection des renseignements non divulgués ».

[5] Dans cette perspective, une Décision du Conseil des ADPIC a été adoptée le 1er juillet 2002 pour permettre aux PMA de proroger jusqu'en 2016 la période transitoire établie par l'article 66 de l'Accord ADPIC (OMC : Décision du Conseil des ADPIC prorogeant jusqu'en 2016 la période de transition en faveur des pays les moins avancés pour protéger les brevets pour des produits pharmaceutiques ainsi que les données résultant d'essais adoptée le 1er juillet 2002, IP/C/25, in : www.wto.org). Après coup, Le Conseil des ADPIC a adopté, en novembre 2015, une Décision prorogeant de nouveau cette période de transition jusqu'au 1er janvier 2033 ou jusqu'à ce qu'un pays donné cesse de faire partie des PMA, si cela se produit avant 2033.../...

Décision, le Conseil général a aussi décidé de suspendre certaines obligations concernant les demandes présentées suivant le système de la boîte aux lettres et les droits exclusifs de commercialisation qui, autrement s'appliqueraient aux PMA membres en vertu de l'article 70:8 et 70:9 de l'Accord ADPIC[1].

À noter que la portée des exonérations de la période de transition de l'article 66.1 de l'Accord ADPIC et celle de la Déclaration ministérielle sur l'Accord sur les ADPIC et la santé publique ne sont pas les mêmes. Les exonérations de l'Accord ADPIC portaient sur toutes les dispositions de l'Accord, à l'exclusion de celles des articles 3 (relatif au traitement national), 4 (relatif au traitement de la NPF) et 5 (relatif aux accords multilatéraux sur l'acquisition et le maintien de la protection). Par contre, celles de la Déclaration se limitent aux sections 5 et 7 relatives successivement aux brevets et à la protection des renseignements non divulgués[2].

Dans un autre registre, la Décision du 30 août 2003 autorise les PMA à importer des médicaments génériques produits par d'autres membres (développés ou en développement) sous le couvert de licences obligatoires s'ils n'ont pas les capacités techniques pour les produire eux-mêmes.

2-2 Les perspectives pour l'adaptation du droit de l'OMC au droit à la santé et la facilitation de l'accès aux médicaments

Dans la perspective de favoriser l'accès des populations pauvres aux médicaments, plusieurs propositions ont été portées en plénière. Les travaux du cycle de Doha ont été l'occasion pour les délégués des PED d'interpeller la communauté internationale sur la gravité de la situation sanitaire chez eux et ils lui ont demandé de conjuguer les efforts pour endiguer les épidémies qui y font rage et promouvoir le droit à la santé.

L'alternative à cette situation chaotique ne peut venir que d'une modulation du droit des brevets en vue de répondre aux besoins de la santé et de l'accès des PED aux médicaments. C'est ainsi que plusieurs

.../...Consulter : OMC : Décision du Conseil des ADPIC du 6 novembre 2015 -Prorogation de la période de transition prévue à l'article 66:1 de l'Accord sur les ADPIC en faveur des Pays les Moins Avancés Membres pour certaines obligations en ce qui concerne les produits pharmaceutiques, in : https://docs.wto.org/dol2fe/Pages/SS/directdoc.aspx?filename=r:/IP/C/73.pdf)

[1] Source : www.wto.org

[2] CHELLAF Aziz, *op.cit*, p.268.

propositions ont été faites, dont notamment celle liée à l'assistance et l'accompagnement de l'innovation dans les PED et celle ayant trait à la valorisation de la médecine traditionnelle, très en vogue dans un bon nombre de PED.

2-2-1 La nécessaire adaptation du droit des brevets aux besoins de la santé

L'accès au médicament et le bénéfice d'une assistance technique en mesure de leur permettre de développer l'industrie pharmaceutique constitue la revendication-phare des PED depuis le lancement du cycle de Doha. La mutation de la santé de la catégorie des principes et déclarations aux actions pragmatiques est nécessaire pour répondre aux besoins de santé. Une nouvelle volonté politique est toutefois nécessaire pour réussir cette transition.

Cette nouvelle volonté politique est indispensable pour extraire la santé de la catégorie des principes et déclarations dans lesquelles l'OMC l'a cantonnée. Une telle évolution appelle une modification du mode de fonctionnement et des normes de cette organisation, en particulier celles relatives aux brevets. Faute de quoi, l'objectif de développement n'aura jamais de portée concrète à l'OMC. Guesmi Amelle estime qu'avant toute révision de l'Accord ADPIC visant à consacrer le développement comme finalité du brevet, il faut re- concevoir le modèle démocratique de l'OMC. Tant que cette réforme n'aura pas été mise en œuvre, l'accès aux médicaments ne trouvera pas de solution juridique efficace[1].

Les PED estiment que le droit des brevets doit être capable, à l'instar du droit international économique, de prendre en compte d'autres valeurs en dehors des valeurs commerciales. La réforme de l'Accord ADPIC est impérative pour l'adaptation du droit des brevets aux objectifs de la santé. Le retour aux fondements du brevet est inéluctable pour permettre aux normes de l'OMC d'intégrer véritablement l'objectif de développement. Ainsi, l'amendement du texte doit faire de l'intérêt général une partie intégrante du brevet et rappeler que le brevet est un contrat passé entre la société et l'inventeur[2].

---

[1] GUESMI Amelle, *op.cit*, p.499.

[2] Si ce dernier doit porter son invention à la connaissance de tous, en contrepartie la société lui confèrera un monopole temporaire d'exploitation de son invention. Cela qui dépasserait la situation actuelle où le droit de l'OMC s'est écarté de cette idée de « bien commun » pour privilégier la dimension commerciale et de « propriété » du brevet. Pour y parvenir, il serait plus concevable d'introduire expressément dans l'Accord ADPIC les termes du contrat passé entre l'inventeur.../...

Dans les amendements à suggérer pour l'Accord ADPIC, l'article 27/1 pourrait être ainsi complété par la phrase suivante : « *toutefois, dans l'hypothèse où l'invention met en cause la santé publique, un accès doit être garanti à tous les membres, dans des conditions déterminées par une instance de régulation rattachée à l'OMC* »[1]. Quant à l'article 28/1, a) il spécifierait : « .... *Sous réserve que le produit ne mette pas en cause la santé publique, auquel cas l'exclusivité des droits évoqués serait levée par une instance de régulation, dans la stricte mesure exigée par la sauvegarde de la santé publique* »[2]. Il est également impératif d'associer au texte une obligation nouvelle liée au transfert de technologie, afin de contribuer au développement des capacités de production et d'innovations des pays récipiendaires. Il est à suggérer également le renforcement des droits des pays utilisateurs de l'invention qui doivent se voir reconnaître de véritables droits que ceux reconnus par le système actuel, marqué par des flexibilités qui se limitent à des exceptions aux droits conférés, dont l'usage et l'utilité sont affaiblis par la vive hostilité dont les titulaires de brevets font preuve à leur égard.

Le nouveau texte ne devrait pas occulter le traitement préférentiel, car aucune avancée n'est possible si la même norme est applicable dans tous les lieux et dans tous les contextes[3]. Par ailleurs, il est important d'aménager un traitement favorable aux PMA en ce qui concerne les brevets sur les produits pharmaceutiques qui ne se limiteraient pas au prolongement des délais temporaires[4].

Il est utile de signaler, à la fin, que la question de l'accès aux médicaments s'inscrit dans celle, plus large, de l'accès à la santé et au développement. Ce en quoi elle est inextricablement liée à d'autres problématiques telles que l'accès aux infrastructures sanitaires ou la prise

---

.../...et la société, ce qui permettrait de lier efficacement brevet et développement. Voir : GUESMI Amelle, *op.cit*, p.500.

[1] *Ibid.* p.504.

[2] GUESMI Amelle, *op.cit*, p.504.

[3] Dans ce sens, l'ONG Médecins sans Frontière (MSF) a proposé de prendre ces flexibilités comme base minimale à une « exception sanitaire ». Du fait que la flexibilité du droit étant une condition de développement, MSF demande la reconnaissance d'un droit à la flexibilité, ce qui permettra aux États de s'en prévaloir devant l'ORD. Voir à ce propos : GUESMI Amelle, *op.cit*, p.505.

[4] Il est utile de souligner dans ce registre que la conformité totale aux normes OMC doit être subordonnée, d'une part, à l'atteinte d'un seuil minimal de développement économique et social et, d'autre part, à la réalisation effective de transferts de technologie. Car soumettre des pays à un régime de protection de la propriété intellectuelle sans s'être développé au préalable un minimum de capacités de production les condamnerait à subir le système de brevets, sans jamais prendre part au développement. Voir : GUESMI Amelle, *op.cit*, p.506.

en charge sociale des frais de santé[1]. Néanmoins, il n'est pas à occulter l'influence du brevet en la matière, particulièrement dans le traitement des maladies dangereuses telles que le VIH/Sida[2].

2-2-2 Les solutions préconisées pour la facilitation de l'accès des populations pauvres aux médicaments

Les négociations inhérentes au renforcement du droit d'accès aux médicaments ont montré des perceptions opposées des groupes de négociations. Ce qui n'est pas sans impact sur le cours des travaux, qui ont connu plusieurs suspensions. Étant donné qu'aucun des blocs de membres n'a intérêt à voir les négociations du cycle de développement tergiverser davantage, des propositions de sortie de crise ont été mises sur la table des négociations.

A- L'assistance technique des PED en encouragement du développement de leur propre industrie pharmaceutique

De ces suggestions, on note celles visant l'accord d'une assistance technique aux PED pour encourager l'innovation et à développer leur propre industrie pharmaceutique, car il est de notoriété que c'est la dépendance au Nord pour s'approvisionner des médicaments qui est le point nodal de la problématique liée à l'accès des PED aux médicaments. Du coup, la solution ne pourrait venir que de la réduction de cette dépendance et par ricochet de la promotion de l'industrie pharmaceutique dans ces pays.

La réalisation du transfert de technologie Nord/Sud et même Sud/ Sud est le seul remède pour conduire les pays, qui en sont dépourvus de se doter de capacités de production nécessaires à la mise en place d'une industrie générique. Autrement dit, cette étape doit leur permettre de développer des capacités d'imitation, qui sont le préalable nécessaire au développement des capacités d'innovation requises pour la satisfaction de leurs besoins spécifiques et d'arriver à une autosuffisance sanitaire[3].

---

[1] Dans ce sens, l'OMS estime que seuls 5 % des 300 médicaments, parmi les plus vendus à travers le monde, sont encore sous brevet et arrive à une conclusion selon laquelle le système de brevets n'est donc pas le seul obstacle à l'accès à la santé. Lire : GUESMI Amelle, *op.cit*, p.219.

[2] Parce que d'une part, les souches de ce virus prégnantes dans les PED ne sont pas les mêmes que dans les pays développés, ce qui peut poser des problèmes en matière de recherches, faute de débouchés économiques intéressants pour les laboratoires pharmaceutiques. D'autre part, le virus évolue et mute, ce qui oblige tout à la fois à traiter des patients de façon anticipée pour augmenter les effets positifs du traitement et à leur prescrire des anti-rétroviraux de plus récents, qui sont encore protégés par des brevets. Lire : GUESMI Amelle, *op.cit*, p.219.

[3] *Ibid.* p.445.

L'amélioration de l'accès aux médicaments ne se réaliserait que suivant une approche à long terme d'aide au développement technologique des PED. La communauté internationale doit muter son intérêt vers l'assistance des PED à monter et à promouvoir leur propre industrie pharmaceutique[1]. Il est impératif de favoriser l'interdépendance entre brevets et transfert de technologie, car seul le transfert de technologie qui est en mesure de légitimer le droit de brevet dont la finalité était d'encourager l'innovation au service des populations[2].

La promotion de l'innovation technologique donnerait du sens à l'objectif de l'Accord, énoncé dans l'article 7, et selon lequel *la protection et le respect des droits de propriété intellectuelle devraient contribuer à la promotion de l'innovation technologique et au transfert et à la diffusion de la technologie, à l'avantage mutuel de ceux qui génèrent et de ceux qui utilisent des connaissances techniques et d'une manière propice au bien-être social et économique, et à assurer un équilibre de droits et d'obligations.*.

La promotion de l'industrie pharmaceutique dans les PED tient aussi à la création d'un contexte intellectuel favorable à l'innovation. Cela est conditionné par le développement de la formation et la favorisation des politiques de « recherche ouverte »[3].

B- La valorisation et la promotion de la médecine traditionnelle

Une autre suggestion qui a attiré l'attention consiste en la valorisation de la médecine traditionnelle, à laquelle il faut réserver une protection juridique garante d'un partage équitable des connaissances traditionnelles.

En effet, depuis des lustres, la médecine traditionnelle, que l'OMS définit comme : *« la somme totale des connaissances, compétences et pratiques qui reposent sur les théories, croyances et expériences propres à une culture et qui sont utilisées pour maintenir les êtres humains en bonne santé ainsi que pour prévenir, diagnostiquer, traiter et guérir des*

---

[1] Dans ce sens, la contribution de l'ONU est fortement souhaitée en instituant des fonds spéciaux pour l'aide au développement technologique des PED et d'assistance de ces pays à produire, notamment les médicaments dont ont le plus besoin.

[2] Le transfert de technologie figure d'ailleurs parmi les finalités de l'Accord ADPIC dont le préambule reconnaît *les besoins spéciaux des pays les moins avancés membres en ce qui concerne la mise en œuvre des lois et réglementations au plan intérieur avec un maximum de flexibilité pour que ces pays puissent se doter d'une base technologique solide et viable.*

[3] Ça veut dire par la promotion des publications scientifiques facilement accessibles à ceux qu'elles peuvent intéresser. Voir : GUESMI Amelle, *op.cit*, pp.460- 461.

maladies physiques et mentales »[1], a aidé les habitants des PED dans leur quête à contrer la propagation des épidémies.

Ce mode de traitement est considéré comme une médecine parallèle, alternative ou douce, pratiquée à l'aide de médicaments à base de plantes. Elle s'appuie sur l'utilisation traditionnelle des plantes médicinales. En Afrique, jusqu'à 80 % de la population a recours à cette médecine pour les besoins de soins primaires. En Chine, les préparations traditionnelles, à base de plantes, représentent entre 30 et 50 % de la consommation totale de médicaments. Même en Algérie, la médecine traditionnelle est pratiquée jusqu'à nos jours, notamment en Kabylie, où elle sert de remède contre plusieurs maladies, à l'instar de la rougeole, les hépatites, certaines maladies dermatologiques... Dans les pays riches, les adaptations de la médecine traditionnelle sont nommées : *complémentaires*, *alternatives*, *non conventionnelles*, ou encore *parallèles*[2].

La promotion de la médecine traditionnelle a été appuyée par la Déclaration d'Alma Ata sur les soins de santé primaire en 1978, qui lui reconnaît son rôle dans les soins. En vue de mettre des pratiques médicales et des plantes médicinales sûres, abordables et à la disposition d'une large partie de la population, l'Union africaine a lancé, en 2001, la décennie de la médecine traditionnelle[3].

La volonté de valoriser cette médecine a conduit au lancement des initiatives contribuant à la découverte, au développement et à la distribution de médicaments utiles pour les personnes vivant dans des PED. Cela a conduit au développement de la pharmacologie, avec l'isolement de plantes locales connues pour leurs bienfaits thérapeutiques, suivi d'études cliniques et expérimentales[4].

---

[1] Source : Organisation mondiale de la Santé : Médecine traditionnelle : Définitions, in : http://www.who.int/topics/traditional_medicine/definitions/fr

[2] Pour plus de détails sur ce sujet, consulter : Organisation mondiale de la Santé : Médecine traditionnelle : Définitions, *op.cit.*

[3] Les recherches africaines consacrées à ce type de médecine méritent d'être soutenues. Le comité régional de l'OMS pour l'Afrique a reconnu, lors de sa 57eme session, tenue en 2007, qu'elles étaient prioritaires. GUESMI Amelle, *op.cit*, p.470.

[4] Cité dans les pages 162 et 163 du Rapport de la Commission sur les droits de propriété intellectuelle, l'innovation et la santé publique, intitulé : « *Santé publique, innovation et droits de propriété intellectuelle* », publié par l'OMS en 2006 et disponible sur le lien : http://www.who.int/intellectualproperty/documents/thereport/CIPIH_Rapport_Avrilfr.pdf. Lire également : GUESMI Amelle, *op.cit*, pp.470-471.

Le droit de l'OMC n'est pas resté à l'écart et il assure une protection des savoirs traditionnels et du folklore[1]. Cette protection est réitérée même dans le Par.19 la Déclaration de Doha. Les savoirs traditionnels constituent une partie de l'identité culturelle pour certains peuples. Ils jouent un rôle important dans leur vie, notamment pour leur sécurité alimentaire et leur santé. Une frange importante de la population des PED dépend de la médecine traditionnelle dans ses besoins de santé[2]. Toutefois, pour que les PED tirent profit de la promotion de la médecine traditionnelle, il est impératif de mettre en place une protection juridique garante d'un partage équitable des connaissances traditionnelles.

Les plantes utilisées en médecine traditionnelle sont une source d'inspiration pour la synthèse de nouveaux médicaments ayant de meilleures propriétés thérapeutiques, chimiques ou physiques que les composés d'origine[3]. Cet intérêt offre des perspectives de partenariats intéressants, mais suscite également des inquiétudes relatives à la biopiraterie[4] ou appropriation frauduleuse des savoirs traditionnels par les firmes pharmaceutiques[5].

---

[1] Il faut noter ici que malgré leur citation dans les textes internationaux depuis 1981, date à laquelle une première manifestation de la prise en charge de la préoccupation du « folklore » et des « savoirs traditionnels » avec l'adoption par l'OMPI et l'UNESCO du « *A model law on folklore* », il n'existe par une définition de ce que veulent dire ces deux concepts ni la façon dont ces savoirs peuvent être protégés. Beaucoup considèrent que le système actuel de protection de la propriété intellectuelle de l'OMC n'est pas adapté à ce genre de protection et qu'il lui faut un système *sui generis* (ça veut dire son classement dans une catégorie propre à son genre). Lire : CHELLAF Aziz, *op.cit*, p.271.

[2] *Ibid.* p.271.

[3] Leur attrait a conduit les laboratoires pharmaceutiques à leur accorder de l'intérêt. Ils rencontrent des véritables difficultés à trouver de nouvelles molécules chimiques. Elles sont demandées par des consommateurs des pays développés qui aiment recourir aux médecines « alternatives ». C'est pour cela que les laboratoires étaient conduits à miser sur les nouveaux marchés émergents des produits de santé, tels que les compléments alimentaires ou les produits vitaminés. Lire : GUESMI Amelle, *op.cit*, p.473.

[4] Il n'existe pas de définition communément admise du terme « *Biopiraterie* ». On peut juste la définir comme étant « *l'appropriation illégitime des ressources de la biodiversité et des connaissances traditionnelles autochtones qui peuvent y être associées* ». Cette pratique s'exprime par le dépôt de brevets, de marques sur des noms d'espèces ou de variétés typiques d'une région, ou encore par l'absence de juste retour aux États et communautés traditionnelles qui en sont les dépositaires. Elle peut être mise en œuvre par des entreprises privées ou par des centres de recherche, qui exploitent ces ressources génétiques sans autorisation préalable ou partage des avantages ou bénéfices avec l'État et les communautés indigènes ou locales qui ont initialement développé ces connaissances. Lire à ce propos : COSTES Cyril, « Savoirs Traditionnels, Biopiraterie Et Propriété Intellectuelle », *IKEWAN*, n°67 (2008), Paris, pp.03-04. In : *https://blogavocat.fr/sites/default/files/fichiers//savoirs%20traditionnels%20et%20biopiraterie.pdf*,

[5] Un exemple en la matière est celui de la turmeric (Curcuma longa), une plante utilisée depuis des millénaires en Inde pour ses propriétés cicatrisantes. L'Office américain des brevets a délivré un brevet sur un médicament fabriqué à partir de cette plante en 1995 et.../...

En collaboration avec l'OMPI, l'OMC a lancé une perspective commune pour promouvoir l'innovation et favoriser l'accès aux médicaments issus des savoirs traditionnels. Cette perspective se heurte à la solution qui devrait être trouvée pour la protection de ce genre de médicament. Est-ce qu'il est préférable d'envisager un système de protection *sui generis* ou d'amender l'Accord ADPIC pour garantir que les savoirs traditionnels transférés à ceux qui ont la possibilité de les exploiter fassent l'objet d'un usage équitable[1].

Un groupe de PED, dont figurent l'Inde et le Brésil, a suggéré l'ajout d'un article 29 bis à l'Accord ADPIC[2], qui obligerait, sous peine de sanctions, les membres à conditionner la délivrance du brevet concernant les ressources biologiques ou des savoirs traditionnels à la divulgation d'un certain nombre de renseignements. Ils ont insisté notamment sur les indications suivantes : la source et le pays d'origine des ressources ou des savoirs utilisés dans l'invention ; la preuve du consentement préalable et éclairé par les autorités conformément au régime national et la preuve du partage loyal et équitable des avantages résultant de l'utilisation commerciale ou autre des ressources et savoirs traditionnels associés. L'obligation de divulgation de l'origine a été rejetée en bloc par les puissances économiques (États-Unis, Japon et Canada), qui estimaient que cette obligation induirait une incertitude. Ils ont soutenu qu'il n'existe aucun conflit entre l'Accord ADPIC et la Convention sur la diversité biologique et ces deux textes pouvaient et devaient être mis en œuvre simultanément et de manière complémentaire au niveau national[3].

Le Japon, de son côté, a proposé la mise en place d'une base de données sur les ressources génétiques et savoirs, que les examinateurs des

…/…qui a été révoqué deux ans plus tard pour défaut de nouveauté, à la suite d'une contestation introduite par l'« Indian Concil of Scientific and Industrial Ressearch». Lire : GUESMI Amelle, *op.cit*, p.473.

[1] GUESMI Amelle, *op.cit*, p.475.

La question a occupé une place dans les débats d'un Colloque sous le thème : «*Le Brevet : pourquoi et pour faire quoi ? »,* organisé à Bruxelles en 2007, et qui s'est penché notamment sur l'impact économique global de l'évolution du droit des brevets et qui permet notamment d'envisager la création de monopoles légaux à l'échelle mondiale et sur des objets de plus en plus larges tels que le vivant et l'informatique. Voir : BERNARD Remiche & autres, *« Brevet, innovation et intérêt général : le brevet pourquoi et pour faire quoi ? Actes du colloque de Louvain-la-Neuve organisé par la Chaire Arcelor »,* Larcier, Bruxelles, 2007.

[2] Programme de Travail de Doha- Question de mise en œuvre en suspens concernant la relation entre l'Accord sur les ADPIC et la Convention sur la diversité biologique- Proposition du Brésil, Inde et autres, (distribué sous les cotes WT/GC/W/564/Rev.2 et TN/C/W/41/Rev.2), 5 juillet 2006. In : https://www.wto.org/french/tratop_f/trips_f/art27_3b_f.htm

[3] GUESMI Amelle, *op.cit*, p.476.

offices de brevets pourraient consulter pour se prononcer sur la nouveauté d'une invention[1].

En somme, une bonne gouvernance mondiale de la santé publique est impérative pour la garantie du plein respect des droits de la personne humaine. L'objectif de la communauté internationale ne devrait pas échapper à la primauté du droit à la santé sur les intérêts commerciaux[2].

[1]Cette proposition a été faite devant le Conseil de propriété intellectuelle en date du 13 juin 2006 (Document IP/C/W/472). Voir : GUESMI Amelle, *op.cit*, p.477.

[2] GRAZ Jean-Christophe, La gouvernance de la mondialisation, Éditions La Découverte, Paris, 2004, pp. 103- 106.

CHAPITRE 5 :

Les raisons de l'échec de la démarche liée à la mutation du droit de l'OMC en faveur du développement

Les promesses données à la création de l'OMC et selon lesquelles les Accords de cette organisation seront le meilleur moyen d'accroître la richesse, la prospérité et le niveau de vie des populations de tous les membres, en particulier des PED n'ont pas été tenues. Les inégalités entre le Nord et le Sud n'ont cessé de s'accroitre avec en sus la régression de la part des PED dans le commerce mondial. Cette situation est avantagée par le déséquilibre des accords de l'OMC, qui sont favorables aux pays développés, mais aussi par l'application de ces textes d'une sorte que ce sont les pays industrialisés qui en tirent le plus d'avantages, notamment avec les barrières commerciales dressées devant les produits et services en provenance des grands pays du Sud, tel que la Chine et l'Argentine[1].

L'inégalité a été également accentuée par l'ineffectivité du TSD que prévoit le droit de l'OMC. Un mécanisme qui n'a pas trop changé en la situation des pays pauvres, car il leur accorde seulement des délais plus longs pour appliquer les décisions prises. Soumettre à des règles identiques des partenaires inégaux renforce inévitablement l'inégalité, soutient Gerber Florence[2].

Par la dimension développement greffée au cycle de Doha, l'OMC a reconnu le droit de tous les peuples de tirer parti des possibilités accrues

---

[1] Voir : Rapport d'information n°1279 du 10 décembre 2003 : *« Pour une mondialisation équitable »*, déposé par Mr BALLADOUR Edouard, président de la délégation de l'Assemblée Nationale française, in : http://www.assemblee-nationale.fr/12/rap-info/i1279.asp. p.05. Lire également : BLAMANGIN Olivier, *« L'OMC se moque du Sud »*, interview accordée au magazine, Afrik, en date du 15 novembre 2001, in : http://www.afrik.com/article3620.html

[2] GERBER Florence, « Les pays du Sud au sein de l'OMC », *Revue Newsletter de Focus on the Global South: Focus on Trade*, n° 111, Août 2005, disponible sur le site : www.focusweb.org.

et des gains de bien-être que le système commercial multilatéral génère[1]. L'idée prévalait que *le développement économique et la lutte contre la pauvreté constituaient les meilleurs moyens de favoriser l'entente entre les peuples et les nations : si la misère fait le lit de la violence, il est primordial de la combattre*[2].

Après avoir étudié les multiples phases par lesquelles est passé le TSD, nous abordons les différentes raisons qui ont contribué à l'impasse dans l'avancement du dossier développement lors des négociations commerciales multilatérales.

1- Les clivages ayant empêché l'élaboration d'un traitement préférentiel efficient

L'objectif d'opérationnalisation du TSD afin d'en faire un moyen d'endiguer les inégalités, entre les membres de l'OMC, s'est traduit par la mise en place de l'Agenda de Doha pour le Développement (ADD), qui vise principalement la conversion des mesures relatives au TSD de dispositions non contraignantes en dispositions impératives[3].

En dépit des quelques avancées enregistrées, notamment au profit des PMA[4], l'évolution des négociations sur le TSD est laborieuse depuis l'entame du cycle. Les débats sur le traitement différencié transversal, qui traduisent une approche plus globale de la problématique, sont presque complètement enlisés[5], sous l'effet des pratiques occidentales entravant

---

[1] Le Par.2 de la Déclaration ministérielle de Doha traduit la reconnaissance de l'OMC de « *la nécessité pour toutes nos populations de tirer parti des possibilités accrues et des gains de bien-être que le système commercial multilatéral génère* ».

[2] LABORDE David, *op.cit*, p.83.

[3] Par le biais du Par.44 de la Déclaration de Doha, l'OMC a promis *que toutes les dispositions relatives au traitement spécial et différencié seront réexaminées en vue de les renforcer et de les rendre plus précises, plus effectives et plus opérationnelles.*

[4] Cinq propositions en faveur des PMA ont déjà été avalisées en 2005 lors de la Conférence ministérielle de Hong-kong. Ces propositions, adoptées par l'OMC, apportent des innovations juridiques en faveur de cette catégorie. Une procédure accélérée pour l'octroi des dérogations qui concernent les PMA a été créée. Un véritable nouveau système obligatoire de préférences tarifaires au bénéfice des PMA a également été institué, prévoyant l'accès aux marchés en franchise de douane et sans contingent pour tous les produits originaires de ces pays. Enfin, une procédure qui permet à ces pays de faire face à une situation où ils ne peuvent exécuter leurs obligations a été instituée. Lire : COTE Charles-Emmanuel, *op.cit*, p.173.

[5] À l'exception des négociations portant sur la création d'un mécanisme de surveillance de l'application du TSD, qui est l'initiative la plus pragmatique et qui a fait consensus, les autres questions à l'agenda, comme l'incorporation des règles sur le TSD dans l'architecture des règles de l'OMC, ont été complètement éclipsées, avant de connaître une relative avancée lors de la réunion du 23 juillet 2009. Voir : COTE Charles-Emmanuel, *op.cit*, p.175.

l'expansion des PED et portant même atteinte à la dimension multilatérale de l'OMC.

1-1 Les pratiques entravant l'émancipation des PED et atteignant à la dimension multilatérale de l'OMC

La dimension développement greffée au cycle de Doha a été défendue bec et ongles par les PED qui ont agi en rangs unis, afin de garder une certaine hégémonie sur les négociations. Ils insistent que le cycle ne pourrait pas atteindre le rééquilibrage des relations commerciales multilatérales si les pratiques des pays développés contraires à cet objectif ne sont pas abandonnées.

En effet, ces pratiques ont compliqué l'insertion des PED dans le système multilatéral et les condamnent à subir les effets de la libéralisation. Il a été reproché principalement aux pays développés les pressions exercées sur l'OMC pour l'ouverture des secteurs qui leur sont profitables et le recours à des pratiques asphyxiantes des filières où les PED sont concurrentiels.

1-1-1 La pression pour l'ouverture des secteurs profitables aux pays riches et la perturbation des filières concurrentielles pour les PED

Les pays développés ont pesé de tout leur poids pour parvenir à la libéralisation des secteurs qui leur sont profitables, à l'instar des services et de la propriété intellectuelle. Pour mieux défendre leurs intérêts, ces pays ont multiplié des pratiques préjudiciables pour des filières importantes pour les PED, mais aussi par le blocage des exportations de ces derniers par l'usage abusif des normes.

A- Les pressions pour l'ouverture des secteurs profitables aux pays développés

L'insistance des pays développés pour l'amorce de négociations sur le commerce des services et sur les questions de Singapour a rencontré l'opposition des PED. Ces derniers ont rappelé que l'attention du cycle ne doit être orientée que vers l'adoption de mesures favorisant le développement et facilitant les échanges. C'est ainsi que l'inclusion du thème des services dans les travaux du cycle de Doha ne s'est pas faite sans embûches. Les PED ont affiché leur réticence, en raison de la faiblesse de leur avantage compétitif dans ce secteur comparativement aux pays développés[1].

La même position a été adoptée à l'égard des questions de Singapour que les PED ont demandé le retrait de l'agenda du cycle, d'autant qu'elles relèvent des domaines en opposition avec la ligne de développement[2].

B- La perturbation des filières concurrentielles pour les PED

Les PED souffrent des pratiques déloyales exercées par les pays développés. Pour ne citer que l'exemple du commerce du coton, les subventions accordées par ces pays aux producteurs et aux exportateurs de ce produit, induisent des dommages colossaux sur les PED, notamment ceux de l'Afrique de l'Ouest pour qui le coton est un produit sensible. Ces pays qui subsistent des rentes générées par les exportations de ce produit, ont vu le volume de leurs exportations sensiblement baissé, sous l'effet des subventions américaines aux producteurs et aux exportateurs du coton. Cette pratique a affaibli la position concurrentielle des PED sur les marchés de cette matière première.

C'est pour cela, qu'une initiative pour le coton a été lancée, lors de la conférence ministérielle de Cancun en 2003 par le C4 coton (Burkina Faso, Bénin, Mali et Tchad)[3]. Ce groupe a dénoncé fermement les aides américaines à quelque 25 000 fermiers et qui dépriment le cours des marchés mondiaux. La persistance de cette pratique aurait droit de la filière coton dans un certain nombre de PED, avec les retombées qui en découleront sur l'atteinte au droit du travail des milliers de personnes,

---

[1] L'action du capitalisme des sociétés du tiers-monde est un facteur négatif important pour leur devenir économique. Les analyses faites par plusieurs organismes connaisseurs ont fait état que, dans la conjoncture, seul le monde asiatique, est en partie, concerné par la mondialisation. Des pans entiers de l'humanité sont exclus des processus économiques. Lire : MAPPA Sophia, La coopération internationale face au libéralisme, Karthala, Paris, 2003, p.336.

[2] Les PED s'étaient opposés, lors de la conférence de Cancun en 2003, à la demande exprimée par les pays développés quant à la priorité de négocier les questions de Singapour (investissement, concurrence, marchés publics et facilitation des échanges). Menés par le G20, les PED ont répliqué qu'ils ne négocieraient rien si l'OMC ne commençait pas par régler le dossier agricole (subventions et accès aux marchés) et la question du coton. Devant la réponse négative de l'OMC, les PED ont quitté la salle sous les applaudissements des ONG qui voulaient que cette conférence ne puisse aboutir. Michel Egger, chef d'une importante ONG suisse souligne «*qu'il valait mieux pas d'accord qu'un mauvais accord*». Lire à ce propos un compte rendu des travaux de la conférence de Cancun intitulé : « *Cancun se conclut par un échec* », réalisé par : GOUY Patrice pour la radio française RFI et publié sur le portail web de cette radio
http://www1.rfi.fr/actufr/articles/045/article_24850.asp.

[3] Pour plus de détails lire : *« Négociations de l'OMC sur l'agriculture : Questions visées et état d'avancement », op.cit*, p.85.

ainsi qu'au droit à un commerce équitable. Il a été demandé l'amélioration de l'accès aux marchés, compensations et élimination des soutiens[1].

Cette démarche, qui décrit les dommages que les subventions au coton leur ont causés, était à l'origine de l'insertion de ce dossier dans les négociations multilatérales, traité séparément des négociations sur l'agriculture[2]. Dès lors, le commerce du coton s'est tiré une part importante des travaux du cycle de Doha.

Le traitement de cette question a été soulevé, à la fois, dans le cadre du Conseil général et des négociations sur l'agriculture. Après coup, l'OMC a affiché un certain fléchissement sur la question du coton[3]. Les membres se sont convenus à ce qu'une priorité sera accordée au commerce de ce produit indépendamment à d'autres initiatives sectorielles[4]. Les négociations ont abouti, lors de la conférence ministérielle de Hong-

[1] GHERARI Habib, « L'OMC à bout du souffle ? Quelques observations sur la 8eme conférence ministérielle », *RGDIP,* Volume 116, n°01/2012, Paris (France), 2012, p.121.

[2] Même au temps du GATT, ce produit bénéficiait d'une attention particulière. Un accord à court terme concernant le commerce international des produits en coton fut signé en 1961 pour une durée d'un an. Cet Accord, conclu en dérogation aux règles du GATT, permettait la négociation de restrictions contingentaires frappant les exportations des pays producteurs de coton. L'Accord autorisait les États membres à demander à un autre pays participant de limiter ses exportations de produits en corton lorsque celles-ci provoquaient ou menaçaient de provoquer une désorganisation. À défaut d'accord, le pays requérant pouvant imposer d'office des restrictions quantitatives. Celles-ci devaient toutefois maintenir le niveau des exportations textiles des PED à leur niveau antérieur à l'Accord. Ce texte autorise également les parties contractantes à conclure des accords bilatéraux d'autolimitation des exportations des seuls textiles de coton avec leurs fournisseurs.
- Pour plus de détails, lire : HAISSOUNE Mohamed, « GATT-AMF : Les accords multifibres : des origines au démantèlement », *L'Economiste,* Édition n°129 du 12/05/1994, Casablanca (Maroc). In : http://www.leconomiste.com

[3] C'est ainsi que la Décision du Conseil général du 1er août 2004 a marqué la consécration d'une initiative pour la prise en charge de la question du coton en notant que : « *Le coton est important pour certains PMA et cette question sera traitée dans les travaux sur tous les piliers. Il convient également d'établir un sous-comité pour le coton* » (Par. 4 de l'annexe A -Cadre pour l'établissement de modalités concernant l'agriculture- de la Décision). Une année plus tard, soit lors de la conférence ministérielle de Hong-kong en décembre 2005, les membres ont décidé à ce que ce volet soit traité de manière « *ambitieuse, rapide et spécifique, dans le cadre des négociations sur l'agriculture* » (Par. 11 de la Déclaration ministérielle de Hong-kong, *op.cit*).

[4] Pour avantager la mise en œuvre de ces mesures, un Sous-comité du coton a été mis en place, conformément aux décisions de la réunion du 19 novembre 2004 de l'instance de négociations sur l'agriculture. L'institution de ce comité est venue en application du Par.1.b et des Par.4 et 5 de l'Annexe A de la Décision du 1er août 2004 (Document WT/L/579). Ce comité se réunit périodiquement et fera rapport à la session extraordinaire du Comité de l'agriculture pour examiner les progrès réalisés. Les travaux porteront sur toutes les politiques ayant des effets de distorsion des échanges affectant le secteur en ce qui concerne les trois piliers : accès aux marchés, soutien interne, et concurrence à l'exportation. Le mandat indique que les réunions de ce sous-comité sont ouvertes à tous les membres de l'OMC et aux gouvernements observateurs.

kong, à l'élimination des subventions à l'exportation du coton dès l'année 2006.

Cette décision et les avancées portées par la Décision du 1er août 2004, ont été minimisées par les PMA, notamment le C4, en constatant le manque de volonté des États-Unis. Ces derniers ont fait valoir que les subventions ne puissent être séparées du problème général des soutiens agricoles, et ils les ont subordonnées à la réduction des soutiens chinois au coton, alors que ces derniers n'ont guère été mis en cause[1].

Il est utile de constater que les perspectives d'un succès dans les négociations de l'OMC découlent, en grande partie, des concessions américaines en matière de subventions au coton et sur la question de l'accès- libre aux marchés sans droits de douane et contingents pour les PMA[2]. Les décisions adoptées, en 2013[3] et en 2015[4], en faveur du coton n'auront pas l'impact souhaité par les pays endommagés si les États-Unis ne fléchissent par leur position à ce propos. La résolution de la question coton s'appuie sur la capacité de l'OMC à prioriser les questions d'intérêt majeur pour les pays vulnérables, et les avantager pour engendrer des dividendes en faveur de leur développement.

---

[1] La position de Washington s'articule autour du fait que ses concessions potentielles sur les subventions dépendent de ce que la Chine est prête à mettre sur la table et de la transparence au regard à ses propres subventions. Lire : GHERARI Habib, « L'OMC à bout du souffle ? Quelques observations sur la 8eme conférence ministérielle », *op.cit*, p.121.

[2] À ce titre, l'action des lobbies américains du coton et du textile apparaît comme obstacle significatif à l'avancée des négociations. Dans un contexte marqué par des craintes sur l'emploi et devant la montée en puissance de nombreux PED, ces questions apparaissent importantes. Ainsi, la stratégie adoptée par l'*United States Trade Representative* (USTR) consiste à utiliser cette dynamique interne comme élément de négociation afin d'obtenir plus de concessions de la part des pays émergents. Voir : GOMEZ Alejandro, *op.cit*, p.38.

[3] La Décision ministérielle du 7 décembre 2013 -Coton- (Document WT/MIN (13)/41 WT/L/916) a insisté sur la transparence et la surveillance du commerce du coton et qui devront être renforcées eu égard à l'importance de ce secteur pour les PED et les PMA. Cette Décision a également plaidé en faveur de la réforme du commerce mondial du coton.

[4] Par le biais d'une Décision ministérielle adoptée le 19 décembre 2015- Coton, l'OMC a appelé ses membres développés et ses PED, qui se déclarent en mesure de le faire, à accorder, dans la mesure prévue dans leurs arrangements commerciaux préférentiels respectifs en faveur des PMA, à compter du 1er janvier 2016, l'accès en franchise de droits et sans contingent au coton produit et exporté par les PMA (Par.2). Les PED qui déclarent ne pas être en mesure d'accorder un accès en franchise de droits et sans contingent au coton produit et exporté par les PMA s'engageront, à compter du 1er janvier 2016, à examiner les possibilités d'accroissement des opportunités d'importation de coton en provenance des PMA (Par.3).

C- L'usage abusif des normes comme prélude au blocage des exportations des PED

Si les barrières commerciales traditionnelles, telles que les droits de douane, sont progressivement éliminées depuis la création de l'OMC, le recours aux barrières techniques et régulatrices pour faire obstacle au commerce se banalise. Pour ralentir la fluidité des produits arrivant sur leurs marchés internes, les pays développés ont eu recours aux règlements techniques, en particulier les normes, en utilisant des systèmes de régulation spécifiques dans le domaine sanitaire et de l'environnement, de l'hygiène publique, ainsi que des normes de sécurité, qui ne sont pas fondées sur les normes internationales[1].

L'imposition de ces normes, dont le respect requiert des coûts additionnels pour les pays exportateurs, préoccupe grandement les PED, qui les qualifient d'obstructions de l'accès aux marchés[2]. Ces pays font face à deux sortes de contraintes pour s'adapter aux normes 9000 de l'Organisation Internationale de Normalisation (ISO) sur la qualité[3]. Les exportations des PED les plus touchées par l'imposition du respect des normes sont essentiellement celles issues de l'exploitation des ressources naturelles.

Les PED contestent également les normes sociales et environnementales, adoptées par les pays développés dans l'objectif inavoué de limiter l'arrivée sur leurs sols des produits en provenance du sud[4]. Une tendance qui contraste avec l'ambition des PED qui, après avoir concédé assez de réformes et dépensé des sommes faramineuses en

---

[1] WILSON John S, « Normes, réglementation et commerce : les règles de l'OMC et les préoccupations des pays en voie de développement », in *: «Développement, commerce et OMC»,* ouvrage collectif dirigé par ENGLISH Philip et HOEKMAN Bernard, Éditions Economica, Paris (France), 2004, p.151.

[2] Le préambule de l'Accord OMC sur les mesures SPS reconnaît que les PED *peuvent rencontrer des difficultés spéciales pour se conformer aux mesures sanitaires ou phytosanitaires des Membres importateurs et, en conséquence, pour accéder aux marchés, et aussi pour formuler et appliquer des mesures sanitaires ou phytosanitaires sur leur propre territoire, et désireux de les aider dans leurs efforts à cet égard.*

[3] La première c'est qu'ils doivent comprendre l'information sur la meilleure pratique en matière de normes et la deuxième de mobiliser les ressources nécessaires pour adopter les méthodes de production et de transformation appropriés. Voir : WILSON John S, *op.cit*, p.151.

[4] En matière de droits de douane, le rapport PNUD 2003 révèle que les droits appliqués dans la zone OCDE aux produits manufacturés en provenance des PED sont plus de quatre fois supérieurs à ceux frappant les biens manufacturés en provenance des autres membres de l'OCDE.

Lire : Rapport mondial sur le développement humain 2003 : Les Objectifs du Millénaire pour le développement : Un pacte entre les pays pour vaincre la pauvreté humaine, Publié pour le Programme des Nations Unies pour le développement (PNUD) par les Éditions Economica, Paris, 2003.

vue de s'adapter au droit de l'OMC[1], ont émis le souhait d'assister à la réforme des règles cadrant le volet lié à l'usage des normes afin de leur faciliter l'accès aux marchés des pays développés.

Il est à constater que le recours abusif des pays développés aux normes est conjugué par leur application déguisée des dispositions de l'Accord sur les mesures SPS, à qui ils ne se soumettent que dans la mesure où il ne compromet pas leurs intérêts nationaux[2].

Les tensions qui existent dans le domaine de la sécurité sanitaire internationale ont influé sur le système de règlement des différends de l'OMC, qui est devenue une véritable « cour scientifique », où sont débattues des questions relatives à la nocivité d'un produit industriel ou encore les risques posés par les aliments issus des biotechnologies[3]. Il en résulte également une atteinte à l'autonomie réglementaire des États qui voient ainsi leur droit à réguler les risques sanitaires sur leur territoire limité par l'étendue des accords internationaux à vocation commerciale[4].

---

[1] Rien que la mise en œuvre d'un Accord comme celui sur les ADPIC a asséché les trésoreries d'un bon nombre de PED. Si on prend juste l'exemple d'un pays comme la Jamaïque, ce dernier a dépensé 6 à 7 millions de dollars pour l'application de l'Accord ADPIC avec la révision de ses lois, le développement de structures administratives adéquates et la formation du personnel en mesure d'appliquer les procédures énoncées par cet Accord. Ce pays d'Amérique du nord a ainsi crée un nouveau bureau de propriété intellectuelle. Il a également dépensé 7,6 millions de dollars pour la mise en œuvre de l'Accord sur les mesures SPS et 840 000 dollars pour l'Accord sur l'évaluation en douanes. Des sommes qui ont été soustraites des fonds à destiner pour le développement des infrastructures de base et pour endiguer la pauvreté qui frappe des couches importantes de la population. Voir : FINGER Michael et SCHULER Philip, « La mise en œuvre des accords de l'OMC : le défi du développement », in : *« Développement, commerce et OMC»,* ouvrage collectif dirigé par ENGLISH Philip et HOEKMAN Bernard, Éditions Economica, Paris, 2004, p.323.

[2] Le Par.2 de l'article 2 de l'Accord sur les mesures SPS exige des membres de *faire en sorte qu'une mesure sanitaire ou phytosanitaire ne soit appliquée que dans la mesure nécessaire pour protéger la santé et la vie des personnes et des animaux ou préserver les végétaux, qu'elle soit fondée sur des principes scientifiques et qu'elle ne soit pas maintenue sans preuves scientifiques suffisantes...* Alors que le Par.3 du même article exige que les mesures SPS des membres n'établissent pas de *discrimination arbitraire ou injustifiable entre les Membres où existent des conditions identiques ou similaires, y compris entre leur propre territoire et celui des autres Membres. Les mesures sanitaires et phytosanitaires ne seront pas appliquées de façon à constituer une restriction déguisée au commerce international.*

[3] SAMSON Mélanie, « *Protection de la santé et droit international économique : la sécurité sanitaire à l'épreuve des échanges commerciaux* », thèse de doctorat en droit public, Université Paris 1 - Panthéon Sorbonne-, Paris, 2010, p.08.

[4] *Ibid.* p.08.

1-1-2 La subordination des préférences à des conditions extra commerciales et la soumission des prétendants à l'adhésion à des concessions illégales

Ayant constaté la difficulté de décrocher des concessions lors des négociations de l'OMC, où les PED sont devenus difficiles à manier, les pays développés recourent à d'autres procédés afin de tirer les avantages recherchés. Ils se servent des ALE comme moyen de pression sur leurs partenaires en développement, et à conditionner l'octroi de préférence à des concessions économiques et à certaines conditions extra commerciales. Cette méthode est, par ailleurs, utilisée à l'encontre des prétendants à l'adhésion et qui ont été contraints à faire des concessions supérieures à celles exigées aux pays ayant adhéré en 1994.

A- L'assujettissement des préférences à des conditions extra commerciales

Les accords de libre-échange (ALE) placent en position de faiblesse les PED dans les négociations avec une grande puissance. Ces dernières profitent de ce mode de partenariat pour inclure dans les accords des normes sociales et environnementales (comme dans le cas de l'ALENA, ou du récent accord États-Unis/ Jordanie). Paradoxalement, il s'agit des mêmes clauses que les PED rejettent en général à l'OMC, pour leur caractère abusif et néocolonial. Ces accords sont également utilisés par les pays développés de moyen pour astreindre leurs partenaires à signer d'autres accords dans les domaines non commerciaux (droits de l'homme, environnement...)[1].

B- La soumission des prétendants à l'adhésion à des concessions illégales

Les PED qui négocient leur adhésion à l'OMC ne bénéficient pas de tous les avantages accordés à leurs pairs ayant scellé l'adhésion à la conclusion de l'Accord de Marrakech. Exploitant la motivation des PED à adhérer à l'OMC, les pays développés se servent d'occasion pour les astreindre à des obligations en mesure d'avantager les exportateurs et les

[1] À titre d'exemple, le régime spécial de préférences initié par l'UE en 2006 et appelé SPG+ prévoit des réductions tarifaires supplémentaires pour les PED qui signent, ratifient et mettent effectivement en œuvre les principales conventions des Nations Unies et de l'OIT relatives aux droits de l'homme et aux droits des travailleurs, ainsi qu'à la protection de l'environnement et à la bonne gouvernance. Voir : TREPANT Inès, « La politique commerciale européenne et les pays en développement », *Courrier hebdomadaire du CRISP*, n° 39/ 2012, Bruxelles (Belgique), 2002, p.22.

investisseurs occidentaux. Ils leur imposent parfois des dispositions non retenues dans les différents accords de l'OMC. Il est même légitime de s'interroger, à ce propos, sur la primauté du droit de l'OMC sur les intérêts de ses membres[1].

Étant la seule organisation internationale qui subordonne l'adhésion d'un nouveau membre *à des conditions à convenir entre lui et l'OMC*[2], ce qui se réalise par le biais de négociations bilatérales et multilatérales avec ses membres, l'OMC soumet les candidats à l'adhésion à des négociations difficiles à mener. Les pays développés exigent des concessions supplémentaires et poussent les candidats à aller au-delà des engagements convenus par l'OMC dans de nombreux domaines, y compris celui de la propriété intellectuelle[3].

La conclusion d'un ALE est aussi utilisée pour réduire le champ d'un prétendant à l'adhésion à l'OMC. C'est l'UE qui se distingue par ce genre de procédés et elle n'hésite pas à conditionner le soutien de la candidature d'un pays à l'OMC à la signature d'un accord bilatéral avec elle[4]. L'objectif est de décrocher de ce pays des concessions qu'il ne fera pas facilement une fois membre de l'OMC, surtout qu'il se sentira comme protégé par les groupements en présence à l'Organisation[5].

Ce procédé de pression a été employé principalement à l'encontre de la Chine, obligée à faire assez de concessions avant de voir son adhésion validée en 2001[6], mais aussi à l'encontre de l'Algérie, qui a déposé son dossier d'adhésion au GATT depuis le 3 juin 1987, mais qui n'a pas encore scellé son accession à l'OMC. L'Algérie subit des pressions extravagantes, en dépit des efforts colossaux consentis en vue de conformer sa législation aux règles de l'OMC, et ce, en engageant des réformes jugées de substantielles[7].

---

[1] MESSAD Rafik, « *Le contentieux agricole dans le cycle de Doha* », *op.cit*, p.175.

[2] Article 12 de l'Accord instituant l'Organisation Mondiale du Commerce, *op.cit*.

[3] Les États-Unis utilisent ces négociations pour obliger les nouveaux entrants à renoncer aux flexibilités reconnues par l'Accord sur les ADPIC et la Déclaration de Doha en matière de médicaments. C'est ce qui se lit des clauses imposées à ses partenaires en développement dans le cadre des accords Adpic+. Pour plus de détails, voir : GUESMI Amelle, *op.cit*, p.405.

[4] BENAROYA François & CLING Jean-Pierre, « Crise du développement et impasse des négociations commerciales multilatérale », Revue *française d'économie,* Volume 16, n°02/2001, France, 2001, P102.

[5] Les clauses recherchées dans ce genre d'ALE ont trait souvent à la propriété intellectuelle et aux normes SPS.

[6] La Chine a conclu son adhésion à l'OMC en date du 11 décembre 2001.

[7] Dans ce registre, on peut remarquer que les textes législatifs de 1993, 2001 ,2006 et de 2022 relatifs à l'investissement ont amené des progrès importants sur l'activité économique avec: les restrictions de participation au capital d'entreprises nationales aux investisseurs étrangers ne s'appliquent plus, le principe de liberté d'investissement est introduit,…/…

Ces réformes, qui ont conduit la CNUCED jusqu'à dresser un rapport optimiste à propos des politiques d'investissement en Algérie[1], n'ont pas suffi pour mener les négociations à bon port. La lenteur des négociations est due essentiellement aux exigences occidentales à propos de la libéralisation des prix intérieurs de l'énergie et de la limitation des subventions étatiques aux entreprises publiques stratégiques[2].

1-2 L'effet mitigé des régimes d'aide au développement

Si les PED croyaient trouver en les programmes de coopération avec les grandes puissances économiques mondiales un appui pour la lutte contre la pauvreté. Ces programmes, à l'instar du régime de coopération CE /ACP et des régimes préférentiels, comme SPG, TSA et AGOA n'ont pas donné l'effet escompté. Idem pour le dispositif Onusien de l'Aide Publique au Développement.

1-2-1 La non-concordance des régimes de coopération établis par les pays riches avec la lutte contre la pauvreté

Les politiques d'aide au développement, prônées par les pays développés, visent à faire bénéficier les PED des avantages potentiels de l'ouverture commerciale, notamment l'éradication de la pauvreté et la promotion du développement durable[3].

.../...le droit de rapatrier les profits est garanti aux investisseurs étrangers et une Agence Nationale de Développement de l'Investissement (ANDI) est créée. Ces textes ont confirmé l'orientation de l'Algérie pour l'encouragement des investissements étrangers. Lire à ce propos : MESSAD Rafik, «Les textes juridiques inhérents au commerce des produits agricoles adoptés par l'Algérie en vue de son adhésion à l'OMC », *Revue Académique de la Recherche Juridique, Faculté* de droit et des sciences politiques de l'Université Abderrahmane Mira de Bejaia, n° 02/2012, Bejaia (Algérie), 2012, p.19.

[1] Dans ce rapport, la CNUCED a estimé que beaucoup de progrès ont été enregistrés dans le sens de la libéralisation de l'économie avec la mise en place d'un nouveau dispositif législatif conçu pour soutenir l'investisseur privé national ou étranger. Voir : CNUCED, « *Examen de la politique de l'investissement : Algérie* », Nations Unies, New York et Genève, 2004, p.95, in : www.unctad.org/ipr/.

[2] MESSAD Rafik, «Les textes juridiques inhérents au commerce des produits agricoles adoptés par l'Algérie en vue de son adhésion à l'OMC », *op.cit*, p.34.

[3] Ces objectifs ont été relatés dans la note établie par la Direction générale du commerce de la Commission européenne établie en février 2004 et intitulée : «*Le système de préférences généralisées de l'Union européenne SPG* », (disponible sur le lien : http://europa.eu.int/comm/trade).

A- Aperçue sur les programmes d'aide au développement, prônés par l'Union européenne et par les États-Unis

L'UE a adopté un riche arsenal législatif en la matière[1], tout comme elle a mis en place des programmes préférentiels, notamment le SPG (Système de Préférences Généralisées), instauré en 1971, soit trois ans après celui décidé par la CNUCED. Le SPG européen se compose d'un régime général et de deux régimes spéciaux. Le régime général prévoit des réductions tarifaires substantielles ou des exonérations pour les marchandises importées des PED, qui ne sont pas classés par la Banque mondiale comme pays à revenu élevé et dont les exportations ne sont pas suffisamment diversifiées. Ce régime a vu ses critères durcir après la réforme de 2011[2]. Pour les régimes spéciaux, l'UE a adopté en 2001 le régime TSA « Tout sauf les armes », dédié au soutien du développement durable et de la bonne gouvernance. Il prévoit une exemption totale de droits de douane et de quotas sur les importations de toutes les marchandises provenant des PMA, à l'exception des armes. Le second régime spécial, appelé SPG+, est entré en vigueur en 2006[3].

De leur part, les États-Unis, ont mis en place le système AGOA (*African Growth and Opportunity Act*) qui permet à plusieurs produits, en provenance d'une quarantaine de pays d'Afrique subsaharienne, de bénéficier d'un accès préférentiel au marché américain. Il a été renouvelé le 29 juin 2015 pour une période dix ans. Ces préférences commerciales accordées aux pays subsahariens sont dépendantes toutefois du respect de certains critères tels que le respect de l'État de droit, des droits des travailleurs et des droits de l'Homme. Ce programme bénéficie à 39 pays de l'Afrique subsaharienne. À noter que même les États-Unis ont adopté leur SPG, quasiment similaire à celui de l'UE. Il a été approuvé par le Congrès en 1971 comme partie du *trade act* de 1975 et il est entré en vigueur deux ans plus tard. Sa caractéristique : tous les produits éligibles

[1] Cette politique a comme base juridique l'article 208 du Traité de Lisbonne (Traité de Lisbonne, modifiant le traité sur l'Union européenne, le traité instituant la Communauté européenne et certains actes connexes, signé à Lisbonne le 13 décembre 2007), qui trace les objectifs de la politique européenne d'aide au développement. Par ailleurs, ce même article établit que l'UE et ses États membres doivent respecter les accords multilatéraux en tenant compte des objectifs et des engagements qu'ils ont agréés dans le cadre des Nations unies et des autres organisations internationales compétentes. Voir : TREPANT Inès, *op.cit*, p.10.

[2] Ainsi donc, pour bénéficier des préférences tarifaires, un pays ne doit pas être classé par la BM comme pays à haut revenu ou revenu intermédiaire pendant les trois ans précédant le classement sur la liste et ne pas bénéficier d'un accord commercial préférentiel avec l'UE. Par ailleurs, les pays à hauts revenus, mais dont l'économie est peu diversifiée ne seront plus bénéficiaires du SPG standard.

[3] TREPANT Inès, *op.cit*, p.22.

au traitement préférentiel (environ 5000 produits) entrent sur le marché américain, exonérés de tous les droits. Néanmoins, pour qu'un produit entre en franchise, il doit satisfaire trois conditions : il doit être éligible au traitement SPG, il doit provenir d'un pays éligible au SPG et enfin il doit répondre aux règles d'origine imposées par le système[1].

L'évaluation de ces programmes préférentiels fait état de leur impuissance à booster les exportations des pays bénéficiaires et leur concentration sur les exportations engendre des effets dévastateurs sur la production vivrière et sur la sécurité alimentaire des pays destinataires.

B- L'échec des programmes préférentiels à accroître les exportations des pays bénéficiaires

Le constat général qui se dégage fait état que les régimes de coopération et d'aide au développement, proposés par les pays développés aux PED ont un autre objectif que la lutte contre la pauvreté. Ils servent plutôt de moyen pour astreindre les PED partenaires à faire des concessions et à ratifier d'autres conventions internationales dans des domaines autres que commerciaux. Ce qui a empêché ces programmes d'apporter le plus escompté. C'est le cas des programmes européens (SPG standard, SPG+ et le TSA) dédiés à favoriser les exportations des PED vers l'UE[2]. La Commission européenne a avoué même que ces préférences n'ont pas influé grandement sur la situation économique des

---

[1] CHELLAF Aziz, *op.cit*, p.221.

[2] Cet aveu ne cache pas les notes de satisfaction de la Commission européenne qui estime que le programme TSA a fait preuve de son efficacité pour stimuler les exportations des PMA vers les marchés européens, d'autant que les importations de l'UE en provenance de ces pays sont de 25 % supérieures à celles des importations en provenance des pays ne bénéficiant pas de régimes préférentiels. Dans ce sens, les exportations de produits textiles en provenance du Bangladesh en constituent un exemple frappant. En revanche, l'incidence sur la diversification des exportations demeure mitigée.

En ce qui concerne SPG+, applicable depuis 2011, l'UE estime que : « *Les nouvelles règles sont plus simples et plus faciles à respecter. Elles élargissent les possibilités d'approvisionnement, permettant le cumul régional et transrégional entre pays. Les PMA bénéficient de marges de manœuvre supplémentaires, supérieures aux niveaux offerts par la plupart des autres pays développés dans leurs propres régimes préférentiels. Des règles améliorées ont également été proposées au cours des négociations concernant les accords de partenariat économique (APE)* ».

- Pour plus de détails sur le bilan des régimes européens de développement, consulter : Commission européenne : « Commerce, croissance et développement : ajuster la politique commerciale et d'investissement aux pays qui ont le plus besoin d'aide », *Communication de la Commission au Parlement européen, au Conseil et au Comité économique et social européen*, Bruxelles (Belgique), le 27/01/2012. In : http://trade.ec.europa.eu/doclib/docs/2012/january/tradoc_148996.FR.pdf, notamment les pages 07 et 18.

pays ACP, partenaires de l'UE dans le fameux programme de partenariat CE/ACP[1].

Côté américain, et étant donné que plusieurs produits notamment dans l'agro-industrie - ne bénéficient pas des exemptions accordées dans le cadre de l'AGOA, la valeur ajoutée des exemptions commerciales octroyées est aujourd'hui faible pour les pays africains non- producteurs d'hydrocarbures, de voitures et pièces automobiles et de produits textiles[2]. Cela même si, ce programme a été jugé plus avantageux pour l'Afrique que le programme TSA instauré par l'UE. Les exportations africaines vers les États-Unis (dans le cadre de l'AGOA) ont été nettement supérieures à ce qu'elles étaient vers l'UE dans le cadre du TSA[3].

Parmi les raisons de l'échec de ces programmes à booster les exportations des pays destinataires, on note la relégation des partenaires sous-développés à des rôles subalternes dans les négociations. L'UE a fini par constater que les Conventions de Lomé n'ont pas contribué à faire sortir les pays ACP de la pauvreté et qu'au contraire, ces pays ont souffert d'une marginalisation croissante dans le commerce mondial[4]. L'UE impute cette situation au fait que les échanges sont concentrés sur un très petit nombre de produits (matières premières) et déplore l'absence de diversification économique notable. Quant aux représentants des pays ACP, l'impact négatif de leur partenariat avec l'UE, qui n'a servi que la partie européenne, est justifié par les méthodes de négociation qui relèguent tant le commissaire au développement que les ministres chargés de la politique de développement à un rôle subalterne[5].

---

[1] La Commission a fini par constater que les PED qui ont connu un développement spectaculaire ces trente dernières années sont ceux qui ne bénéficiaient pas de préférences tarifaires de la part des pays riches, notamment de la part de l'UE. Voir : TREPANT Inès, *op.cit*, p.24.

[2] C'est ce qui justifie les critiques du Congrès à l'égard de ce programme. Le Congrès a critiqué inefficacité du programme et la non- réciprocité des préférences commerciales. Voir : PAWLOTSKY Clémentine et JOEL Te-Lessia , « États-Unis Afrique : la loi AGOA prorogée jusqu'en 2025 », *Jeune Afrique*, article inséré le 1er juillet 2015, in : http://www.jeuneafrique.com

[3] STIGLITZ Joseph E & CHARLTON Andrew, « Un cycle de négociations commerciales pour le développement ? », *Revue d'économie du développement*, Volume 13, n° 04/2005, Clermont-Ferrand (France), p.28.

[4] Toutefois, ce constat négatif n'a pas suffi à l'UE pour envisager d'autres méthodes de partenariat avec les PED. Au contraire, elle a plaidé pour l'approfondissement de l'instauration de zones de libre-échange avec les pays ACP. Ces derniers doutent des bienfaits supposés des ALE pour leur économie, d'autant plus qu'aucune étude d'impact n'a été réalisée préalablement au lancement des négociations. Ils se méfient ainsi de négocier des accords dont ils ne connaissent pas les répercussions éventuelles sur leurs économies et leurs sociétés, ce qui éloigne les perspectives d'accord. Voir à ce propos : TREPANT Inès, *op.cit*, p.30.

[5] TREPANT Inès, *op.cit*, p.34.

1-2-2 Les limites de l'Aide Publique au Développement et son inadaptation à la lutte contre la pauvreté

Pour venir en aide aux pays démunis et donner suite à son engagement de *favoriser le progrès social et instaurer de meilleures conditions de vie*[1], l'ONU a initié en 1960 le mécanisme de l'Aide Publique au Développement (APD)[2]. Ce dispositif constituc la part essentielle de la coopération multilatérale pour le développement, puisqu'il s'agit de l'aide envisagée individuellement par les gouvernements[3]. Elle est aujourd'hui le seul véritable instrument de redistribution internationale, en dépit qu'elle n'ait pas impulsé l'accroissement des capacités des pays pauvres à résorber la pauvreté[4].

L'aide au développement, mise en place dans l'espoir de permettre aux pays pauvres de sortir de cette situation, avec le montage d'investissements nécessaires à leur décollage économique, n'a pas réussi le pari escompté[5]. Ce qui l'a exposé aux critiques.

Ses détracteurs soulignent l'absence de toute corrélation statistique entre aide et croissance économique. Ils doutent que l'aide ait véritablement contribué à augmenter la capacité des pays bénéficiaires à résorber leur pauvreté. Plusieurs raisons ont été avancées pour expliquer l'échec de ce dispositif. La principale en est celle mettant en avant la gouvernance, souvent déficiente, et la corruption observée dans nombre de pays bénéficiaires et qui détournent les aides vers d'autres créneaux, le plus souvent au profit des dirigeants et de leur entourage. Il a été

---

[1] Préambule de la Charte des Nations Unies signée à San Francisco le 26 juin 1945.

[2] L'institutionnalisation de l'Aide Publique au Développement (APD) l'a été en 1960, simultanément avec le Comité d'aide au développement (CAD) au sein de l'OCDE. Les neuf membres fondateurs de l'OCDE (Allemagne, Belgique, Canada, États-Unis, France, Italie, Portugal, Royaume-Uni et la Commission de la CEE) commencent, au sein du CAD, à insérer les pratiques de l'aide dans un cadre davantage institutionnel et formel. C'est dans ce contexte que le concept d'APD a commencé à se forger. Voir : CUE RIO Miriam, « *Une approche de l'Aide Publique au Développement par le biais de ses objectifs chiffrés : examen de la définition des objectifs comme facteur explicatif de leur non réalisation*», thèse de doctorat en Sciences économiques de l'Université de Versailles Saint-Quentin-en-Yvelines, France, 2013, p.03.

[3] Pour matérialiser et coordonner l'aide au développement, il a été procédé à la création de l'Association internationale du développement (branche de la Banque mondiale), responsable de la gestion d'une grande partie de l'aide multilatérale, et le comité d'aide au développement (CAD), qui coordonne l'aide accordée par les pays de l'OCDE. Voir : BOURGUIGNON François, La mondialisation de l'inégalité, Éditions du Seuil et La République des idées, France, 2012, p.80.

[4] Les pays développés consacrent environ 35 % de leur revenu national (environ 100 milliards d'euros) à l'aide au développement des pays pauvres. Institué en 1960, ce mécanisme est destiné à réduire les écarts entre les pays riches et les pays pauvres. Voir : BOURGUIGNON François, *op.cit*, p.79.

[5] *Ibid.* p.81.

également reproché à ce mécanisme la limitation des montants, qui lui sont alloués et qui traduisent le peu de volonté des donateurs[1].

En riposte aux critiques les ciblant suite au constat établi quant à l'inadaptation de l'APD avec l'objectif de lutte contre la pauvreté, les pays développés ont sollicité leurs pairs émergents à participer activement à cette aide. Une demande faite en marge du sommet de Séoul, tenu en novembre 2010, où le G20 (regroupant les chefs d'État des 20 premières puissances mondiales) a réintroduit le sujet de l'APD et il a appelé les pays émergents à s'associer à cette aide. C'est là une nouveauté, d'autant que jusque-là, ces pays se tenaient à l'écart de cette aide, se cachant derrière leur statut de PED.

1-3 De la prévalence du recours aux ACR et de l'abandon progressif du système multilatéral

Le penchant des membres de l'OMC vers les ACR au détriment du système multilatéral marque-t-il un signe d'échec du système OMC ? Le recours à ce mode de partenariat s'est nettement accru ces dernières années. Cela qui a amené les PED jusqu'à demander un régime particulier pour les ACR les liant aux pays développés, afin de défendre leur droit à un commerce équitable. Le recours des pays riches à ce mode de partenariat est dicté principalement par leur volonté de compenser la difficulté d'imposer leurs choix au sein de l'OMC.

1-3-1 De la prévalence du recours aux ACR dans les relations commerciales mondiales

L'évolution des relations commerciales multilatérales montre, notamment depuis le début du troisième millénaire, le recours « abusif »

[1] Le montant de l'APD est établi par la Résolution de l'AG de l'ONU n°1522 adoptée en 1960. Ainsi donc, et sur proposition du Conseil économique des églises, il a été arrêté le montant de 1 % du PIB qui doit être accordé par les pays riches à leurs pairs pauvres. Ce taux qui n'a jamais été atteint durant les années soixante. Il a été revu à la baisse durant les années 1970 pour se stabiliser à 0,7 % (Ce pourcentage a été inscrit dans la stratégie internationale du développement pour la deuxième décennie de l'ONU). Dans la pratique, même ce taux n'est généralement pas atteint. Il a été constaté, que les pays les plus riches sont ceux qui s'abstiennent d'accorder cette aide. En effet parmi les pays de l'OCDE il n'y'a que Danemark, Norvège et Suède qui ont atteint ce taux. Les données en quelque peu changé ces deux dernières décennies et désormais le premier donateur mondial est les États-Unis avec 32,7 milliards de dollars, soit 0,19 % de leur Revenu national brut devant le Royaume-Uni (19,3 Mds, 0, 71 %), l'Allemagne (16,2 Mds,0,41 %), la France (10,4 Mds, 0,36 %) et le Japon (9,2 Mds, 0,19 %), suivant les statistiques de l'OCDE. Source : OCDE : « *L'aide au développement augmente de nouveau en 2016 mais les apports aux pays les plus pauvres diminuent - OCDE* » , in : www.oecd.org.

des pays aux arrangements bilatéraux et régionaux. Ce mode de partenariat semble être même privilégié sur les arrangements multilatéraux cadrés par l'OMC. La « violation » de leur droit à un commerce équitable par leurs partenaires dans les ACR, a fait réagir les PED qui demandent l'intervention de l'OMC pour asseoir un régime spécial pour les ACR les liant aux pays développés.

Si les ACR ont été une exception, au temps du GATT et même aux premières années de l'OMC, la donne a totalement changé avec la recrudescence de ce genre d'accords, ce qui fait planer une menace sur l'avenir du système commercial multilatéral[1].

C'est un sentiment partagé par le professeur Habib Gherari qui s'inquiète de l'avenir du multilatéralisme : « *le moins que l'on puisse dire c'est qu'à l'heure actuelle, le contraste est vif entre le multilatéralisme, tel qu'il se manifeste à travers l'OMC et le cycle de Doha pour le développement et le bilatéralisme, nouvelle source incarnation du régionalisme. Alors que le premier piétine, signe d'échec en ce domaine, le second, cet-optimum de second rang- comme le qualifient les économistes n'en finit pas d'engranger les succès comme le montre le nombre toujours croissant d'accords commerciaux préférentiels* »[2].

L'évolution récente du régionalisme à l'OMC n'est pas seulement marquée par l'explosion du nombre d'ACR mais également par un changement du paysage de ces accords. Jadis dominés par les accords entre pays voisins, les considérations géographiques sont totalement absentes de la constitution des ACR, qui sont devenus bilatéraux et partiels. Si l'UE est leader en matière du nombre d'ACR conclus, tous les membres de l'OMC font partie dans ce genre d'accords. Les ACR englobent aujourd'hui presque la moitié du commerce mondial[3].

---

[1] La fin des années 1990 a vu le renforcement de la régionalisation au sein de la CE, avec l'établissement de nouveaux ACR, comme le MERCOSUR, l'APEC, l'ALENA et la réactivation des ACR « dormants » comme le CARICOM (Caribean Common Market) ou le CACM (Central Américan Common Market). Le nombre d'ACR notifiés à l'OMC est aujourd'hui plus du double de ce qui a été tout le long des années d'existence du GATT (environ 380 ACR ont été notifiés à l'OMC). Lire à ce propos : ILLY Ousseni, l'OMC et le régionalisme : le régionalisme africain, Éditions Larcier, Bruxelles (Belgique), 2012, p.77.

[2] GHERARI Habib, « *Règles de l'Organisation Mondiale du Commerce et Accords commerciaux régionaux : Le bilatéralisme conquérant ou le nouveau visage du commerce international* », RGDIP, n° 02/2008, Paris (France), 2008, p.255.

[3] MESSAD Rafik, «*De l'impact de l'action groupée des PED sur le changement des rapports de force à l'OMC*», L'Analyste juridique, Université de Bouira (Algérie), n°01, Juin 2019, pp.194-214. Article accessible par le lien : http://fdsp.univ-bouira.dz, p.204.

1-3-2 Les principales motivations du recours aux ACR

Ayant constaté qu'ils n'ont plus la mainmise sur les négociations de l'OMC, les pays développés ont braqué leur attention sur les ACR, dont le nombre est en nette croissance. Un choix qui traduit la résignation de ces pays qu'ils ont plus à perdre qu'à gagner du système globalisé. Le recours aux ACR est motivé également par le rapport de forces asymétrique offert par ces accords, comparativement aux négociations au sein de l'OMC.

A- La résignation des pays développés qu'ils ont plus à perdre qu'à gagner du système multilatéral

Il est légitime de s'interroger sur la véritable motivation du désaccord du cycle de Doha et de l'orientation des grands membres à l'abandon graduel de la sphère multilatérale ? Est-ce que le cycle, sous sa forme et avec son agenda actuels, n'intéresse plus certains « grands acteurs » de la scène économique internationale, considérant qu'ils ont plus à perdre qu'à gagner avec sa finalisation ?[1] Les positions ne sont-elles pas, en partie, tactiques : certains États ne cherchent-ils pas à faire endosser aux autres la responsabilité de la paralysie, voire de l'abandon du cycle ?[2]

Les ACR constituent l'alternative trouvée, par l'UE et les États-Unis, à un échec des négociations de l'OMC. Les conséquences de cette orientation sur les PED seront très lourdes, d'autant que la majorité des ACR leur sont très contraignants, vu leurs clauses qui sont beaucoup plus sévères que celles prévues par les textes de l'OMC.

B- Le favorable rapport de force asymétrique des accords bilatéraux

Le recours des pays développés à la voie bilatérale est motivé par les deux avantages particuliers qu'offre ce mode d'opération. Le premier est que ce genre d'accords attire moins l'attention médiatique et moins d'attention des organisations militantes. Le bilatéralisme peut même sembler plus légitime, puisqu'il apparaît comme étant le résultat d'une volonté affirmée par les parties contractantes, découlant donc de leur

---

[1] La déclaration du représentant américain au commerce à la fin de la conférence ministérielle de Genève en 2011 est très significative, lorsqu'il a annoncé qu'il fallait tourner la page et explorer de nouvelles approches, celles suivies jusque-là ayant démontré leur inefficacité. Voir : GHERARI Habib, « L'OMC à bout du souffle ? Quelques observations sur la 8eme conférence ministérielle », *RGDIP*, Volume 116, n°01/2012, Paris, 2012, p.129.

[2] *Ibid.* p.128.

souveraineté[1]. Le deuxième avantage de cette voie consiste en le rapport de forces asymétrique qu'elle offre aux pays développés face à une partie qui ne peut se retrancher derrière une coalition de pays aux mêmes objectifs[2]. Le penchant vers les accords bilatéraux traduit également l'orientation des lobbies industriels qui influent même sur les mutations politiques des pays[3].

Pour donner plus de légitimité à cette nouvelle orientation, les pays développés (principalement les États-Unis) n'hésitent pas à utiliser des réseaux d'entreprises et des associations, tant sur leur sol qu'à l'étranger, pour soutenir leurs initiatives bilatérales[4]. Les Américains recourent même à la formation, dans les pays importateurs de technologie, d'associations privées favorables à leur choix d'asseoir des normes rigoureuses en matière de propriété intellectuelle[5].

1-3-3 L'amputation des accords OMC de leur substance développement : principale retombée du penchant vers les ACR

L'orientation vers les ACR engendre des préjudices sur les échanges multilatéraux, d'autant qu'elle sert de moyen pour la marginalisation des pays contestataires à l'OMC. Elle sert également pour l'amputation des accords conclus au sein de cette Organisation de leur substance développement. L'avènement des accords bilatéraux en matière de propriété intellectuelle, et qui tendent à renforcer le champ de brevetabilité et des droits de brevets, tire son existence du blocage des négociations multilatérales, mais aussi des flexibilités offertes par l'article 1er de l'Accord ADPIC[6].

---

[1] MORIN Jean- Frédéric, *op.cit*, p.546.

[2] Comme c'est le cas à l'OMC où les PED réussissent facilement à converger leurs efforts au sein des groupes de négociations comme le G20, le groupe de Cairns, le G90... pour défendre collectivement leurs intérêts.

[3] On signale ici que la stratégie américaine d'appui aux accords bilatéraux jouit de l'appui de quelques organisations privées, comme *l'Indian Federation Against Theft* et la *National Federation of Industries Republic of China*, qui se trouvent dans les PED importateurs de technologie. Voir : MORIN Jean- Frédéric, *op.cit*, p.548.

[4] *Ibid.* p.547.

[5] Il est utile de noter ici, à titre exemplatif, que l'Association africaine pour le commerce des semences (AFSTA) a été créée en 1999 lors d'une réunion organisée par la fédération internationale du commerce des semences, l'Association américaine du commerce des semences et le Ministère américain de l'Agriculture. Lire à ce propos : MORIN Jean- Frédéric, *op.cit*, p.547.

[6] L'article 1-1 de l'Accord ADPIC dispose que : « ... *Les Membres pourront, sans que cela soit une obligation, mettre en œuvre dans leur législation une protection plus large que ne le prescrit le présent accord, à condition que cette protection ne contrevienne pas aux dispositions dudit accord. Les Membres seront libres de déterminer la méthode appropriée pour mettre en œuvre les dispositions du présent accord dans le cadre de leurs propres systèmes et pratiques juridiques* ».

L'avènement des accords ADPIC+[1] est consécutif à l'évolution des rapports de forces et l'émergence d'un contre-pouvoir à l'OMC, constitué de pays émergents dotés d'industries génériques (Brésil, Thaïlande et Afrique du Sud notamment). La capacité de ces pays à œuvrer dans l'industrie générique leur a valu des pressions de la part des puissantes firmes pharmaceutiques, qui ont introduit plusieurs actions en justice contre eux[2]. Une situation qui a été vite dénoncée par ces pays qui ont été aidés dans leur démarche par des ONG, des universitaires et de l'OMS[3].

Cette montée a plongé les négociations multilatérales dans une impasse et a aidé à l'accentuation du bilatéralisme. Juste après l'échec de la conférence ministérielle de Cancun, l'association américaine des industriels du médicament (PhRMA) a estimé que l'OMC et son Conseil des ADPIC n'étaient plus l'enceinte appropriée pour une protection efficace de la propriété intellectuelle. Cette position a été vite appuyée par les représentants américains au commerce et s'est traduite, en pratique, par une multiplication des ALE[4]. La démarche américaine a été vite suivie par l'UE avec un programme qui tend à se développer[5].

Le recours des pays développés aux ACR leur offre aussi une aubaine pour amputer les accords OMC de leur substance développement et d'imposer des règles plus favorables à leurs entreprises, que celles contenues dans l'Accord ADPIC de l'OMC. L'objectif inavoué de cette

[1] Les accords ADPIC+ font partie d'un ensemble d'ALE par lesquels les États-Unis aspirent mettre à profit de leur industrie pharmaceutique des avantages supérieurs à ce qu'offre l'Accord ADPIC. Les dispositions reprises dans les accords ADPIC+ sont parfois plus avantageuses et plus généreuses pour l'industrie américaine que celles contenues dans la législation interne. Cette tendance à satisfaire les grands lobbies de l'industrie pharmaceutique est loin de constituer une faveur aux intérêts collectifs mondiaux, car les économies des autres pays du monde, notamment celles des pays pauvres, n'ont quasiment aucun dividende à tirer de ce genre d'accords. Lire à ce propos : REMICHE Bernard, « Les Accords ADPIC+ », *op.cit*, p. 152.

[2] GUESMI Amelle, *op.cit*, p.380.

[3] Pour le recours au bilatéralisme dans le domaine des ADPIC et la conclusion des accords ADPIC+, consulter : SAMSON Mélanie, *op.cit*, p.165.

[4] GUESMI Amelle, *op.cit*, p.381.

[5] La position de l'UE à ce propos est ambiguë, d'autant que d'une part, elle affiche clairement sa volonté d'aider les pays défavorisés à améliorer leur accès aux médicaments en misant sur le multilatéralisme et, d'autre part, elle entend rattraper son retard technologique et maintenir un bon niveau de compétitivité économique en recourant à un bilatéralisme moins favorable au développement. Déjà, c'est en dehors de l'OMC et de tout cadre multilatéral que l'UE, aux côtés d'autres pays riches, œuvre pour l'élaboration d'un Accord anti-contrefaçon qui tend à renforcer la protection de la propriété intellectuelle. Cet accord, une fois adopté, pourra être imposé aux PED par le jeu des accords bilatéraux sous la promesse de concessions dans d'autres domaines. Lire à ce propos : GUESMI Amelle, *op.cit*, p.381.

démarche est de modifier le système multilatéral lorsqu'il y aura suffisamment d'accords bilatéraux le justifiant[1].

La démarche caractéristique américaine, relative aux accords ADPIC+, vite rejointe par l'UE et le Japon, offre des avantages précieux à l'industrie pharmaceutique interne et qui consistent essentiellement en :

- l'extension du domaine de protection et le critère d'utilité comme critère d'application industrielle. On peut souligner ici que le chapitre propriété intellectuelle de ces accords impose généralement à leurs partenaires une définition de l'invention et de ses conditions d'application qui reprend celles en vigueur aux États-Unis, plutôt qu'en Europe et dans de très nombreux autres pays. Les États-Unis exigent à leurs partenaires des conditions restrictives, comme l'imposition que l'invention soit « utile », alors que généralement, on exige qu'elle soit « une solution technique à un problème technique ». La règle dit que tout ce qui est utile n'est pas technique et c'est sur la base de ce critère d'utilité que l'office américain des brevets a accordé un brevet pour un chapeau pour chiens, jugé très utile pour affronter le grand froid existant à New York. Aussi, c'est grâce à ce critère plus large que les États-Unis protègent les « Business methods », et qu'un brevet américain sur une « *Business method* » sera protégé par les pays signataires de ces traités.
- le nouvel usage d'un produit connu et avec quelques légères modifications de molécules est recevable pour être breveté.
- la réduction de la flexibilité, connue par l'article 27/3 de l'Accord ADPIC, qui laisse aux membres la liberté d'exclure (ou pas) la brevetabilité des *méthodes diagnostiques, thérapeutiques et chirurgicales pour le traitement des humains et des animaux,* qui est niée dans les différents ALE signés par les États-Unis, à l'exemple de ceux signés avec le Maroc et l'Australie.
- la prolongation de la durée de validité d'un brevet et l'imposition du principe de l'exclusivité des données.
- l'instauration d'un lien entre brevet, homologation et agrément de médicament (autorisation de mise sur le marché) et la création de nouveaux mécanismes de protection de droits de propriété intellectuelle[2].

En matière agricole, les accords bilatéraux avec les États-Unis obligent les partenaires à abandonner la flexibilité offerte par l'Accord ADPIC, qui demande aux membres de prévoir « *la protection des*

---

[1] MESSAD Rafik, «*De l'impact de l'action groupée des PED sur le changement des rapports de force à l'OMC*», *op.cit*, p. 206.

[2] REMICHE Bernard, « Les Accords ADPIC+ », *op.cit*, pp. 153-154.

variétés végétales par des brevets, par un système sui generis[1] *efficace, ou par une combinaison de ces deux moyens* »[2]. Les accords bilatéraux réfèrent plutôt à une convention particulière, la convention internationale pour la protection des nouvelles variétés végétales[3], et qui prévoit un système *sui generis* particulier de protection des variétés végétales[4].

Les accords bilatéraux, notamment ceux conclus avec les États-Unis, pressent les parties de se joindre à la convention sus-citée et leur limitent donc le recours à d'autres systèmes sui generis, plus favorables aux pays importateurs de technologie et autorisés par l'Accord ADPIC[5]. Pis, ces accords imposent aux PED, qui y sont parties, des obligations supplémentaires qui limitent davantage leur marge de manœuvre déjà réduite[6].

L'« illégitimité » de ces ALE complique la mission de leur mise en œuvre par les partenaires des États-Unis. Ces partenaires sont souvent

---

[1] *Sui generis* signifie qu'il est propre à une espèce ou à une chose. C'est un terme d'origine latine qui signifie littéralement « de son espèce ». *Sui generis* qualifie quelque chose de spécifique à une personne ou à un objet. Son usage dans le jargon juridique indique une situation dont la singularité prévient tout classement dans une catégorie déjà répertoriée et nécessite de créer des textes spécifiques.

[2] Cette flexibilité accorde donc aux membres l'élaboration d'un droit de propriété intellectuelle qui protège les intérêts des petits agriculteurs utilisant les variétés agricoles génétiquement modifiées. Voir : MORIN Jean- Frédéric, *op.cit*, p.556.

[3] Convention internationale pour la protection des obtentions végétales du 2 décembre 1961, révisée à Genève le 10 novembre 1972, le 23 octobre 1978 et le 19 mars 1991 (Publication UPOV No 221(F)).

[4] Cette convention offre aux obtenteurs de nouvelles variétés végétales une exclusivité de 20 ans sur la reproduction et la vente de leur variété végétale. Il est reproché à cette convention la négligence des apports fournis par les agriculteurs dans l'amélioration génétique des variétés agricoles et la restreinte de la possibilité qui leur est offerte d'utiliser de façon rentable les meilleures semences. Voir : MORIN Jean- Frédéric, *op.cit*, p.557.

[5] C'est ainsi que plusieurs PED, qui ont une industrie biotechnologique limitée, mais qui comptent plusieurs petits agriculteurs, ont adhéré à la Convention internationale pour la protection des nouvelles variétés végétales au lieu d'imaginer un système sui generis qui leur serait peut-être plus approprié. Voir : MORIN Jean- Frédéric, *op.cit*, p.557.

[6] À ce titre, les ALE signés par les États-Unis avec le Singapour (le 6 mai 2003) et le Chili (le 6 juin 2003) imposent à ces pays qu'en plus de la protection *suis generis* prévue dans la Convention internationale pour la protection des nouvelles variétés végétales d'offrir une protection par brevets aux nouvelles variétés végétales. Ce type d'accords ignore également les quatre grandes exclusions à la brevetabilité prévues, par l'article 27/3 de l'Accord ADPIC. À titre d'exemple, l'accord conclu avec le Pérou stipule que : « *les procédés qui impliquent du matériel qui existe dans la nature ou des copies de ce matériel ne sont pas incluses dans les exceptions et doivent par conséquent être considérées comme des inventions brevetables* ». Il est parfois demandé aux signataires de ce genre d'ALE de ratifier des accords multilatéraux auxquels l'Accord ADPIC ne fait pas référence. Lire : MORIN Jean- Frédéric, *op.cit*, p.556 et 557.

confrontés à la pression de la rue, menée par des ONG locales et internationales, comme cela a été le cas en Équateur[1].

1-3-4 De la nécessité d'asseoir un régime juridique particulier pour les ACR liant les PED aux pays riches

Toléré par l'article XXIV de l'Accord GATT de 1947, le système des ACR est inadapté pour l'intégration entre partenaires aux niveaux économiques en totales disparités. Du fait qu'aucun texte de l'OMC ne prévoit un régime particulier en faveur des PED dans ce genre d'accords, c'est le régime général qui s'applique, en faisant abstraction aux déséquilibres économiques entre les partenaires. Ce qui fait courir aux PED le risque d'être étouffés par la puissance des industries et des produits de service ou agricoles du pays développé, et du même coup handicaper leur développement[2].

Même si dans une certaine mesure, les ACR octroient aux PED des avantages, en termes d'accès aux marchés, ce qui leur est refusé au niveau multilatéral[3], néanmoins les avantages recherchés de ces accords ne sont guère garantis. Pis, c'est le tissu économique des PED qui en risque de faire les frais, avec l'arrivée, bon marché, des produits du pays partenaire sur leurs sols[4].

Pour les PED, les ALE tiennent plus à la crédibilité du partenaire économique que de l'Accord en lui-même. Cette crédibilité n'est tangible que si l'Accord prévoit des sanctions, que les pays signataires sont prêts politiquement à mettre en œuvre. Il est légitime de croire qu'il est peu probable que ces conditions soient réunies dans le cadre d'un accord entre un pays puissant et un PED de taille modeste ou éloigné[5].

C'est légitimement que la revendication, liée à la mise en place d'un régime spécifique à ce genre d'accords, a refait surface à l'OMC, où elle

---

[1] MORIN Jean- Frédéric, *op.cit*, p.558.

[2] C'est un constat auquel était arrivé même le professeur Christian Aid (cité dans : OUSSENI Illy, *op.cit*, p.115) et qui estime que : « *la libéralisation généralisée peut ne pas être nécessairement bonne pour le développement dans la mesure où la libéralisation n'est pas automatiquement source d'avantage et où le fait d'ouvrir le marché d'un pays pauvre aux importations de pays plus développé sans qu'il renforce sa capacité d'action sur les produits destinés à l'exportation et ses capacités commerciales peut avoir de graves conséquences* ».

[3] BENAROYA François & CLING Jean-Pierre, *op.cit*, p.101.

[4] Il est à signaler ici que les partenaires de l'UE dans les accords CEE/ACP ne tirent pas les profits escomptés de ce partenariat révisé à maintes reprises, dont la dernière en 2000 avec la signature de l'Accord de Cotonou. C'est ce qui explique que les négociations entre les deux parties connaissent assez de points d'achoppement liés à la libéralisation exigée par l'UE qui, il est vrai, ne fait qu'appliquer les règles de l'OMC. Lire : OUSSENI Illy, *op.cit*, p.116.

[5] BENAROYA François & CLING Jean-Pierre, *op.cit*, P102.

est considérée comme suite logique du TSD. C'est le groupe des pays ACP qui a été le premier à porter, en plénière, cette revendication. Ces pays, partenaires de l'UE dans le cadre du fameux partenariat ACP/CEE, ont dénoncé les affres subies de cette coopération et regrettent que le TSD n'ait pas été greffé à l'Accord de partenariat, en prévoyant la non-réciprocité des mesures. Ce groupe a soumis une proposition de réforme de l'article XXIV du GATT, qui abolirait l'exigence de réciprocité de la libéralisation des échanges dans le cadre des ACR entre pays développés et PED, ou à tout le moins permettre quelques aménagements pour ces derniers[1].

2- Les perspectives pour asseoir l'équité dans le système commercial multilatéral

Le système commercial mondial est engagé, depuis 2001, dans un nouveau cycle, qui se fixe pour objectif fondamental la mise des intérêts et besoins des PED au centre des négociations[2]. La prise en compte de la dimension développement passe par la mise en place d'un TSD efficient et d'une aide au développement[3], en mesure d'assister les membres démunis à mieux s'insérer dans le SCM. Associer le cycle de Doha au développement était une manœuvre de communication habile, car elle répondait aussi aux attentes des PED qui estimaient que leurs préoccupations avaient été jusque-là largement ignorées[4].

Pour promouvoir le développement, le cycle de Doha aurait eu besoin d'un mandat élargi, car un cycle de négociations commerciales n'a ni la vocation ni les moyens d'améliorer la situation de plusieurs centaines de millions de pauvres à travers le monde. C'est cela qui a engendré le

---

[1] Toutefois, cette proposition n'a pas reçu de suite pour défaut de soutien conséquent des autres membres. À cela s'était ajoutée l'opposition des États-Unis et des pays de l'Amérique latine. Des observateurs estiment que cette revendication n'a que de petites chances d'aboutir vu qu'elle ne fait pas l'unanimité, même pas au sein des PED, en témoigne l'opposition des pays de l'Amérique latine et l'indifférence d'un bon nombre de PED. Lire : OUSSENI Illy, *op.cit*, p.116.

[2] À ce titre, le TSD est désigné comme l'un des éléments spécifiques du programme de travail de Doha dans lequel l'OMC a réaffirmé que « *les dispositions relatives au traitement spécial et différencié font partie intégrante des Accords de l'OMC* » et qu'il est nécessaire « *de les rendre plus précises, plus effectives et plus opérationnelles*» (Par.44 de la Déclaration de Doha).

[3] Constitue une aide ou une assistance au développement : « *toute opération procurant à un pays en développement un avantage qu'il ne pourrait acquérir par la voie de transactions commerciales fondées sur l'équilibre d'intérêts purement économiques* ». À lire : DAVID Roch- Gnahoui, « Le principe du respect de la situation particulière des pays en développement et de l'assistance au développement », *RIDE*, Tome 17, Numéros 3 & 4 2003, pp.373- 386.

[4] LABORDE David, *op.cit*, p.84.

retard dans la conclusion du cycle[1]. Des obstacles importants ont entravé la conclusion des travaux et ont montré à quel point les divergences sont béantes entre les différents groupes de négociations, notamment entre les pays développés et les pays émergents, interlocuteurs du méga groupe des PED.

2-1 La convergence d'efforts des PED pour le rétablissement de l'équité du commerce mondial

L'orientation pour le développement du cycle de Doha a émergé d'un nouvel esprit de responsabilité vis-à-vis des défis, auxquels font face les PED et des sentiments d'inquiétude engendrés par les cycles de négociations commerciales antérieurs[2].

La consécration de tout un cycle pour le développement est appuyée par le souci de remettre l'équilibre dans les relations commerciales multilatérales, très à l'avantage des pays riches. Un déséquilibre que les accords de l'OMC n'ont pas remédié. Pis, ils l'ont aggravé dans certaines mesures[3].

2-1-1 Les rasions ayant présidé à la consécration d'un cycle de négociations pour le développement

Avant qu'il ne soit greffé à un cycle de l'OMC, le développement a été un sujet sur lequel ont penché d'autres standards internationaux. En plus de la CNUCED, qui s'est attachée à la question depuis sa création, le sommet de Copenhague, convoqué par l'ONU, a adopté, le 12 mars 1995, la *Déclaration de Copenhague sur le développement social et Programme d'action du Sommet mondial pour le développement social*[4].

---

[1] Le calendrier originel prévoyait la conclusion de la quasi-totalité des négociations le 1er janvier 2005, quant à la date limite des négociations portant sur la réforme de l'ORD elle était fixée au 31 mai 2003.

[2] STIGLITZ Joseph E & CHARLTON Andrew, *op.cit*, p.17.

[3] Une étude du PNUD réalisée en 1999 relate le déséquilibre des gains collectés de l'ouverture commerciale. Des gains qui sont largement en faveur des pays industrialisés. Lire : Rapport mondial sur le développement humain 1999 Publié pour le Programme des Nations Unies pour le développement (PNUD) par De Boeck Université, Paris, 1999, consultable sur le lien : http://hdr.undp.org/sites/default/files/hdr_1999_fr_complet.pdf.

[4] Le point 25 de cette Déclaration évoque le principe de « *la priorité absolue dans les politiques et actions menées aux niveaux : national, régional et international, à la promotion du progrès social et de la justice, et à l'amélioration de la condition humaine, sur la base de la pleine participation de tous* ». Lire : ONU : Rapport du Sommet mondial pour le développement social, (Copenhague, 6-12 mars 1995), in :
http://www.un.org/documents/ga/conf166/aconf166-9fr.htm

Cette Déclaration refuse une subordination de certains droits à d'autres, c'est le cas du social et de l'économie. Elle reflète ainsi la primauté du social et des besoins humains sur les lois économiques[1]. Les raisons ayant présidé à la consécration, au développement, de tout un cycle de négociations sont multiples. On les passera en revue dans les paragraphes ci-après :

A- L'insuffisante prise en charge des intérêts des PED

L'ambition des PED à intégrer efficacement la sphère multilatérale se heurte aux embûches dressées à l'entrée de leurs produits aux marchés des pays développés[2]. Ces derniers font fi des appels de l'OMC à faciliter l'accès aux marchés pour les produits censés être les points forts pour les exportations des PED, le textile et les produits agricoles notamment. Cette situation est avantagée par les flexibilités offertes par les textes de l'OMC. L'Accord sur l'agriculture, pour ne citer que celui-ci, comprend plusieurs failles, dont la grande marge de manœuvre laissée aux pays pour la détermination du niveau des droits *ad valorem*[3]. Les aides multiples versées par l'UE et les États-Unis à leurs agriculteurs causent des effets dévastateurs sur les productions des PED.

Les standards techniques ou sanitaires, qui ont tendance à se multiplier, constituent une autre barrière pour les exportateurs des PED et ont contribué à la baisse de la part de ces pays dans les importations des pays développés. Les procédures antidumping constituent un autre barrage dressé devant les exportations de certains pays émergents[4].

En général, le cadre multilatéral est très contraignant à l'égard des PED. En effet, tout en répugnant à offrir aux PED une ouverture accrue de leurs marchés pour les produits qui constituent leurs principaux avantages comparatifs, les pays développés réduisent progressivement les avantages qu'ils accordaient traditionnellement à ces pays sous la couverture du TSD[5]. Les règles préférentielles d'accès au marché,

---

[1] CHELLAF Aziz, *op.cit*, p.92.

[2] Ces produits (manufacturés ou agricoles) des PED font face à des droits de douane trop élevés sur les marchés du Nord. Voir : BENAROYA François & CLING Jean-Pierre, *op.cit*, p.77.

[3] *Ibid.* p.77.

[4] BENAROYA François & CLING Jean-Pierre, *op.cit*, p.78.

[5] Les préférences commerciales octroyées unilatéralement aux PED ont été érodées par la poursuite de la libéralisation accrue. Ainsi, selon la CNUCED, la marge de préférence moyenne offerte par le SPG européen s'est réduite de 4,2 % à 2,5 % entre 1994 et 1997. Pour les pays qui disposaient d'accords préférentiels encore plus généreux que le SPG (à l'instar des pays ACP), la tendance est à la remise en cause de ces préférences en faveur de la signature d'accords réciproques de libre-échange. L'UE justifie cette remise en cause par le bilan négatif de ces préférences, qui n'ont pas empêché le déclin des parts de marché de ces pays, et surtout par la nécessité d'observer…/…

nécessaires pour répondre aux besoins des PED liés à la croissance et au développement, disparaissent graduellement au profit de la recherche de conditions particulières de mise en œuvre des accords.

B- Le coût démesuré des engagements pris à l'OMC

Une deuxième raison de la consécration d'un cycle de négociations au développement trouve son origine dans le fait que les PED n'ont pas bien mesuré la portée des engagements découlant de leur passage sous la bannière de l'OMC. Le fait de concéder le rabaissement de leurs tarifs douaniers n'a pas été sans conséquence sur l'assèchement des revenus de leurs producteurs locaux, vulnérables devant la concurrence des produits et services arrivant sur leurs sols à bas prix. La mise en œuvre des textes de l'OMC s'est avérée très coûteuse pour les PED[1].

C- L'inefficience de l'Organe de Règlement des Différends

La réforme du fonctionnement de l'ORD est un autre sujet qui s'est forcé une place aux travaux du cycle de Doha. Les membres, notamment les PED, ont considéré que le fonctionnement de cet organe comme injuste, car ignorant les disparités économiques des membres. Ainsi donc, il est inefficient à l'égard des PED, qui ne disposent, en général pas de moyens techniques et financiers pour monter un dossier de plainte ou un dossier de défense. À cela s'ajoute, leur incapacité de faire respecter les décisions prises à l'encontre des pays développés, mais aussi le maigre effet sur ces derniers des compensations décidées en faveur des PED victimes d'une violation d'engagement par un partenaire développé[2].

.../...les règles de l'OMC, qui interdisent le maintien de préférences unilatérales qui ne soient pas accordées à l'ensemble des PED ou aux PMA. Lire : BENAROYA François & CLING Jean-Pierre, *op.cit*, p.82.

[1] Une simple analyse de l'Accord ADPIC nous renseigne que les coûts de l'application d'un tel texte sont au-dessus des estimations des PED. Ce qui a fait de cet Accord un support juridique défavorable à la majorité des PED, dans la mesure où son application traduit une hausse des prix des produits concernés (pharmaceutiques en particulier). De plus, son application est coûteuse, puisqu'elle exige un changement de législation dans la quasi-totalité des PED. Une étude de la Banque mondiale a estimé le coût de mise en œuvre de l'Accord l'ADPIC et de deux autres accords (l'Accord sur les OTC et l'Accord sur l'évaluation en douane) à environ 150 millions de dollars pour un pays-type. Un montant supérieur au budget d'investissement de la plupart des PED. Voir : BENAROYA François & CLING Jean-Pierre, *op.cit*, p.80.

[2] Il est concevable de s'interroger quel impact aurait eu, par exemple l'imposition par l'Équateur de 200 millions de dollars de représailles à l'égard des importations de l'UE, en application d'un jugement de l'ORD condamnant le régime européen d'importations de bananes? Lire : BENAROYA François & CLING Jean-Pierre, *op.cit*, p.81.

D- La remise en cause du consensus de Washington

La mondialisation et les politiques d'ouverture commerciale n'ont pas tenu toutes leurs promesses, en ne permettant pas la réduction des inégalités et de la pauvreté[1].

Si le consensus de Washington sous-entend que la libéralisation commerciale est le préalable nécessaire au développement, la corrélation entre échanges et croissance économique n'implique pas nécessairement l'effet positif de la libéralisation sur l'éradication de la pauvreté. Même s'il n'y a pas lieu de contester les gains que pourrait procurer aux PED une amélioration de leur accès aux marchés, obtenue dans le cadre d'accords multilatéraux, l'ampleur de ces gains et la contrepartie à accorder en termes d'ouverture de leurs propres marchés est désormais discutée[2].

2-1-2 La mobilisation des PED contre toute désorientation du cycle de sa dimension développement

La réticence des PED devant l'amorce des négociations sur de nouveaux sujets n'est, en fait, qu'une réponse au reniement des promesses données par les pays développés et liées à l'aide au développement, l'allégement de la dette, la diminution de la pauvreté... La mobilisation des PED trouve également son origine dans le recul de la dimension développement constaté de l'évolution des négociations.

A- La réticence devant l'amorce de débats sur de nouveaux sujets et le rejet d'une libéralisation accrue de l'agriculture

La consécration du cycle de Doha au développement n'a pas été sans incidence sur la cristallisation dans les positions entre pays développés et PED, où les concessions se faisaient désirer. La conférence de Cancun, bouclée sans une déclaration finale, a marqué la première opposition entre PED et pays développés. Le texte relatif au commerce des produits agricoles, qui a retracé les visions des deux puissances économiques (États-Unis et UE), qui l'ont concocté, a été rejeté par les PED[3]. Ces

---

[1] BENAROYA François & CLING Jean-Pierre, *op.cit*, p.88.

[2] *Ibid.* p.89.

[3] Cet accord euro- américain a été conclu lors d'une mini- conférence ministérielle à Montréal, en juillet 2003, et a été distribué le 13 août, sous forme de document informel à distribution restreinte. Il comprend les points suivants :

- la formule dite « mixte » qui prévoyait une baisse des droits de douane à l'importation et une baisse plus importante des pics tarifaires (droits de douane très élevés imposés à un nombre de produits par l'UE) ; .../...

derniers le considèrent comme remettant en cause leurs acquis et que ses initiateurs ont délibérément évité d'inclure des chiffres, comme des pourcentages ou des coefficients pour les réductions tarifaires, tout comme ils ont laissé ouverte la question du TSD en faveur des PED, arguant du fait que le temps leur avait manqué et qu'il serait plus approprié que les PED fassent leurs propres propositions.

Par le biais du G20, les PED ont principalement demandé l'élimination complète de toutes les formes de subventions à l'exportation et une réduction des soutiens des produits concurrentiels et produits tropicaux (coton, sucre de canne, riz).

Après l'échec de la conférence de Cancun, le G20 a modéré, quelque peu, sa position et comme solution de sortie de crise, il proposa un guide pour la réduction correspondant à trois bandes tarifaires, qui consisteraient à appliquer des réductions plus fortes aux droits de douane les plus élevés et des réductions mineures aux taxes douanières les plus basses[1].

Dans un autre registre, et en matière de TSD seulement, les PED ont présenté 88 propositions, qui provenaient essentiellement du Groupe africain et du Groupe des PMA[2].

Cette situation a marqué le changement dans les rapports de forces à l'OMC, où les pays émergents se sont imposés comme acteurs incontournables dans les négociations multilatérales[3].

Pour dépasser ces clivages et permettre l'entame des négociations sur la facilitation des échanges, les trois autres thèmes des « *Questions de*

.../...- un plafonnement des aides de la boîte bleue (les mesures de cette boîte sont incluses dans les estimations de base de la MGS, mais ne sont pas soumises à des engagements de réduction) dans l'objectif de limiter le volume de production d'un produit. Des compensations sont octroyées aux agriculteurs qui acceptent de réduire leur volume de production ;

- une révision des critères de la boîte verte.

- Pour plus de détails, lire la note : « *OMC : Impasse à Cancún : septembre 2003* » in : https://www.wto.org/french/tratop_f/agric_f/negs_bkgrnd22_cancun_f.htm

[1] GONZALEZ MARTIN Luis Alexander, *op.cit*, pp.221- 223.

[2] ABBAS Mehdi, « Les rapports nord-sud dans l'Agenda pour le développement de l'Organisation Mondiale du Commerce », Colloque organisé par Réseau Intégration Nord Sud (RINOS) et EMMA entre 1-3 juin 2005, sous le thème: *«Intégrations régionales et stratégies de développement : les relations Nord-Sud dans l'Euromed, les Amériques et l'Asie»,* Université du Québec, Montréal (Canada), 2005, disponible sur le site : *https://hal.archives-ouvertes.fr/halshs-00098210/document,.*

[3] L'échec est qualifié de cuisant, d'autant qu'aucun compromis ne fut trouvé sur la question agricole alors que les sujets de Singapour, que l'UE jugeait prioritaires, furent écartées du mandat des négociations. Seule la question de la facilitation des échanges, source de gains tant pour les exportateurs que pour les importateurs, a survécu. Consulter : « *OMC : Impasse à Cancún : septembre 2003* », *op.cit.*

Singapour »[1] furent ajournés. Cette décision fut un acquis significatif pour les PED[2].

B- L'opposition à la désorientation des négociations commerciales de l'objectif développement

L'échec de la conférence de Cancun a conduit les membres de l'OMC à une redéfinition radicale du contenu des négociations. Cela qui a été vérifié du contenu du *« Paquet de juillet »*[3], qui définit les *« cadres de négociation »* sur l'agriculture et les produits industriels et qui a soulevé de sérieux doutes sur la signification exacte de la dimension développement de l'agenda. Même si des avancées notables ont été obtenues sur le dossier agricole[4], ce texte recentre l'ADD sur le volet de la libéralisation des échanges.

La Décision du 1er août 2004, ainsi que l'évolution des négociations depuis lors, renseignent sur un net recul de la dimension développement. Que ce soit la mise en œuvre (par.12) ou le TSD (par.44), il n'y a pas eu d'avancées significatives. Au point de se demander si elles font toujours partie de l'ADD, tellement qu'aucun de ces dossiers n'a connu d'avancées significatives[5]. À cela s'ajoute le gel des dossiers « commerce international et transfert technologique » et « commerce international, dette et système financier international »[6].

La Décision du 1er août 2004 a relégué, au second plan, les négociations sur la mise en place d'un accord- cadre sur le TSD et a abandonné la question de la mise en œuvre, consistant en un bilan des Accords de l'OMC et un examen de leurs conséquences sociales, fiscales et industrielles avant toute nouvelle négociation. Une tare qui indique que le programme de Doha pour le développement n'a plus d'autre objectif

---

[1] À savoir : les liens entre commerce et investissement, les interactions du commerce et de la politique de la concurrence et les questions relatives à la transparence des marchés publics.

[2] GOMEZ Alejandro, *op.cit*, p.04.

[3] À noter ici que par le fait que l'accord fut signé dans la nuit du 31 juillet au 1er août 2004, ce texte est tantôt appelé « Paquet de juillet » tantôt «Accord-cadre de juillet 2004 » et parfois cité sous l'appellation « Décision du 1er août 2004 ».

[4] Élimination des subventions à l'exportation à échéance 2017, abaissement des droits de douane avec le droit de protection pour les *« produits sensibles »,* réduction des soutiens internes faussant les échanges, création d'un sous-comité regroupant les États-Unis et les pays africains concernés devant traiter la question des subventions américaines sur le coton. Consulter : Décision adoptée par le Conseil général de l'OMC le 1er août 2004, *op.cit.*

[5] Le constat est valable aussi pour l'érosion des préférences tarifaires dont bénéficiaient les pays les plus pauvres et pour les subventions au coton. Voir : ABBAS Mehdi, « Les rapports nord-sud dans l'Agenda pour le développement de l'Organisation Mondiale du Commerce », *op.cit.*

[6] ABBAS Mehdi, « Les rapports nord-sud à l'OMC : entre différenciation et espace politique pour le développement », *Cahier de Recherche CEIM,* n°01/2008, Montréal (Canada), 2008, *p.02.*

que l'accès au marché[1] et que le développement qui devait être le sujet crucial du cycle est devenu « l'impensé » des travaux[2].

L'atteinte à la dimension développement s'est prolongée dans le temps pour caractériser quasiment tous les travaux du cycle, comme cela a été le cas, par exemple, à Bali lors de la conférence ministérielle de 2013, où la demande des PED d'une autorisation de détention de stocks publics à des fins de sécurité alimentaire a reçu l'opposition farouche des États-Unis et à un degré moindre de l'UE[3]. Les pratiques occidentales opposées à l'objectif développement ont été remises en cause même par l'ancien Directeur général du FMI, Michel Camdessus[4].

2-2 L'affirmation des pays émergents sur la scène mondiale et la reconfiguration géopolitique de l'OMC

Le basculement de la puissance a changé totalement la figure à l'OMC. L'environnement économique actuel n'a qu'une très lointaine ressemblance avec celui des années 1990, où les PED et sous l'effet de leur situation économique difficile reculaient sur tous les plans. Le poids des pays émergents dans les négociations multilatérales sous la bannière de l'OMC a débouché sur leur intégration dans les cycles fermés de la négociation, jadis réservés aux grands acteurs (notamment aux pays de la Quad)[5]. Les réunions du printemps 2004 et de juillet 2007 à Postdam[1] ont

---

[1] Ainsi, les groupes de travail sans mandat de négociation (commerce, dette et finance et commerce et transfert de technologies) sont négligés dans l'accord-cadre. Pour plus de détails, voir : ABBAS Mehdi, « L'organisation mondiale du commerce : l'ère des rendements décroissants », *op.cit*, p.07.

[2] Le blocage a marqué également les travaux des deux groupes de travail censés aborder les questions de la dette et du transfert de technologie. Or, la question du transfert de technologie est déterminante dans le processus d'industrialisation de pays qui sont importateurs nets de technologie dont une bonne partie est composée de PED. Il en va de même pour ce qui est de la question du financement du développement et de gestion de la dette. Lire à ce propos les deux articles de ABBAS Mehdi, « Les rapports nord-sud dans l'Agenda pour le développement de l'Organisation Mondiale du Commerce », *op.cit* et : « Quels enseignements en matière de gouvernance de l'échec des négociations du cycle de Doha ? », *op.cit.*

[3] Même si cette opposition n'a pas empêché l'adoption La Décision (Décision ministérielle du 7 décembre 2013 - Détention de stocks publics à des fins de sécurité alimentaire- (Document WT/MIN (13)/38, WT/L/913), mais l'adoption ne l'a été qu'à demi-mesure et cela sous la pression des pays émergents notamment de l'Inde. Lire à ce propos : GALTIER Franck et BERTHELOT Jacques, « La conférence de Bali a-t-elle rendu licites les politiques de stockage aux yeux de l'OMC ? », *Économie rurale*, n°05/2014 (n° 343), p.103, in : http://www.cairn.info/revue-economie-rurale-2014-5-page-103.htm

[4] BENAROYA François & CLING Jean-Pierre, *op.cit*, p.87.

[5] On entend par Quad les réunions quadrilatérales regroupent les États-Unis, l'UE, le Canada et le Japon.

impulsé la création d'un véritable centre de décision autour de l'UE, des États-Unis, mais également du Brésil, de l'Inde puis de la Chine. Ils ont ainsi acté le changement de paradigme[2].

2-2-1 La redistribution de la puissance sous l'effet de la montée des pays émergents

S'estimant écartés des discussions qui se tiennent en coulisses à l'OMC entre les pays développés, les PED ont vivement contesté la méthode de travail de l'organisation. Ils ont dénoncé leur marginalisation et l'ignorance de leurs revendications, alors qu'ils représentent les deux tiers des membres de l'OMC. La revendication qui les fédère, tourne autour de deux thèmes : pas question de renforcer encore le rôle de l'OMC, en la chargeant de traiter de nouvelles questions comme celles de Singapour[3], dont les rapports avec le commerce ne sont pas toujours évidents, et l'évaluation d'abord de l'impact des accords de l'OMC.

La situation économique d'un bon nombre de PED a connu, depuis la fin des années 1990, un véritable bouleversement. Nombreux parmi eux sont des pays qui bénéficient d'excédents commerciaux qui favorisent leur désendettement. Ils influent sur la croissance mondiale et leur part dans les échanges commerciaux mondiaux s'accroît[4]. L'influence

---

[1] Cette réunion a été improvisée dans l'objectif de relancer les négociations du cycle de Doha. Dans cette perspective, l'UE et les États-Unis ont jugé utile d'y convier le Brésil et l'Inde. Cette réunion a eu lieu dans la ville allemande de Postdam le 22 juin 2007 et elle s'est soldée sur un échec et sans accord sur l'agriculture et l'accès aux marchés non agricoles des PED.

[2] CEDRIC Péne, « De Doha à Copenhague: le crépuscule des négociations multilatérales? », *Politique étrangère,* n° 02/2010, France, 2010, p.330.

[3] Les questions de Singapour résultent du mandat donné par la Déclaration ministérielle de Singapour (1996) pour l'établissement de groupes de travail en vue d'analyser des questions relatives aux investissements, à la politique de la concurrence et à la transparence des marchés publics, en plus d'un travail d'exploration et d'analyse sur la simplification des procédures commerciales afin d'évaluer la portée des règles de l'OMC dans ce domaine. Pour plus de détails à ce propos, consulter : HALLE Mark & MELENDEZ-ORTIZ Ricardo, « Dossiers sur le cycle de Doha : le point sur Cancun », *Étude réalisée par le Centre International pour le Commerce et le Développement Durable (ICTSD) et l'Institut International du Développement Durable (IIDD)*, août 2003. In : https://www.files.ethz.ch/isn/46578/DB_FR_06_Sing.pdf

[4] À titre d'exemple, la Chine est devenue le premier exportateur mondial (14 % des exportations mondiales en 2015 devant les États-Unis 9 %) et d'autres pays émergents, à l'instar de l'Afrique du sud, de l'Inde et du Brésil, grignotent des places d'année en année. Ils ne se contentent pas d'accueillir des IDE sur leurs sols, mais se lancent, eux aussi, dans l'investissement. Lire: SIROEN Jean-Marc, « La libéralisation des échanges empêtre : les risques systémiques. Le cycle de Doha : quelles solutions pour sortir de l'enlisement ? », Colloque des 21 et 22 mars 2013 sur : *« Les dérèglements économiques internationaux : crise du droit ou droit de crises ? »,* sous la direction de GHERARI Habib, organisé par le Centre d'Études et de Recherches Internationales et Communautaires de la Faculté de droit et de science politique de l'Université Aix Marseille, Éditions Pedone, Paris, 2014, p.117.

croissante des PED tient d'abord au fait que la part de leurs exportations dans le commerce multilatéral des biens et services est significativement croissante[1]. Mieux, les pays émergents deviennent des sérieux concurrents des grandes puissances mondiales.

Cette montée en puissance, résultat d'une double évolution, doctrinale et pratique, a permis aux PED d'agir en front commun et de peser lourdement sur le cours des négociations multilatérales. Ayant adopté, pour la plupart, des politiques de croissance par l'exportation, les PED ont rapidement accru leur part dans le commerce mondial, jusqu'à représenter aujourd'hui près de 50 % des exportations mondiales (en excluant les échanges intra- européens)[2]. Cela qui n'est pas sans incidence sur le changement dans leur position à l'OMC, devenue très offensive, non pas en faveur d'un amollissement des règles de libre-échange qui leur sont applicables, mais pour un renforcement de leur application aux pays développés[3].

Ce basculement de la richesse n'a pas été sans effet sur les positions des pays développés, hésitants sur toute demande des pays émergents, devenus très redoutables dans les négociations commerciales[4].

2-2-2 L'évolution des rapports de forces internationaux et la révision du mode de prise de décisions multilatérales

Depuis l'avènement de l'OMC, les PED ont refusé que les négociations commerciales continuent à être conduites, comme de tradition, par l'UE et les États-Unis qui se prolongent parfois sur le Japon et le Canada quand les points de vue devenaient suffisamment

---

[1] Dans ce sens, des pays de l'Amérique latine, à l'instar du Brésil et de l'Argentine, ont réussi à tirer vers le haut leurs parts dans les exportations mondiales de certains produits agricoles, tel que le maïs, le blé et le soja. Les exportations de ces produits ont été largement dominées par les États-Unis et l'UE. Lire à ce propos : LEFEVRE Sandrine, « *Effets de la libéralisation des échanges agricoles sur des pays en développement dans le cadre du GATT-OMC : cas du Brésil et de l'Argentine* », mémoire de DEA en Économie Internationale, option Économie du Développement, Faculté des sciences économiques de l'Université Paris 1- Panthéon Sorbonne, France, 2000, p.77.

[2] BENAROYA François & CLING Jean-Pierre, *op.cit*, p.74.

[3] THOUVENIN Jean-Marc, « Du libre-échange au juste échange? Pour une « smart » conditionnalité sociale dans le droit du commerce international », Colloque des 21 et 22 mars 2013 sur : *« Les dérèglements économiques internationaux : crise du droit ou droit de crises ? »*, sous la direction de GHERARI Habib, organisé par le Centre d'Études et de Recherches Internationales et Communautaires de la Faculté de droit et de science politique de l'Université Aix Marseille, Éditions Pedone, Paris, 2014, p.128.

[4] Les États-Unis, dont les tarifs douaniers sur les produits non agricoles sont bas, redoutent la concurrentialité de certains pays comme la Chine. C'est pour cela qu'ils refusent de faire des concessions dans ce volet. Lire : GHERARI Habib, « L'OMC à bout du souffle ? », *op.cit*, p.127.

convergents[1]. En cherchant à mieux faire valoir leurs intérêts, les PED ont provoqué la résurgence du conflit nord-sud lors de la conférence de Seattle, en décembre 1999, contribuant ainsi à faire échouer le lancement du cycle du « Millénaire »[2]. Cette donne et les conditions dans lesquelles a été lancé le cycle de Doha ont révélé qu'à l'OMC s'est dégagé un constat selon lequel les compromis sont à chercher dans ce qui est appelé le G4 (UE, États-Unis, Brésil et Inde) et non pas dans une entente transatlantique UE/États-Unis, comme se faisait auparavant, lorsque les PED étaient relégués en marge[3].

L'évolution des rapports de forces internationaux a engendré l'abandon de la logique des négociations restreintes entre un bloc constitué de pays développés au profit de l'inclusion des pays émergents, actifs dans les négociations. Le paradigme de négociations entre les principaux acteurs (comme dans le cadre du Quad) s'est effondré, en 2003, quand un projet d'accord sur l'agriculture, conclu « secrètement » entre Européens et Américains, et qui aurait dû, pour ses promoteurs, servir de base au futur accord sur l'agriculture, a provoqué une réaction en chaîne et la création, en quelques heures, le 19 août, d'un G20 agricole regroupant une vingtaine de PED[4].

La force des pays émergents et leur poids dans les négociations a obligé les pays développés à les consulter et à se réunir avec eux dans l'espoir de débloquer la crise du commerce multilatéral et le blocage du cycle de Doha[5]. La constitution d'un front des PED a indubitablement compliqué la négociation, en faisant monter les enchères. Les pays développés devront soit payer plus cher qu'ils ne le voulaient un accord concluant le programme de Doha, soit se résigner à l'échec du cycle[6].

---

[1] L'association de ces quatre pays forment ce qui est appelé la quadrilatérale qui hérite d'un rôle important à jouer dans les négociations commerciales que ce soit au sein dans l'OMC ou sous la bannière des autres organisations internationales comme c'est le cas lors des sessions du forum économique de Davos.

[2] BENAROYA François & CLING Jean-Pierre, *op.cit*, p.75.

[3] OLIVIER Louis, « OMC : un nouvel équilibre nord-sud ? », *op.cit*, p.578.

[4] Sur le rejet du projet d'accord agricole, consulter : MUTUME Gumisai, « Ce que Doha signifie pour l'Afrique : Les compromis obtenus à la réunion de l'OMC présentent des avantages, mais à quel prix ? », *op.cit*.

[5] Dans ce sens, une réunion ayant regroupé 10 pays développés (Allemagne, Canada, États-Unis, France, Grande-Bretagne, Italie, Japon, Corée du Sud, Russie et Union européenne) et 10 parmi les pays émergents (Afrique du Sud, Brésil, Chine, Inde, Mexique, Argentine, Australie, Indonésie, Arabie Saoudite et Turquie) s'est tenue à Pittsburgh (Allemagne) le 25 septembre 2009. Lire à ce propos : « Agriculteurs français et développement international », *Lettre hebdo n° 273, du 21 au 27 septembre 2009, in :* www.afdi-opa.org

[6] OLIVIER Louis, *op.cit*, p.586.

Siroen Jean MARC a estimé que la nouvelle nature des rapports de forces s'est révélée peu favorable aux compromis. Elle est l'une des raisons de l'échec du cycle, aux côtés de l'évolution de l'économie mondiale, qui a rendu obsolète une partie du programme de Doha[1].

2-3 Les paramètres à l'avantage de la modulation du droit de l'OMC en faveur du développement

Si l'attachement des PED au TSD est la preuve de son efficacité, le cycle de Doha doit ancrer le passage de la mondialisation subie au développement contrôlé, ou au développement maîtrisé, comme l'a si bien dit Pascal Lamy, ancien Directeur général de l'OMC[2]. Dans cette perspective, plusieurs facteurs sont à l'avantage des PED dans leur opposition aux multiples tentatives de désorientation du cycle, principalement leur agissement en rangs unis, derrière un groupe de négociations très influent. Toutefois, pour mener à terme leur lutte en faveur du rééquilibrage du commerce mondial, ces pays doivent préserver certains paramètres, dont principalement la solidité de leur groupe de négociations.

2-3-1 - La capacité des PED à constituer un bloc de négociations puissant

En réaction à l'accord euro- américain sur l'agriculture, signé quelques jours auparavant, les PED, guidés par les pays du BRICS (Brésil, Russie, Inde, Chine et Afrique du Sud)[3], ont réussi à créer le 20

[1] SIROEN Jean-Marc, « La libéralisation des échanges empêtre : les risques systémiques. Le cycle de Doha : quelles solutions pour sortir de l'enlisement ? », *op.cit*, p.116.
[2] Assemblée Nationale française, forum sur « *Enjeux et défis du nouveau cycle de négociations de l'OMC* », Paris, 9 novembre 1999, p.104.
[3] Le BRICS est apparu sous la plume de Jim O'Neil, alors chef économiste de la banque d'investissement Goldman Sachs sous l'appellation BRIC. Toutefois, la création officielle de ce groupe l'a été le 30 novembre 2001. L'Afrique du sud a été associée à ce groupe en 2012. Le terme BRICS a été repris par la suite, en 2003, dans un second rapport de la Banque avant de devenir appellation courante. Il est un groupement économique imposant dans les relations multilatérales, notamment au sein de l'OMC. Fort du fait qu'il englobe 43 % de la population mondiale, 18 % du commerce mondial, 53 % des flux de capitaux étrangers, 25 % du PIB mondial et 45 % de la croissance globale, les BRICS représentent aujourd'hui bien plus qu'un ensemble de pays émergents à fort potentiel. Le BRICS s'est étendu en 2023 sur quatre autres pays (Égypte, Iran, Émirats arabes unis et Éthiopie). À propos de l'avènement du BRICS, voir : BETBEZE Jean-Paul, La guerre des mondialisations, Éditions Economica, Paris, 2016, p.31.

août 2003 un groupe de négociations fort qui est le G20[1]. Après avoir démontré sa capacité de réunir de nombreux pays, ce groupe est devenu un acteur principal dans les négociations. Il a réussi à faire échouer les compromis élaborés par les acteurs habituels (États-Unis et UE notamment) qu'il a forcé à compter avec lui désormais[2]. Tout commen il a métamorphosé la position des PED, qui sont passés d'une position de refus à celle de propositions et de recherche d'un consensus, ce qui pose clairement, pour les pays riches, la question des sacrifices à faire pour atteindre certains objectifs du développement et ne pas saboter le cycle[3].

En matière de position dans les négociations commerciales, le G20 plaide pour une réforme ambitieuse du commerce agricole et pour l'adoption de règles flexibles et préférentielles à l'égard des PED. Il cherche à obtenir des réformes ambitieuses de l'agriculture des pays développés, avec une certaine flexibilité pour les PED[4]. Ses missions sont séparées de celles reconnues à l'autre G20 qui n'est qu'une extension du fameux G7[5]. Bien que les deux G20 interfèrent dans la sphère économique internationale et favorisent l'ouverture des marchés, toutefois leur action n'est ni concurrentielle ni contradictoire[6].

---

[1] Le G20, dont le champ d'intérêt était au départ limité à la négociation agricole, réunit aujourd'hui 23 pays : Afrique du Sud, Argentine, Bolivie, Brésil, Chili, Chine, Cuba, Égypte, Guatemala, Inde, Indonésie, Mexique, Nigéria, Pakistan, Paraguay, Philippines, Pérou, Tanzanie, Thaïlande, Uruguay, Venezuela, Zimbabwe, Équateur.

[2] OLIVIER Louis, *op.cit*, p. 582.

[3] Cela qui fait que les négociateurs occidentaux peinent à chaque fois à décider des concessions, vu les pressions qu'ils subissent de la part de leurs gouvernements hyper capitalistes, mais surtout des lobbies. Cela qui réduit sensiblement leur marge de manœuvre dans les négociations. Voir : LABORDE David, L'économie Mondiale en 2008, Éditions La Découverte, Paris, 2008, p.87.

[4] Sur les demandes du G20 dans les négociations de l'OMC, voir : OLIVIER Louis, *op.cit*, p.583.

[5] Il est différent du G20 qui est une extension du fameux G7 (Le G7 qui s'est transformée d'abord en G8, avec l'intégration de la Russie en 1997, regroupe les pays qui détiennent la majorité des voix au FMI. Il s'agit des États-Unis d'Amérique, du Canada, de l'Allemagne, de la France, de la Grande-Bretagne, de l'Italie et du Japon), regroupant les plus anciennes puissances économiques capitalistes, et a été lancé en Allemagne à l'hiver 1999. Le premier sommet du G20 réunissant des chefs d'État a été accueilli par Washington le 15 novembre 2008 dans l'objectif de répondre de la meilleure manière possible à la crise économique de 2008. La force du G20 c'est qu'il représente 85 % de l'économie mondiale et 2/3 de la population mondiale. Voir : DEJAMMET Alain, « Les « G » : G7, G8, G20 », *RGDIP*, n°03/2012, Pais (France), p.515.

[6] Au contraire, le G20 des chefs d'État compte aider les économies émergentes et en développement pour qu'elles puissent avoir accès au financement y compris à travers des facilités de liquidités et des programmes de soutien. Voir: DELABIE Lucie, « Les dérèglements économiques internationaux : du G7 au G20, nouvelle gouvernance ou changement dans la continuité ? », Colloque des 21 et 22 mars 2013 sur : *« Les dérèglements économiques internationaux : crise du droit ou droit de crises ? »,* sous la direction de GHERARI Habib, organisé par le Centre d'Études et de Recherches Internationales et Communautaires de la Faculté de droit et de science politique de l'Université Aix Marseille, Éditions Pedone, Paris, 2014, p.252.

2-3-2 L'impact de l'action commune des PED sur l'agrément de certaines de leurs revendications

L'influence du G20 sur les négociations de l'OMC a sanctionné la perte de contrôle par le couple américano- européen et la fin de la mécanique, qui veut que l'entente transatlantique soit une garantie pour l'aboutissement des négociations[1]. Ce bloc a chamboulé les rapports de forces et a collaboré au fléchissement de la position des membres influents de l'OMC[2]. Un fléchissement qui n'est pas sans produire des avancées considérables contenues dans la Décision du Conseil général, adoptée le 1er août 2004[3]. Des avancées traduites, quelque peu, sur le terrain, que ce soit par l'UE, les États-Unis ou les pays du G20[4]. En plus de l'avancée sur les subventions à l'exportation, cette Décision a satisfait certaines revendications des PED. Son Annexe « A » accorde une place de choix au TSD et exempt les PED de l'engagement de réduction des niveaux de soutien interne, comme elle a lancé l'initiative pour le coton.

L'action commune de PED leur a permis, en outre, d'évacuer de l'ordre du jour des négociations les questions de Singapour, sur lesquelles insistait notamment l'UE[5]. Le leitmotiv des PED était que ces questions ne constituent guère des priorités pour eux et elles relèvent des domaines en opposition avec l'objectif développement[6].

---

[1] PAUGAM Jean-Marie, « L'OMC victime de la mondialisation ?», *Problèmes Economiques,* n° 2915 du 17 janvier 2007, p.05.

[2] C'est sous la pression du G20 et de crainte à revivre le scénario de Cancun que les pays développés se sont engagés, à Hong-kong en 2005, à éliminer les subventions à l'exportation ainsi que les mesures pouvant avoir un effet similaire comme les crédits à l'exportation, l'aide alimentaire ou les entreprises commerciales d'État.

[3] Des engagements confirmés par la conférence ministérielle de Hong-kong qui a retenu 2013 comme date finale d'application. Voir : BOULANGER Pierre (pour Groupe d'économie mondiale), « Les subventions à l'exportation : une espèce en voie de disparition au-delà de la ministérielle de l'OMC de Hong-kong », in : www.notre-europe.eu/fr/qui...nous/.../3467.

[4] C'est ce qui ressort du rapport conjoint intitulé : « *Rapport sur le G20 mesures commerciales et d'investissement* » et signé à Pittsburgh le 14 septembre 2009 par les chefs de secrétariat de l'OCDE, de la CNUCED et de l'OMC et dans lequel, on peut lire : « *Au cours des derniers mois, les gouvernements du G20 se sont abstenus de trop recourir à des mesures restrictives en matière de commerce et d'investissement mais ils ont continué, de manière limitée, à appliquer des droits de douane et des instruments non tarifaires qui ont entravé les flux commerciaux* ».

[5] BENAROYA François & CLING Jean-Pierre, *op.cit*, p.87.

[6] Les PED redoutaient que les initiatives fondées sur *les questions de Singapour* ne leur imposent des charges supplémentaires sur leurs capacités administratives. En effet, la création et la mise en vigueur de nouveaux régimes en matière de politique de concurrence, de régulation d'investissement, de commerce et de douane, sont associées à des coûts significatifs. Un grand nombre de PED ont été incapables de respecter les obligations induites par les accords de l'OMC en raison de ces coûts très importants. Voir : STIGLITZ Joseph E & CHARLTON Andrew, *op.cit*, p.27.

2-3-3 L'expansion du commerce Sud-Sud et la percée économique des pays émergents

La confirmation des PED sur la scène économique internationale et l'accroissement du taux des échanges commerciaux entre eux n'ont pas été sans incidence sur le cours des négociations commerciales multilatérales. Étant devenus des acteurs indétrônables du commerce mondial, les pays émergents pèsent lourdement dans les négociations multilatérales, particulièrement au sein de l'OMC.

L'expansion du commerce sud-sud est un facteur que les PED ont tendance à travailler en vue de diminuer leur dépendance vis-à-vis des pays développés. L'augmentation des échanges sud- sud a été confirmée, dans l'évaluation effectuée par Chevallier en 2012, et qui a montré une triple tendance : une baisse de plus de 10 points de la part des flux nord-nord ; une stabilité de la part des flux du nord vers le sud et de ceux du sud vers le nord ; une forte progression des flux sud- sud, dont la part a doublé au cours de la dernière décennie[1].

L'essor des BRICS dans les exportations mondiales de produits industriels manufacturés a permis la conclusion de plusieurs accords commerciaux avec d'autres PED, ce qui a réduit le recours de ces derniers aux produits des pays développés[2]. Cette affirmation croissante des pays émergents comme grands exportateurs mondiaux pousse les pays développés à estimer que ces pays ne méritent pas de bénéficier du TSD dans les mêmes conditions les autres PED.

---

[1] DUBOZ Marie-Line et HOUSER Matthieu, *op.cit*, p119.

[2] ACHTERBOSCH Thorn, BEN HAMOUDA Hakim, TONGEREN Frank Van et OSAKWE Patrick N, *op.cit*, p 181.

CHAPITRE 6 :

De la réflexion sur le changement du modèle de gestion l'OMC et sur la différenciation entre les PED

La voie que prend la mondialisation des échanges, prônée par OMC, est vivement contestée en raison de l'hégémonie de certains sur les décisions ou actions prises par l'organisation. C'est ainsi que l'extension de la libéralisation des échanges à de nouveaux secteurs économiques, tel que les services et les télécommunications, ne l'a été que sous la pression des « grands membres » et par conséquent, elle n'a aménagé aucun encadrement juridique au commerce équitable[1]. Il est également clair que c'est de cette manière que la propriété intellectuelle est intégrée aux accords de l'OMC, en dépit que de nombreux pays auraient préféré qu'elle reste de la compétence souveraine des États. Cette intégration « forcée » a donné naissance à un accord ADPIC auquel les PED n'ont que très peu participé. C'est pourquoi d'ailleurs cet accord demeure le plus contesté parmi les textes de l'OMC.

Ces quelques exemples témoignent de la crise du système OMC qui n'est guère orienté vers le rééquilibrage des échanges commerciaux mondiaux, mais en faveur d'une libéralisation accrue qui ne prend pas en compte son impact sur les membres les plus démunis. Pour y remédier, la transformation du modèle de prise de décision de l'OMC vers un modèle plus crédible et équitable est impérative.

---

[1] ABDELGAWAD Walid, « Le commerce équitable et la société civile internationale : une chance pour la mondialisation d'un droit de l'économie solidaire», *RIDE,* n°02/2003, p.202.

1- Pour la révision du modèle démocratique de l'OMC et l'association de tous les membres à la prise de décision

Les travaux du cycle de Doha sont marqués par une présence active des PED. Contrairement aux autres standards internationaux, où ces pays ne font pas le poids, en raison des règles restrictives et déséquilibrées en faveur des grandes puissances, les négociations de l'OMC ont offert un horizon pour les PED pour réitérer leurs demandes liées à l'instauration d'un nouveau modèle économique permettant à tous les acteurs de tirer profit de l'ouverture commerciale.

L'équité du système commercial multilatéral et la légitimité du modèle démocratique de l'OMC reposent sur l'intégration effective des PED dans le processus de négociations, la facilitation de l'accès de ces pays au système de règlement des différends, mais aussi par la mise en place d'un cadre juridique favorable à l'expansion des PED et au rétrécissement des inégalités.

1-1 Pour une intégration effective des PED dans le processus de négociations commerciales

Aux côtés de la révision des accords de l'OMC afin de les rendre plus compatibles avec la situation économique des PED, la révision du modèle démocratique de l'OMC s'est imposée comme un sujet crucial dans les négociations multilatérales, notamment depuis l'entame du cycle de développement. Les PED n'ont pas eu de cesse de dénoncer l'influence des grandes puissances économiques sur l'élaboration de l'ordre du jour des travaux.

Les critiques à l'égard du mode de gestion de l'OMC pointent du doigt, à la fois, la marginalisation des PED dans le processus de prise de décision, mais aussi la non- intégration des représentants de la société civile internationale et des ONG dans les travaux, où ils sont en mesure de jouer le rôle de consultants.

1-1-1 L'influence des puissances économiques sur l'élaboration de l'ordre du jour des travaux

En dépit que l'OMC fonctionne avec le système de l'équité de voix entre les États, avec une voix pour chaque membre, toutefois, il a été constaté que la conduite des négociations est déterminée par le poids des

États et influencée par l'ingérence des représentants d'intérêts privés économiques.

A- L'influence du poids des États sur la conduite des négociations

Si depuis l'ère du GATT, les négociations commerciales multilatérales ont fonctionné suivant un rapport de forces déterminé par le poids des États, la situation est restée inchangée avec l'avènement de l'OMC. Relayant fidèlement les attentes des milieux d'affaires, son Secrétariat concentre l'essentiel des négociations dans les domaines, où les pays développés sont en mesure de tirer le plus de profit, à l'instar de l'investissement, l'ouverture des marchés des PED aux produits agricoles, aux produits manufacturés et aux services venant des pays développés. Cela qui a conduit à davantage d'inégalités et à priver les PED de règles avantageuses[1]. La marginalisation des PED a fait de l'OMC une organisation dévoyée par une minorité d'États pour être mise au service de leurs intérêts[2].

Le fonctionnement de l'OMC et la mise en œuvre de ses accords se sont avérés très éloignés des engagements donnés à la création de cette organisation. Cela qui a fait réagir les PED, qui ont contesté cet état. Si aux premières années, l'ignorance de leurs revendications était une mission facile pour la direction de l'OMC, la constitution de plusieurs blocs comprenant ces pays, notamment le G20, ainsi que l'adhésion de la Chine en 2001 ont complètement inversé la donne[3]. Il a été à l'origine de l'échec de la conférence ministérielle de Cancun en 2003[4], tout comme il a aidé au blocage des négociations à maintes reprises. Cette tendance marque une rupture avec le cours traditionnel des relations multilatérales et exige d'inculquer un nouveau modèle de gestion plus démocratique à l'OMC.

---

[1] Ces inégalités sont en contradiction avec les fondements juridiques de l'OMC et de l'engagement donné par le préambule de l'Accord instituant l'Organisation et selon lequel «*il est nécessaire de faire des efforts positifs pour que les pays en développement, et en particulier les moins avancés d'entre eux, s'assurent une part de la croissance du commerce international qui corresponde aux nécessités de leur développement économique* ».

[2] GUESMI Amelle, *op.cit*, p.508.

[3] Ibid, p.508.

[4] JENNAR Raoul Marc, « Négociations OMC : les raisons et les opportunités d'une suspension (Historique et analyse) », *op.cit.*

B- L'ingérence des représentants d'intérêts économiques privés dans le choix des thèmes de négociations

L'élaboration de l'ordre du jour des négociations est souvent consécutive aux choix des lobbies. La présence physique des représentants des lobbys dans les couloirs du bâtiment de l'OMC à Genève, où ils sont en contact régulier avec les ministres du Commerce des différents États membres, influe sur la position de ces derniers, qui s'avèrent parfois plus dévoués aux entreprises qu'à leur nation. C'est cette ingérence qui a permis au lobby pharmaceutique de peser dans l'introduction de la propriété intellectuelle dans les négociations commerciales multilatérales et de l'élaboration de l'Accord ADPIC, qui est très favorable aux firmes pharmaceutiques[1]. Ces lobbys ont également des liaisons étroites avec la direction de l'OMC[2].

Par leur proximité avec les milieux politiques et leurs affinités avec les décideurs des grandes puissances mondiales, ces lobbys voient leurs interventions décisives sur plusieurs questions. Ils s'interfèrent dans l'élaboration des instruments juridiques de l'OMC et font pencher la décision en faveur de leurs intérêts. Dans ce sens, le *Transatlantic Business Dialogue* (ou Dialogue économique transatlantique), créé en 1995 par la Commission européenne et le Secrétariat américain au commerce, a notamment fait pression sur la Commission européenne pour la conduire à avoir une position favorable à l'élargissement des négociations OMC sur la concurrence, l'investissement et les marchés publics[3].

Les lobbys économiques -appelés par certains auteurs, à l'instar de Cattaneo Olivier, d'ONG professionnelles- disposent d'un large pouvoir d'action à l'OMC. Ces groupements, qui n'ont d'ONG que le nom, sont au fait des débats qui les concernent, et fournissent généralement aux États des arguments et renseignements à la fois très pertinents et très techniques. Les représentants de ces ONG parviennent même à figurer parfois dans les délégations officielles des membres, tellement que leur poids politique est important[4].

---

[1] GUESMI Amelle, *op.cit*, p.518.

[2] Dans ce registre, la Chambre de Commerce Internationale, dont le siège se trouve à Paris, est connue d'être un groupe d'affaires ayant des liens les plus étroits avec l'OMC. Voir : GUESMI Amelle, *op.cit*, p.519.

[3] *Ibid.* p.519.

[4] CATTANEO Olivier, « Les leçons de Cancun pour l'Afrique : Le difficile apprentissage de la démocratie à l'OMC », *Afrique contemporaine,* n° 04/2003, France, 2003, p.92.

Par ailleurs, les liaisons entre les groupes industriels et l'OMC sont très préjudiciables au travail des autres ONG, notamment celles de défense des droits de l'Homme. Des pratiques dénoncées, par les experts de l'OMS, dans un rapport publié sur les maladies tropicales négligées[1].

Dans un autre registre, les acteurs privés internationaux bénéficient, même indirectement, du droit de saisir l'ORD. Si, d'un point de vue formel, seuls les États sont habilités à s'adresser à cet organe, il existe des mécanismes « détournés », comme les qualifient Guesmi Amelle, et par lesquels les entreprises peuvent inciter leur Etat à saisir les panels[2]. Pour justifier l'ingérence de leurs entreprises commerciales dans les travaux de l'OMC, l'UE et les États-Unis légitiment cet acte, par le fait que les décisions prises par l'OMC et les sanctions prononcées par l'ORD ont des implications sur les membres de la société civile[3].

1-1-2 Pour la révision du mode de négociations et l'intégration des représentants de la société civile internationale

Les multiples ruptures des négociations multilatérales, sous l'effet notamment de l'opposition menée par les PED, ont imposé une réflexion sur une méthode plus efficace afin d'améliorer le fonctionnement de l'OMC. La restructuration de l'Organisation est impérative pour restaurer la légitimité du multilatéralisme. Pour y parvenir, il est nécessaire d'instaurer un nouveau mode de négociations et de gestion de l'OMC, plus inclusif et remédiant à la marginalisation des PED. Plusieurs suggestions ont été émises dans ce sens, tout comme il a été suggéré de prêter attention aux ONG, en les introduisant comme consultants.

---

[1] Établi début 2011, ce rapport signale les problèmes auxquels il faudra faire face si l'on veut pérenniser et étendre les succès remportés dans la lutte contre les MTN (Maladies Tropicales Négligées). Sa première version a essuyé des critiques acerbes de la part notamment de la fédération internationale des fabricants de médicaments (IFPMA). Pour lire le « *Premier rapport de l'OMS sur les maladies tropicales négligées : agir pour limiter l'impact mondial des maladies tropicales négligées* », Organisation mondiale de la Santé, Genève (Suisse) 2011, consulter : http://apps.who.int/iris/bitstream/10665/44694/1/9789242564099_fre.pdf

[2] À titre d'exemple la fameuse loi américaine au commerce « trade act » prévoit dans sa section 301 amendée une procédure permettant à tout intéressé de demander au représentant américain au commerce de saisir l'ORD. Même du côté de l'UE, les entreprises ont la possibilité de solliciter les États ou la Commission pour la saisine de l'ORD. Voir : GUESMI Amelle, *op.cit*, p.520.

[3] Ces membres justifient leur position par le fait que lorsque les mesures de rétorsion sont prises par l'OMC, leurs effets retombent directement sur les entreprises qui en subissent les conséquences commerciales, parfois même dans des secteurs d'activités différents de ceux ayant donné lieu à la condamnation. Voir : GUESMI Amelle, *op.cit*, p.520.

A- Pour un système de prise de décision plus inclusif et remédiant à la marginalisation des PED

La règle du consensus est accusée de rendre plus difficile la conclusion d'un accord. Au mieux, le consensus conduit à un compromis minimaliste, fondé sur des textes contradictoires[1]. Ce mode de prise de décision débouche ainsi sur une ouverture aux échanges prématurée, voire mal maîtrisée, qui laisse la porte ouverte à tous les contournements (subventions déguisées, obstacles à la concurrence, abaissement des normes de travail, sous-évaluation de la monnaie... etc.)[2].

Le mode de prise de décision est critiqué, en raison de sa marginalisation des PED, qui composent les 2/3 des membres de l'OMC. Ces pays revendiquent leur véritable intégration institutionnelle et une participation effective aux organes et activités de l'OMC. Ils rappellent leur besoin d'être aidés pour assumer leurs obligations multilatérales[3]. Tout comme ils révèlent l'importance, en matière de règlement des différends, de leur assurer un accès aux ressources légales, qui soit similaire à celui des pays développés, et de leur garantir l'obtention d'une aide financière lorsqu'ils engagent des actions importantes, longues et coûteuses, comme c'est le cas, par exemple, en matière de « biopiraterie »[4].

L'OMC doit remédier à la marginalisation des PED dans les négociations commerciales et leur incapacité à monter l'expertise technique et juridique requise. Une incapacité avantagée par le fait qu'une quarantaine d'eux ne possèdent pas de délégation permanente auprès de l'OMC, alors qu'environ 2700 réunions y sont tenues annuellement (une moyenne de 10 réunions/ jour), nécessitant des

---

[1] Cette règle rend vaine la formation de coalitions qui visent, en principe, à obtenir une majorité. En effet, chaque pays dispose d'un droit de veto et peut donc, à lui seul, faire obstacle à toute coalition fut-elle majoritaire. Derrière son apparente symétrie, la règle du consensus « un pays-un droit de veto » cache pourtant de profondes asymétries que les coalitions visent justement à compenser. Voir : SIROËN Jean-Marc, « L'OMC et les négociations commerciales multilatérales », *Négociations,* n° 01/2007, Paris, 2007, p.13.

[2] *Ibid.* p.14.

[3] Dans ce sens, il est capital de préciser le rôle de l'OMC dans cette assistance. Certains PED ont des besoins considérables, notamment ceux qui doivent renforcer leurs capacités institutionnelles. Il est à envisager de leur octroyer des aides financières, d'autant que l'assistance technique pourrait s'avérer insuffisante en la matière. Voir : GUESMI Amelle, *op.cit*, p.515.

[4] Les coûts, pour un PED, d'attaquer une entreprise du Nord qui revendique un droit de propriété intellectuelle, lorsque le cas implique du piratage biologique, sont en général très importants. Les PED sont souvent désavantagés dans ce processus impliquant des procédures légales compliquées et coûteuses. Voir : STIGLITZ Joseph E & CHARLTON Andrew, *op.cit*, p.34.

délégations importantes[1]. La satisfaction du principe de l'égalité des chances impose à l'OMC d'accorder une assistance technique et financière aux PED, afin de leur faciliter l'accès aux centres de décision.

Il est clair que ce n'est qu'au prix d'une réforme substantielle, associant véritablement les PED au processus de prise de décision, que l'OMC parviendra à surmonter l'épreuve du bilatéralisme galopant et se rapproprier une légitimité en mesure de lui permettre d'instaurer un modèle économique équitable et procurant des dividendes à tous les acteurs[2].

B- Les recommandations liées à la mise en œuvre d'un nouveau mode de gestion de l'OMC

Il est impératif pour l'OMC de s'offrir un nouveau mode de négociations et de gestion afin de contrer la montée du bilatéralisme, dont la prolifération risquerait de conduire à une institutionnalisation du déséquilibre que les ACR organisent et laisse craindre que les normes bilatérales d'aujourd'hui ne deviennent les normes multilatérales de demain[3].

L'OMC doit d'abord finir avec la marginalisation des PED, quoique réduite depuis la conférence ministérielle de Cancun, et instaurer un modèle qui inclura ces pays dans tous types de négociations, particulièrement celles traitant des questions sensibles.

Les multiples suspensions des travaux ont permis aux membres de se rendre compte qu'il est impératif d'inculquer une souplesse aux cadres juridiques dans les différents domaines couverts par l'OMC pour faciliter aux pays l'harmonisation de leur législation avec le modèle multilatéral proposé[4].

Certes, l'ouverture de l'OMC à un tel nombre de pays rend le système difficile à manier, toutefois rien ne pourrait justifier la marginalisation des PED dans le processus de prise de décision. Dans ce sillage, Stiglitz

---

[1] ABBAS Mehdi, « Les rapports nord-sud dans l'Agenda pour le développement de l'Organisation Mondiale du Commerce », *op.cit*, p.07.

[2] GUESMI Amelle, *op.cit*, p.516.

[3] Ces accords bilatéraux risqueraient d'ôter à l'OMC la mission d'encadrer les échanges commerciaux internationaux et la préservation de la souveraineté des États membres qui nécessite un arbitrage indépendant que seule l'OMC est en mesure d'assurer par le biais de son système de règlement des différends qui a déjà condamné les États-Unis et l'UE. Voir : SIROËN Jean-Marc, *op.cit*, p.514.

[4] Il n'est plus possible de continuer à imposer aux PED le respect des normes fondamentales de travail ou des règles de concurrence, mais d'estimer l'équivalent tarifaire ou l'équivalent-subvention de la violation de ces normes afin de les introduire dans les listes de concessions. Lire : SIROËN Jean-Marc, *op.cit*, p.21.

et Charlton, entre autres, ont proposé que dans un domaine comme celui de l'OMC, où la prise de décision est fondée sur un processus consensuel, le principe de représentativité par délégués de chacun des groupes de pays soit bien accepté. Par exemple, les plus grands pays commerciaux (États-Unis, UE, Japon et Chine), un représentant ; un ou deux représentants des pays à revenu intermédiaire (par exemple le Brésil) ; deux représentants des PMA, un représentant du groupe de Cairns, et ainsi de suite. Chacun consulterait régulièrement les pays qu'il représente. Un processus ouvert et transparent assurerait que toutes les voix seront entendues[1]. Il est utile de rappeler que la négociation par petits groupes a été déjà testée en 2008, à l'occasion de la mini ministérielle tenue, entre les 21 et 29 juillet, sur appel du DG de l'OMC de l'époque, Lamy. Ce rendez-vous a regroupé les capitalismes historiques (États-Unis, UE, Japon et Canada) et les capitalismes émergents (Brésil, Chine et Inde)[2].

Il est pareillement utile de faire participer des ministres autres que ceux du commerce, lorsque les négociations abordent des questions non commerciales ayant lien avec le commerce. Tout comme il est essentiel de mettre en place une entité chargée d'évaluer l'impact des propositions commerciales sur tous les États, pour que chaque décision puisse être prise en connaissance de cause[3]. Pour l'élaboration de l'ordre du jour des négociations, les thèmes à débattre doivent être sélectionnés avec précision et selon un mode démocratique. Dans ce sens, il est à proposer que l'inscription à l'ordre du jour de nouvelles questions se fasse en fonction, à la fois, de leur importance en termes de flux commerciaux, de leur potentiel en matière de développement et du besoin d'une action collective pour les traiter[4].

C- Pour l'introduction des ONG en qualité de consultants à l'OMC

La position de l'OMC est peu démocratique en matière du traitement réservé aux acteurs non étatiques, qui demeurent les premiers concernés par les incidences des normes et par l'issue des différends. D'une part,

[1] STIGLITZ Joseph E & CHARLTON Andrew, *op.cit*, p.48.
[2] ABBAS Mehdi, *op.cit*, p.01.
[3] GUESMI Amelle, *op.cit*, p.515.
[4] La mise en œuvre de ces critères vise à s'assurer que l'ouverture commerciale ait toujours des effets positifs sur le développement. L'objectif est que tout accord inéquitable, anormalement coûteux pour les PED, ou disproportionnellement avantageux pour les pays développés soit écarté. GUESMI Amelle, *op.cit*, p.516.

elle admet le lobbying qui est déterminant dans la conduite des négociations et d'une autre part, elle écarte le rôle des ONG[1].

L'introduction des ONG, réputées de défendre l'idée d'une autre mondialisation et qui ont gagné en légitimité ces dernières décennies, est en mesure d'aider l'OMC, qui se charge de traiter des questions autres que commerciales (santé, environnement, normes sociales...) et du coup, elle est dans l'obligation de s'ouvrir sur d'autres organisations de la société civile. Les ONG devront être promues comme consultantes avant l'élaboration des normes multilatérales, même si aucun pouvoir législatif ne peut leur être directement attribué. Dans cet ordre d'idées, L.Boy, cité par Guesmi Amelle, estime que « *pour assurer l'effectivité d'un ordre public économique émergent, il semble judicieux de reconnaître de nouveaux sujets du droit international, qu'il s'agisse des entreprises ou des ONG* »[2].

L'institutionnalisation des ONG revaloriserait les normes[3] et ferait gagner en légitimité le système OMC, surtout que le modèle d'élaboration interétatique des normes est dépassé. En outre, l'introduction des ONG serait d'une importance capitale en matière d'assistance technique des PED, d'autant que certaines ONG -dites techniques- sont très au fait des débats et des arguments techniques et c'est ainsi qu'elles peuvent parfois se substituer aux institutions publiques gouvernementales ou intergouvernementales dans la fourniture de cette assistance aux PED[4].

Une introduction qui ne serait guère contraire aux engagements de l'OMC puisque l'article V/2 de l'Accord instituant l'organisation reconnaît le rôle des ONG et recommande au Conseil général de coopérer avec elles : « *Le Conseil général pourra conclure des arrangements appropriés aux fins de consultation et de coopération avec les organisations non gouvernementales s'occupant de questions en rapport avec celles dont l'OMC traite* ».

Après coup, le Conseil général a fixé, par le biais d'une Décision, adoptée le 18 juillet 1996, les lignes directrices pour les arrangements en

[1] GUESMI Amelle, *op.cit*, p.518.

[2] *Ibid.* p.523.

[3] La norme ne va plus devoir émaner du « haut» à destination du « bas», mais plutôt être conçue et mise en œuvre conjointement par les différents protagonistes du commerce et du développement. Voir : GUESMI Amelle, *op.cit*, pp.523- 524.

[4] Par exemple, MSF a été très actif dans les débats liés à l'amélioration de l'accès aux médicaments. Dans l'initiative coton, des ONG comme *IDEAS Centre15* ou *Oxfam* ont joué un rôle essentiel dans l'appui des arguments des pays africains ayant revendiqué cette initiative. Voir : CATTANEO Olivier, *op.cit*, p.92.

question, par lesquelles *les Membres reconnaissent le rôle que les ONG peuvent jouer pour mieux informer le public des activités de l'OMC et conviennent à cet égard d'améliorer la transparence et de développer la communication avec les ONG*[1]. Depuis, l'OMC a accordé le statut d'observateur à certaines ONG, à l'instar de l'OMS, pour leur permettre de suivre les discussions sur des questions qui les intéressent directement.

Les PED montrent une certaine hésitation quant à l'admission des ONG à l'OMC. Ils redoutent de voir ce choix conforter la position des pays développés. Des craintes qui ne pourront être apaisées que par l'adoption d'un principe de proportionnalité selon lequel, dans le total des ONG représentées, le nombre de celles chargées de défendre les intérêts des PED serait proportionnel au nombre de ces pays à l'OMC[2].

1-2 Pour une réforme de l'ORD et la facilitation de l'accès des PED au système de règlement des différends

Ayant reposé leurs espoirs sur l'institution d'un mécanisme de règlement des différends, en mesure de leur permettre de se réapproprier une justice que leur ont amputée les accords commerciaux multilatéraux, les PED ont vu leurs ambitions se heurter à une opposition des pays développés. Ces derniers ont montré une hostilité à tout changement substantiel du mécanisme de règlement des différends[3]. Le système a montré toute son impuissance à la réduction des inégalités nord- sud. La mise en place d'un mécanisme de règlement des différends, légitime, rendant justice à tous les membres, tient à l'élaboration d'un système indépendant et solidaire avec les PED.

---

[1] Par.2 de la Décision adoptée par le Conseil général le 18 juillet 1996 : Lignes directrices pour les arrangements concernant les relations avec les organisations non gouvernementales, (Document WT/L/162).

[2] Cela même s'il est utile de souligner que les ONG et les associations défendant les intérêts des PED manquent cruellement en expérience et en connaissances techniques, notamment en ce qui concerne la lutte contre le VIH/Sida. Un déficit qui ne pourrait être comblé que par une collaboration avec leurs pairs défendant les intérêts des pays développés. Ils sont en mesure de conjuguer leurs efforts en un comité consultatif chargé de formuler les avis et des recommandations auprès du Conseil général de l'OMC. Voir : GUESMI Amelle, *op.cit*, p.523.

[3] MESSAD Rafik, « *De l'effectivité du traitement préférentiel en faveur des pays en développement dans le système de règlement des différends de l'OMC* », *op.cit*, p.41.

1-2-1 L'impuissance du système de règlement des différends de rendre aux PED la justice enlevée par les accords commerciaux

L'inadaptation du système de règlement des différends de l'OMC aux attentes des PED a provoqué une vague de critiques. Parmi lesquelles, on note celle émise à l'encontre de l'imputation de la charge de preuve faite pour les PED[1]. Il a été reproché également à ce système le non-application stricte des délais allongés en faveur des PED, ainsi que le manque de clairvoyance dans le justificatif des arrangements de délais de mise en conformité avec les obligations de l'OMC. Le SRD est critiqué également pour le défaut de moyens de contrainte et de mécanisme d'exécution des décisions de l'ORD et pour le défaut de force exécutoire de ses décisions.

A- Le défaut d'application stricte des délais allongés en faveur des PED

L'OMC a donné une interprétation restrictive des dispositions de TSD dans les différends dont les PED sont parties prenantes. La flexibilité, en faveur des PED avant de préparer les dossiers de leurs affaires et rédiger leurs commentaires, n'est pas respectée[2]. C'est ce qu'on peut conclure des sentences établies par l'ORD. Dans l'affaire *CE- Régime applicable à l'importation, à la vente et la distribution des bananes,* les pays ACP, en tant que tierces parties, se sont plaints qu'il ne leur a pas été accordé suffisamment de temps pour préparer leur argumentation et communication, contrairement à ce qu'autorise l'article 12.4 du Mémorandum[3].

---

[1] C'est-à-dire, si en matière de TSD, un PED constate qu'un pays développé est en violation d'obligations, il doit impérativement justifier cette violation par une exception dont il pourrait se prévaloir. Ce qui est en contradiction avec le principe *jura novil curia*, selon lequel le défenseur n'a pas la responsabilité de fournir l'interprétation juridique à donner d'une disposition particulière de l'instrument en cause. Voir : TOMKIEWICZ Vincent, « OMC et équité », in : *« Les sources et les normes dans le droit de l'OMC », Recueil du colloque de Nice 24-25 juin 2010,* Éditions A. Pedone, Paris, p.164.

[2] On note que le Mémorandum d'accord sur le règlement des différends dispose dans son article 12.2 que : « *La procédure des groupes spéciaux devrait offrir une flexibilité suffisante pour que les rapports des groupes soient de haute qualité, sans toutefois retarder indûment les travaux des groupes* », et dans son article 12.4 : « *Lorsqu'il établira le calendrier de ses travaux, le groupe spécial ménagera aux parties au différend un délai suffisant pour rédiger leurs communications* »,

[3] La position du groupe spécial ne pourrait aucunement être justifiée par le fait les pays ACP n'étaient que tierces parties dans cette affaire, car le droit de l'OMC, par le biais de l'article 12.10 du mémorandum d'accord énonce : « ... *lorsqu'il examinera une plainte visant un pays en développement Membre, le groupe spécial ménagera à celui-ci un délai suffisant pour préparer et exposer son argumentation...* ».

En plus de l'opposition des groupes spéciaux, les PED font face à celle des pays développés quant à leur accorder des délais supplémentaires. Dans l'affaire *Inde- Restrictions à l'importation de produits agricoles, textiles et industriels*, la sollicitation par l'Inde d'un temps suffisant pour exposer sa première communication, en raison de ses difficultés administratives et le nombre de questions auxquelles il faudrait répondre, a rencontré l'opposition des États-Unis, qui insistaient que la procédure de règlement des différends est encadrée de délais stricts qu'il faut impérativement respecter[1].

B- L'inapplication de l'arrangement lié à l'accord d'une attention particulière aux intérêts des PED

Le juge de l'OMC ignore l'application de l'arrangement, porté dans les Par.2, 7 et 8 de l'article 21 du Mémorandum d'accord et qui requiert une attention particulière aux questions qui affectent les intérêts des PED, pour ce qui est des mesures qui ont fait l'objet d'une procédure de règlement des différends. Cela a été vérifié dans la réponse donnée à la demande de certains PED d'écourter le délai accordé à l'UE (dans l'affaire CE-régime applicable à l'importation, à la vente et la distribution des bananes) pour mettre ses mesures en conformité avec les règles de l'OMC. Le juge de l'OMC s'est dit pas convaincu, par les parties plaignantes, *qu'il existe en l'espèce de « circonstances » justifiant un délai plus court que celui prévu en principe à l'article 21.3 c) du Mémorandum d'accord*[2].

Cette ignorance est très préjudiciable pour les PED, qui se débattent dans des situations économiques et financières catastrophiques et qui les empêchent à confectionner leur dossier de plainte ou de défense dans des délais restreints.

C- Le défaut de moyens de contrainte et de mécanisme d'exécution des décisions de l'ORD

La faiblesse principale de la procédure de l'ORD se trouve incontestablement dans l'absence de moyens de contrainte, aussi bien lors de l'instruction du dossier que dans la phase de l'exécution des décisions des groupes spéciaux ou de l'Organe d'appel. L'ORD souffre

---

[1] Voir : Inde- Restrictions quantitatives à l'importation de produits agricoles, textiles et industriels, Rapport du Groupe spécial (document : WT/DS90/R) du 6 avril 1999, p.79.

[2] Communautés Européennes - Régime applicable à l'importation, à la vente et à la distribution des bananes (affaire : WT/DS27/15) : Arbitrage au titre de l'article 21:3 c) du Mémorandum d'accord sur les règles et procédures régissant le règlement des différends, Décision de l'arbitre Said El-Naggar, 7 janvier 1998, par.19 (p.06).

en cela, au même titre que les autres juridictions internationales, de l'absence d'un pouvoir de contrainte. Il constitue par conséquent une sorte de « justice sans police »[1]. Ce défaut est extrêmement préjudiciable aux pays commercialement faibles et qui ne disposent, dès lors, d'aucune « marge de sanction » à l'encontre des partenaires commerciaux plus puissants, ce qui fait que les décisions de l'ORD n'ont qu'une force obligatoire, mais non exécutoire.

En l'absence d'une force d'exécution ou d'astreinte, attachée à ses décisions, l'ORD doit être tenu informé par les membres des suites données à ses décisions. Il peut, en cas d'inexécution et de non-respect de ses recommandations, autoriser l'État qui subit la violation des accords de l'OMC à prendre des mesures compensatoires[2]. Toutefois, force est de reconnaître que le faible pouvoir de négociation des PED ne leur donne quasiment aucune marge de sanction contre leurs principaux partenaires commerciaux.

L'absence du troisième terme du triptyque du procès équitable qu'est le droit à l'exécution des décisions est un vice de taille, qui entache totalement la crédibilité du système OMC de règlement des différends. Un système qui aboutit à des recommandations, qui ne peuvent être exécutées du fait de la grande faiblesse d'un bon nombre de membres et de l'absence de véritables « voies d'exécution » à l'échelle interétatique ou mondiale. C'est ainsi que le groupe africain à l'OMC a présenté une proposition en vue de l'adoption d'une procédure d'exécution collective des recommandations et décisions de l'ORD, lorsque le recours est déposé par un PED ou un PMA contre un pays développé[3].

[1] MESSAD Rafik, « *De l'effectivité du traitement préférentiel en faveur des pays en développement dans le système de règlement des différends de l'OMC* », *op.cit*, p.39.

[2] Les mesures compensatoires que le membre ayant subi des dommages peut prendre sont citées dans l'Accord sur les subventions et les mesures compensatoires et en suivant les principes cités dans l'article 22 du Mémorandum d'accord sur le règlement des différends. Ce texte prévoit la possibilité, pour les États membres de prendre des compensations lorsqu'un État est condamné, mais ne donne pas suite à la recommandation de l'ORD dans les délais spécifiés par le Groupe spécial ou l'Organe d'appel. Lesdites compensations ne peuvent être autorisées que pour un montant équivalent au préjudice que continue de subir l'État membre. Des négociations pour des compensations mutuellement acceptables peuvent s'ouvrir entre les parties conformément à l'article 22.2 du Mémorandum. Ces contre-mesures doivent être proportionnelles au degré et à la nature des effets défavorables déterminés. Voir : DIMA EHONGO Paul, *op.cit*, p.31.

[3] *Ibid.* p.33.

D- La nature dissuasive des modes alternatifs de règlement des différends

L'article 5.1 du Mémorandum d'accord sur le règlement des différends cite un certain nombre de modes alternatifs de règlements de différends[1]. Ainsi donc, l'enregistrement de l'affaire devant le groupe spécial et l'entame de la procédure contentieuse de règlement des différends, ne se fait qu'en cas de désaccord des parties dans la mise en œuvre des modes de règlement alternatifs[2]. Cette souplesse n'a toutefois pas incité les PED à faire usage de ces modes alternatifs de règlement des litiges. C'est le défaut de force exécutoire des décisions négociées qui explique une telle abstention, de même que la réintroduction des rapports de forces qui leur sont défavorables devant leurs partenaires commerciaux occidentaux[3].

L'inefficience du TSD, décidé à leur égard dans le volet lié au règlement des différends, a amené les PED jusqu'à conclure que le droit international du développement entame un déclin dans son évolution, avec un démantèlement graduel de son corps normatif et un bouleversement radical dans la direction contraire, vers des politiques de privatisation et de suppression de toutes les protections au mépris d'une régulation des rapports économiques entre les peuples[4].

1-2-2 Pour un système de règlement des différends indépendant et solidaire avec les PED

Le défaut de moyens légaux et financiers anéantit le recours des PED au système de règlement des différends de l'OMC. Pour y remédier, il est nécessaire d'élaborer un mécanisme d'aide juridique et financière à l'égard de ces pays. Dans l'ensemble, les PED attendent à ce que le cycle

---

[1] Ce texte cite les bons offices, la conciliation et la médiation comme modes alternatifs de règlement des différends. L'article 25 du Mémorandum d'accord autorise les parties à recourir à la procédure d'arbitrage dans «*certains différends concernant des questions clairement définies par les deux parties*». Le recours à **ces** procédures est volontaire et requiert l'acceptation mutuelle des parties au différend.

[2] Il est à noter aussi que les positions adoptées par les parties, au cours des procédures alternatives, restent confidentielles et qu'elles ne portent pas de préjudice aux droits des parties en cas de procédure contentieuse. Dans un souci d'efficacité, les procédures alternatives peuvent se poursuivre, parallèlement à la procédure contentieuse du groupe spécial, si les parties en conviennent. Voir : MESSAD Rafik, « De l'effectivité du traitement préférentiel en faveur des pays en développement dans le système de règlement des différends de l'OMC », *op.cit*, p.39.

[3] DIMA EHONGO Paul, *op.cit*, p.26.

[4] GONZALEZ MARTIN Luis Alexander, *op.cit*, p.313.

de développement débouche sur le renforcement du TSD accordé aux PED, en matière de règlement des différends.

A- L'impérativité de l'assistance légale et financière des PED

En dépit que l'OMC réserve une certaine assistance aux PED, toutefois, cette assistance, qui n'est fournie que lorsque le pays a déjà porté sa plainte devant l'ORD, est jugée d'inadéquate[1], d'autant qu'elle ne soigne pas le déséquilibre entre pays développés et PED. Car au moment où ces derniers peinent à avoir une bonne analyse juridique des législations de leurs partenaires commerciaux, les pays développés s'appuient sur un arsenal important de moyens et de services entièrement consacrés à l'examen et à la vérification des règles commerciales pour y détecter celles incompatibles avec les accords de l'OMC[2].

D'un autre côté, le déficit en moyens financiers prive les PED du recours aux services d'expertise des cabinets internationaux, capables de les défendre devant les groupes spéciaux et l'organe d'appel, surtout que ces conseils exigent des sommes mirobolantes qui sont au-dessus des capacités de certains pays pauvres[3].

Dans ce registre, nous proposons que l'OMC procède au remodelage de son dispositif juridique lié au règlement des différends, pour y inclure des mesures à l'avantage de l'accès des PED à l'ORD. Parmi les nouveautés à apporter, que la partie perdante rembourse les frais des procédures d'un PED plaignant obtenant gain de cause. Ce remboursement sera également accordé dans le cas où une décision de l'ORD conclurait que le PED -partie au différend- n'a aucunement manqué à ses obligations au titre des accords de l'OMC.

B- Pour le renforcement du traitement préférentiel accordé aux PED dans le cadre du règlement des différends

L'insuffisance des mesures de rétorsion[4] qui ne sauraient remplacer l'obligation qui incombe aux membres en situation d'illégalité de mettre

---

[1] Cette assistance est accordée en application des dispositions de l'article 12 du mémorandum d'accord sur le règlement des différends.

[2] Sur le respect des garanties du procès équitable par la procédure de l'ORD, voir : DIMA EHONGO Paul, *op.cit*, p.29.

[3] Pourtant, l'effectivité du recours à ces cabinets d'experts est reconnue par l'Organe d'appel qui admet qu'une telle représentation peut revêtir une importance particulière, notamment pour les PED. Voir : Communautés européennes - Régime applicable à l'importation, à la vente et à la distribution des bananes, Rapport de l'Organe d'appel, Par 12, *op.cit*.

[4] Ces mesures, instituées en dernier recours après la cessation des mesures incompatibles avec les accords de l'OMC et la compensation que les parties au litige négocient, (Article 22 du mémorandum d'accord sur le règlement des différends).

la mesure contestée en conformité avec leurs engagements, complique la mission des PED de se refaire justice devant l'ORD.

L'inefficience de ces mesures est accentuée par le fait que les PED ne disposent pas d'une puissance commerciale pouvant contraindre un pays développé à mettre en conformité ses pratiques commerciales avec les règles de l'OMC. Le faible pouvoir de négociation des PED ne leur donne aucune marge de sanction contre leurs principaux partenaires commerciaux. La possibilité qui leur est offerte de suspendre des concessions se heurte, elle aussi, à ladite absence de marge de sanction. Cela qui fait que les mesures de rétorsion ne peuvent servir que les pays développés, car si c'est un PED qui ne se conforme pas aux recommandations dans un délai raisonnable, le pays développé peut facilement utiliser les mesures de rétorsion en bloquant l'accès de ce pays à son marché, ce qui induirait des préjudices importants sur le PED incriminé[1].

L'ouverture d'une possibilité de ne pas se conformer aux obligations moyennant la négociation d'une compensation est en mesure de nuire aux membres, notamment les PED, d'autant qu'elle permet aux gouvernements de « racheter » leurs obligations, en accordant une compensation ou en s'exposant à la suspension d'obligations. Une démarche qui est en faveur des pays développés, qui peut se permettre de tels « rachats » tout en continuant d'appliquer des mesures qui mettent à mal le commerce mondial.

En vue d'améliorer le TSD accordé aux PED dans le cadre du règlement des différends, et lors d'une session extraordinaire de l'ORD, la délégation chinoise auprès de l'OMC a présenté une communication. Parmi les réformes proposées, on note les suivantes :

- les pays développés feront preuve de modération dans les affaires visant les PED et ils ne devront pas soumettre à l'ORD plus de deux affaires visant un PED donné au cours d'une année civile ;
- dans le cas où un pays développé introduit une affaire visant un PED, si les décisions finales de l'ORD montrent que le PED ne viole pas ses obligations, au titre des accords de l'OMC, les frais juridiques du PED seront à la charge du pays plaignant ;
- les pays développés aideront les PED à participer efficacement au SRD en leur proposant une assistance technique et des programmes de développement des capacités[2].

---

[1] DIMA EHONGO Paul, *op.cit*, p.32.
[2] CHOUKROUNE Leila, *op.cit*, p.209.

Pour sa part, la Confédération des paysans a plaidé en faveur de la réforme de l'ORD, qui doit devenir indépendant et détaché de l'emprise de l'OMC et des multinationales. Elle estime que cet organe n'a pour référence juridique que les règles de l'OMC, sans aucune séparation des pouvoirs[1]. Il doit être réformé dans la perspective de défendre le respect des droits fondamentaux de la personne humaine, des normes sociales, du droit des enfants, des accords et des conventions sur l'environnement. Ces droits doivent primer sur le droit commercial[2].

Un groupe de PED, ayant signé une Déclaration ministérielle conjointe avec certains pays développés, en marge de conférences ministérielles de Buenos Aires en décembre 2017, et tout en notant que: *le Mémorandum d'accord sur le règlement des différends de l'OMC a établi et continue d'offrir un moyen essentiel de régler les différends entre les Membres qui est unique dans les accords internationaux*, souligne l'importance *d'en assurer le fonctionnement efficace*. À cet égard, il demande à ce que t*ous les postes vacants à l'Organe d'appel soient pourvus sans délai.* Une demande rejetée par le représentant américain au commerce, Lighthizer qui a tout fait pour bloquer ces nominations. Une position qui confirme l'hostilité de l'administration américaine vis-à-vis de l'ORD et qui n'a pas hésité à annoncer un éventuel retrait de son pays de l'OMC. L'administration américaine supporte, de moins en moins, qu'elle puisse être jugée fautive dans les litiges qui l'opposent à certains de ses partenaires[3].

[1] Cette thèse se croise avec celle qui défend que le droit de l'OMC est amené à rencontrer celui qui résulte d'autres ordres juridiques: d'abord l'ordre juridique international par rapport auquel le droit de l'OMC n'est qu'une *lex specialis* ; d'autre part, les ordres juridiques spécialisés avec lesquels vont s'établir des relations de hiérarchie, concurrence ou complémentarité. C'est pour cela que le droit de l'OMC est perméable au droit international et plusieurs dispositions des accords de l'OMC renvoient au droit international. À l'instar de l'article 3 : 2 du mémorandum d'accord sur le règlement des différends, qui précise que le but du règlement des différends est de clarifier les dispositions des accords de l'OMC en accord avec les règles coutumières d'interprétation du droit international public, c'est-à-dire en pratique les articles 31 et 32 de la Convention de Vienne de 1969 sur le droit des traités. Pour plus de détails à ce propos, consulter : BALMOND Louis, « Les sources du droit de l'Organisation Mondiale du Commerce », in *: « Les sources et les normes dans le droit de l'OMC » recueil du colloque de Nice 24-25 juin 2010 sous la direction de TOMKIEWICZ Vincent,* Éditions A. Pedone, Paris, p.13.

[2] « *Soumettre l'OMC aux droits fondamentaux de l'Homme* », Positions et propositions de la Confédération paysanne sur les prochaines négociations de l'OMC, Rapport établi en novembre 1999, p.10. In : http://www.confederationpaysanne.fr/anapro/omc.html

[3] MATELLY Sylvie, « Quel avenir pour l'OMC ? Les enjeux de la Conférence ministérielle de Buenos Aires », *tribune publiée sur le portail web de l'IRIS (Institut de Relations Internationales et Stratégiques),* 14 décembre 2017, in : http://www.iris-france.org

1-3 Pour un cadre juridique favorable au rétrécissement des inégalités et à l'émancipation des PED

Le rétrécissement de l'inégalité mondiale tient à la volonté des pays développés et des pays émergents à préserver la face positive de la mondialisation et à contrôler la hausse de l'inégalité au sein de leurs économies[1]. L'émancipation des PED est tributaire de leur accompagnement dans la mise en œuvre des accords et de l'élaboration d'un système commercial équitable et procurant des dividendes à tous les membres.

1-3-1 Pour l'accompagnement des PED dans la mise en œuvre des accords

L'OMC a obligé les PED à réduire sensiblement les obstacles qu'ils avaient opposés au commerce. Le démantèlement a été, dans certains volets, supérieur à celui effectué par les pays développés, ce qui réduit les moyens d'existence des populations des PED[2]. Pour dépasser cette situation, il est impératif d'accompagner ces pays et de les faire bénéficier de l'assistance technique promise pour leur faciliter l'application des accords.

A- Pour la facilitation de la mise en œuvre des accords de l'OMC

La mise en œuvre des accords de l'OMC impose des investissements colossaux, destinés à l'introduction de nouvelles législations, la création d'institutions administratives, la formation du personnel, les équipements et les locaux. On estime, en moyenne, les dépenses nécessaires pour respecter les règles de l'OMC dans trois domaines seulement (propriété intellectuelle, normes SPS et valorisation douanière) entre 130 et 150 millions de dollars, ce qui excède le budget annuel consacré au développement dans de nombreux PMA[3].

B- Pour une assistance technique effective des PED

Les promesses inhérentes à l'assistance technique, relatées dans les différents accords de l'OMC, sont restées pratiquement lettre morte. Ce défaut, conjugué à la limitation des capacités matérielles et institutionnelles, a compliqué, pour de nombreux PED, la mise en œuvre des accords de l'OMC. La résolution de ce problème est primordiale pour

---

[1] BOURGUIGNON François, op .cit, p.102.
[2] BINSWANGER Hans et Lutz Ernst, *op.cit*, p.103.
[3] WANG Zhen Kun et WINTERS Alan, *op.cit*, p.338.

parvenir à une intégration facile de ces pays dans la sphère économique multilatérale.

Une solution à ce problème pourrait venir de la constitution d'un fonds, à partir duquel les PED pourraient procéder à des tirages juridiquement fondés et prédéterminés. La gestion d'un tel fonds échoirait au Comité du commerce et de développement de l'OMC[1].

1-3-2 Pour un système commercial équitable et procurant des dividendes à tous les membres

Le modèle économique de l'OMC, qui prône la libéralisation comme promoteur de développement, est remis en cause. Les PED nient avoir bénéficié de cette mutation, malgré la croissance dans le volume du commerce mondial. Pour y remédier, il est nécessaire de réformer le système multilatéral de sorte à accompagner l'ouverture commerciale des PED de politiques interventionnistes, visant le suivi de la libéralisation avec attention et la détection des échecs des marchés, ainsi que l'instauration d'un régime d'échanges équitable et profitant à tous les partenaires.

A- Pour un régime alliant l'ouverture commerciale à des politiques interventionnistes

Les PED s'estiment dans la possibilité de rattraper les niveaux atteints par certains pays développés, à l'instar de la Corée du Sud, s'ils seront mis sans des conditions semblables à celles dont ont bénéficié les pays industrialisés, lorsqu'ils étaient à leurs premiers stades de développement.

Cette opération se fera avec la mise en place d'une politique conçue pour s'assurer que les marchés continuent à fonctionner ou à se développer, là où c'est nécessaire, afin de la rendre plus bénéfique pour la réduction de la pauvreté. Cette politique de suivi doit se concentrer sur un appui aux infrastructures, aux institutions de marché et à la création des entreprises. Elle constituera le remède aux déséquilibres engendrés par la libéralisation, telle que prônée par l'OMC et qui, si elle a permis une croissance du commerce international, mais cette croissance a profité largement aux pays riches aux dépens des PED. Dans le meilleur des cas, le profit généré par les PED se répartit très inégalement entre eux, au bénéfice des pays émergents[2].

---

[1] WANG Zhen Kun et WINTERS Alan, *op.cit*, p.338.
[2] CHELLAF Aziz, *op.cit*, p.97.

Pour y parvenir, la mise en œuvre de la libéralisation doit être suivie avec attention pour détecter les échecs des marchés.

Cette démarche souhaitée fait suite au constat auquel sont arrivés certains analystes, comme F.Rodriguez et Dani Rodrick, économistes de la Banque Mondiale et selon lequel : « *le coût de l'ouverture économique est porté exclusivement par les pauvres* »[1]. Les chiffres donnés par plusieurs études, notamment celles menées par le PNUD ou la Banque Mondiale, laissent douter des effets avantageux sur les PED de l'ouverture économique. Certains imputent même à cette ouverture l'accroissement des inégalités et l'aggravation de la pauvreté.

L'instauration de politiques accompagnatrices ayant pour objectif de résorber les difficultés de ces pays relatives, à la fois à la balance des paiements, à l'ouverture des marchés des pays riches, à une moindre réciprocité, au soutien de leur industrie naissante, aux subventions à accorder à certains secteurs stratégiques... est la solution préconisée pour profiter à tous les pays des dividendes de la libéralisation. Cette approche est confirmée par certaines études, qui défendent le rôle positif des politiques interventionnistes dans la réalisation du développement, aussi bien dans les pays développés que dans les PED[2].

L'interventionnisme souhaité par les PED n'est pas du tout synonyme de rejet de la libéralisation, mais juste l'amorce de cette ouverture d'une façon flexible, en tenant compte de leurs difficultés. Pour y arriver, il est impératif que les règles de l'OMC soient modifiées d'une sorte à permettre aux PED de prendre des mesures qui soutiennent leur développement[3]. On conclut qu'il y a toutes les raisons de douter de

---

[1] CHELLAF Aziz, *op.cit*, p.98.

[2] On note, dans ce contexte, l'étude de Claire Melamed (What works ? Trade, Policy and development) et qui soutient que le niveau de développement des pays industrialisés a été réalisé grâce à une politique interventionniste de l'État. Autrement dit, grâce à un régime protectionniste combiné avec les subventions. Une telle situation est aussi vraie pour certains pays nouvellement industrialisés comme la Corée du Sud et Taiwan qui ont pratiqué une politique de protection par le maintien des tarifs plus élevés sur une base sélective conjuguée à une politique interventionniste. Même l'Ile Maurice présente un exemple révélateur de la réussite d'un PED. En effet, l'économie de ce pays a été en 1990 l'une des plus protégées au monde avec une politique interventionniste de la part de l'État. Il occupe aujourd'hui la 63eme position dans le monde selon le classement de l'index de développement. Cette étude cite les exemples du protectionnisme et de l'interventionnisme prônés par l'UE à la fin du 19eme siècle et au début du 20eme siècle, mais aussi le cas de la Grande-Bretagne ayant suivi une politique de protection de son économie, depuis le 15eme siècle et qui n'a prôné la libéralisation qu'au début du 20eme siècle. Voir : CHELLAF Aziz, *op.cit*, p.100.

[3] Il s'agit en fait du réaménagement du système actuel pour permettre l'introduction des mesures qui ont été appliquées avec succès dans la transformation des pays du sud et du sud-ouest asiatique, ce qui n'est pas possible sous les accords actuels…/…

l'existence d'une relation entre l'ouverture commerciale et la croissance. La relation est probablement conditionnelle, dépendant des caractéristiques du pays et de l'environnement extérieur, y compris une réussite conjugaison des opportunités offertes par les marchés mondiaux et les pratiques institutionnelles qui stimulent les entrepreneurs locaux[1].

Le cycle de Doha doit donc déboucher sur un réaménagement des règles de l'OMC, de manière à permettre aux PED d'allier leur ouverture commerciale et le besoin de soutenir leurs industries naissantes et leurs filières stratégiques. L'équité dans les relations internationales impose à l'OMC d'asseoir un encadrement juridique en mesure d'accorder aux PED les mêmes conditions ayant permis aux pays développés de rayonner économiquement. Ce n'est que de cette manière qu'on parviendrait à une ouverture commerciale et à une libéralisation profitable à tous les pays de la planète.

B- Pour des échanges commerciaux impartiaux

La disparité dans le niveau de développement des membres ne pourrait être surmontée que par un système d'échanges économiques solidaires avec les PED[2]. L'iniquité des engagements contractés à l'OMC par les PED et les pays développés et le désengagement de ces derniers ont entravé sensiblement l'intégration des PED dans le système commercial mondial[3]. La partialité des engagements, entre pays développés et PED, se traduit principalement par l'adoption d'engagements obligatoires de mise en œuvre des accords, en échange d'engagements non obligatoires d'assistance[4].

L'iniquité a été également constatée dans le fait que le droit de l'OMC ne facilite pas l'exploitation de nouveaux secteurs par les PED, en

---

.../...Cette revendication a été réitérée dans la Déclaration de l'Organisation de l'Unité africaine (OUA) du13 février 2000. Voir : CHELLAF Aziz, *op.cit*, p.101.

[1] *Ibid.* p.102.

[2] Dans ce registre, les PED pointent du doigt le désengagement des pays développés dans la réduction des obstacles tarifaires imposés aux exportations des PED. De même que la non-réduction des droits d'importation, bien qu'il ait été décidé, dans le cadre des Accords de l'OMC. Une situation très préjudiciable pour les PED dont certains produits exportés vers les pays développés, comme le sucre, les métaux et les textiles continuent de faire l'objet de barrières tarifaires parfois supérieures à 100 %. Lire : MUTUME Gumisai, *op.cit.*

[3] MUTUME Gumisai, *op.cit.*

[4] Ce qui a conduit les PED à revendiquer le cachet obligatoire aux clauses liées à l'assistance technique ou financière et par la même la sanction, par des compensations, des pays qui n y'obtempèrent pas. Cette revendication fait suite au constat fait que les promesses d'assistance, reçues par ces pays en vue de faire face aux obligations induites par les accords, laissent une marge de manœuvre importante pour les pays développés, d'autant qu'elles sont dépourvues de cachet obligatoire.

autorisant les subventions dans le domaine agricole, au grand bonheur des méga pôles économiques mondiaux, mais pas pour les produits industriels, comme souhaité par les PED[1]. Ces derniers ont de plus demandé un traitement juste et équitable dans les accords commerciaux relatifs à l'investissement et qui sont déséquilibrés au profit des pays riches[2].

L'OMC doit prendre en compte la mesure des efforts demandés aux PED pour appliquer ses accords, en particulier dans les domaines relatifs à la propriété intellectuelle, aux barrières techniques au commerce et à la sécurité alimentaire[3].

2- L'effectivité du traitement préférentiel tient-elle à la différenciation entre les PED ?

Les négociations multilatérales, sous l'égide de l'OMC, ont étalé une nouvelle option de réforme du droit de cette organisation dans son volet relatif au traitement préférentiel. Il est désormais demandé que le TSD ne soit pas accordé, de la même manière, à tous les membres de la large catégorie des PED. Les partisans de cette réforme demandent la différenciation entre les PED, en fonction de leur niveau de développement. L'objectif est d'appliquer, aux PED, un traitement différent adapté à chacun selon son niveau de développement. Le débat sur ce sujet a montré des divergences, difficilement surmontables, non seulement entre les PED et les pays développés, mais aussi à l'intérieur de la vaste catégorie des PED[4].

L'évocation de la différenciation entre les PED a pour objectif d'appliquer un traitement différent aux membres de la large catégorie des PED, adapté à chacun selon son niveau de développement. À long terme

[1] Ces règles contraignent les options des PED, les empêchant dans certains cas d'utiliser des instruments de politique économique ayant été utilisés par les pays développés lorsqu'ils étaient à des niveaux de développement comparables. Voir : STIGLITZ Joseph E & CHARLTON Andrew, *op.cit*, p.21.

[2] BENCHENEB Ali, « Le droit européen des investissements et le devenir du traitement juste et équitable », *RIDE,* n°01/2016, France, 2016, p.100.

[3] Ces coûts ont fait qu'un grand nombre de PED ne furent pas en mesure de remplir leurs engagements pris à la création de l'OMC. Même si cette dernière a conçu diverses dispositions pour faire face aux problèmes particuliers des PED, toutefois la pertinence de ces règles doit être renforcée et maintenue par le biais d'un processus de redéfinition tenant compte de la nature et de l'importance des problèmes caractéristiques des PED. Lire : STIGLITZ Joseph E & CHARLTON Andrew, *op.cit*, p.21.

[4] NGUYEN Tien Vinh, *op.cit*, p.10.

la visée, c'est d'écarter les PED ayant atteint un certain niveau de développement du TSD pour se soumettre aux « règles normales »[1]. La différenciation entre les PED trouve ses traces dans la clause d'habilitation, adoptée en 1979. Depuis cette date, plusieurs pratiques dans ce sens ont été constatées.

2-1 De la genèse de la revendication liée à la différenciation au sein des PED à l'OMC

Sous le système GATT, la graduation des PED est traitée par la Clause d'habilitation. Néanmoins, cette clause laisse cette différenciation ambiguë, en ce sens qu'elle n'évoque pas les critères de cette classification[2]. La demande d'une différenciation entre les pays en vue d'adapter le TSD aux situations économiques des différentes sous-catégories de PED a ressurgi à la création de l'OMC. Un concept qui a déjà été introduit dans la pratique internationale depuis des décennies. Les partisans de la différenciation n'ont pas eu de cesse à énumérer les inconvénients de l'absence d'une réelle différenciation des PED.

2-1-1 La différenciation comme gage d'adaptation du TSD à la disparité du niveau économique des PED

Le thème de la différenciation a été posé à l'OMC à l'initiative des pays développés. Ces derniers, s'inspirant de leur pratique concernant leurs systèmes de préférences bilatérales et régionales (TSA, AGOA...), revendiquent une nouvelle classification des PED, suivant des données économiques mesurables. Ils imputent à la catégorisation actuelle les dysfonctionnements des négociations sous l'égide de l'OMC. Dès lors, il s'est développé l'argumentation selon laquelle la condition pour un régime commercial multilatéral pro- développement serait un TSD plus opérationnel et plus effectif, reposant sur une plus grande flexibilité dans l'éligibilité aux mesures préférentielles[3].

---

[1] CHELLAF Aziz, *op.cit*, p.159.

[2] Il est à noter que la différenciation entre les PED a été portée même par la Déclaration de Punta Del Este signée en 1986 à l'entame du cycle de l'Uruguay et qui distingue les NPI (Nouveaux Pays Industrialisés) des autres PED en évoquant que le TSD à l'égard des NPI sera de moins en moins. Cette déclaration a plaidé pour un traitement plus favorable à l'égard des PMA et d'un traitement de moins en moins favorable pour les NPI. Voir : CHELLAF Aziz, *op.cit*, p.159.

[3] ABBAS Mehdi, « Les rapports nord-sud à l'OMC. Entre différenciation et espace politique pour le développement », *op.cit*, p.11.

La revendication de la différenciation est plus au moins nouvelle. La raison est qu'au temps du GATT, où cette question n'a jamais été soulevée, aucun PED ne figurait parmi les 30 principaux exportateurs de produits manufacturés[1]. Ce n'est qu'en 1985 que Hong-kong et la Corée du Sud se sont réservés une place parmi les 15 premiers exportateurs mondiaux. Ils étaient à cette année-là quasiment au même niveau que la Suisse et la Suède[2].

Les pays développés font désormais de la question d'une meilleure différenciation juridique entre les PED une affaire cruciale pour le déblocage des négociations du cycle Doha. Ils persistent à s'opposer fermement à l'accord de concessions à tous les PED. Ils ne sont disposés à accepter, au titre du TSD, que des concessions proportionnées à la situation économique et au niveau du revenu réel des PED[3].

Depuis son intronisation dans les débats, la question de la différenciation entre les PED a constitué le point de divergence entre ces derniers et les pays développés. D'une part, les pays développés plaident pour une négociation sur la substance d'un TSD rénové et d'une autre part, les PED conditionnent le passage du thème de la différenciation du statut de « sujet de discussion » à celui de « sujet de négociation », à l'acceptation d'une extension et d'un approfondissement du domaine du TSD. Ils voulaient poser le problème de la nature du TSD et de l'articulation des mesures prises, au titre de ce mécanisme, avec leur politique de développement. Pour les PED, le principe de départ est que la différenciation entre eux aura pour objectif d'améliorer l'efficacité développementale des disciplines commerciales et non pas de contribuer à l'obtention d'un nouvel équilibre des offres et des concessions d'accès aux marchés[4].

Cette opposition, au sujet de la tendance à la différenciation, n'a toutefois pas empêché les pays développés à légitimer ce thème dans les discussions, en le reliant à celui de l'effectivité et de l'opérationnalité du

---

[1] CHELLAF Aziz, *op.cit*, p.160.

[2] Il est utile de noter que les données du revenu par habitant ont amorcé une tendance haussière pour bon nombre de PED depuis 1995 à l'instar de Hong Kong, Singapour ... Voir à ce propos: Banque Mondiale, « *Rapport sur le développement dans le monde: l'Etat dans un monde en mutation* », Washington, 1997, in : http://documents.banquemondiale.org/curated/fr/823791468331009330/pdf/173000WDR0FRENCH0Box128848B00PUBLIC0.pdf. p.51.

[3] ABBAS Mehdi, « Les rapports nord-sud à l'OMC. Entre différenciation et espace politique pour le développement », *op.cit*, p.14.

[4] *Ibid.* p.14.

TSD. Leur stratégie visait à rallier à leur thèse le maximum de PED, particulièrement dans le dossier agricole[1].

2-1-2 De l'existence de la différenciation dans la pratique internationale

Même si son introduction dans les négociations multilatérales est relativement nouvelle, la différenciation entre les PED a connu quelques applications dans la pratique internationale.

La distinction entre ces pays a été retenue lors de la première CNUCED, tenue en 1964, et qui a dégagé deux catégories des PED : celle des PMA et celle des pays sans littoral. La troisième CNUCED (en 1972) a ajouté une troisième catégorie réservée aux pays insulaires. De sa part, l'AG de l'ONU a été à l'origine de l'avènement d'une quatrième sous-catégorie de PED, soit celle des « pays gravement touchés par la crise », crée le 1er mai 1974[2].

La différenciation entre PED est présente même dans les rapports rendus par la jurisprudence de l'OMC, qui est arrivée jusqu'à se prononcer que la clause d'habilitation n'impliquant pas un traitement égal de tous les PED. L'ORD a autorisé les pays développés à accorder leurs préférences tarifaires au profit des PED même de façon différenciée, en leur imposant juste le respect de l'égalité de traitement des bénéficiaires « *se trouvant dans une situation semblable* »[3]. Ainsi donc, l'ORD a légitimé la différenciation entre les PED en fonction de leur rendement économique. Dès lors, plusieurs initiatives, allant dans ce sens, ont vu le jour.

L'UE s'est inscrite dans cette logique et le règlement n° 978/2012, appliquant un schéma de préférences[4], définit trois régimes d'avantages marquant la distinction entre plusieurs catégories de PED. Si pour les catégories bénéficiant du SPG+ et du programme TSA, les critères de sélection s'apprécient en tenant compte de la taille du pays, de la mise en œuvre des conventions internationales dans les domaines du développement durable et de la bonne gouvernance, pour le premier et en

---

[1] ABBAS Mehdi, « Les rapports nord-sud à l'OMC. Entre différenciation et espace politique pour le développement », *op.cit*, p.11.

[2] BOUVERESSE Jacques, *op.cit*, pp.88-89.

[3] Communautés européennes - Conditions d'octroi de préférences tarifaires aux pays en développement - AB-2004-1 - Rapport de l'organe d'appel du 7 avril 2004.

[4] Règlement (UE) n° 978/2012 du Parlement européen et du Conseil du 25 octobre 2012 appliquant un schéma de préférences tarifaires généralisés et abrogeant le règlement (CE) n° 732/2008 du Conseil (JO.L303 du 31.10.2012, p.01).

tenant compte la liste des PMA établies par l'ONU pour le second, le programme dit : « SPG standard » est établi, suivant une classification des pays bénéficiaires en fonction de critères de sélection[1].

C'est ainsi que l'UE a ouvert le bal à une différenciation entre les membres de la large catégorie des PED.

2-1-3 Les inconvénients du défaut de différenciation entre les PED

Si aujourd'hui les négociations de l'OMC abordent la question de la réforme du TSD, avec en ligne de mire la différenciation entre les PED et l'abandon de la catégorie unifiée de PED, il est légitime de s'interroger sur les inconvénients de l'absence d'une réelle différenciation des PED. Ce défaut entraîne deux conséquences très préjudiciables aux pays les plus vulnérables. Il s'agit de la limitation du nombre de dispositions inhérentes au TSD, introduites dans le droit de l'OMC, tout comme la diminution de la portée des dispositions existantes. À cela s'ajoute l'impact sur le blocage des négociations, sous l'effet de la différence de vision entre les différents groupes de négociations.

A- La limitation du nombre et de la portée des dispositions du TSD

Les groupes formés par les PED à l'OMC et même s'ils parlent souvent d'une seule voix, mais ils ne poursuivent pas forcément les mêmes objectifs. Il est évident que les objectifs du Groupe africain ne coïncident pas avec ceux du G20. Ces alliances à géométrie variable affaiblissent la puissance des PED face aux pays développés, en donnant l'image de pays aux revendications mal établies et peu solides. Elles légitimeraient la crainte des pays développés de voir les préférences profiter plus aux pays émergents, ce qui constituerait un outil de concurrence déloyale[2].

L'échec de l'OMC à définir clairement ce que sont les PED constitue un sérieux handicap et avantage l'érosion de la confiance dans le principe

[1] C'est ainsi, le SPG « standard », qui garantissait un accès préférentiel au marché de l'UE à 176 PED a vu le nombre de pays, qui lui sont éligibles, réduit depuis le 1er janvier 2014 à 89. Ces pays sont répartis en sous-catégorie : les 49 PMA dans le cadre du schéma « Tout sauf les armes », ainsi que 40 pays à revenu faible ou moyen inférieur. Même les pays exclus de ce régime sont, eux aussi, catégorisés. Si 33 d'entre eux sont exclus sous le critère de « pays et territoires d'outre-mer » et 34 pays pour leur bénéfice d'un régime spécifique commercial avec l'Union, les 20 autres pays ont été exclus dès lors qu'ils sont considérés par la Banque mondiale comme à revenu élevé ou moyen. La nouvelle classification a ainsi éliminé du régime d'avantages commerciaux les pays classés comme à revenu élevé ou à revenu moyen (Russie, Brésil, Koweït, Arabie saoudite, Iles Fidji...) sont exclus de ce dispositif. Voir : DUBOZ Marie-Line et HOUSER Matthieu, *op.cit*, p.126.

[2] DUBOZ Marie-Line et HOUSER Matthieu, *op.cit*, p.120.

du TSD lui-même. Le fait que des pays, comme Singapour ou la Corée du Sud, aient pu jusqu'à récemment s'auto- déclarer PED a sérieusement mis en péril la capacité de la plupart des PED à faire valoir l'utilisation du TSD. Ce qui a rétréci le champ d'application de ce mécanisme pour bon nombre de petits pays qui l'auraient mérité[1]. L'absence d'une définition du statut de PED affaiblit la demande du renforcement du TSD comme un droit légal[2].

B- Le blocage de l'agenda de Doha pour le développement

Le défaut de différenciation entre les PED se répercute également sur le blocage des négociations du cycle de développement. La différence de vision entre les pays développés et les PED sur cette question a conduit les premiers à radicaliser leur position face à la revendication des pays émergents d'appliquer les flexibilités prévues pour les PED.

Elle engendre, par ailleurs, une certaine indifférence des pays émergents à conclure un cycle qui se traduirait par un traitement moins préférentiel pour eux, alors qu'ils bénéficient d'assez d'avantages sous les dispositions actuelles du TSD[3]. Une différence de vision qui a fait que le cycle de Doha, dédié initialement au développement, se transforme en une opposition entre les pays développés et les pays émergents[4].

2-2 Les raisons justifiant la catégorisation des PED

Parmi les raisons justifiant la différenciation entre les PED, on peut noter la dissimilitude entre ces pays et la différence d'intérêts défendus. Un autre motif pour la catégorisation des PED consiste en la réticence des pays développés d'accorder des concessions à destiner à des membres, aux potentialités économiques asymétriques et qui profiteraient plus aux émergents, ce qui constituerait, à leurs yeux, un outil de concurrence déloyale.

---

[1] DUBOZ Marie-Line et HOUSER Matthieu, *op.cit*, p.120.
[2] Cela qui n'est pas sans conséquence sur la limitation du nombre de dispositions inhérentes au TSD, introduites dans le droit de l'OMC, tout comme la diminution de la portée des dispositions existantes. Voir : DUBOZ Marie-Line et HOUSER Matthieu, *op.cit*, p.122.
[3] *Ibid.* p.122.
[4] HOUSER Matthieu, *op.cit*, p.122.

2-2-1 La dissimilitude entre les PED et l'asymétrie des intérêts défendus

Du fait qu'ils constituent un ensemble vaste et différent, aussi bien en capacités humaines qu'institutionnelles, aucun régime unique n'est en mesure de répondre efficacement aux attentes des différents PED. La nécessité de la différenciation se justifie également par la divergence des intérêts défendus par ces pays.

A- L'accroissement de l'écart de développement entre les PED

Du fait que la catégorie des PED range une centaine de pays, soit les deux tiers de la composante de l'OMC[1], il existe des différences considérables, en potentialités économiques, entre les pays la composant. Il est ainsi inconcevable de réserver le même traitement à des pays assez avancés économiquement et qui sont considérés comme PED, à l'instar du Brésil, de l'Australie ou de l'Afrique du Sud, et des pays très pauvres comme ceux de l'Afrique subsaharienne. L'accord d'un TSD aux pays émergents, qui ne souffrent pas des mêmes difficultés à accéder aux marchés mondiaux que les autres PED, est devenu une véritable distorsion au commerce[2].

L'institution d'une large catégorie de PED à l'OMC est fortement contestée sur le plan international. La Banque mondiale est arrivée jusqu'à abandonner, et ce, depuis 2016, la classification classique des pays en pays développés et PED. Elle préfère les classer seulement en divisions géographiques[3].

B- La divergence entre les intérêts défendus par les PED

C'est l'émergence qui est à l'origine du débat sur la différenciation. Cette émergence porteuse d'une conflictualité Sud- Sud a imposé la distinction entre le « Sud Global » (Brésil, Chine et Inde) et le G99 ou le G33, d'autant qu'il n'existe pas nécessairement de synergie et, encore

---

[1] Seuls les 30 ou 40 pays développés (en majorité les membres de l'OCDE) et les 31 PMA membres de l'OMC, tous les autres membres de l'organisation se déclarent à la faveur du système d'auto-élection comme PED.

[2] MATELLY Sylvie, *op.cit.*

[3] Christophe Destais, directeur adjoint du Centre de recherche français dans le domaine de l'économie internationale justifie cette modulation par le fait que derrière la bannière «en développement», la Banque mondiale associait tous les pays aux revenus inférieurs à 12 736 dollars par habitant... du Malawi au Mexique. Que de différences entre ces deux pays ! Dans le second, 2 % de la population est en situation d'extrême pauvreté contre 71 % dans le premier. Lire : BARTNIK Marie, « La Banque mondiale ne parlera plus des «pays en développement», *Le Figaro,* Edition du 20/05/2016 In : http://www.lefigaro.fr.

moins, une communauté d'intérêts entre le premier groupe et les deux autres[1]. L'émergence d'économies à capacité exportatrice consolide la position du Sud dans l'institution mais un « certain » Sud seulement (Chine, Inde, et Brésil et à un degré moindre les autres pays du G20), marginalisant l'autre Sud (le Groupe africain, ACP, PMA...). Cela conduit à une demande de normalisation du traitement du premier Sud[2].

L'absence de distinction au sein des PED est supportée plus par les pays les plus pauvres, figurant dans cette catégorie, que par les PMA, et ce, en raison de leurs indications économiques inadéquates. Pour les pays « victimes », le TSD mériterait d'être renforcé, afin d'établir une graduation plus claire dans le traitement multilatéral des différentes catégories de PED[3]. Leur quête se justifie par le fait que sous le régime de l'OMC, ce sont les pays les plus pauvres qui ont effectué plus d'ouverture commerciale, en raison notamment de leur manque de maturité dans les négociations multilatérales.

Le déséquilibre du niveau économique des PED fait que les intérêts défendus sont parfois très éloignés. Sur certaines questions, comme la libéralisation de l'agriculture, la position des pays émergents ne se rapproche pas de celle des autres PED, mais de celle des pays développés. Les négociations sur l'agriculture ont étalé la différence de vision des PED, car au moment où la majorité d'entre eux plaide pour la suppression des subventions et des soutiens accordés par les pays développés, les pays tributaires de l'importation des produits alimentaires ont un avis totalement différent. Cela qui fait que le consensus est parfois difficile à trouver à l'intérieur même du groupe des PED, notamment à propos des questions à prioriser.

2-2-2 La réticence devant l'octroi de concessions à des pays aux capacités économiques asymétriques

Les pays développés indiquent qu'ils ne sont pas prêts à accepter de nouvelles concessions sur les règles de TSD sans les assortir d'une mise à jour réaliste des engagements des PED, en fonction de leur situation et de leurs capacités économiques. Ils soutiennent qu'il n'y a aucune raison de

[1] ABBAS Mehdi, « L'OMC et l'acte III de la globalisation : une nouvelle économie politique internationale du système commercial multilatéral ? », *op.cit*, p.79.

[2] Ce qui aurait également comme conséquence la fin de « l'auto- déclaration » et de «l'auto-exclusion» du statut de PED dans le système commercial multilatéral. Voir : ABBAS Mehdi, « Les rapports nord-sud à l'OMC. Entre différenciation et espace politique pour le développement », *op.cit*, p.13.

[3] BENAROYA François & CLING Jean-Pierre, *op.cit*, p.105.

continuer à considérer la Chine, le Brésil ou l'Inde, dont les inégalités économiques avec les pays développés se sont sensiblement atténuées, comme faisant partie des PED.

Ils mettent l'accent sur les différences entre les PED, quant à leurs dotations en ressources, leurs capacités de production, leurs institutions économiques et sociales et leurs aptitudes à croître et à se développer[1]. C'est ainsi qu'ils promettent que les concessions à faire ne le seront que pour les PMA et les PMA+[2]. Par conséquent, le TSD va être remplacé par des flexibilités ad hoc qui vont être discutées, au cas par cas, puis retranscrites et qui feront partie des modalités et non pas des accords[3]. D'où leur penchant en faveur d'une différenciation des PED à l'OMC. Une position qui a débouché sur un conflit nord-sud, latent et profond, contribuant de fait au gel des négociations sur le TSD[4].

L'UE a insisté sur la graduation des PED, en proposant l'établissement d'un ensemble de critères permettant la distinction entre les pays bénéficiaires du TSD. Elle met en relief l'effectivité du TSD et le nombre de pays qui peuvent l'invoquer[5]. Globalement, les pays développés estiment qu'un traitement pouvant être invoqué par tous les PED engendrera des distorsions considérables au commerce, ce qui réduira en son effet[6]. À l'opposé, un traitement destiné à un nombre

---

[1] « *Module pour les négociations commerciales multilatérales sur le traitement spécial et différencié* », étude réalisée par le programme de diplomatie commerciale de la CNUCED, Genève, septembre 2000.

[2] Par PMA+ on entend l'extension de la liste actuelle des PMA (qui comprend en 2017 un total de 47 pays) à d'autres pays pauvres de la catégorie des PED et à laquelle il sera accordé un TSD renforcé défini par des critères larges tels que la taille ou le revenu par habitant.

[3] ABBAS Mehdi, « Perspectives sur l'évolution des rapports nord-sud dans le système commercial multilatéral », *Colloque du Réseau Intégration Nord Sud, RINOS « Globalisation, reconnexion nord-sud et recomposition des économies, des sociétés et des territoires »,* Maison des Sciences de l'Homme, Aix-en-Provence, 6-7 juillet 2007, Aix-en-Provence, France, 2007. In : https://hal.inria.fr/file/index/docid/164638/filename/pub07015.pdf, p.10.

[4] PAUGAM Jean-Marie, PERRIN Serge et NOVEL Anne-Sophie, « L'avenir du traitement spécial et différencié Les défis jumeaux de l'érosion des préférences et de la différenciation des pays en développement », *Synthèse politique d'après les travaux de la conférence Ifri- AFD,* 28 octobre 2005, Paris (France), présentation accessible en ligne à l'adresse www.ifri.org, p.06

[5] Cet argument ne pourrait toutefois pas cacher que derrière leur volonté d'ouvrir un débat sur la différenciation des pays alors que cette question ne figurait pas à l'ordre du jour du cycle de Doha, les pays développés cherchaient à asseoir un mécanisme juridique en vue de la normalisation du traitement des principaux PED (Brésil, Chine, Hong-kong, Singapour et Thaïlande notamment).

[6] CHELLAF Aziz, *op.cit,* p.159.

limité de pays éligibles n'aurait d'abord aucun risque de distorsion du commerce et serait pertinent pour les bénéficiaires[1].

D'autant que l'OMC n'a aucune définition stricte de chacun des groupes (pays développés, PED), excepté celui des PMA, les travaux du cycle de Doha constituent une première tentative de clarification des groupes de pays à l'OMC. Depuis le lancement du cycle, les documents officiels de l'OMC innovent, en utilisant des notions comme : « pays importateurs nets de produits alimentaires », « pays dépourvus de capacités manufacturières en matière pharmaceutique », « petits états insulaires en développement », « pays en développement enclaves », « des petites économies vulnérables » ou « des pays à bas revenus », voire même « les petits PMA »[2].

Introduire l'éligibilité au statut de PED et par conséquent au TSD marque un changement profond dans la façon d'envisager les rapports Nord- Sud à l'OMC. Le critère d'éligibilité revient à singulariser les dispositions du TSD, qui par là même cesse d'être un droit[3].

2-2-3 Les arguments en faveur de la différenciation entre les PED

L'articulation entre l'effectivité et l'opérationnalité du TSD, d'une part et la différenciation d'une autre, repose sur plusieurs arguments tant juridiques qu'économiques.

A- Les arguments juridiques de la différenciation entre PED

Les partisans de la diversification du traitement à réserver aux PED estiment qu'une différenciation améliorée et renforcée entre ces pays permettrait d'approfondir le TSD, promouvoir son efficacité et améliorer son impact au service du développement. Selon Paugam et Novel, il existe des arguments juridiques et économiques solides en faveur d'une plus grande différenciation au sein de l'OMC[4]. D'un point de vue juridique, la clause d'habilitation initie le principe de différenciation, en habilitant des pays développés à déroger à la clause NPF pour accorder

---

[1] « *Programme de travail de l'OMC sur le traitement spécial et différencié : quelques idées de l'UE pour aller de l'avant* », communication des CE, 20 novembre 2002 (Document TN/CTD/W/20), pp.26-27, in : www.wto.org

[2] ABBAS Mehdi, « Les rapports nord-sud dans l'Agenda pour le développement de l'Organisation Mondiale du Commerce », *op.cit*, p.12.

[3] Ibid.p.14.

[4] PAUGAM Jean-Marie, PERRIN Serge et NOVEL Anne-Sophie, *op.cit*, p .06.

un accès préférentiel à un pays ou à un groupe de pays sans l'étendre aux autres PED[1].

La différenciation entre les PED est présente même dans la pratique de l'OMC. En effet, l'Organe d'appel a reconnu cette différenciation, en autorisant les pays développés à accorder leurs préférences tarifaires au profit des PED, même de façon différenciée[2].

En outre, les règles de l'OMC mettent déjà en œuvre une certaine différenciation, en reconnaissant plusieurs sous-catégories de PED, éligibles à certaines mesures particulières de TSD. Dans ce sens, l'Accord sur l'agriculture a créé la catégorie spécifique des *PED importateurs nets de produits alimentaires* (Article 16). Aussi, l'annexe VII de l'Accord sur les subventions et mesures compensatoires exemptes les PMA -désignés comme tels par l'ONU et Membres de l'OMC- tout comme il exempte les PED dont le PIB n'aura pas atteint les 1 000 dollars par an (article 20). L'Accord sur le mécanisme d'examen des politiques commerciales introduit une périodicité différente en fonction de « *leur part du commerce mondial pendant une période représentative* ». L'Accord sur le textile et les vêtements distingue entre les catégories appelées « petits fournisseurs », « des nouveaux venus dans le domaine du commerce des textiles et des vêtements » et des « exportateurs du coton » (Article 1-2). Le Mémorandum d'accord sur les règles et procédures régissant le règlement des différends, et dans son article 21. 8, impose à l'ORD que lorsqu'il s'agit d'un recours déposé par un PED, *en examinant quelles mesures il pourrait être approprié de prendre, l'ORD tiendra compte non seulement des échanges visés par les mesures en cause mais aussi de leur incidence sur l'économie des pays en développement membres concernés.*

Elle l'est également dans le cadre du Programme intégré d'assistance technique, créé lors de la conférence ministérielle de Doha, où la catégorie des pays éligibles au bénéfice est déterminée comme comprenant les PMA, les PED sans littoral et les petits États insulaires en développement[3]. Aussi, dans les documents de négociations figurent le classement des PED en plusieurs catégories distinctes, telles que *Pays*

[1] Il est à rappeler que la clause d'habilitation introduit le principe juridique d'une gradation des droits et des obligations en fonction du niveau de développement.

[2] Il leur est juste imposé le respect de l'égalité de traitement des bénéficiaires « *se trouvant dans une situation semblable* ». -(affaire : Communautés européennes - Conditions d'octroi de préférences tarifaires aux pays en développement, *op.cit.*

[3] ABBAS Mehdi, « Les rapports nord-sud dans l'Agenda pour le développement de l'Organisation Mondiale du Commerce », *op.cit*, p.15.

dépourvus de capacités manufacturières en matière pharmaceutique, Petits États insulaires en Développement, Pays en Développement Enclavés ou *Petites Économies Vulnérables.*

La différenciation est lisible également dans la Décision du 1er août 2004, qui souligne la nécessité de prendre en compte les « *... préoccupations particulières des pays en développement, y compris en relation avec la sécurité alimentaire, le développement rural, les moyens d'existence, les préférences, les produits de base et les importations nettes de produits alimentaires...* »[1]. Donc, institutionnellement, rien n'interdit à l'OMC d'élaborer son propre régime de différenciation[2].

Il est à souligner également que l'attitude à l'exclusion de certains PED du bénéfice du TSD est une réalité nette dans le cadre des systèmes de préférences des pays développés, à l'instar du programme TSA de l'UE et AGOA des États-Unis[3].

B- Les arguments économiques justifiant la catégorisation des PED

D'un point de vue économique, trois arguments sont couramment avancés pour justifier la différenciation entre les PED :

1- comme pour d'autres organisations internationales investies d'une mission de développement, une différenciation accrue des PED, au sein de l'OMC, permettrait de mieux cibler les mesures de TSD en les adaptant aux besoins spécifiques de ces pays[4].

2- l'insuffisance de capacités et de ressources fait que les pays les plus vulnérables manquent souvent d'alternative aux instruments de politique commerciale pour pouvoir mettre en œuvre une stratégie de développement initiale. La différenciation permettrait de réserver aux pays pauvres les dérogations les plus importantes aux disciplines de l'OMC[5].

3- la différenciation aiderait à concentrer les mesures de TSD les plus favorables sur les acteurs les plus vulnérables, ce qui limiterait l'ampleur des risques d'externalités négatives du TSD pour le commerce des autres membres de l'OMC. Dans ce sens, la littérature consacrée au TSD montre aussi que trois grandes options techniques sont envisageables

---

[1] Par.1er de la Décision adoptée par le Conseil général de l'OMC le 1er août 2004, *op.cit.*

[2] ABBAS Mehdi, « Les rapports nord-sud à l'OMC. Entre différenciation et espace politique pour le développement », *op.cit*, p.12.

[3] CHELLAF Aziz, *op.cit*, p.161.

[4] PAUGAM Jean-Marie, PERRIN Serge et NOVEL Anne-Sophie, *op.cit*, p.06.

[5] *Ibid.* p.06.

pour réaliser la différenciation : l'élaboration de critères établissant de nouveaux mécanismes de classification (et de graduation) des PED pourrait théoriquement se fonder sur une « approche par pays », sur une « approche par les règles », ou sur une combinaison des deux[1].

2-3 Pour un nouveau traitement préférentiel élaboré sur des critères symétriques et mesurables

Dans le contexte économique actuel, l'amélioration du TSD doit avoir lieu, non seulement, dans le cadre des relations entre pays développés et PED, mais également dans les rapports entre les PED eux-mêmes. La différence dans le niveau de développement et en termes de besoins entre les PED pourrait faire de l'application du TSD pour tel pays ou pour tel groupe de PED un désavantage pour un autre ou d'autres PED[2]. D'où la nécessité d'une refondation stratégique du TSD, dont la « nouvelle formule » doit reposer sur des critères mesurables afin de gagner en efficacité et en légitimité.

2-3-1 Pour une refondation stratégique du traitement préférentiel

La refondation du traitement préférentiel, décidé au profit des PED, et son adaptation aux nouveaux équilibres économiques mondiaux s'impose. Les concepts sur lesquels repose ce mécanisme sont largement dépassés quarante ans après leur élaboration au sein de la CNUCED. Il est ainsi nécessaire de procéder à la réforme du TSD, qui est fondé sur les notions de « préférence » et de « non-réciprocité » des engagements et qui sont en contradiction systémique dans un système commercial mondial basé sur la « non-discrimination » et les « engagements réciproques »[3]. Il faut parvenir à une liaison entre l'avenir des préférences et celui de la différenciation des PED.

---

[1] PAUGAM Jean-Marie, PERRIN Serge et NOVEL Anne-Sophie, *op.cit*, p.06.

[2] L'affaire des bananes est très illustrative à ce propos. Le régime a été attaqué, à maintes reprises, devant les organes juridictionnels de l'OMC par des PED, en dépit que le régime de préférences européennes pour les exportations de ce produit fait bénéficier des PED (le groupe ACP). Voir: NGUYEN Tien Vinh, *op.cit*, p.09.

[3] La divergence de vision entre les membres sur les enjeux de la différenciation des PED et sur l'érosion des préférences et son impact sur le blocage des négociations relatives au TSD révèle que le système exige une révision stratégique. Voir : PAUGAM Jean-Marie, PERRIN Serge et NOVEL Anne-Sophie, *op.cit*, p.08.

A- La liaison entre l'avenir des préférences et celui de la différenciation des PED

Les préférences accordées aux PED et la différenciation entre ces derniers vont de pair. Paugam, Perrin et Novel énumèrent les raisons qui font que l'avenir des préférences et celui de la différenciation des PED sont étroitement liés.

Ils avancent que la différenciation est déjà unilatéralement appliquée par les pays développés, dans leur programme de préférences commerciales à l'égard des PED, à l'image des programmes TSA et AGOA. Ils ajoutent que des dispositions de TSD plus précises et plus efficaces, basées sur une différenciation accrue au sein de l'OMC, seraient le meilleur moyen d'offrir une piste de compensation commerciale significative pour les pays lésés par l'érosion des préférences. Le troisième argument consiste en le fait qu'une nouvelle différenciation des bénéficiaires inciterait les pays développés à améliorer les régimes préférentiels existants. Le quatrième argument avancé consiste en le fait que la résolution des deux défis (l'avenir des préférences et la différenciation) reposera, en partie, sur l'élaboration de mesures et de stratégies intégrées d'aide au commerce. C'est ainsi qu'ils concluent que les pays développés et les PED gagneraient à renoncer à leurs vieilles approches du TSD pour engager sa véritable refonte en affrontant ces défis stratégiques[1].

B- Pour l'implication des PED dans le processus de catégorisation des membres

La graduation entre les PED ne devrait être envisagée que dans le seul objectif d'accroître son incidence positive sur le développement.

Pour avancer dans les négociations relatives à ce volet, il est de l'intérêt de l'OMC d'imaginer de nouvelles approches procédurales et de renoncer à l'actuel processus de négociation compartimentant le TSD sur deux voies parallèles, l'une pour traiter des accords passés, l'autre pour négocier les futurs accords[2].

L'implication des PED est cruciale pour l'avancée des négociations et l'arrivée à un compromis en mesure de sauver le cycle de développement.

---

[1] PAUGAM Jean-Marie, PERRIN Serge et NOVEL Anne-Sophie, *op.cit*, p.08.

[2] Les négociateurs devraient pouvoir aborder simultanément l'ensemble des mesures de TSD et les implications de chaque série de propositions au sein des négociations sectorielles concernées. Voir : PAUGAM Jean-Marie, PERRIN Serge et NOVEL Anne-Sophie, *op.cit*, p.07.

En dépit de leur agissement en rangs unis sous la conduite notamment, du G20, la position des PED n'est pas prise en considération par l'OMC[1].

La question de la différenciation entre les PED ne risque pas d'être résolue au sein des négociations propres à l'OMC. Elle ne pourrait venir que d'un travail commun des organisations internationales concernées (CNUCED, Banque mondiale et OMC particulièrement), qui dégageraient une batterie de critères défavorables à l'insertion commerciale : niveau de revenu, enclavement... etc.[2]. Les PED doivent s'impliquer énergiquement dans les travaux de ces institutions afin de les conduire à solutionner ce problème[3].

C- L'indispensable élaboration d'un texte cadrant le TSD

Contrairement au GATT, l'OMC n'a conclu aucun texte général traitant du TSD, ce qui constitue incontestablement un recul en la matière[4]. En dépit que le droit de l'OMC comprenne 145 dispositions relatives au TSD[5], mais le défaut de texte cadrant ce mécanisme complique l'interprétation et l'application des dispositions préférentielles. Ce défaut et la ventilation des mesures préférentielles dans les différents accords font que le TSD doit être recherché dans chacun des accords[6]. Il engendre un manque de cohérence entre les textes. On peut citer, dans ce sens, l'article XVIII de l'Accord GATT de 1994 qui autorise un PED à

---

[1] Le basculement des négociations sur l'accord-cadre concernant les dispositions relatives au TSD du Comité commerce et développement vers le Conseil général de l'OMC, a été interprété par les PED comme indicateur que les négociations ne visent pas la consolidation du régime dérogatoire ou spécifique à leur égard. Voir : ABBAS Mehdi, « L'OMC et l'acte III de la globalisation : une nouvelle économie politique internationale du système commercial multilatéral ? », *op.cit*, p.78.

[2] Les critères à retenir pour une future graduation ne devront certainement pas se limiter à la classification établie par de la Banque mondiale et basée seulement sur le critère de revenu par habitant. Voir : BENAROYA François & CLING Jean-Pierre, *op.cit*, p.105.

[3] La difficulté de parvenir à une solution consensuelle à propos de la différenciation au sein de l'OMC est alimentée par la différence de vision entre les PED et les pays développés. L'hostilité des pays émergents, ferait, à coup sûr, qu'une proposition de modification de la catégorie des PED ne pourrait pas venir d'un pays développé, ou même de l'OCDE. Même si cette dernière a fait quelques propositions en ce sens. Voir à ce propos : BENAROYA François & CLING Jean-Pierre, *op.cit*, p.105.

[4] VINCENT Philippe, « L'impact des négociations de l'Uruguay round sur les Pays En Développement », *Revue Belge de Droit international,* n°02/ 1995, Bruxelles (Belgique), pp.488-513. In : http://rbdi.bruylant.be , p.494.

[5] Dont 107 dispositions adoptées lors du cycle de l'Uruguay et le reste après l'entrée en vigueur de l'OMC. 22 des mesures adoptées lors du cycle de l'Uruguay ne s'appliquent qu'aux seuls PMA.

[6] C'est parfois dans le préambule qu'il faut chercher une référence au TSD à accorder aux PED. Aussi, lorsque des articles d'un accord sont consacrés aux PED, ils se caractérisent souvent par leur caractère lapidaire ou ne font référence qu'aux PMA, et du coup, les autres PED se voient ainsi tenus d'appliquer les dispositions normales des accords. Voir : VINCENT Philippe, « L'impact des négociations de l'Uruguay round sur les Pays En Développement », *op.cit*, p.493

recourir à certaines mesures à la frontière, telles que l'imposition de restrictions quantitatives. Cependant, si le produit en question est agricole, cette mesure ne peut recevoir aucune application, d'autant que l'Accord sur l'agriculture interdit le recours à toute mesure aux frontières, autre que l'application des tarifs douaniers. Une situation à laquelle on n'arriverait pas si les dispositions ont été rassemblées dans un même texte copieusement expertisé[1].

Aussi, la complexité de ses accords, oblige l'OMC à préciser pour chaque texte la nature du traitement différencié qui est applicable. Dans la plupart des cas, l'OMC annonce dans le préambule l'octroi de ce traitement différencié en faveur des PED et des PMA, avant de revenir sur celui-ci pour lui apporter des précisions dans l'accord en question. Cela qui se vérifie, entre autres, dans l'Accord sur l'agriculture, l'Accord sur les OTC et l'Accord sur les mesures SPS[2].

Les PED, qui affichent leur souhait de voir l'OMC conclure un accord-cadre sur le TSD, regrettent l'effritement des dispositions liées à ce traitement dans les différents accords. Ils jugent regrettable que *l'accent se soit déplacé des problèmes de développement aux problèmes de mise en œuvre*[3].

En dépit que l'OMC ne signifie aucunement qu'un traitement différencié ne sera plus appliqué à ces pays, d'autant que la déclaration adoptée en 1971[4] n'est pas abrogée pour autant, néanmoins ce traitement ne constitue plus un droit que pour les PMA[5].

La redéfinition du TSD requiert également l'élaboration d'un accord multilatéral concernant le classement des pays membres de l'OMC, ainsi que les paramètres mesurables du développement et du commerce et

---

[1] CHELLAF Aziz, *op.cit*, p.123.

[2] *Ibid.* p.123.

[3] Par.7 de la Proposition pour un accord-cadre sur le traitement spécial et différencié-Communication de Cuba, du Honduras, de l'Inde, de l'Indonésie, du Kenya, de la Malaisie, de l'Ouganda, du Pakistan, de la République dominicaine, de Sri Lanka, de la Tanzanie et du Zimbabwe du 19/09/2001 (Document : WT/GC/W/442).

[4] Soit la Décision L/3545 du 25 juin 1971 et qui a été intégrée dans l'Accord général de 1994 via le point 1 b) iv) de l'Accord général sur les tarifs douaniers et le commerce de 1994.

[5] Les autres pays et plus particulièrement les nouveaux pays industrialisés devront négocier ce traitement différencié. Ceci marque un recul de la part des pays développés et un retour à la philosophie de l'Accord général de 1947, à savoir la libéralisation et la non-discrimination sans tenir compte des différents niveaux de développement. Les PED se voient à nouveau, contraints d'offrir des compensations pour les avantages octroyés par leurs partenaires développés. Voir à ce propos : VINCENT Philippe, « L'impact des négociations de l'Uruguay round sur les Pays En Développement », *op.cit*, p.494.

d'autres critères qui devraient être utilisés dans cette catégorisation[1]. La répartition actuelle des pays en trois catégories (pays développés, PED et PMA) n'est pas faite sur la base de critères mesurables, à l'exception probablement de la catégorie des PMA, pour laquelle l'OMC a adopté la liste établie par l'ONU.

En somme, le cycle doit déboucher sur un « traitement commun, mais différencié », dont l'expression s'inspire du principe de responsabilité commune, mais différenciée, dont l'origine est la Déclaration de Rio sur l'environnement et le développement[2]. Cette projection se fonde sur la relation dialectique entre un traitement commun ou standardisé, qui induit aux membres des obligations les uns vis-à-vis des autres et vis-à-vis du système dans son ensemble et un traitement différencié qui découle de l'inégalité structurelle et des différences de capacités réelles et institutionnelles entre les membres[3].

2-3-2 Les critères susceptibles d'aider à la mise en place d'un TSD efficient

Les lacunes constatées dans les dispositions du TSD démontrent la nécessité de repenser profondément le concept, sa justification et son contenu[4]. Ce mécanisme n'a pas donné toute la satisfaction attendue. L'application de l'approche de la « taille unique » des PED n'est plus d'actualité, au regard de l'apparition des pays émergents sur la scène internationale et des avantages commerciaux réduits dont bénéficient les pays les plus vulnérables. Ce faisant, la question d'une véritable différenciation entre les PED se pose avec plus d'acuité que par le passé. On passera en revue, dans ce qui suit, les principales propositions faites dans ce sens.

A- L'alignement sur la classification établie par la Banque mondiale sur la base des critères économiques

Pour les critères à retenir pour la différenciation entre les PED, il est utile d'imiter, même proportionnellement, la graduation établie par la

---

[1] ADEMOLA Oyejidet, « Traitement spécial et différencié », in: *« Développement, commerce et OMC »*, ouvrage collectif dirigé par ENGLISH Philip et HOEKMAN Bernard, Éditions Economica, Paris, 2004, p.303.
[2] ABBAS Mehdi, « Les rapports nord-sud dans l'Agenda pour le développement de l'Organisation Mondiale du Commerce », *op.cit*, p.12.
[3] Ibid. p.12.
[4] ADEMOLA Oyejidet, *op.cit*, p.303.

Banque mondiale et qui repose sur des critères économiques. La Banque mondiale reconnaît quatre catégories :
- un pays est à faible revenu si son Revenu National Brut par habitant est inférieur ou égal à 1 135 dollars ;
- un pays est à revenu intermédiaire de la tranche inférieure si son RNB /habitant est compris entre 1 136 et 4 465 dollars ;
- un pays est à revenu intermédiaire de la tranche supérieure si son RNB/ habitant est compris entre 4 466 à 13 845 dollars ;
- un pays est à revenu élevé si son RNB/ habitant est supérieur à 13 845 dollars[1].

Cette classification offre, selon Ademola Oyejidet, au moins deux avantages : elle est déterminée de manière transparente et elle bénéficie d'une large acceptabilité. L'indicateur basé sur le revenu pourrait être complété par une évaluation de la compétitivité commerciale (par exemple les produits manufacturés exprimés en pourcentage des exportations totales). Cela qui pourrait conduire à une distinction entre les PMA (moins de 20 %), les PED (entre 20 et 40 %) et les pays développés (plus de 40 %)[2].

Il est utile de noter que la différenciation prend en considération l'aspect dynamique de l'économie de chaque pays, ce qui ferait que les flexibilités dont bénéficient les PED iraient en s'atténuant au fur et à mesure que le pays franchirait les seuils prédéfinis. Duboz et Houser estiment qu'il est concevable de confier à l'OMC la définition des critères mesurables de graduation, même si, ce faisant, cette instance changerait de nature et deviendrait une véritable institution imposant des décisions aux États[3].

B- L'assujettissement des exonérations à un seuil donné de PNB par habitant

L'efficience du TSD tient absolument à son accompagnement par une catégorisation des pays bénéficiaires, suivant des critères mesurables convenus sur le plan multilatéral. Dans ce sens, il appartient à l'OMC de suivre l'exemple de son Accord sur les subventions et les

1 Banque mondiale : « Classification des pays du Groupe de la Banque mondiale par niveau de revenu pour l'exercice 24 (1er juillet 2023 – 30 juin 2024)», article publié pour la Banque mondiale le 30 juin 2023 par : CATHERINE VAN ROMPAEY , ERIC METREAU et Nada HAMADÉ et disponible sur le lien : https://blogs.worldbank.org/opendata/new-world-bank-group-country-classifications-income-level-fy24#_ftn2
[2] ADEMOLA Oyejidet, *op.cit*, p.304.
[3] DUBOZ Marie-Line et HOUSER Matthieu, *op.cit*, p. 129.

mesures compensatoires, qui catégorise les pays bénéficiaires suivant le revenu par habitant, et offre ainsi un bon exemple de différenciation entre les PED, avant de bénéficier des flexibilités. En effet, l'article 27.2 de cet Accord distingue, entre les PED, selon leur PNB par habitant sur la base des données de la Banque mondiale. Ainsi donc, un pays sera radié du bénéfice des exonérations dès que son PNB passe au-delà de 1 000 $/ an pendant trois années consécutives. Ce qui fait que les largesses de l'Accord profitent à tous les pays ayant un revenu par habitant inférieur à 1000 $/an. Ce critère touche tous les PMA et s'étend sur une partie des autres PED.

De cette manière, on pourrait exprimer le seuil de sortie en termes d'indicateurs économiques mesurables. Par exemple, le dépassement d'un certain chiffre de revenu par habitant au cours des trois dernières années... Le suivi de cette méthode permettrait l'utilisation d'indicateurs économiques mesurables admettant l'inclusion ou l'exclusion d'un PED du bénéfice du TSD.

C- La répartition des pays en trois catégories et la distinction d'un TSD adapté aux besoins de chacune

Une reformulation du TSD suppose de définir un nouveau mécanisme efficace et légitime qui devient un atout au service des pays qui en ont le plus besoin.

Dans la situation économique actuelle, il est judicieux de faire distinction entre au moins trois catégories. La première regroupant les nouveaux pays industrialisés (NPI) et qui désigne les PED connaissant une croissance rapide du niveau absolu de l'emploi dans le secteur industriel, une part des exportations de produits industriels dépassant les 25 % des exportations totales et une diminution rapide de l'écart entre leur revenu réel par habitant et celui des pays industrialisés avancés[1]. La seconde catégorie est celle des PMA, telle qu'elle est définie depuis 1971 par le comité de planification du développement de l'ONU. La troisième catégorie regroupe le reste des PED[2].

---

[1] Cette catégorie fut forgée par l'OCDE en 1979. Elle qualifiait de nouveaux pays industrialisés (NPI), le Brésil, le Mexique, la Corée du Sud, Hong Kong, Singapour, Taiwan, l'Espagne, la Grèce, le Portugal et la Yougoslavie. Voir : VINCENT Philippe, L'OMC et les pays en développement, *op.cit*, p.13.

[2] Une catégorie qui est loin d'être homogène d'autant qu'elle regroupe des pays aussi différents tels que le Koweït (29e au classement IDH) et la Côte d'Ivoire (166e au même classement et non considérée comme PMA). Voir à ce propos : VINCENT Philippe, L'OMC et les pays en développement, *op.cit*, p.15.

D- L'élaboration d'un TSD renforcé pour une seule catégorie regroupant les pays défavorisés

Une autre approche du TSD propose d'identifier les PED qui partagent des caractéristiques communes avec les PMA et ceux qui pourraient être regroupés avec les pays développés. Suivant cette répartition, le groupe dit « Groupe PMA+ » se verra accordé un TSD renforcé, défini par des critères larges tels que la taille ou le revenu par habitant. Les adeptes de cette différenciation assez sommaire, à l'instar de Hokan, arguent que seraient regroupés ensemble tous les PED ayant les mêmes préoccupations de mise en œuvre des différents accords de l'OMC[1].

Les PED qui ne feraient pas partie du « Groupe PMA+ » pourraient aussi profiter des mêmes droits de TSD, au cas par cas, mais via une procédure d'appel. Cette solution n'est toutefois pas satisfaisante, car elle rend le même groupe de pays éligibles au TSD à travers tous les accords. De plus, elle subordonne l'éligibilité de tout autre PED à ce dernier à la décision discrétionnaire de tous les autres membres[2].

E- L'établissement d'un traitement préférentiel basé sur la différenciation entre les mesures

Une autre suggestion a été émise et selon laquelle la différenciation devrait être établie suivant les mesures et non pas les pays. Suivant cette approche, il est à procéder à la classification des mesures en trois catégories : A, B et C. Chaque pays est libre de choisir les mesures qu'il veut bien verser dans la catégorie de régime dérogatoire qu'il souhaite, sachant que la catégorie A est la moins dérogatoire de toutes. Si telle mesure est coûteuse à mettre en place, elle va être versée dans la catégorie B ou C, suivant la situation économique et juridique du pays par rapport au contenu de l'accord[3].

---

[1] DUBOZ Marie-Line et HOUSER Matthieu, *op.cit*, p.126.
[2] *Ibid.* p.126.
[3] MEZILI Imad et DERBAL Abdelkader, *op.cit*, p.32.

Une application de cette proposition ferait que, plus un accord relève des mesures au-delà des frontières, plus il induirait une application du TSD. Cette approche appuie l'idée qu'il ne faut pas cibler les pays, mais les mesures et laisser la liberté aux pays de choisir les mesures appropriées comme ils le souhaitent.

Conclusion

À l'opposé du GATT, qui reconnaît le statut juridique des PED à travers sa Partie IV, l'OMC ne dispose d'aucun texte qui octroie une telle position à ces pays. Le défaut d'un texte général cadrant le TSD représente une régression pour les PED, qui estiment que seuls les PMA ouvrent droit à ce traitement de facto. Cet état de fait est constaté dans les accords comme un démantèlement du TSD, surtout que les articles dédiés au traitement préférentiel ont un caractère bref ou ne font référence qu'aux PMA. Les PED estiment que la mutation qu'a connue le TSD les oblige à négocier leur traitement différencié au cas par cas, ce qui constitue un retour vers la doctrine de l'Accord général de 1947, c'est-à-dire la non-discrimination sans prendre en considération les différents niveaux de développement[1].

Même s'ils ouvrent droit à un traitement plus favorable que celui des pays développés, dans la mesure où ils ont des délais plus larges pour l'application des obligations, mais dans l'ensemble, la situation des PED est moins favorable que durant l'ère GATT.

Les PED craignent que même si le principe du TSD n'est pas remis en cause, avec les nouvelles négociations multilatérales, mais sa permanence n'est pas affirmée et les dérogations en leur faveur sont temporaires[2]. L'application des dispositions préférentielles renseigne sur la mauvaise foi des parties contractantes[3], d'autant plus que les pays développés

---

[1] MEZILI Imad et DERBAL Abdelkader, *op.cit*, p.25.

[2] DAVID Roch-Gnahoui, *op.cit*, p.380.

[3] C'est ce qu'on peut déduire de l'application de la procédure du Waiver (article XXV/5 de l'Accord GATT) vouée essentiellement à donner la primauté au principe de développement économique des PED sur le principe de non-discrimination. Une dérogation accordée par les parties contractantes, statuant à la majorité des 2/3, et qui est considérée comme le seul moyen d'obtenir un traitement préférentiel en dérogation à la clause de la NPF. Dans la pratique, il a été révélé que l'application de cette dérogation relevait d'une connotation purement politique et stratégique. Seules des préférences entre des États nouvellement indépendants et leur ancienne métropole furent mises en place. Voir : VINCENT Philippe, L'OMC et les pays en développement, *op.cit*, p.109.

donnaient l'impression de vouloir mettre le système OMC à leur solde et à ne faire que leurs propres intérêts.

Les PED estiment que le respect de leur situation particulière et de l'assistance au développement serait, en bonne logique, non pas une dérogation, mais une véritable règle et un véritable principe, qu'il conviendrait d'invoquer au préalable pour arriver à un équilibre dans les échanges commerciaux internationaux. Il doit en être ainsi dans la mesure où les rapports équilibrés entre pays développés et PED sont, à l'heure actuelle, quasiment impossibles vu le grand écart qui sépare leurs niveaux de développement[1].

Ces « vices » ont exposé l'OMC aux attaques des ONG et des altermondialistes, qui « perturbent » les grands rendez-vous de cette Organisation. Le nombre de personnes qui prennent part aux manifestations contestatrices de la ligne de l'OMC, et qui se renouvellent pratiquement à chaque conférence ministérielle, en est la preuve de la décrédibilisation de cette organisation aux yeux de la société civile internationale.

Il est reproché principalement à l'OMC de promouvoir la libéralisation économique et la mondialisation, de telle sorte à favoriser plus les entrepreneurs des pays riches que les salariés des pays pauvres. La libération d'un secteur comme celui de la propriété intellectuelle a compliqué sensiblement l'accès des populations pauvres aux médicaments, ce qui n'est pas sans accentuer les effets des pandémies qui frappent des pans entiers de la société mondiale, établie dans des milieux défavorisés. Autant pour l'ouverture du marché des services et qui traduit amplement le favoritisme à l'égard des milieux d'affaires occidentaux et des multinationales qui dominent le marché mondial.

Aussi, en plus des derniers rapports qui réitèrent que le commerce ne constitue pas en soi un remède de lutte contre la pauvreté, des analyses récentes ont montré que la seule libéralisation commerciale est insuffisante pour promouvoir la croissance et le développement[2].

Le droit de l'OMC souffre d'un autre vice, porté par les accords techniques tel que l'Accord sur les OTC, l'Accord sur les mesures SPS et l'Accord ADPIC et qui retiennent des normes totalement exogènes aux besoins et aux capacités des PED, en matière de développement. La standardisation des normes monopolisées par les institutions et les organismes des pays développés fait que les PED sous-traitent à très fort

[1] DAVID Roch-Gnahoui, *op.cit*, p 381.
[2] BENAROYA François & CLING Jean-Pierre, *op.cit*, p.98.

coût ces éléments d'expertise et de mise en norme et de certification, puisque les accords SPS et OTC font appel à ce que dit la science en la matière. Le défaut de moyens leur engendre l'incapacité d'administrer une preuve scientifique de la soutenabilité ou de la compatibilité d'une mesure SPS et de mener les tests[1]. Du coup, les marchés se sont fermés pour non-respect de ce type de clauses[2].

Il est à relever également le déséquilibre des accords de l'OMC entre les concessions faites par les pays développés et celles faites par les PED. Les premiers ont concédé l'ouverture des marchés agricoles et des textiles, alors que les PED ont dû accepter des engagements sur la propriété intellectuelle et les services. Un échange qui est loin d'être équitable, d'autant que les pays développés ont ouvert un marché dit traditionnel, tout en obtenant en contrepartie l'accès à des marchés dans de nouveaux secteurs sujets à de nouvelles obligations pour les PED et par conséquent des coûts excessifs de mise en œuvre[3].

La consécration d'un cycle de négociations multilatérales à la question du développement ne constitue guère une sortie de salut pour le système commercial multilatéral, car confier à l'OMC cette question revenait à trop charger l'institution[4]. Des conclusions font état de la complexité de la problématique liée au développement des pays démunis et leur insertion dans le système commercial multilatéral. Les soucis de ces pays dépassent les mécanismes classiques de droits de douane et de restrictions quantitatives pour s'étendre à des problèmes d'ordre national comme la faiblesse des infrastructures, la faiblesse des capacités institutionnelles et humaines... Du coup, la part de l'OMC dans la garantie du développement des PED ne peut être que partielle, car avant tout cette organisation n'est pas une institution spécialisée dans les questions du développement[5].

Les étapes traversées jusque-là par les négociations ne sont pas favorables aux PED pour qui, les gains d'un accord global de Doha avec

---

[1] MEZILI Imad et DERBAL Abdelkader, *op.cit*, p.27.

[2] Dans ce sens, Ezeani dans un article intitulé : « *Implementing the SPS agreement : an inversely proportional developing country obligation?* », (cité dans :MEZILI Imad et DERBAL Abdelkader, *op.cit*, p.27) revient sur l'exemple d'une entreprise népalaise qui est restée impuissante face au blocage du commerce de ses plantes médicinales par le marché suédois qui jugeait que le produit en question n'a pas réussi de façon «suffisante et satisfaisante » le test sanitaire suédois, test non réalisable au Népal.

[3] MEZILI Imad et DERBAL Abdelkader, *op.cit*, p.28.

[4] ABBAS Mehdi, « *Les rapports nord-sud dans l'Agenda pour le développement de l'Organisation Mondiale du commerce* », *op.cit*, p.15

[5] CHELLAF Aziz, *op.cit*, p.361.

les conditions actuelles sur la table des négociations, seraient limités[1]. On voulait faire croire à ces pays qu'un éventuel accord global du cycle offrirait au commerce mondial des intérêts colossaux, dont la répartition serait égale entre eux et les pays riches, néanmoins les estimations les plus réalistes, établies par la Banque mondiale, ont montré à quel point les gains espérés ne sont pas suffisants pour inciter les gouvernements à concéder pour la conclusion d'un accord global[2]. Le cycle profiterait plus aux pays développés et à un degré moindre aux pays émergents. Pour les autres PED et bien que l'OMC a adopté quelques décisions en leur faveur, mais en contrepartie, elle les a obligés d'accepter telles qu'elles sont les règles liées au commerce des services et à la propriété intellectuelle, en dépit des dommages qu'elles leur induisent.

L'évaluation de l'impact des règles du TSD, décidées en faveur des PED/PMA, renseigne que les ressources de ces pays sont estimées à une valeur dérisoire[3] et que leur aspiration à une égalité juridique formelle a débouché sur des résultats mitigés, d'autant que leurs économies demeurent essentiellement exclues des grands marchés économiques mondiaux[4].

Dans un autre registre, l'évolution des négociations multilatérales a étalé une crise de leadership, accentuée par le fait que l'émergence a transformé la mondialisation d'une opportunité pour les capitalismes historiques en une contrainte comportant des coûts d'ajustement majeurs pour certaines franges socioéconomiques, en raison de la pression concurrentielle imposée par les pays émergents. Toutefois, le modèle économique prôné par ces pays et qui défend la souveraineté est loin d'être porteur d'un nouveau projet susceptible de relancer les bases d'une

---

[1] Les affirmations selon lesquelles les PED seront les grands vainqueurs du cycle de Doha reposent sur des hypothèses fragiles, des modèles économiques controversés, des représentations trompeuses des gains et la non- prise en compte des coûts de la libéralisation telle que prévue par les textes de l'OMC sur de nombreux PED. Voir: TIMOTHY A. Wise & GALLAGHER Kevin P, *op.cit*, p.56.

[2] La Banque mondiale estimait que les gains globaux de l'année 2015 seraient de l'ordre de 96 mds de $, dont 16 mds iraient aux PED. En d'autres termes, les avantages pour les PED représentent une augmentation unique de leurs revenus de 0,16 point de PIB. Quelqu'un gagnant 100 dollars/ mois verrait son revenu mensuel augmenter de 16 cents. Donc, très peu de gens sortiraient de la pauvreté - seulement 6,2 millions de personnes passeraient au-dessus du seuil des 2 $/jour, soit une portion de 0,3 % des personnes vivant actuellement dans la pauvreté dans le monde. Même dans le volet des services, les gains pour les PED ne seront pas importants. Voir : TIMOTHY A. Wise & GALLAGHER Kevin P, *op.cit*, p.60 et p.61.

[3] BENCHIKH Madjid, « Sous-développement et inégalité compensatrice en droit international », *La Découverte « Recherches »,* Année 2000, France, 2000. In: http://www.cairn.info/l-egalite-des-chances--9782707131324-page-185.htm., p.193.

[4] DUVAL Isabelle, *op.cit*, p.04.

expansion matérielle, socialement inclusive et économiquement équitable[1].

Les blocages répétés des négociations sont favorisés par la remise en cause du modèle démocratique de l'OMC. Un modèle qui impose inéluctablement aux pays membres de modifier leurs législations internes et les procédures administratives afin de les conformer à ses règles, qui ne sont pas l'émanation de la volonté de tous ses membres. Le processus de prise de décision dominé par « les grands membres » est loin de ressembler à un processus démocratique, d'autant que les décisions se prennent dans l'opacité pour servir les intérêts d'une minorité de membres et des multinationales.

Sa dotation d'un mécanisme de règlement des différends fait de l'OMC la seule organisation internationale à disposer d'une capacité de sanctionner les États qui ne respectent pas les accords qu'elle a adoptés. Cet organe a pu même ordonner des sanctions économiques à l'encontre des grandes puissances mondiales, ce qui est peu envisageable sous les autres organisations internationales[2]. Toutefois, il est aisé de constater que l'ORD est manié par les pays développés, qui ne pourraient pas subir des mesures de rétorsion que les PED, qui leur sont dépendants, ne pourraient pas envisager au risque de se compliquer une situation économique déjà fragile. Cet organe subit les obstacles que lui dressent continuellement les grandes puissances mondiales, notamment les États-Unis, qui voient en l'ORD le premier obstacle à leur politique commerciale. Ainsi donc, le blocage de l'ORD a une dimension stratégique pour les représentants américains[3].

Le manque de moyens techniques et financiers des PED rend le mode de prise de décision et celui de la résolution des différends à l'OMC inadaptés à leur situation économique. Cela fait que ces pays sont tenus à l'écart du processus de prise de décision, basé sur le principe : « qui ne dit mot consent ». Ce monde-là et celui lié au règlement des différends exigent une réforme substantielle.

L'articulation entre l'action de l'OMC et celle des autres organisations internationales, en matière commerciale et plus généralement dans le cadre d'une stratégie de développement[4], est nécessaire pour avantager

---

[1] ABBAS Mehdi, « L'OMC et l'acte III de la globalisation : une nouvelle économie politique internationale du système commercial multilatéral ? », *op.cit*, p.82.

[2] MARONNA Gerardo, « *Malmenée, l'OMC disserte sur l'avenir du commerce mondial* », publié par l'AFP (Agence France Presse) le 06/12/2017. In : http://www.lepoint.fr.

[3] MATELLY Sylvie, *op.cit.*

[4] BENAROYA François & CLING Jean-Pierre, *op.cit*, p.98.

l'effectivité des programmes. En matière de droits de l'Homme, il appartient à l'OMC de coordonner ses décisions avec celles prises dans d'autres standards internationaux, notamment par l'ONU. De même, l'intégration des ONG en tant que conseillers ne ferait que renforcer la légitimité et la crédibilité des décisions de l'OMC.

Le respect des droits de l'Homme exige une réforme globale de la ligne OMC et de toutes les politiques commerciales préférentielles, chapeautées par les pays développés et tolérées par l'OMC. Le mécanisme d'aide publique au développement, axé principalement sur les exportations, illustre les dangers d'une telle stratégie, particulièrement sur la sécurité alimentaire. L'exemple de l'Éthiopie est très illustratif dans ce sens. Alors que ce pays était confronté à de graves problèmes de famine, son gouvernement, en manque de fonds, a loué ses terres cultivables aux plus offrants et a encouragé les grandes exploitations tournées vers l'exportation (agro- carburants, canne à sucre...) aux dépens de l'agriculture vivrière, qui fait vivre la population locale[1].

Le plein respect du droit d'accès aux médicaments exige de l'OMC la poursuite de la réforme de son droit des brevets. En dépit que le droit de propriété intellectuelle est un droit légitime protégé, sans équivoque, par la Convention de Berne pour la protection des œuvres littéraires et artistiques[2] et reconnu dans plusieurs déclarations et traités[3], toutefois il n'est pas admis d'ignorer au brevet qu'il englobe en soi une multitude de connaissances appartenant à l'humanité, toute entière, tellement qu'elles sont accumulées au fil de l'histoire de l'humanité[4]. Or, si on se réfère juste aux chiffres donnés par l'OMS, le tiers de la population mondiale n'a pas accès aux médicaments essentiels, en raison du brevetage induisant la rareté et la cherté des produits. Cette question est d'autant plus sensible que l'épidémie de sida continue à se propager sans que les traitements existants soient diffusés dans les pays démunis.

Ces constats nous amènent à interpeller les instances internationales, dont principalement l'OMC, à faire une analyse nettement plus circonstanciée des bienfaits de la mondialisation de l'économie tirée par

---

[1] TREPANT Inès, *op.cit*, p.25.

[2] Convention de Berne pour la protection des œuvres littéraires et artistiques du 9 septembre 1886, complétée à Paris le 4 mai 1896, révisée à Berlin le 13 novembre 1908, complétée à Berne le 20 mars 1914 et révisée à Rome le 2 juin 1928, à Bruxelles le 26 juin 1948, à Stockholm le 14 juillet 1967 et à Paris le 24 juillet 1971 et modifiée le 28 septembre 1979.

[3] À l'instar de l'article 27/2 de la Déclaration universelle des droits de l'Homme qui énonce que : « *chacun a droit à la protection des intérêts moraux et matériels découlant de toute production scientifique, littéraire ou artistique dont il est l'auteur* ».

[4] CHAMPEIL-DESPLATS Véronique et LOCHAK Danièle, *op.cit*, p .101.

la libéralisation des échanges et axée sur l'exportation et sur la protection des inventions par des brevets. Une orientation qui peut s'avérer extrêmement préjudiciable aux pays pauvres, qui ne sont pas outillés pour répondre réellement aux besoins de leur population, que ce soit en matière de nutrition ou de médicaments. Pour dépasser cette situation, il appartient à l'OMC de conjuguer ses efforts avec d'autres organisations planétaires et des bailleurs de fonds mondiaux afin de relativiser l'impact de la mondialisation sur les pays défavorisés.

Le respect des droits fondamentaux, reconnus à la personne humaine, est tributaire du lancement d'un vaste chantier de rééquilibrage des droits et obligations des membres de l'OMC. Il est inadéquat de soumettre des membres aux capacités économiques limitées et qui ont fait des réformes substantielles pour s'adapter aux exigences de l'OMC, aux mêmes règles que les pays riches. La dualité des normes, vantée par le GATT puis par l'OMC, ne trouve son application que dans certains réajustements de dispositions, dont l'impact reste limité, notamment sur les plus pauvres parmi les PED.

Ce respect tient également à l'engagement d'une coopération scientifique PED/ pays développés, afin d'extirper les PED de l'attente des résultats des aides au développement et de l'impact des règles préférentielles sur leur économie. Si on se réfère uniquement à la lutte contre l'insécurité alimentaire, il est utile de repenser le rôle des institutions scientifiques dans cette lutte. On pourrait présager qu'une coopération entre les universités et les chercheurs du sud avec leurs homologues des pays développés pourrait servir dans cette lutte. La mise en place de mécanismes de coopération entre les deux parties, basés sur la création d'unités de recherches chargées du travail sur la garantie de la sécurité alimentaire, l'appui sur les nouvelles technologies de l'information et la biotechnologie, l'adaptation des politiques agricoles aux changements climatiques... serait d'un apport inestimable à la garantie de la sécurité alimentaire mondiale[1].

Le constat établi quant à l'inefficience du TSD nous a amené à engager une réflexion sur une possible rénovation de ce mécanisme. Notre analyse conclut à la nécessité de revoir le critère actuel d'octroi du

[1] À propos de l'apport des scientifiques pour juguler la crise de sécurité alimentaire, consulter : MESSAD Rafik, « *De l'apport des scientifiques pour juguler la crise de sécurité alimentaire dans l'Afrique subsaharienne francophone* », communication présentée aux « Assises 2023 : Francophonie économique et scientifique, quels apports pour le développement ? » organisées par l'AUF. La communication a été retenue pour publication sur le site de l'évènement et accessible par le lien direct : https://auf-semaine-francophonie.auf.org/communication

statut de PED et sa substitution par des critères mesurables de ciblage, basés sur le revenu. Si les négociations du cycle de développement ont débouché sur le lancement d'une réflexion sur la différenciation entre les PED, l'objectif est d'accroître l'efficacité développementale du TSD, afin que l'insertion de tous les membres au système soit effective[1]. Un consensus semble émerger sur la nécessité de réfléchir à la question de différenciation entre les PED mais les critères de catégorisation posent encore un problème.

Nous concluons qu'en vue de parvenir à un développement économique durable, en mesure de protéger les intérêts de l'ensemble de la population mondiale, l'OMC doit asseoir des échanges mondiaux qui respecteront les règles suivantes :

- la prise en compte des coûts de production comprenant la rémunération décente du travail paysan et l'abrogation de toutes les lois libérales du marché, détruisant l'environnement, les sols, les ressources hydriques, l'air...
- La garantie, par les PED, de l'accès aux terres agricoles à leurs petits fermiers, afin de promouvoir la culture rurale. Il est désormais établi que la résolution du problème de la faim ne viendra pas de la promotion des exportations, mais de l'appui des cultures vivrières et de la promotion de la production et de la productivité locales ;
- l'élimination des subventions directes aux exportations et le découplage des aides, qui constituent un dumping intolérable, et l'aide des PED à protéger leurs produits de base ;
- la multiplication des programmes de coopération liés à la formation et au renforcement des capacités d'innovation, afin d'aider à l'augmentation des revenus des travailleurs faiblement qualifiés des PED. Cela offrira des opportunités réelles dans les domaines de l'information et de l'amélioration génétique des cultures et sera d'un apport appréciable pour la croissance de la production agricole et par conséquent l'accès des populations aux produits alimentaires[2];
- la réforme substantielle du droit de brevet de sorte à faciliter l'accès des populations pauvres aux médicaments et accroître l'effectivité de la lutte contre les épidémies ;

---

[1] MEZILI Imad et DERBAL Abdelkader, *op.cit*, p.32.

[2] Cette recommandation a été portée dans plusieurs rapports internationaux, à l'instar du Rapport de la coopération NO 2 sur la sécurité alimentaire et intitulé : *« Promouvoir les échanges commerciaux pour réduire la pauvreté : les accords de l'OMC et l'agriculture en Afrique de l'ouest »,* présenté par MM NOUVE Kofi, STAATZ John, SCHWEIKHARDT David et YADE Mbaye, consultable sur le site : http://www.aec.msu.edu/fs2/papers/idwp80f1.pdf.

- le renforcement de l'autorité du système de règlement des différends de l'OMC et de faire de lui un arbitre du commerce mondial[1]. Dans ce sens, il est opportun de suggérer l'imposition au pays réfractaire des sanctions et une astreinte, semblables à celles imposées dans les régimes juridiques internes.

Pour dépasser leur situation actuelle et ne pas tout reposer sur les systèmes préférentiels, les PED ont intérêt à renforcer leurs potentialités productrices, notamment dans les secteurs dans lesquels ils sont dotés de potentialités exceptionnelles et où ils pourraient facilement devenir concurrentiels. Tout comme ils sont dans l'obligation de renforcer la coopération sud-sud et de mettre en place des mécanismes préférentiels intra-PED. Les pays émergents ont les moyens de subvenir aux besoins alimentaires et même en médicaments des autres PED. L'importance du rôle assigné au renforcement des échanges émergents- autres PED l'est dans la capacité de cette coopération à remettre un certain équilibre dans les échanges mondiaux et à diminuer la dépendance des PED vis-à-vis des pays occidentaux.

[1] SIROËN Jean-Marc, « L'OMC et les négociations commerciales multilatérales », *op.cit*, p.21.

Bibliographie

I/ Ouvrages

ABI-SAAB Georges, Le développement du droit international : Réflexions d'un demi-siècle, Volume 1 (Théorie générale du droit international public), PUF, Paris, 2013.

BEDJAOUI Mohammed, Pour un nouvel ordre économique international, publié par l'UNESCO, Paris, 1979.

BENCHIKH Madjid, Droit international du sous-développement : nouvel ordre dans la dépendance, Editions Berger-Levrault, Paris, 1983.

BEN HAMOUDA Hakim, l'Afrique, l'OMC et le développement, Maisonneuve & Larose, Paris, 2005.

BERNARD Remiche & autres, *« Brevet, innovation et intérêt général : le brevet pourquoi et pour faire quoi ? Actes du colloque de Louvain-la-Neuve organisé par la Chaire Arcelor »,* Larcier, Bruxelles, 2007.

BETBEZE Jean-Paul, La guerre des mondialisations, Editions Economica, Paris (France), 2016.

BLACHER Philippe, Droit des relations Internationales, 4eme édition, Lexis Nexis, France, 2011.

BOUVERESSE Jacques, Droit et politiques de développement et de la coopération, PUF, Paris (France), 1990.

BOURGUIGNON François, La mondialisation de l'inégalité, Editions du Seuil et La République des idées, France, 2012.

CANAL-FORGUES Eric, le règlement des différends à l'OMC, 3eme édition, Editions Bruylant, Bruxelles (Belgique), 2008.

CARREAU Dominique et JUILLARD Patrick, Droit international Economique, 5eme édition, Dalloz, Paris, 2013.

CHAMPEIL-DESPLATS Véronique et LOCHAK Danièle, Libertés économiques et droits de l'Homme, Editions Presses Universitaires de Paris ouest, France, 2011.

CHAUMONT Anne-Claire, L'objectif de développement durable de l'Organisation mondiale du Commerce, Editions L'Harmattan, Paris, 2008.

CLOTIDE Jourdain- Fortier, Santé et commerce international : contribution à l'étude de la protection des valeurs non marchandes par le droit du commerce international, Lexis Nexis, Paris, 2006.

DLIMI Dounya, L'agriculture des pays en développement face à l'Organisation mondiale du Commerce, Editions L'Harmattan, Paris, 2014.

DUBOUIS Louis et BLUMANN Claude, Droit matériel de l'Union européenne, 7eme édition, LGDJ, Paris, 2015.

-ELIET Alain, Le Droit international du Développement, PUF, Paris, 1978.

GRAZ Jean-Christophe, La gouvernance de la mondialisation, Editions La Découverte, Paris, 2004.

GUESMI Amelle, Le médicament à l'OMC : droit des brevets et enjeux de santé, Larcier, Bruxelles (Belgique), 2011.

JACQUET Jean-Michel, DELEBECQUE Philippe et CORNELOUP Sabine, Droit du commerce international, Dalloz, Paris, 2007.

JOHNSON Pierre, Commerce équitable (Propositions pour des échanges solidaires au service du développement durable), Editions Charles Léopard Mayer, Paris, 2003.

JOUANNET Emmanuelle, Que-ce qu'une société Internationale juste ? Le droit international entre développement et reconnaissance, Editions A.Pedone, Paris, 2011.

KRIEGER-KRYNICKI Annie, l'Organisation mondiale du Commerce : Structures juridiques et politiques de négociation, 2eme édition, Collection Gestion Internationale, Librairie Vuibert, Paris, 2005.

KUNANAYAKAM Tamara, Quel développement ? Quelle coopération Internationale ? (La déclaration des Nations-Unies sur le droit au développement : pour un nouvel ordre international), Editions CETIM, Genève (Suisse), 2007.

LABORDE David, L'économie mondiale en 2008, Editions La Découverte, Paris, 2008.

LUFF David, Le droit de l'Organisation mondiale du Commerce : analyse critique, Editions Bruylant, Bruxelles (Belgique), 2004.

MAPPA Sophia, La coopération internationale face au libéralisme, Karthala, Paris, 2003.

MACHROUH Jamal, Justice et développement selon l'Organisation mondiale du Commerce, Editions l'Harmattan, Paris, 2008.

M'RINI Mohamed Lotfi, De La Havane à Doha : bilan juridique et commercial de l'intégration des pays en développement dans le système commercial multilatéral, Presses de l'Université Laval, Québec, 2005.

NJINKEU Dominique et autres, L'Afrique et les défis de l'OMC, Karthala, Paris, 2004.

NYAHOHO Emmanuel, L'arsenal des subventions à l'exportation et l'OMC, Editions Presses de l'Université de Québec, Canada, 1996.

OUSSENI Illy, l'OMC et le régionalisme : le régionalisme africain, Larcier, Bruxelles (Belgique), 2012.

THEOPHANE Noël Zouré, Le commerce des produits agricoles dans le droit de l'OMC, Editions Schulthes Médias Juridique SA, Genève, 2012.

VINCENT Philippe, L'OMC et les pays en développement, Larcier, Bruxelles (Belgique), 2010.

II/ Thèses et Mémoires

1- Thèses

AEKA-PUTRA Prasit, « *Le GATT et les pays en développement spécialement dans le cadre du Tokyo round* », thèse de doctorat de l'Université Paris 2, France 1986.

CHELLAF Aziz, « *Le traitement spécial et différencié dans les accords du GATT/OMC : l'apport de la Déclaration de Doha* », thèse de doctorat de l'Université François- Rabelais de Tours, discipline : droit public, France, 2008.

CUE RIO Miriam, « *Une approche de l'Aide Publique au Développement par le biais de ses objectifs chiffrés : examen de la définition des objectifs comme facteur explicatif de leur non réalisation* », thèse de doctorat en Sciences économiques de l'Université de Versailles Saint-Quentin-en-Yvelines, France, 2013.

EWANGO Bolia, « *Les obstacles non tarifaires dans les relations commerciales entre pays en développement* », thèse de doctorat en droit de l'Université René Descartes (Paris 5), France, 1995.

GOLLOCK Aboubakry, « *Les implications de l'Accord de l'OMC sur les Aspects de Droits de Propriété Intellectuelle qui touchent au Commerce (ADPIC) sur l'accès aux médicaments en Afrique subsaharienne* », thèse de doctorat de l'Université Pierre Mendés France -Grenoble II-, Discipline : sciences économiques, France, 2007.

GONZALEZ MARTIN Luis Alexander, « *Le produit agricole et agroalimentaire dans la mondialisation des échanges : contribution à la recherche d'une justice économique internationale* », thèse de doctorat en droit, Université Paris 1 Panthéon Sorbonne, France, 2012.

HAGEN Rooke, « *L'autoprotection et le droit de l'OMC : réflexions sur les implications juridiques des comportements unilatéraux des membres de l'Organisation mondiale du commerce* », thèse de doctorat de l'Université Paris 1- Panthéon Sorbonne, France, 2007.

ITOUA Gilbert, « *Heurs et malheurs du régime préférentiel en droit du commerce international* », thèse de doctorat en droit du commerce international, Université René Descartes –Paris V-, France, 1998.

MACHROUH Jamal, « *Le statut des pays en développement dans le système de règlement des différends de l'OMC* », thèse de doctorat de l'Université de Tours : discipline droit public, France, 2007.

MENETREY Séverine, « *L'Amicus curiae, vers un principe de droit international procédural ?* », thèse de doctorat en cotutelle présentée à la Faculté des études supérieures de l'Université Laval, Québec (Canada), 2008.

NDOUR Marame, « *La politisation de l'accès aux médicaments dans l'espace international : l'Organisation mondiale de la Santé comme foyer d'une dynamique contestataire* », thèse de doctorat en sciences politiques, Université Paris 1 -Panthéon Sorbonne-, France, 2013.

NGUYEN Tien Vinh, « *Les problèmes juridiques de l'intégration des pays en développement au système commercial multilatéral de l'OMC : cas du Vietnam* », thèse de doctorat soutenue à l'école doctorale : « Économie, espaces sociétés, civilisations : pensée politique, critique et pratiques sociales », Université Paris Diderot (Paris 7), France, 2013.

RAZARANAINA Nomenirina, « *Vers l'abandon du traitement préférentiel des pays en développement dans le cadre du système commercial multilatéral* », thèse de doctorat en droit public de l'Université Paris ouest, Nanterre- La Défense, France 2011.

SAMSON Mélanie, « *Protection de la santé et droit international économique : la sécurité sanitaire à l'épreuve des échanges commerciaux* », thèse de doctorat en droit public, Université Paris 1 - Panthéon Sorbonne-, France, 2010.

SOUMAORO Souleymane, « *L'adaptation de la CNUCED au nouveau cadre de la coopération internationale pour le développement* », thèse de doctorat en droit international public de l'Université Paris 1 -Panthéon Sorbonne-, France, 2007.

2- Mémoires

BARBAR Micheline, « *Le concept de « santé publique » devant l'OMC face au « droit à la santé» de l'OMS : le cas des médicaments génériques* », mémoire de maîtrise en droit international, Université du Québec à Montréal, Canada, 2006.

DUVAL Isabelle, « *L'émergence d'un principe de justice distributive en droit international économique : analyse de l'évolution du traitement spécial et différencié du GATT à l'OMC* », mémoire de maîtrise en droit, option : droit des affaires, faculté des Etudes supérieures de l'Université de Montréal, Canada, 2009.

LEFEVRE Sandrine, « *Effets de la libéralisation des échanges agricoles sur des pays en développement dans le cadre du GATT-OMC : cas du Brésil et de l'Argentine* », mémoire de DEA en Économie

Internationale, option Économie du Développement, Faculté des sciences économiques de l'Université Paris 1 –Panthéon Sorbonne, France, 2000.

MESSAD Rafik, « *Le contentieux agricole dans le cycle de Doha* », mémoire de magister en droit de la coopération internationale, Université Mouloud MAMMERI de Tizi-Ouzou, Algérie, 2011.

NIANG Fatimata Zahra, « *Les accords de partenariat économique, une exigence juridique du droit de l'OMC ?* », mémoire de DEA en études européennes, Institut européen de l'université de Genève, Suisse, 2008.

III/Articles

ABBAS Mehdi, « Les rapports nord-sud dans l'Agenda pour le développement de l'Organisation mondiale du commerce », Colloque organisé par Réseau Intégration Nord Sud (RINOS) et EMMA entre 1-3 juin 2005, sous le thème : *« Intégrations régionales et stratégies de développement : les relations Nord-Sud dans l'Euromed, les Amériques et l'Asie »,* Université du Québec, Montréal (Canada), 2005, disponible sur le site : *https://hal.archives-ouvertes.fr/halshs-00098210/document*

—, « L'Organisation mondiale du Commerce : l'ère des rendements décroissants », *Cahier de recherche de l'EPIID de l'université de Grenoble,* Janvier 2005, France, 2005.

—, « Perspectives sur l'évolution des rapports nord-sud dans le système commercial multilatéral », *Colloque du Réseau Intégration Nord Sud, RINOS « Globalisation, reconnexion nord-sud et recomposition des économies, des sociétés et des territoires »,* Maison des Sciences de l'Homme, Aix-en-Provence (France), 6-7 juillet 2007. In: https://hal.inria.fr/file/index/docid/164638/filename/pub07015.pdf.

—, « Les rapports nord-sud à l'OMC : entre différenciation et espace politique pour le développement », *Cahier de Recherche CEIM,* n°01/2008, Montréal (Canada), 2008, pp.01-25.

—, « Quels enseignements en matière de gouvernance de l'échec des négociations du cycle de Doha ? », *Note de travail du 10 Août 2008 du LEPII (Laboratoire d'Économie de la Production et de l'Intégration Internationale),* Grenoble (France), 2008, in : *http://www.ieim.uqam.ca/IMG/pdf/mehdi.gouvernance.pdf.*

ABDELGAWAD Walid, « Le commerce équitable et la société civile internationale : une chance pour la mondialisation d'un droit de l'économie solidaire », *RIDE,* n°02/2003, pp.197-232.

ACHTERBOSCH Thorn, BEN HAMOUDA Hakim, TONGEREN Frank Van et OSAKWE Patrick N, « Cycle de Doha, négociations agricoles et bénéfice pour l'Afrique », in : *Recueil établi par la* *commission économique pour l'Afrique sous le titre : « l'Afrique et les négociations agricoles »,* Maisonneuve & Larose, Paris, 2005. pp. 177- 209.

ADEMOLA Oyejidet, « Traitement spécial et différencié », in : *« Développement, commerce et OMC »,* ouvrage collectif dirigé par ENGLISH Philip et HOEKMAN Bernard, Editions Economica, Paris (France), 2004, pp.297-305.

AGOSIN Manuel R, « Les pays en développement et le cycle de l'Uruguay : évaluation et perspective d'avenir », *Bulletin de la CNUCED,* Numéro 29 (Novembre- décembre 1994), pp.07-09.

ARHEL Pierre, « Cycle de Doha : bilan et perspectives », *Recueil Dalloz,* Paris (France), 2007, pp.1984-1998.

BALMOND Louis, « Les sources du droit de l'Organisation mondiale du Commerce », in : *« Les sources et les normes dans le droit de l'OMC »,* Recueil du colloque de Nice 24-25 juin 2010 sous la direction de TOMKIEWICZ Vincent, Editions A. Pedone, Paris (France) pp.11-25.

BERR Eric & COMBARNOUS François, « L'impact du consensus de Washington sur les pays en développement : une évaluation empirique », *Etude du Centre d'Economie du Développement de l'Université Bordeaux IV (Document de travail N° 100),* in : http://www.cadtm.org/IMG/pdf/ICW4_cadtm.pdf.

BENAROYA François & CLING Jean-Pierre, « Crise du développement et impasse des négociations commerciales multilatérales », *Revue française d'économie,* Volume 16, n°02/ 2001, France, 2001, pp.73-117.

BENCHENEB Ali, « Le droit européen des investissements et le devenir du traitement juste et équitable », *RIDE,* n°01/2016, Belgique, 2016, pp.91-106.

BENCHIKH Madjid, « Sous-développement et inégalité compensatrice en droit international », *La Découverte « Recherches »,* (Année 2000), France, 2000, pp. 185-195. In: http://www.cairn.info/l-egalite-des-chances--9782707131324-page-185.htm.

BOULANGER Pierre (pour Groupe d'économie mondiale), « Les subventions à l'exportation : une espèce en voie de disparition au-delà de la ministérielle de l'OMC de Hong-kong », in : www.notre-europe.eu/fr/qui...nous/... /3467.

BINSWANGER Hans et Lutz Ernst, « Obstacles au commerce des produits agricoles, négociations commerciales et intérêts des pays en développement », in : *« Développement, commerce et OMC »,* ouvrage collectif dirigé par ENGLISH Philip et HOEKMAN Bernard, Editions Economica, Paris (France), 2004, pp.101-119.

BROUILLET Alain, « La Conférence des Nations Unies sur les Pays les Moins Avancés- Paris, 1-14 septembre 1981 », *Annuaire français de droit international,* Volume 27 Numéro 1/1981, Paris, pp. 587-627.

BOY Laurence, « Le déficit démocratique de la mondialisation du droit économique et le rôle de la société civile », *RIDE,* n°03/ 2003, pp. 471-493.

CATTANEO Olivier, « Les leçons de Cancun pour l'Afrique : Le difficile apprentissage de la démocratie à l'OMC », *Afrique contemporaine,* n° 04/2003, France, 2003, pp. 81-99.

CEDRIC Pène, « De Doha à Copenhague : le crépuscule des négociations multilatérales ? », *Politique étrangère,* n° 02/2010, France, 2010, pp.325-339.

COSTES Cyril, « Savoirs Traditionnels, Biopiraterie Et Propriété Intellectuelle », *IKEWAN,* n°67 (2008), Paris, in : *https://blogavocat.fr/sites/default/files/fichiers//savoirs%20traditionnels%20et%20biopiraterie.pdf.*

COTE Charles-Emmanuel, « De Genève à Doha : genèse et évolution du traitement spécial et différencié des pays en développement dans le droit de l'OMC », *McGill Law Journal / Revue de droit de McGill,* Volume 56, numéro 1, Montréal (Canada), décembre 2010, pp. 115-176. In: http://id.erudit.org/iderudit/045700ar

DAVID Roch- Gnahoui, « Le principe du respect de la situation particulière des pays en développement et de l'assistance au développement », *RIDE,* Tome 17, Numéros 3 & 4 2003, pp.373- 386.

DELABIE Lucie, « Les dérèglements économiques internationaux : du G7 au G20, nouvelle gouvernance ou changement dans la continuité ? », Colloque des 21 et 22 mars 2013 sur : *« Les dérèglements économiques internationaux : crise du droit ou droit de crises ? »,* sous la direction de GHERARI Habib, organisé par le Centre d'Etudes et de Recherches Internationales et Communautaires de la Faculté de droit et de science politique de l'Université Aix Marseille, Editions Pedone, Paris, 2014, pp.229-252.

DEJAMMET Alain, « Les « G »: G7, G8, G20 », *RGDIP,* n°03/2012, Paris, pp.511-518.

DIMA EHONGO Paul, « La mondialisation du droit et les inégalités entre États dans l'accès à la justice internationale : les États africains face au mécanisme de règlement des différends du système GATT/OMC », *Cahier du GEMDEV (Groupement d'intérêt scientifique pour l'étude de la mondialisation et du développement),* n° 31/ mars 2007, Paris.

DUBOZ Marie-Line et HOUSER Matthieu, « L'absence d'une définition précise de la notion de pays en développement à l'OMC : un handicap pour son fonctionnement », *Mondes en développement,* n° 163

(3/2013), pp. 115-130. In: http://www.cairn.info/revue-mondes-en-developpement-2013-3-page-115.htm.

EISEMANN Pierre-Michel, « Mohammed Benouna. Droit international du développement : tiers monde et interpellation du droit international. (Compte –rendu) », *Politique étrangère,* année 1983, France, pp.468-470. In:
https://www.persee.fr/doc/polit_0032-342x_1983_num_48_2_3322_t1_0468_0000_4.

ELLIOTT David et BURNETT Kim, *« Le lien entre les mesures liées aux politiques de sécurité alimentaire et les règles commerciales de l'OMC »*, Etude réalisée pour le Bureau Quaker auprès des Nations Unies, Genève, in : http://www.quno.org.

FEUER Guy, « Le droit international du développement : une création de la pensée francophone », in: http://www.gemdev.org/publications

FINGER Michael et SCHULER Philip, « La mise en œuvre des accords de l'OMC : le défi du développement », in : *« Développement, commerce et OMC »,* ouvrage collectif dirigé par ENGLISH Philip et HOEKMAN Bernard, Editions Economica, Paris, 2004, pp.306-324.

GALTIER Franck et BERTHELOT Jacques, « La conférence de Bali a-t-elle rendu licites les politiques de stockage aux yeux de l'OMC ? », *Économie rurale,* n°05/2014 (n° 343), pp. 103-110, in : http://www.cairn.info/revue-economie-rurale-2014-5-page-103.htm

GERARD DESTANE de Bernis, « Quel commerce pour quel développement ? », in : *« Commerce international et développement soutenable »* sous la direction de DAMIAN Michel et GRAZ JEAN-Christophe, Editions Economica, Paris, 2001, pp.81-107.

GERBER Florence, « Les pays du Sud au sein de l'OMC », *Revue Newsletter de Focus on the Global South: Focus on Trade,* n° 111, Août 2005, disponible sur le site : www.focusweb.org.

GHERARI Habib, « Règles de l'Organisation mondiale du Commerce et Accords commerciaux régionaux : Le bilatéralisme conquérant ou le nouveau visage du commerce international », *RGDIP*, n° 02/2008, Paris, 2008, pp.255-294.

—, « L'OMC à bout du souffle ? Quelques observations sur la 8eme conférence ministérielle », *RGDIP,* Volume 116, n°01/2012, Paris, 2012, pp.111-134.

GOMEZ Alejandro, « Le cycle de Doha pour le Développement : état des lieux et enjeux pour l'Afrique », in: http://www.africa21.org.

GOREUX Louis M, « Les producteurs de coton en Afrique face aux subventions américaines et européennes : prélude pour les négociations de Cancun », *Etude basée sur le rapport « Préjudices causés par les subventions des pays industrialisés sur les filières cotonnières de l'Afrique de l'ouest et du centre »,* juillet 2003, in :

http://www.europarl.europa.eu/meetdocs/committees/deve/20030909/505780FR.pdf

—, « Le coton en zone franc et les subventions américaines et européennes : avant et après Cancun », *Afrique contemporaine,* n° 03/2003, Paris, pp.59-70. in : https://www.cairn.info/revue-afrique-contemporaine-2003-3-page-59.htm

GUENNIF Samira & CHAISSE Julien, « L'économie politique du brevet au sud : variations Indiennes sur le brevet pharmaceutique », *RIDE,* n°02/ 2007, pp. 185-210.

HALLE Mark & MELENDEZ-ORTIZ Ricardo, « Dossiers sur le cycle de Doha : le point sur Cancun », *Étude réalisée par le Centre International pour le Commerce et le Développement Durable (ICTSD) et l'Institut International du Développement Durable (IIDD),* août 2003. In : https://www.files.ethz.ch/isn/46578/DB_FR_06_Sing.pdf

JENNAR Raoul Marc, « Négociations OMC : les raisons et les opportunités d'une suspension (Historique et analyse) », publié par la Fondation Copernic le 28 septembre 2006, in : http://www.amisdelaterre.org/NEGOCIATIONS-OMC-LES-RAISONS-ET.html.

KHATUN Fahmida, « Quel traitement spécial et différencié en faveur des PMA à l'OMC et pourquoi ? », *Passerelles,* Volume 14-n05, 25 Novembre 2013, Consulté le 26/12/2017 à 20H01, in :

LE GAL Cécile, « Droit à la santé et droits de propriété intellectuelle : l'accès aux médicaments dans les pays en développement », *Revue de Droit Sanitaire et Social,* Année 2005, Paris (France), 2005, pp.456-467.

LOGOSSAH Kinvi, SALMON Jean-Michel et SOLIGNA LECOMTE Henri-Bernard, « L'Accord de Cotonou et l'ouverture économique : un partenariat modèle entre l'UE et les pays ACP ? », *Revue région et développement* - Université de Toulon et du Var - Faculté de Sciences Economiques et de Gestion, n° 14/2001, France, 2001.

MAHIOU Ahmed, « Les implications du nouvel ordre économique et le droit international », in : *« Droit international et développement »,* Colloque international organisé par la Faculté de Droit d'Alger du 11 au 14 octobre 1976, Office des Publications Universitaires, Alger (Algérie), 1976, pp.421-450.

—, « La Déclaration concernant l'instauration d'un nouvel ordre économique international », article émis dans : *« United Nations Audiovisual Library of International Law »,* United Nations, 2010, in : http://legal.un.org/avl/pdf/ha/ga_3201/ga_3201_f.pdf

MANN Erika, « Multilatéralisme, bilatéralisme et politique commerciale », in : *« Nouvelle approche de la politique commerciale et du développement : les relations entre négociations multilatérales et*

négociations régionales ou bilatérales », Document de réflexions établi par le Groupe socialiste au parlement européen, disponible sur le lien : www.socialistgroup.eu

MASHAYEKHI Mina & ITO Taisuke, « Le cycle de São Paulo du SGPC : une étape importante dans la coopération sud-sud », *Éclairage sur les négociations (Publication de la CNUCED),* Volume 10 - Number 6, Genève, septembre 2011, disponible sur le site officiel de la CNUED : www.icstd.org

MATELLY Sylvie, « Quel avenir pour l'OMC ? Les enjeux de la Conférence ministérielle de Buenos Aires », *tribune publiée sur le portail web de l'IRIS (Institut de Relations Internationales et Stratégiques),* le 14 décembre 2017, in : http://www.iris-france.org

MESSAD Rafik, « Les textes juridiques inhérents au commerce des produits agricoles adoptés par l'Algérie en vue de son adhésion à l'OMC », *Revue Académique de la Recherche Juridique,* Faculté de droit et des sciences politiques de l'Université Abderrahmane Mira de Bejaia, n° 02/2012, Bejaia (Algérie), 2012, pp.17-35.

—, « De l'effectivité du traitement préférentiel en faveur des pays en développement dans le système de règlement des différends de l'OMC », *Revue Académique de la Recherche Juridique,* Faculté de droit et des sciences politiques de l'Université Abderrahmane Mira de Bejaia, numéro spécial 2017, Bejaia (Algérie), pp.29-45.

—, « *De l'inadaptation du droit des brevets de l'OMC avec la défense du droit à la santé* », Revue Académique de la Recherche Juridique, Université de Bejaia (Algérie), Vol 10, n°03/2019, pp. 881-907. Article accessible par le lien direct : https://www.asjp.cerist.dz/en/article/105648.

—, «*De l'impact de l'action groupée des PED sur le changement des rapports de force à l'OMC*», L'Analyste juridique, Université de Bouira (Algérie), n°01, Juin 2019, pp.194-214. Article accessible par le lien : http://fdsp.univ-bouira.dz

MEZILI Imad et DERBAL Abdelkader, « La conflictualité du traitement spécial et différencié : le sort des pays en développement », *Économie & Société,* Université Constantine 2 –Abdelhamid MEHRI- n° 12, année 2016, Algérie, 2016, pp.19-34.

MORIN Jean- Frédéric, « Le droit international des brevets : entre le multilatéralisme et le bilatéralisme américain », *Études internationales,* Volume 34, n°3/ 2003, France, 2003, pp. 537-562.

MUTUME Gumisai, « Ce que Doha signifie pour l'Afrique : Les compromis obtenus à la réunion de l'OMC présentent des avantages, mais à quel prix ? », *Afrique Relance,* Vol.15 # 4 (Décembre 2001), in : *www.un.org/fr/africarenewal/vol1*

OLIVIER Louis, « OMC : Un nouvel équilibre nord-sud ? », *Politique étrangère,* n°03/2007, France, 2007, pp. 577-588.

OUDEBJI Mohamed, « Traitement spécial et différencié et développement dans le contexte de l'Organisation mondiale du Commerce », *Revue de la Recherche Juridique*, n° 02/ 2008, Marseille (France), 2008, pp 997- 1008.

PAUGAM Jean-Marie, « L'OMC victime de la mondialisation ? », *Problèmes Economiques,* n°2915 du 17 janvier 2007, pp.02-08.

PAUGAM Jean-Marie, PERRIN Serge et NOVEL Anne-Sophie, « L'avenir du traitement spécial et différencié : Les défis jumeaux de l'érosion des préférences et de la différenciation des pays en développement », *Synthèse politique d'après les travaux de la conférence Ifri-AFD, 28 octobre 2005,* Paris. In: www.ifri.org.

PETERS Ralf & VANZETTI David, « Conflit et convergences dans les négociations sur le commerce des produits agricoles », *Recueil établi par la commission économique pour l'Afrique sous le titre : « l'Afrique et les négociations agricoles »,* Maisonneuve & Larose, Paris, 2005, pp.211-247.

QUENAULT Béatrice, « Le développement durable comme pierre d'achoppement des relations Nord/Sud au sein des négociations commerciales multilatérales à l'Organisation mondiale du commerce », *Mondes en développement,* n° 03/2004, Nancy (France), 2004, pp.11-27.

REMICHE Bernard, « Révolution technologique, mondialisation et droit des brevets », *RIDE,* n°02/ 2002, Paris (France), 2002, pp.83-124.

— « Les Accords ADPIC+ », Colloque des 21 et 22 mars 2013 sur : *« Les dérèglements économiques internationaux : crise du droit ou droit de crises ? »,* sous la direction de GHERARI Habib, organisé par le Centre d'Etudes et de Recherches Internationales et Communautaires de la Faculté de droit et de science politique de l'Université Aix Marseille, Editions Pedone, Paris, 2014, pp.139-156.

RENAUD Schils, « Accords ADPIC de l'OMC : quel impact sur l'accès aux médicaments dans les pays en voie de développement ? », *Étude de l'Institut Emile Vendervelde,* Bruxelles (Belgique). In: www.iev.be.

ROLLAND Sonia Elise, « Une dimension du développement à l'OMC : pourquoi et comment ? », disponible sur le site : http://www.esil-sedi.eu/sites/default/files/Rolland.PDF

RODRIK Dani, « Les pays en développement après le cycle de l'Uruguay », *Bulletin CNUCED,* Numéro 29 (Décembre 1994), pp 10-13.

RUIZ FABRI Héléne, « Le juge de l'OMC : ombres et lumières d'une figure judiciaire singulière », *RGDIP,* Editions Pedone, Paris 2006, pp.39-83.

SIROËN Jean-Marc, « La libéralisation des échanges empêtre : les risques systémiques. Le cycle de Doha : quelles solutions pour sortir de l'enlisement ? », Colloque des 21 et 22 mars 2013 sur : *« Les dérèglements économiques internationaux : crise du droit ou droit de crises ? »,* sous la direction de GHERARI Habib, organisé par le Centre d'Etudes et de Recherches Internationales et Communautaires de la Faculté de droit et de science politique de l'Université Aix Marseille, Editions Pedone, Paris, 2014, pp.115-125.

—, « *L'OMC et les négociations commerciales multilatérales », Négociations,* n° 01/2007, Paris, 2007, pp.07-22.

STOLL Peter- Tobias, « Le droit international économique face aux défis de la mondialisation », *RGDIP,* Tome 113, n° 2/2009, Paris, pp.273- 304.

STIGLITZ Joseph E & CHARLTON Andrew, « Un cycle de négociations commerciales pour le développement ? », *Revue d'Économie du développement,* Volume 13, n° 04/2005, Clermont Ferrand, 2005, pp.17-54.

THOUVENIN Jean-Marc, « Du libre-échange au juste échange ? Pour une « smart » conditionnalité sociale dans le droit du commerce international », Colloque des 21 et 22 mars 2013 sur : *« Les dérèglements économiques internationaux : crise du droit ou droit de crises ? »,* sous la direction de GHERARI Habib, organisé par le Centre d'Etudes et de Recherches Internationales et Communautaires de la Faculté de droit et de science politique de l'Université Aix Marseille, Editions Pedone, Paris, 2014, pp.127-138.

TIMOTHY A. Wise & GALLAGHER Kevin P. traduction MOUSL Marc, « Le développement est-il de retour dans le cycle de Doha ? », *L'Économie Politique,* n°45 (01/2010), France, 2010, pp.55-69.

TOMKIEWICZ Vincent, « OMC et équité », in : *« Les sources et les normes dans le droit de l'OMC » Recueil du colloque de Nice 24-25 juin 2010,* Editions A. Pedone, Paris, pp.153-168.

TREPANT Inès, **«** La politique commerciale européenne et les pays en développement », *Courrier hebdomadaire du CRISP,* n° 39/ 2012, Bruxelles (Belgique), 2002, pp. 05-65.

VINCENT Philippe, **«** L'impact des négociations de l'Uruguay round sur les Pays En Développement », *Revue Belge de Droit international,* n°02/ 1995, Bruxelles (Belgique), pp.488-513, in : http://rbdi.bruylant.be

WAREGNE Jean-Marie, **«** L'OMC et la santé publique : L'après Doha », *Courrier hebdomadaire du CRISP (Centre de Recherche et d'Information Socio- Politiques),* n° 25/2003 (n° 1810), pp. 05 -51, Belgique, 2003.

—, « La Conférence ministérielle de l'OMC à Doha : le cycle du développement », *Courrier hebdomadaire du CRISP 34/2001* (n° 1739-1740), pp.05-88. In: www.cairn.info/revue-courrier-hebdomadaire-du-crisp-2001-34-page-5.htm.

WANG Zhen Kun et WINTERS Alan, « Pour un consensus à l'OMC qui englobe les pays en développement, ou comment concilier l'inconciliable », in : *« Développement, commerce et OMC »,* ouvrage collectif dirigé par ENGLISH Philip et HOEKMAN Bernard, Editions Economica, Paris, 2004, pp. 325- 343.

WELLENSTEIN Edmond, « Les négociations commerciales multilatérales, 1973-1979, dites "Tokyo Round" », *Politique Etrangère,* n°44/2, France, 1979, pp. 301-319.

WILSON John S, « Normes, réglementation et commerce : les règles de l'OMC et les préoccupations des pays en voie de développement », in : *« Développement, commerce et OMC »,* ouvrage collectif dirigé par ENGLISH Philip et HOEKMAN Bernard, Editions Economica, Paris, 2004, pp.151-167.

YAMTHIEU Sylvestre, « Brevet et politiques de développement : regards sur l'exploitation locale des droits », *RIDE,* n°04/2014, Paris, 2014, pp. 453-469.

IV/ Textes juridiques

1- Conventions internationales

Convention de Berne pour la protection des œuvres littéraires et artistiques du 9 septembre 1886, complétée à Paris le 4 mai 1896, révisée à Berlin le 13 novembre 1908, complétée à Berne le 20 mars 1914 et révisée à Rome le 2 juin 1928, à Bruxelles le 26 juin 1948, à Stockholm le 14 juillet 1967 et à Paris le 24 juillet 1971 et modifiée le 28 septembre 1979.

Traité de Versailles de 1919 appelé aussi « Pacte de la Société Des Nations », signé à Versailles (France) le 28 juin 1919.

Constitution de L'Organisation mondiale de la Santé, adoptée par la Conférence internationale de la Santé, tenue à New York le 22 juillet 1946 et entrée en vigueur le 7 avril 1948.

Charte de La Havane instituant une Organisation Internationale du Commerce élaborée à La Havane (Cuba) le 24 mars 1948.

Convention internationale pour la protection des obtentions végétales du 2 décembre 1961, révisée à Genève le 10 novembre 1972, le 23 octobre 1978 et le 19 mars 1991 (Publication UPOV No 221(F)).

Pacte international relatif aux droits économiques, sociaux et culturels, adopté et ouvert à la signature, à la ratification et à l'adhésion par l'Assemblée générale dans sa résolution 2200 A (XXI) du 16 décembre 1966 et *entré en vigueur* le 3 janvier 1976.

Convention relative à un code de conduite des conférences maritimes, adoptée à Genève (Suisse) le 6 avril 1974.

Convention de Vienne sur le droit des traités faite à Vienne (Autriche) le 23 mai 1969 et entré en vigueur le 27 janvier 1980, Nations- Unies, Recueil des traités, Volume 1155.

Accord de Cotonou : Accord modifiant l'Accord de partenariat entre les membres du groupe des États d'Afrique, des Caraïbes et du Pacifique, d'une part, et la Communauté Européenne et ses États membres, d'autre part, signé à Cotonou (Bénin) le 23 juin 2000.

Traité de Lisbonne modifiant le traité sur l'Union européenne, le traité instituant la Communauté européenne et certains actes connexes, signé à Lisbonne le 13 décembre 2007.

Protocole facultatif se rapportant au Pacte international relatif aux droits économiques, sociaux et culturels, adopté par le Conseil des droits de l'homme, dans sa résolution 8/2 du 18 juin 2008.

2- Accords inter- organisations

Mémorandum d'accord entre l'Organisation mondiale du Commerce (OMC) et la Conférence des Nations Unies sur le Commerce Et le Développement (CNUCED) signé à Genève le 16 avril 2003.

3- Accords et Déclarations de l'ONU

A/ Documents AG de l'ONU

Charte des Nations Unies signée à San Francisco le 26 juin 1945, à la fin de la Conférence des Nations Unies pour l'Organisation internationale, et entrée en vigueur le 24 octobre 1945.

Résolution 52 de la première session de l'Assemblée générale de l'ONU tenue le 14 décembre 1946.

Déclaration universelle des droits de l'Homme, adoptée à Paris le 10 décembre 1948.

Résolution 1514 du 14 décembre 1960 « sur l'octroi de l'indépendance aux pays et aux peuples coloniaux ».

Résolution 1522 (XV), Accélération du courant des capitaux et de l'assistance technique aux pays en voie de développement, 15 décembre 1960.

Résolution 1707 (XVI) –Le commerce international, principal instrument de développement économique- adoptée par l'AG de l'ONU en date du 19 décembre 1961.

Pacte relatif aux droits économiques, sociaux et culturels de 1966 adopté et ouvert à la signature, à la ratification et à l'adhésion par l'Assemblée générale dans sa résolution 2200 A (XXI) du 08 décembre 1966 et entré en vigueur le 3 janvier 1976.

Résolution 2626 (XXV) de l'AG de l'ONU 25eme session (Stratégie internationale du développement pour la deuxième décennie des Nations Unies pour le développement A8124 et Add1), adoptée le 24 octobre 1970.

Résolution 3201 (S- VI) de l'AG de l'ONU sixième session extraordinaire (*Déclaration concernant l'instauration d'un nouvel ordre économique international. À /9556)*, adoptée le 1er mai 1974.

Résolution 3202 (S-VI) du 1er mai 1974, « *Programme d'actions concernant le nouvel ordre économique international* ».

Résolution 3281 (XXIX) du 12 décembre 1974 (Charte des droits et devoirs économiques des Etats).

Résolution 41/128 du 4 décembre 1986 « Déclaration sur le droit au développement ».

Résolution n° 45/199 du 21 décembre 1990 « *Stratégie internationale de développement pour la quatrième décennie des Nations Unies pour le développement* ».

Déclaration d'engagement sur le VIH/Sida, Session extraordinaire de l'Assemblée générale des Nations Unies sur le VIH/ Sida, 25-27 juin 2001.

B/ Documents CNUED

Résolution 21 (II) : Admission préférentielle ou en franchise des exportations d'articles manufacturés et d'articles semi-finis des pays en voie de développement dans les pays développés, in : Actes de la Conférence des Nations Unies sur le Commerce Et le Développement, Deuxième Session, New Delhi, 1er février-29 mars 1968 Volume I Rapport et annexes, Nations Unies, New York.

4- Documents juridiques des autres organisations internationales

OMS : Déclaration d'Alma Ata sanctionnant les travaux de la Conférence internationale sur les soins de santé primaires réunie à Alma-Ata (Kazakhstan), le 12 septembre 1978.

OMS : Déclaration de la Conférence Rio+20 sous le thème : « *La santé est essentielle au développement durable* », Rio de Janeiro (Brésil), 22 juin 2012.

5- Documents juridiques du GATT (avant la création de l'OMC)

Protocole d'amendement de l'Accord général sur les tarifs douaniers et le commerce par l'insertion d'une Partie IV relative au commerce et au développement adopté le 8 février 1965, (Document INT (68)126 Page 3).

Décision du 5 avril 1966 sur la procédure d'application de l'article XXIII du GATT de 1947.

Annexe D-2 Dérogations : Système Généralisé de Préférences Décision du 25 juin 1971 (L/3545).

Accord relatif à la mise en œuvre de l'article VI de l'Accord général sur les tarifs douaniers et le commerce, 12 avril 1979 (appelé aussi Code antidumping).

Accord relatif à la mise en œuvre de l'article VII de l'accord général sur les tarifs douaniers et le commerce, 12 avril 1979 (appelé aussi Code d'évaluation douanière).
Accord relatif aux procédures en matière de licences d'importation, 12 avril 1979 (appelé aussi Code des licences d'importation).
Accord relatif aux obstacles techniques au commerce, 12 avril 1979, entré en vigueur le 1er janvier 1980 (appelé aussi Code de normalisation).
Déclaration relative aux mesures commerciales prises à des fins de balance des paiements adoptée le 28 novembre 1979 (L/4904).
Décision sur les Mesures de sauvegarde à des fins de développement adoptée le 28 novembre 1979 (L/4897).
Décision du 28 novembre 1979 (L/4903) sur le « *Traitement différencié et Plus Favorable, Réciprocité et Participation Plus Complète des pays en voie de Développement* », (Clause d'habilitation).
Première convention : GATT, *Convention ACP-CEE de Lomé,* rapport du groupe spécial de travail, adopté le 15 juillet 1976 (L/4369),
Deuxième convention ACP-CEE de Lomé. Rapport du groupe de travail adopté le 31 mars 1982 (L/5292), IBDD, S/ 29, mars 1983 ; la convention Lomé III a été adopté par le GATT,
Troisième convention ACP- CEE de Lomé, Rapport du groupe de travail adopté le 22 septembre 1988 (L/ 6382), IBDD, S/ 35, juin 1989, § 19, p. 365-374 ;
Quatrième convention de Lomé (GATT, Décision du 9 décembre 1994 des parties contractantes portant octroi d'une dérogation concernant la *Quatrième convention ACP-CEE de Lomé,* L/7604, 19 décembre 1994). La dérogation a été prorogée par l'OMC par la *Décision du 14 octobre 1996 du Conseil général portant prorogation de la dérogation concernant la Quatrième convention ACP-CE* signée le 18 octobre1996.
Accord relatif au Système Global de Préférences Commerciales entre pays en développement, (Document GSTP/MM/BELGRADE/10), signé à Belgrade (ex Yougoslavie) le 13 avril 1988 et entré en vigueur à partir du 19 avril 1989.

6- Documents juridiques de l'OMC

A/ Accords de l'OMC *(tous ces accords sont consultables sur le site officiel de l'OMC : http://www.wto.org.)*

Accord instituant l'Organisation mondiale du Commerce (OMC), signé à Marrakech le 15 avril 1994, et entré en vigueur le 1er janvier 1995.
Accord général sur les tarifs douaniers et le commerce GATT de 1947.
Accord général sur les tarifs douaniers et le commerce de 1994 (GATT de 1994) ;

Accord sur la mise en œuvre de l'article VI de l'Accord général sur les tarifs douaniers et le commerce de 1994 (Accord antidumping).
Accord sur la mise en œuvre de l'article VII (Évaluation en douane).
Accord sur l'agriculture annexée à l'Accord instituant l'OMC, signé à Marrakech le 15 avril 1994.
Accord sur l'application des mesures sanitaires et phytosanitaires.
Accord général sur le Commerce des Services (AGCS ou GATS en anglais).
Accord sur les aspects des Droits de Propriété Intellectuelle qui touchent au Commerce (ADPIC).
Accord sur les subventions et les mesures compensatoires.
Accord sur les sauvegardes.
Accord sur les Obstacles Techniques au Commerce.
Accord sur les textiles et les vêtements.
Mémorandum d'accord sur les règles et procédures régissant le règlement des différends.
Accord sur les Mesures concernant les Investissements et liées au Commerce (MIC).
Accord sur les marchés publics.
Accord sur l'inspection avant expédition.
Mémorandum d'accord sur les dispositions de l'Accord général sur les tarifs douaniers et le commerce de 1994 relatives à la balance des paiements.
Accord sur les procédures de licences d'importation.

B/ Autres arrangements et Décisions de l'OMC

Décision sur les mesures concernant les effets négatifs possibles du programme de réforme sur les pays les moins avancés et les pays en développement importateurs nets de produits alimentaires.
Décision sur les mesures en faveur des Pays les Moins Avancés.
Décision adoptée par le Conseil général le 18 juillet 1996 : Lignes directrices pour les arrangements concernant les relations avec les organisations non gouvernementales, (Document WT/L/162).
Décision ministérielle sur la dérogation concernant l'Accord de partenariat UE-ACP adoptée le 14 novembre 2001, WT/MIN (01)/15.
Décision ministérielle sur les questions et préoccupations liées à la mise en œuvre adoptée le 14 novembre 2001, (Document WT/MIN (01)/17).
Décision du 14 novembre 2001, Communautés européennes- l'Accord de partenariat ACP-CE, (Document : WT/MIN (01)/15).
Déclaration sur l'accord sur les ADPIC et la santé publique, adoptée le 14 novembre 2001.
Programme de travail adopté par le Sous- Comité des pays les moins avancés le 12 février 2002 (Document WT/COMTD/LDC/11).

Décision du Conseil des ADPIC prorogeant jusqu'en 2016 la période de transition en faveur des pays les moins avancés pour protéger les brevets pour des produits pharmaceutiques ainsi que les données résultant d'essais adoptée le 1er juillet 2002, IP/C/25.

Décision du 15 mai 2003 portant Dérogation concernant le système de certification du processus de Kimberley pour les diamants bruts (OMC Doc WT/L/518).

Décision du Conseil général sur les licences obligatoires pour l'exportation (« Mise en œuvre du paragraphe 6 de la Déclaration de Doha sur l'Accord sur les ADPIC et la santé publique ») adoptée le 30 août 2003, WT/L/540 et Corr.1.

Décision adoptée par le Conseil général le 1er août 2004.

Décision du Conseil des ADPIC du 29 novembre 2005 -Prorogation de la période de transition au titre de l'article 66:1 pour les Pays les Moins Avancés membres.

Décision du Conseil général -Amendement de l'Accord sur les ADPIC- (Document WT/L/641) du 6 décembre 2005.

Comité de l'agriculture : Projet révisé de modalités concernant l'agriculture, (Document WTO, TN/AG/W/4/Rev.4) du 6 décembre 2008.

Préférences tarifaires en faveur des pays les moins avancés : Décision portant octroi d'une dérogation, OMC Doc WT/L/304 (15 juin 1999) prorogée en 2009 par ; *Préférences tarifaires en faveur des pays les moins avancés : Décision portant prorogation de la dérogation*, OMC Doc WT/L/759 (2009).

OMC : États-Unis - Loi relative aux préférences commerciales en faveur des pays andins : Prorogation de dérogation (2009), (OMC Doc WT/L/755) ;

OMC : États-Unis -Loi relative au redressement économique du bassin des Caraïbes : Prorogation de dérogation (2009), (OMC Doc WT/L/753).

Décision du Conseil des ADPIC du 11 juin 2013 - Prorogation de la période de transition au titre de l'article 66:1 pour les Pays les Moins Avancés membres (Document IP/C/64).

Décision ministérielle du 07 décembre 2013 -Accord sur la facilitation des échanges- (Document WT/MIN (13)/36 -WT/L/911).

Décision ministérielle du 7 décembre 2013 -Mécanisme de surveillance pour le traitement spécial et différencié- (Document WT/MIN (13)/45 - WT/L/920).

Décision ministérielle du 7 décembre 2013 - Détention de stocks publics à des fins de sécurité alimentaire- (Document WT/MIN (13)/38, WT/L/913).

Décision ministérielle du 7 décembre 2013 - Mémorandum d'accord sur les dispositions relatives à l'administration des contingents tarifaires pour les produits agricoles, tels que définis à l'article 2 de l'Accord sur l'agriculture- (Document WT/MIN (13)/39, WT/L/914).

Décision ministérielle du 7 décembre 2013 -Concurrence à l'exportation- (Document WT/MIN (13)/40, WT/L/915).

Décision ministérielle du 7 décembre 2013 -Coton- (Document WT/MIN (13)/41 WT/L/916).

Décision du Conseil général adoptée le 28 novembre 2014 (WT/L/939) sur « Détention de stocks publics à des fins de sécurité alimentaire ».

Protocole portant amendement de l'Accord de Marrakech instituant l'Organisation mondiale du Commerce : Décision du 27 novembre 2014 (Document WT/L/940).

Décision du Conseil des ADPIC du 6 novembre 2015 -Prorogation de la période de transition prévue à l'article 66:1 de l'Accord sur les ADPIC en faveur des Pays les Moins Avancés membres pour certaines obligations en ce qui concerne les produits pharmaceutiques.

Décision ministérielle sur le Programme de travail sur les petites économies adoptée le 19 décembre 2015 (Document WT/MIN (15)/40 -WT/L/975).

Décision ministérielle du 19 décembre 2015 -Mécanisme de sauvegarde spéciale en faveur des pays en développement membres (Document WT/MIN (15)/43-WT/L/978).

Décision ministérielle du 19 décembre 2015 -Détention de stocks publics à des fins de sécurité alimentaire- (Document WT/MIN (15)/44 - WT/L/979).

Décision ministérielle du 19 décembre 2015- Concurrence à l'exportation (Document WT/MIN (15)/45 -WT/L/980).

Décision ministérielle du 19 décembre 2015 – Coton- (Document WT/MIN (15)/46 -WT/L/981).

Décision ministérielle adoptée le 19 décembre 2015 – Règles d'origine préférentielles pour les pays les moins avancés – (Document WT/MIN (15)/47 -WT/L/917/Add.1).

Décision ministérielle sur la détention de stocks publics à des fins de sécurité alimentaire, adoptée le 19 décembre 2015 (document : WT/MIN (15)/44- WT/L/979).

Décision ministérielle du 19 décembre 2015 : WT/MIN (15)/45- WT/L/980.

Décision ministérielle du 13 décembre 2017 « *Programme de travail sur les petites économies* », Document WT/MIN (17)/63 WT/L/1030).

Décision ministérielle sur l'exemption des prohibitions ou restrictions à l'exportation pour les achats de produits alimentaires du programme alimentaire mondial adoptée le 17 juin 2022.

Déclaration ministérielle sur la réponse urgente à l'insécurité alimentaire adoptée le 17 juin 2022.

C/ Déclarations ministérielles

Déclaration ministérielle de Punta Del Este du 20 septembre 1986.

Déclaration ministérielle sanctionnant les travaux de la quatrième conférence ministérielle de l'OMC, adoptée à Doha (Qatar) le 14 novembre 2001.

Déclaration ministérielle sur l'Accord sur les ADPIC et la santé publique adoptée le 14 novembre 2001, (Document WT/ MIN (01)/DEC/2).

Déclaration ministérielle sanctionnant les travaux de la conférence ministérielle de Hong-kong, adoptée le 18 décembre 2005.

Déclaration ministérielle de Bali (Indonésie) adoptée le 7 décembre 2013, (Document : WT/MIN (13)/DEC).

Déclaration ministérielle sanctionnant les travaux de la 13eme conférence ministérielle d'Abou Dabi, adoptée le 02 mars 2024. (le texte est anglais).

7- Textes juridiques internes

Charte sociale européenne adoptée signée le 18 octobre 1961à Turin (Italie) et révisée le 3 mai 1996 à Strasbourg (France).

Directive 2001/20/CE du Parlement européen et du Conseil du 4 avril 2001 concernant le rapprochement des dispositions législatives, réglementaires et administratives des États membres relatives à l'application de bonnes pratiques cliniques dans la conduite d'essais cliniques de médicaments à usage humain (JO L 121 du 1.5.2001, p. 34) modifié par le Règlement (CE) n° 1901/2006 du Parlement européen et du Conseil du 12 décembre 2006 et par le Règlement (CE) n° 596/2009 du Parlement européen et du Conseil du 18 juin 2009.

Règlement (CE) n° 816/2006 du Parlement européen et du Conseil du 17 mai 2006 concernant l'octroi de licences obligatoires pour des brevets visant la fabrication de produits pharmaceutiques destinés à l'exportation vers des pays connaissant des problèmes de santé publique.

Règlement (UE) n° 978/2012 du Parlement européen et du Conseil du 25 octobre 2012 appliquant un schéma de préférences tarifaires généralisés et abrogeant le règlement (CE) n° 732/2008 du Conseil (JO.L303 du 31.10.2012, p.01).

V/ Jurisprudence de l'OMC

Communautés Européennes– Conditions d'octroi de préférences tarifaires aux pays en développement : Rapport du Groupe spécial (WT/DS246/R), 1er décembre 2003.

EEC- Member States' Import Régimes for Bananas (1993), GATT Doc DS32/R aux para 368-72.

GATT –CEE- Restrictions à l'exportation de sucre- recours du Brésil, rapport du groupe spécial adopté le 10.11.1980 (L/5011), IBDD, S27/74.

GATT, restrictions appliquées par la CEE à l'importation des pommes de table- Plainte du Chili, Rapport du Groupe spécial adopté le 22 juin 1989 (L/6491), IBDD S/36, juillet 1990.

GATT, Norvège- Restrictions à l'importation de certains produits textiles, Rapport du Groupe spécial adopté le 18 juin 1980, (L/4959), IBDD, S/27, mars 1981.

Inde - Protection conférée par un brevet pour les produits pharmaceutiques et les produits chimiques pour l'agriculture : Rapport du Groupe spécial du 5 septembre 1997.

Communautés Européennes - Régime applicable à l'importation, à la vente et à la distribution des bananes (affaire : WT/DS27/15) : Arbitrage au titre de l'article 21:3 c) du Mémorandum d'accord sur les règles et procédures régissant le règlement des différends, Décision de l'arbitre Said El-Naggar, 7 janvier 1998.

Inde – Restrictions quantitatives à l'importation de produits agricoles, textiles et industriels, Rapport du Groupe spécial (Document : WT/DS90/R) du 6 avril 1999.

Communautés européennes - Droits antidumping sur les importations de linge de lit en coton en provenance d'Inde - Rapport de l'Organe d'appel et Rapport du Groupe spécial au titre de l'article 21:5 du Mémorandum d'accord sur le règlement des différends - Dispositions prises par l'Organe de règlement des différends (Document : WT/DS141/19), 29 avril 2003.

Communautés européennes - Conditions d'octroi de préférences tarifaires aux pays en développement - AB-2004-1 - Rapport de l'organe d'appel (WT/DS246/AB/R) du 7 avril 2004.

VI/ Rapports, communications et documents divers

1- Rapports

A/ Rapports de l'OMC

« *Pays en développement et système commercial multilatéral : le passé et le présent* », symposium de haut niveau sur le commerce et le développement organisé par l'OMC à Genève les 17 et 18 mars 1999.

« *Les accords de l'OMC et la santé publique* », Etude conjointe de l'OMS et du Secrétariat de l'OMC, Genève, 2002.

Rapport du Président de la session extraordinaire du comité de l'agriculture, M. l'ambassadeur Crawford Falconer, au Comité des négociations commerciales déposé le 12 août 2008.

Rapport sur le commerce mondial 2014 « *Commerce et développement : tendances récentes et rôle de l'OMC* ».

B/ Rapports des autres organisations internationales

CNUCED: Actes de la Conférence des Nations Unies sur le commerce et le développement 1 Acte final et Rapport, Publié par DUNOD Editeur Paris avec la collaboration des Nations Unies, Paris, 1965.

ONU : Rapport de la Conférence des Nations- Unies sur les pays les moins avancés, Paris, 1er -14 septembre 1981 (Publication des Nations-Unies, numéro de vente : F.82.I.8).

FAO : « Rapport et perspectives sur les produits 1992-93 », *Collection FAO : Développement économique et social,* Rome (Italie), 1993.

ONU : Rapport du Sommet mondial pour le développement social, (Copenhague, 6-12 mars 1995).

Banque Mondiale : « *Rapport sur le développement dans le monde : l'État dans un monde en mutation* », Washington (États-Unis), 1997.

PNUD : Rapport mondial sur le développement humain 1999 Publié pour le Programme des Nations Unies pour le développement par De Boeck Université, Paris (France), 1999.

Comité des droits économiques, sociaux et culturels, Application du Pacte international Relatif Aux Droits Economiques, Sociaux Et Culturels, Observation générale No 12, Le droit à une nourriture suffisante (Art. 11), établie le 12 mai 1999. (E/C.12/1999/5).in : http://hrlibrary.umn.edu/gencomm/epcomm12f.htm

Confédération paysanne : « *Soumettre l'OMC aux droits fondamentaux de l'Homme* », Positions et propositions sur les prochaines négociations de l'OMC, Rapport établi en Novembre 1999, in : http://www.confederationpaysanne.fr/anapro/omc.html

Rapport mondial sur le développement humain 2003 : « *Les Objectifs du Millénaire pour le développement : Un pacte entre les pays pour vaincre la pauvreté humaine* », Publié pour le PNUD par les Editions Economica, Paris (France), 2003. Le rapport est consultable sur le lien : http://hdr.undp.org/sites/default/files/hdr03_fr_complete1.pdf

Bureau international du Travail : « *Une mondialisation juste : créer des opportunités pour tous* », publication de la Commission mondiale sur la dimension sociale de la mondialisation, Genève (Suisse) 2004, disponible sur le site : http://www.ilo.org/public/french/wcsdg/docs/report.pdf

CNUCED, « *Examen de la politique de l'investissement : Algérie* », Nations Unies, New York et Genève, 2004, disponible sur le site : www.unctad.org/ipr/.

FAO, « *La situation mondiale de l'alimentation et de l'agriculture 2005 : Rapport sur l'impact du commerce sur la pauvreté* », Rome (Italie), 2005, disponible sur le lien : www.fao.org

Rapport de la coopération NO 2 sur la sécurité alimentaire intitulé : *« Promouvoir les échanges commerciaux pour réduire la pauvreté : les accords de l'OMC et l'agriculture en Afrique de l'Ouest »*, présenté par MM NOUVE Kofi, STAATZ John, SCHWEIKHARDT David et YADE Mbaye, disponible sur le site : http://www.aec.msu.edu/fs2/papers/idwp80f1.pdf.

OMS : Rapport de la Commission sur les droits de propriété intellectuelle, l'innovation et la santé publique intitulé : « *Santé publique, innovation et droits de propriété intellectuelle* », Genève 2006, in : http://www.who.int/intellectualproperty/documents/thereport/CIPIH_Rapport_Avrilfr.pdf

CNUCED : Actes de La conférence de haut niveau sur la sécurité alimentaire mondiale : les défis du changement climatique et de la bioénergie organisée par la CNUECD entre les 3 et 5 juin 2008 à Rome (Italie), in : http://unctad.org/sections/edm_dir/docs/osg_2008_1_en.pdf

ONU : Rapport intérimaire du Rapporteur Spécial pour le droit à l'alimentation présenté le 21 octobre 2008 à l'Assemblée générale des Nations Unies (63ème session) (UN doc A/63/278), in : http://www.srfood.org/fr/rapports-officiels

Rapport conjoint à la réunion des dirigeants du G20 qui s'est tenu à Pittsburgh le 14 septembre 2009 intitulé : « *Rapport sur le G20 mesures commerciales et d'investissement* » et signé par les chefs de secrétariat de l'OCDE, de la CNUCED et de l'OMC. In: http://www.wto.org/english/news_e/news09_e/trdev_dg_report_14sep09_e.doc

OMS : « *Premier rapport de l'OMS sur les maladies tropicales négligées : agir pour limiter l'impact mondial des maladies tropicales négligées* », Genève (Suisse) 2011, in : http://apps.who.int/iris/bitstream/10665/44694/1/9789242564099_fre.pdf

« Implications of global value chains for trade, investment, development and jobs », OECD, WTO, UNCTAD, 6 August 2013, Prepared for the G-20 Leaders Summit Saint Petersburg (Russian Federation) September 2013, in : http://www.oecd.org/trade/G20-Global-Value-Chains-2013.pdf

Congressional Research Service, « *African Growth and Opportunity Act (AGOA) : Background and Reauthorization : analyse international trade and finance",* April 22, 2015, disponible sur le site : https://fas.org/sgp/crs/row/R43173.pdf

C/ Rapports de l'Assemblée nationale française

Rapport sur le forum sur les « *Enjeux et défis du nouveau cycle de négociations de l'OMC* » organisé par l'Assemblée Nationale française à Paris le 9 novembre 1999.

Rapport d'information n°1279 du 10 décembre 2003 : *« Pour une mondialisation équitable »*, déposé par Mr BALLADOUR Edouard, président de la délégation de l'Assemblée Nationale française, in : http://www.assemblee-nationale.fr/12/rap-info/i1279.asp.

Rapport d'information déposé à l'Assemblée Nationale française le 21 janvier 2004 par sa délégation pour l'Union européenne et intitulé : « *L'agriculture et les pays en développement à l'Organisation mondiale du Commerce* », et présenté par le député François Guillaume. In: http://www.assemblee-nationale.fr/12/europe/rap-info/i1371.asp

2- Communications et communiqués

Intervention du Venezuela au Groupe de travail de l'OMC de l'interaction du commerce et de la politique de la concurrence, évoquée dans le Rapport sur la Réunion des 15-16 juin 2000, Note du Secrétariat, 15 septembre 2000, (WT/WGTCP/M/11, para 41). In : www.wto.org

Communication de la Communauté européenne et de ses États membres, « *Un Accord de l'OMC sur la concurrence et ses rapports avec le développement* », 26 juillet 2001, (WT/WGTCP/W/175). In : www.wto.org

OMC : Conseil général -Préparation de la quatrième session de la Conférence ministérielle- Proposition pour un accord-cadre sur le traitement spécial et différencié- Communication de Cuba, du Honduras, de l'Inde, de l'Indonésie, du Kenya, de la Malaisie, de l'Ouganda, du Pakistan, de la République dominicaine, de Sri Lanka, de la Tanzanie et du Zimbabwe du 19/09/2001 (Document : WT/GC/W/442), in : https://www.wto.org/french/thewto_f/minist_f/min01_f/min01_proposals_f.htm

« *Programme de travail de l'OMC sur le traitement spécial et différencié : quelques idées de l'UE pour aller de l'avant* », communication des CE, 20 novembre 2002 (Document TN/CTD/W/20), in : www.wto.org

Allocution donnée par Pascal LAMY, « *Humaniser la mondialisation* », **lors** du forum du commerce international, Santiago de Chile (Chili), 30/01/2006, in : http://www.wto.org/french/news_f/sppl_f/sppl16_f.htm

OMC : Programme de Travail de Doha- Question de mise en œuvre en suspens concernant la relation entre l'Accord sur les ADPIC et la Convention sur la diversité biologique- Proposition du Brésil, Inde et autres, (distribué sous les cotes WT/GC/W/564/Rev.2 et TN/C/W/41/Rev.2), 5 juillet 2006. In: https://www.wto.org/french/tratop_f/trips_f/art27_3b_f.htm

Communication présentée par le Lesotho au nom du groupe des PMA à l'OMC lors de la conférence sur les règles de l'OMC et la crise alimentaire dans les pays les moins avancés, Genève (Suisse), 17 juillet 2008, in : www.docsonline.wto.org.

Commission européenne : « *Commerce, croissance et développement : ajuster la politique commerciale et d'investissement aux pays qui ont le plus besoin d'aide* », *Communication de la Commission au Parlement européen, au Conseil et au Comité économique et social européen,* Bruxelles (Belgique), le 27/01/2012. In: http://trade.ec.europa.eu/doclib/docs/2012/january/tradoc_148996.FR.pdf.

3- Documents divers

A/ Documents émis par l'OMC

« *L'OMC et les objectifs du millénaire pour le développement* », note émise par le secrétariat de l'OMC et disponible sur le site : www.omc.org.

« *Le Comité de l'agriculture examine des données sur la "clause de paix", un projet de fonds de sécurité alimentaire et 69 notifications* », Document du secrétariat de l'OMC, in :
https://www.wto.org/french/news_f/news01_f/010629_agctte_f.htm

ADPIC : Proposition : Projet de déclaration ministérielle : proposition d'un groupe de pays en développement, (Document : 1P/C/W/312, WT/GC/W/450), 4 octobre 2001, in : www.wto.org.

« *Organisation mondiale du Commerce : les textes du cycle de Doha et documents connexes* », Service des publications de l'OMC, Genève (suisse), 2009, disponible sur le site : www.wto.org.

Document de travail n° 15 -Produits Spéciaux-, in :
https://www.wto.org/french/tratop_f/agric_f/workdoc_15specprods_f.pdf

Note interprétative « *ad article XXXVI, paragraphe 8 du GATT* », in : https://www.wto.org/french/docs_f/legal_f/gatt47_03_f.htm

B/ Autres documents

MESSAD Rafik, « *De l'apport des scientifiques pour juguler la crise de sécurité alimentaire dans l'Afrique subsaharienne francophone* », communication présentée aux « Assises 2023 : Francophonie économique et scientifique, quels apports pour le développement ? » organisées par l'AUF. La communication a été retenue pour publication sur le site de l'évènement et accessible par le lien direct : https://auf-semaine-francophonie.auf.org/communication

« Le SYSMIN et le développement minier : Coopération dans le secteur minier entre l'Union européenne et les États ACP », étude insérée dans la revue *Développement* publiée par la commission européenne, n° DE83, Janvier 1996, Bruxelles (Belgique), 1996.

« *Module pour les négociations commerciales multilatérales sur le traitement spécial et différencié* », étude réalisée par le programme de diplomatie commerciale de la CNUCED, Genève (Suisse), septembre 2000.

OMS : « *Mondialisation et accès aux médicaments. Perspectives sur l'Accord ADPIC de l'OMC* » - Série "Économie de la santé et médicaments", No. 007 (Version révisée), publications OMS, Genève (Suisse), 1999, in : http://apps.who.int/medicinedocs/fr/d/Jwhozip36f

Actes de la Table ronde sur la « *Mobilisation internationale des ressources pour le développement* », tenue à Doha le 30 novembre 2001 et présidée par le Président de la République du Congo, M. Denis Sassou Nguesso, in : http://fr.sourcews.com/conference-doha-transparence-bonne.

« *Le système de préférences généralisées de l'Union européenne (SPG)* », document d'information de la direction générale du commerce de la commission européenne, Belgique, février 2004, in : http://trade.ec.europa.eu/doclib/docs/2004/march/tradoc_116451.pdf

Commission européenne : « *Le système de préférences généralisées de l'Union européenne* SPG », Bruxelles (Belgique), février, 2004, disponible sur le lien : http://europa.eu.int/comm/trade.

« *Examen critique de l'accord de l'OMC du 31 juillet 2004 sur l'agriculture : que recouvre l'accord de l'OMC du 31 juillet ?* », disponible sur le site : http://www.agritrade.cta.int/fr/content/view/full/1040.

Banque mondiale : *« Classification des pays du Groupe de la Banque mondiale par niveau de revenu pour l'exercice 24 (1er juillet 2023 – 30 juin 2024) »,* article publié Pour la Banque mondiale le 30 juin 2023 par : Catherine Van Rompaey, Eric Metreau et Nada HAMADÉ et disponible sur le lien : https://blogs.worldbank.org/opendata/new-world-bank-group-country-classifications-income-level-fy24#_ftn2

CNUCED : « *Les 50 ans de la CNUCED* », in :
http://unctad.org/fr/PublicationsLibrary/osg2014d1_fr.pdf

VII / Articles et communiqués de presse

BARTNIK Marie, «La Banque mondiale ne parlera plus des «pays en développement», *Le Figaro,* Edition du 20/05/2016.

BLAMANGIN Olivier, « L'OMC se moque du Sud », *interview accordée au magazine, Afrik*, en date du 15 novembre 2001, in : http://www.afrik.com/article3620.html.

CARLES Jacques, Délégué général du MOMA, « Les raisons de l'effondrement du Cycle de Doha »**,** *Wall Street Journal,* Numéro du 23 juillet 2007, New York (États-Unis d'Amérique), in :
http://www.momagri.org/FR/editos/-Les-raisons-de-l-effondrement-du-Cycle-de-Doha-_190.html

GOUY Patrice, « Cancun conclut sur un échec » publié le 15/09/2003 sur le *portail web de la radio française* RFI (http://www1.rfi.fr/actufr/articles/045/article_24850.asp) et consulté le 07/06/2018 à 14h25.

HAISSOUNE Mohamed, « GATT-AMF : Les accords multifibres : des origines au démantèlement », *L'Economiste,* Édition n°129 du 12/05/1994, Casablanca (Maroc), disponible sur le lien :
http://www.leconomiste.com

LAGARES Valentin, « Le fonds de solidarité SIDA s'échoue en Afrique », *Quotidien l'Humanité*, édition du 20 avril, 1999, in : https://www.humanite.fr, consulté le 16/12/2017 à 12h27.

MARONNA Gerardo, « Malmenée, l'OMC disserte sur l'avenir du commerce mondial », publié par *l'AFP (Agence France Presse)* le 06/12/2017 à 6h06 et consulté le 12/06/2018 in : http://www.lepoint.fr.

PAWLOTSKY Clémentine et JOEL Te-Lessia, « États-Unis - Afrique : la loi AGOA prorogée jusqu'en 2025 », *Jeune Afrique,* article inséré le 1er juillet 2015, in : http://www.jeuneafrique.com

« Agriculteurs français et développement international », *Lettre hebdo n° 273, du 21 au 27 septembre 2009, in :* www.afdi-opa.org

Commission européenne - Communiqué de presse : « *L'OMC conclut un accord sans précédent pour le développement », * Bruxelles, le 19 décembre 2015.

CNUCED : Communiqué de presse « *Que sont les pays les moins avancés ?* », Genève, 22 novembre 2017. In : http://unctad.org/fr/pages/PressRelease.aspx?OriginalVersionID=438

Table des matières

Structures éditoriales du groupe L'Harmattan

L'Harmattan Italie
Via degli Artisti, 15
10124 Torino
harmattan.italia@gmail.com

L'Harmattan Hongrie
Kossuth l. u. 14-16.
1053 Budapest
harmattan@harmattan.hu

L'Harmattan Sénégal
10 VDN en face Mermoz
BP 45034 Dakar-Fann
senharmattan@gmail.com

L'Harmattan Cameroun
TSINGA/FECAFOOT
BP 11486 Yaoundé
inkoukam@gmail.com

L'Harmattan Burkina Faso
Achille Somé – tengnule@hotmail.fr

L'Harmattan Guinée
Almamya, rue KA 028 OKB Agency
BP 3470 Conakry
harmattanguinee@yahoo.fr

L'Harmattan RDC
185, avenue Nyangwe
Commune de Lingwala – Kinshasa
matangilamusadila@yahoo.fr

L'Harmattan Congo
219, avenue Nelson Mandela
BP 2874 Brazzaville
harmattan.congo@yahoo.fr

L'Harmattan Mali
ACI 2000 - Immeuble Mgr Jean Marie Cisse
Bureau 10
BP 145 Bamako-Mali
mali@harmattan.fr

L'Harmattan Togo
Djidjole – Lomé
Maison Amela
face EPP BATOME
ddamela@aol.com

L'Harmattan Côte d'Ivoire
Résidence Karl – Cité des Arts
Abidjan-Cocody
03 BP 1588 Abidjan
espace_harmattan.ci@hotmail.fr

Nos librairies en France

Librairie internationale
16, rue des Écoles
75005 Paris
librairie.internationale@harmattan.fr
01 40 46 79 11
www.librairieharmattan.com

Librairie des savoirs
21, rue des Écoles
75005 Paris
librairie.sh@harmattan.fr
01 46 34 13 71
www.librairieharmattansh.com

Librairie Le Lucernaire
53, rue Notre-Dame-des-Champs
75006 Paris
librairie@lucernaire.fr
01 42 22 67 13

www.ingramcontent.com/pod-product-compliance
Lightning Source LLC
LaVergne TN
LVHW011439061026
849535LV00004BA/878
9782336477664